[개정판]

사례관리론

Case Management in Social Work

| 최소연 지음 |

양성원

머리말

이 책은 사회복지학을 전공하는 학생들과 실천현장의 전문가들이 사례관리를 전문적으로 수행하기 위해 필요한 지식과 기술을 구체적으로 학습하기 위한 목적을 가지고 있다. 우리나라에 사례관리가 공식적으로 소개된 것이 1990년대 초반임을 감안하면, 사례관리의 등장이 어느덧 30년이 되었으며, 그동안 사례관리와 관련된 많은 논의와 노력들이 전개되었다. 다양한 교재와 매뉴얼이 발간되고, 학회가 창설되었으며, 한국사회복지대학교육협의회 교과목으로 채택되었다. 명실공히 사례관리는 민간영역뿐 아니라 공공영역에서 지역사회보호의 주요 방법으로 강조되고 있다. 그러나 현장의 사례관리자들은 여전히 사례관리의 실행을 어려워하고 있으며, 사회복지학을 전공하는 학생들 또한 사례관리의 지식과 기술을 학습하고 구체화하는 것을 어렵게 느끼고 있다.

이에, 이 책은 학생, 실천가, 그리고 교수 모두에게 보다 쉽고 유용한 사례관리의 지침이 될 수 있도록 내용을 구성하였다. 무엇보다도 본 저자의 다년간 사례관리 실무경험을 통해 파악한 내용을 토대로 사례관리자가 어렵게 생각하는 사례관리의 요소에 대해서 적절한 예시와 구체적 설명을 제시하여 학습의 효과를 높이고자 하였다. 또한, 사례관리를 효과적으로 수행하기 위해서 요구되는 관점, 지식, 기법, 태도를 교재 전반에 접목함으로써 강점관점에 기반한 사례관리의 교재로 구성하고자 하였다.

본 교재는 전체 3부 13장으로 구성되어 있는데, 1부는 사례관리의 토대 구축을 위한 내용을 담고 있으며, 2부는 사례관리의 실천과정에 관한 내용을, 그리고 3부는 사례관리의 분야별 이슈와 전망을 담고 있다.

1부는 1~6장까지로, 1장은 사례관리의 개념과 등장 배경, 그리고 사례관리의 원칙을 소개하고 있다. 2장은 사례관리의 구성요소와 운영체계 그리고 사례관리 서비스의 질에 관해 제시하였다. 3장은 사례관리의 이론적 근거와 다양한 모형을 소개하였다. 4장은 사례관리 실천현장에서 직면할 수 있는 윤리적 사안을 제시하고, 「개인정보보호법」에 대해서 소개하였다. 또한 과학기술의 발달로 지역사회보호에서 다양한 정보통신 및 과학기술이 활용되고 있는 점을 감안하여 사례관리에서 복지기술(welfare technology) 활용과 관련된 윤리적인 이슈를 소개하였다. 5장은 사례관리뿐 아니라 사회복지실천에서 중요한 요소인 기록의 원칙과 다양한 기록 양식을 제시하였으며, 좋은 기록의 요소를 좋지 않은 기록과 대비하여 소개하여 사례관리 기록기술의 효과적인 학습을 도모하고자 하였다. 6장은 사례관리의 위험요소를 다루고 있다. 업무환경의 위험과 폭력적인 클라이언트에게 효과적으로 대응하는 법, 사례관리자의 소진관리와 위험관리의 절차를 제시하였다.

2부는 7~11장으로 사례관리의 전체 과정의 연결성을 갖고 학습할 수 있도록 구성하였다. 특히, 각 과정에서 활용되는 양식을 예시로 제시하였다. 7장은 사례관리의 초기 과정으로 사례발굴과 인테이크의 방법, 사례판정과 서비스 계약에 대해서 안내하였다. 8장은 사정의 내용과 범위, 절차와 다양한 사정도구를 제시하였다. 9장은 사례관리 계획의 원칙과 클라이언트 중심의 계획을 어떻게 수립해야 하는지를 담고 있다. 10장은 사례관리의 실행으로 직접실천과 간접실천의 주요 초점에 따른 사례관리자의 역할 수행을 제시하였다. 특히, 직접실천으로 클라이언트의 동기를 부여하고, 희망을 북돋기 위한 전략을 함께 소개하였다. 11장은 평가와 종결로 평가의 방법과 종결의 절차를 소개하였다.

3부는 사례관리의 이슈와 전망에 관한 내용으로, 12장은 사례관리의 대상별(아동, 장애인, 노인, 정신장애인, 다문화, 북한이탈주민) 이슈를 소개하였으며, 13장에서는 우리나라 사례관리의 문제점과 발전 방향을 제시하였다.

본 교재는 전문적 지식과 기술을 보다 심도 있게 학습할 수 있도록 구성되어 일부 내용은 한 주 이상의 시간이 소요되는 분량으로 구성된 부분도 있다. 5장의 기록, 8장의 사정, 10장의 실행은 구성이 상대적으로 많기 때문에 융통성 있게 학습할 필요가 있다. 그리고 본 교재는 필자의 현장 실무경험과 사례관리의 자문경험에서 확인된 내용을 근거로 사례관리를 효과적으로 진행하기 위한 요소를 가능한 많이 담고자 하였다. 이에 본 교재에서 소개하고 있는 좋은 기록의 요소, 사정 방법과 도구, 바람직한 목표설정의 요소는 학생뿐 아니라 실천가에게도 유용한 내용이 될 것으로 기대한다.

본 교재를 집필할 때 좀 더 도움이 되는 교재를 발간하고자 하는 바람으로 시작하였지만, 집필과정 내내 필자의 역량부족에 직면해야만 했다. 이러한 이유로 이 책은 노력의 결과가 아닌, 노력의 과정으로 남기고자 한다. 이 책의 모든 오류와 한계는 저자의 몫이기에 계속 보충해 나가고 좀 더 나은 내용을 담고자 노력할 것을 약속드린다. 부족함이 있지만, 그래도 이 책이 현재와 미래의 사례관리자에게 클라이언트를 효과적으로 원조할 수 있는 힘이 되기를 바랄 뿐이다.

이 책을 집필할 수 있도록 용기를 준 모든 분, 오늘도 희망을 품고 살아 내고 있는 클라이언트들, 그리고 기꺼이 출판을 맡아 준 양성원 사장님께 감사드린다.

2022년 8월

최 소 연

차 례

PART 3 사례관리의 이슈와 전망

PART 1

사례관리의 기초

Chapter 01

사례관리의 개관

사례관리(case management)는 공공과 민간영역을 망라하여 사회복지실천의 주요 방법이자 서비스 전달방식의 하나로 지속해서 확장되고 있다. 복합적 욕구를 지닌 클라이언트가 증가함에 따라 이들에 대한 지역사회보호의 필요성이 강조되면서 사례관리는 클라이언트에 대한 서비스 통합의 기능을 수행하는 실천방법의 하나로 그 어느 때보다 필요성이 부각되고 있다. 이에 본 장에서는 사회복지실천현장의 주요 기능이자 방법으로 강조되고 있는 사례관리의 토대 구축을 위해 사례관리의 개념과 사례관리가 등장하게 된 배경 및 전개과정, 그리고 사례관리의 원칙에 대해서 살펴보고자 한다.

1. 사례관리의 개념과 목적

1) 사례관리의 개념

사례관리는 복합적 욕구를 지닌 클라이언트(사례)를 위해 실천가가 서비스를 효과적이고 효율적으로 연결하는(관리) 과정에서 출현하였다. 즉, 실천가가 다양한 욕구를 지닌 클라이언트에게 서비스를 통합적으로 제공하는 방안을 모색하는 가운데서, 그리고 서비스를 효과적이고 효율적으로 제공하기 위한 시스템의 측면에서 사례관리가 등장했다(Moxley, 1989; Moore, 1990; 김만두, 1996)[그림 1-1].

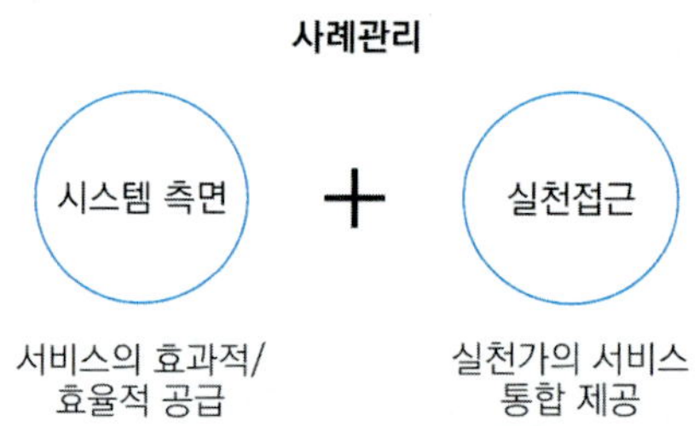

[그림 1-1] 사례관리의 개념

사례관리의 개념을 이해하기 위해서는 사례(case)와 관리(management)가 결합된 의미에 대해 살펴볼 필요가 있다. 사례관리는 사례를 관리한다는 의미로 이해할 수 있지만, 그보다는 사례(클라이언트)를 위해 지역사회의 자원과 환경 및 제반요소를 관리하는 의미로 이해하는 것이 적절하다. 사례관리를 클라이언트에 대한 관리의 의미로 이해할 경우, 클라이언트를 능동적이고 적극적인 서비스 참여자로 보는 강점관점과는 상치될 수 있으며 사례관리자가 클라이언트를 통제 혹은 조정한다는 의미로 해석될 소지가 있다.

사례관리(case management)는 지역사회기반의 실천접근이다. 클라이언트에게 지역사회보호를 효과적으로 수행하기 위한 방안으로 도입된 것으로, 복합적인 욕구를 지닌 클라이언트를 위해 다양한 자원과 서비스를 연결하여 클라이언트가 지역사회 내에서 안정된 삶을 영위할 수 있도록 원조하는 과정이 사례관리이다. 이는 사례관리에 대한 학자들의 정의〈표 1-1〉에서 구체적으로 확인할 수 있다.

〈표 1-1〉 **사례관리의 정의**

학자	내용
Johnson & Rubin (1983)	비공식적 또는 공식적 자원연계를 통해 서비스 망을 구축하고 통합적으로 서비스를 전달하기 위해 전달체계와 연계시켜 적절한 서비스를 원조하는 것
Moxley (1989)	복합적인 욕구를 가진 사람들이 자신의 기능을 최대한 발휘하여 건강하게 지내도록 비공식 및 공식적 자원과 활동의 연계망을 조직하고 조정, 유지하는 것을 계획하는 활동
Rothman (1991)	지역사회 내의 클라이언트에게 지역사회의 기관 및 비공식 체계망을 통해 개별화된 조언, 상담, 치료를 수행하며 필요로 하는 서비스와 지지를 연계시켜 주는 통합적 실천방법
김만두 (1996)	전체적이고 통합적인 접근방법으로 클라이언트(가족)와 협력하여 문제해결 전략을 발전시키는 역동적인 과정. 사례관리실천은 복수의 서비스 전달체계에 개입하여 클라이언트를 대신해 자원의 이전을 협상하고, 서비스 전달에 대한 책임성을 획득하며, 서비스들의 산출을 점검하고 평가하기 위해 모든 기관, 모든 조직체계들의 경계 전반에 걸쳐 조정활동을 하는 것
Ballew & Mink (1996)	여러 원조자의 도움이 동시에 필요한 문제들로 인해서 만족스럽지 못하거나 생산적이지 못한 삶을 살고 있는 사람에 대한 원조과정. 클라이언트의 지식, 기술, 태도의 증진뿐 아니라 지지망을 활용할 수 있는 클라이언트의 능력을 강화하는 것에 초점을 두는 연속적인 원조활동
NASW (2013)	클라이언트를 대신하여 다양한 사회 서비스 기관 혹은 의료기관 그리고 직원들의 서비스를 기획, 탐색, 옹호 및 모니터하는 과정: 사회복지사가 전문적 팀워크를 통해 클라이언트를 위한 기관 내 혹은 여러 기관 간의 원조노력을 조정하여 필요한 서비스 범위를 확장하는 과정

사례관리에 대한 개념 정의를 통해 사례관리의 특성을 정리하면 다음과 같다.

- 사례관리의 대상은 **복합적 욕구**를 가진 클라이언트이다.
- 사례관리를 통해 클라이언트의 **역량을 향상**한다.
- 사례관리자는 클라이언트에게 필요한 **자원망을 개발하고 확충**한다.
- 사례관리자는 클라이언트에게 요구되는 **서비스를 연결하고 조정한다**.
- 사례관리 서비스의 전달과정에 **여러 전문가가 관여**된다.
- 사례관리는 **포괄적인 프로그램이며 원조과정**이다.

2) 사례관리의 목적

사례관리의 궁극적 목적은 클라이언트가 사례관리자의 도움 없이 스스로 관리할 수 있도록 하는 것이다. 목슬레이(Moxley, 1989)도 클라이언트가 자신의 삶에 주도성을 갖는 자기지향(self-direction)을 사례관리가 추구해야 한다고 강조하였다. 그러나 심각한 만성적 문제로 회복이 쉽지 않은 클라이언트와 경우에 따라서 더 이상 나빠지지 않도록 현 상태를 가능한 한 장기간 유지하는 것이 최선인 클라이언트도 있다. 그렇다면 이들 클라이언트가 '사례관리자의 도움 없이 스스로 관리하는 것이 과연 가능한가?' 라는 의문이 제기될 수 있을 것이다. 사례관리자의 도움 없이 클라이언트가 스스로 관리하는 것을 사례관리의 목적으로 규정지을 경우, 모든 클라이언트가 이 목적을 달성하는 것에는 일정 부분 한계가 있을 수 있다. 따라서 이는 궁극적인 목적으로 설정하고, 그 방향에서 각 클라이언트에게 부합하는 실현 가능한 목표를 설정해야 한다. 보다 현실적이고 합리적인 사례관리의 목적은 클라이언트의 삶의 질을 향상하는 것이며, 클라이언트의 기능이 호전되거나 더 이상 악화되지 않도록 지원하여 추가적인 개입비용이 소요되는 것을 방지하는 것이다(Summers, 2016).

사례관리의 목적으로 서울복지재단(2009)은 서비스전달체계 측면과 사회복지실천 측면으로 구분하여 제시하고 있다.

(1) 서비스전달체계 측면의 목적

- 포괄적인 서비스 제공: 특정 시점에서 클라이언트가 가진 욕구와 문제를 해결하기 위해 포괄적인 서비스를 조정하여 제공
- 서비스의 연속성 보장: 시간의 경과에 따라 변하는 클라이언트의 욕구를 위해 보호의 연속성을 보장
- 클라이언트의 접근 가능성 역량 강화: 클라이언트가 다양한 서비스 체계와 협상하는 것을 원조하여 서비스를 쉽게 활용할 수 있는 능력을 배양
- 서비스 책임성 제고: 서비스 단편화로 인한 접근성의 문제를 최소화하여 클라이언트에 대한 서비스 제공의 책임성을 이행
- 서비스의 적정성 확보: 클라이언트의 욕구에 부합한 서비스가 적절하게 제공될 수 있도록 보장하여 서비스 계획의 효율성 향상

(2) 사회복지실천 측면의 목적

- 클라이언트의 잠재력 최대화: 클라이언트의 장점을 강화하여 외부 환경에 적응할 수 있도록 잠재력을 최대화
- 클라이언트 및 가족의 지원체계 능력 배양: 클라이언트와 가족의 사회자원을 활용할 수 있는 능력 습득
- 비공식체계의 보호능력 최대화: 가족, 이웃, 친구 등 비공식체계가 클라이언트를 보호할 수 있는 능력을 확장
- 공식적 도움체계의 능력 최대화: 사회복지기관, 종교기관, 관공서 등의 공식적 도움체계의 능력 최대화

사례관리의 주요 목적

사례관리의 주요 목적은 복합적 욕구를 지닌 개인을 위해 가능한 한 가장 효과적이고 효율적인 방식으로 고품질의 서비스를 제공하고 조정함으로써 클라이언트의 기능과 복지(well-being)를 최적화하는 것이다(NASW, 2013).

사례관리의 목적을 위해 미국사회복지사협회(NASW, 2013)는 사례관리 표준 매뉴얼을 통해 다음과 같은 전략을 제시하고 있다.

- 클라이언트의 발달, 문제해결 및 대처능력을 강화한다.
- 클라이언트의 가치와 목표를 존중하면서, 클라이언트가 자신의 지역사회와 상호작용하고 참여할 수 있는 능력을 향상한다.
- 자원, 서비스 및 기회를 제공하는 체계와 사람을 연결한다.
- 서비스 전달체계의 범위와 용량을 확장한다.
- 서비스 체계의 효과적이고 인도적인 운영을 창출하고 촉진한다.
- 사회정책의 발전과 개선에 기여한다.

관련 용어 이해

- 보호관리(care management): 케어 매니지먼트는 영국의 지역사회보호(community care)정책으로 정신질환, 발달장애, 노인 등, 보호가 필요한 사람을 시설이 아닌 지역사회에서 보호하기 위한 정책이다. 영국은 케이스 매니지먼트보다 포괄적인 의미로 지역사회 안에서의 보호정책을 위해 케어 매니지먼트라는 용어를 사용하고 있다.
- 관리의료(managed care): 미국에서 건강보호 비용의 방만한 지출을 줄이기 위해 1980년대에 개발된 재정통제시스템이다. 과잉진료와 의료남용을 방지하기 위한 것으로 환자 수를 기초로 미리 비용을 산정한 후 이를 사전에 할당하여 주는 방식이다.

2. 사례관리의 등장배경 및 전개

자선조직협회(COS)와 인보관운동(settlement movement)은 전문사회복지의 태동과 발전에 직간접적으로 영향을 미쳤다. 1800년대 후반 자선조직협회활동은 개별사회사업, 사회복지행정, 사회복지 슈퍼비전의 발달에 토대가 되었으며, 인보관활동은 집단사회사업과 지역사회복지실천의 모태가 되었다. 특히, 도움이 필요한 가정을 방문하여 개별화된 서비스를 제공하는 자선조직협회의 우애방문원(friendly visitor)의 활동은 개별사회사업(casework)의 단초가 되었다.

자선조직협회는 서비스의 중복과 누락을 방지하기 위해 케이스 목록을 만들어 조정의 역할을 하였는데, 이러한 활동은 초기 개별사회사업의 한정된 자원의 활용과 추적에 최선의 수단으로 채택되었다. 물론, 당시 개별사회사업(casework)은 개인의 미충족 욕구에 대한 대응이라는 면에서는 지금의 사례관리와 유사하지만 사례관리와는 다른 접근방식이다. 초기 개별사회사업은 진단과 치료라는 의료모델에 기초하여 개인의 교화와 변화에 초점을 두었다. 사례관리와 전통적인 개별사회사업의 차이를 구체적으로 살펴보면 〈표 1-2〉와 같다.

〈표 1-2〉 **사례관리와 개별사회사업의 비교**

사례관리		개별사회사업
복합적인 욕구	문제(욕구)영역	주로 한 가지 영역의 문제
클라이언트가 속한 체계 전반	체계영역	주로 클라이언트와 그 가족
다양한 분야의 전문가와 협력	전문가영역	주로 한 명의 전문가의 활동
미시적 역할뿐 아니라 조정, 연계, 옹호 등 다양한 역할 포괄	전문가 역할	주로 상담, 치료 등 미시적 역할
적극적 참여자	클라이언트 역할	서비스 수혜자 혹은 이용자
사례관리자와 협력적인 동반자	관계	전문가와 클라이언트의 관계

서비스 대상 면에서 개별사회사업은 주로 클라이언트의 한 영역의 문제에 대한 상담 및 치료개입의 역할을 한다면, 사례관리는 복합적인 문제에 직면한 클라이언트를 대상으로 한다. 따라서 사례관리에서는 클라이언트가 속한 지역사회의 다양한 자원을 연결하고 조정하는 역할이 필요하며 기관 내 · 외의 전문직과 팀워크가 요구된다. 전통적인 개별사회사업이 전문가의 진단에 의해 클라이언트에게 서비스를 제공하던 것과 달리 사례관리는 서비스 전 과정에서 클라이언트와 사례관리자의 협력적 동반자의 관계를 강조한다.

개별사회사업가(case worker)가 클라이언트에 대해 치료자의 역할을 주로 수행한 것과는 다르게 사례관리자(case manager)는 치료를 위주로 개입하는 것은 아니다. 사례관리자는 클라이언트에게 심도 있는 치료가 필요한 경우 계획을 수립하고 적절한 치료자원에 연결하는 역할을 수행하는 것이 일반적이다. 사례관리 클라이언트는 과거에 장기간 치료개입의 경험을 갖고 있는 경우가 많기 때문에(Summers, 2016), 사례관리자의 치료적인 개입과 이를 위한 전문적인 자원 연결은 필요할 수 있다.

1) 사례관리의 등장배경

의료기술의 발달로 인한 탈시설화(deinstitutionalization)와 1970년대 대인서비스의 확장은 미국 사례관리의 등장과 발달에 영향을 미쳤다. 시설에 수용되었던 정신장애인과 장애인들이 지역사회에서 생활하게 되면서 이들이 지역사회에서 적절한 보호를 받도록 서비스를 연결하고 조정하는 사례관리의 기능이 필요하게 되었다. 또한, 사례관리자들은 복합적인 욕구를 지닌 클라이언트를 지원하기 위해 자원을 관리하고, 혁신적인 자원을 발굴하고, 서비스를 조정하는 것에 더 많은 책임을 갖게 되었다(Moxley, 1993).

사례관리의 등장배경에는 사회적 취약계층에 대한 지역사회에서의 효과적 보호라는 가치가 내포되어 있지만, 다른 한편으로는 복합적인 문제를 지닌 개인을 원조하는 데 있어 공적 자원뿐 아니라 지역사회의 가용자원을 극대화하고 이를 효율적으로 활용하고자 하는 경제적 효용성도 함께하고 있다. 즉, 사례관리의 등장은 단지 개별사회사업의 진화와 탈시설화에서만 찾을 수 있는 것은 아니며 사회적 · 경제적 여러 영향요인이 결합하여 등장한 것이다.

미국에서 사례관리가 실천의 한 분야로 정착하게 된 배경에는 1975년 「사회보장법」에 의해 대인 서비스 정책이 확장된 것을 들 수 있다. 대인 서비스의 확장으로 인해 탈시설화와 서비스 공급의 탈중앙화가 가능하게 되었으며 복합적인 욕구를 가진 인구의 증가로 이들을 위한 서비스 공급의 단편성에 대한 대응과 사회적 지지 및 사회적 네트워크의 필요성이 증가하였다. 그리고 다양한 서비스 공급에 대한 비용 억제정책이 요구되었는데, 이러한 배경으로 인해 미국에서 사례관리가 등장하였다(Moxley, 1989; 김만두, 1996).

미국에서 사례관리가 등장한 1970년대 당시 사례관리는 구체적인 실천방법이라기보다는 클라이언트와 서비스를 연결하는 의미가 강했다. 그리고 1980년대에는 사례관리의 '관리(manage)'라는 단어가 클라이언트의 자발적 참여를 약화시킨다는 것에 대한 대응으로 오히려 서비스 조정과 같은 완충적인 용어로 일부 대체되기도 하였다(Woodside & McClam, 2006).

영국에서는 1960년대부터 시작된 커뮤니티 케어(지역사회보호) 정책의 비효율성에 대한 문제 제기와 1970년대 후반에 등장한 신우파, 신보수주의, 복지혼합(welfare mix), 복지다원주의, 작은 정부, 복지민영화 등의 이념과 정책의 영향, 그리고 미국과 캐나다의 사례관리실천방법에 대한 연구 등을 거치면서 사례관리가 발전된 것으로 알려져 있다. 영국에서 커뮤니티 케어 정책이 필요하게 된 배경으로는 미국과 마찬가지로 장기보호(long-term care)를 필요로 하는 인구의 증가, 탈시설화, 공적 보호 의존인구의 축소와 비공식적 보호의 확대, 클라이언트의 참여와 선택의 증가, 욕구에 기초한 서비스의 중요성, 비용억제 등을 들 수 있다(김만두, 1996).

사례관리가 등장하게 된 배경을 정리하면 다음과 같다(Moxley, 1989; 김만두, 1996; Woodside & McClam, 2006).

(1) 탈시설화와 지역사회 중심의 보호

탈시설화는 시설수용으로부터 탈피하여 시설에 거주하던 사람을 지역사회에 거주하게 하고 필요한 서비스를 제공하는 것(사회복지용어사전)을 말한다. 시설보호에서 탈피한 클라이언트는 지역사회의 보호체계에서 생활하기 때문에 탈시설화와 지역사회보호는 동전의 양면과 같은 특성을 갖는다. 의료기술의 발달과 장애인에 대한 사회통합(social integration)의 움직임은 폐쇄된 시설에 수용되었던 정신장애인과 장애인의 지역사회의 삶을 가능하게 하였다(Wolfensberg, 1972). 시설수용은 유사한 문제를 갖고 있는 클라이언트를 일괄적으로 관리하기 때문에 행정적인 측면에서는 이점이 있으나, 획일적 서비스로 인해 클라이언트의 고유성과 인권을 존중하지 못한다는 문제와 행정적 관료주의의 접근으로 인해 시설보호에 대한 비판이 확산되었다.

탈시설화로 인해 지역사회에서 생활하게 된 클라이언트는 서비스에 대한 정보부족으로 서비스를 효과적으로 이용하지 못하는 문제에 봉착하였고, 이로 인해 클라이언트를 지역사회 안에서 체계적으로 보호하고 필요한 서비스와 연계하고 관리할 수 있는 수단이 필요하게 되었으며 이러한 과정에서 사례관리가 등장하였다(Moxley, 1993; Summers, 2016).

(2) 복합적이고 다양한 욕구를 가진 클라이언트의 증가

다양한 서비스와 지원 없이는 지역사회생활이 어려운 복합적 욕구를 지닌 가구가 증가하고 있다. 버트와 나이팅게일(Burt & Nightingale, 2010)은 복합적 욕구를 지닌 가구를 '돕기 어려운(hard to serve)' 가구로 지칭하며, 이들에게 적절한 자원의 연결과 사회안전망은 필수임을 강조한다. 복합적 욕구를 지닌 클라이언트는 여러 서비스가 집중적으로 혹은 순차적으로 연결되어야 한다. 그러나 필요한 자원이 지역사회에 부족하거나 자신에게 맞는 자원을 찾고 이를 적절하게 이용할 수 없는 경우, 클라이언트는 더 큰 위험에 직면하게 된다. 다양한 욕구를 지닌 클라이언트를 위해 지역사회의 자원을 확충하고, 가장 적합한 자원을 클라이언트에게 연결하며, 자원의 적절한 활용을 점검하기 위해서 사회복지사들은 미시체계뿐 아니라 중범위와 거시적인 수준에서 실천활동을 해야 한다. 사례관리는 복합적이고 다양한 욕구를 지닌 클라이언트를 위해 자원을 연결, 확충, 관리해야 할 필요성에 의한 대응방법으로 등장하였다.

(3) 가족기능의 약화와 사회적 네트워크의 중요성에 대한 인식 증가

가족기능의 약화는 클라이언트를 위한 사회적 네트워크의 강화를 요구한다. 전통적인 확대가족의 기능은 현대사회에서 찾아보기 힘든 상황이 되었다. 핵가족뿐 아니라 조손가족, 한부모가족, 위탁가족 등 다양한 가족의 출현과 가족구조의 변화로 인해 클라이언트와 가족이 당면한 문제해결은 더 이상 가족의 자원만으로는 대응할 수 없는 상황이다. 가족기능의 약화로 인해 적절하게 대응할 수 없는 가족이 직면한 문제를 해결하기 위해 여러 전문가와 기관 간의 협력이 요구되며, 효과적인 협력을 위해서는 사회적 네트워크의 활성화가 필요하다. 특히, 저출산 고령화의 현상은 가족의 전통적인 보호와 돌봄의 기능을 사회적으로 이전하는 계기가 되었으며 적절한 보호와 돌봄을 위해 지역사회의 네트워크는 필수불가결한 요소가 되었다. 이러한 가족기능의 약화로 인해 야기된 문제에 대응하기 위해서 지역사회의 관계망을 연결하고 조정할 필요가 있으며 그 과정에서 사례관리가 확산되었다.

(4) 서비스의 전문화, 단편화로 인한 조정과 연계의 필요성 증가

지역사회의 전문화된 서비스 기관들은 대부분이 서로 독립적으로 존재하고 있기 때문에 서비스 이용 시 단편성의 문제가 야기된다. 여러 서비스의 순차적인 연결이 필요한 클라이언트가 서비스의 파편화로 인해 후속 서비스로 연결되지 못할 경우, 문제가 더 심각해질 수 있는 위험이 있다. 부처 혹은 부서 간 이기주의 현상을 말하는 사일로(silo)현상은 여러 사회안전망 혹은 서비스가 동시적으로 연결되어야 하는 클라이언트에게는 자원 접근성을 제한하는 구조적인 장애로 지적되고 있다(Burt & Nightingale, 2010). 정부부처나 조직 간 경계의 경직으로 인한 서비스의 파편화 문제가 지속적으로 야기되고 있으며, 민간 사회복지시설의 경우에도 기관 간, 팀 간 업무와 역할분화로 인해 클라이언트에게 필요한 포괄적 서비스가 적시에 연결되지 못하는 문제가 있다. 이렇듯 파편화된 서비스를 통합하고 연결하는 대응장치로 사례관리가 필요하다.

(5) 지방분권화와 비용억제

19세기 말 자선조직협회(COS)의 사례목록(case list)은 서비스 누락과 중복을 예방하기 위한 것이었다. 마찬가지로 사례관리도 서비스 중복으로 인한 예산의 비효율적 사용뿐 아니라 과도한 서비스에 대한 비용억제를 통해 한정된 자원을 효율적으로 사용해야 하며 이를 위해서는 자원 활용의 적절성을 점검해야 한다. 특히, 지방분권화로 인해 야기될 수 있는 지역 간 서비스 격차나 서비스 부재와 같이, 클라이언트에게 미칠 수 있는 부정적 영향을 최소화하고 한정된 지역사회 자원을 클라이언트에게 적정하게 활용하기 위해서 조정 · 통제 · 관리의 기능이 필요불가결하다. 바로 이러한 기능과 관련하여서 사례관리의 필요성이 부각되고 있다.

2) 우리나라 사례관리의 전개과정

(1) 사례관리 개념의 등장

우리나라에서 '사례관리'라는 용어는 1990년대 초에 산발적으로 제시되었지만, 본격적으로 소개된 것은 목슬레이(1989)의 저서가 김만두 교수(1993)에 의해 번역 · 소개되면서이다. 김만두 교수는 우리나라 사회복지관모형의 창시자로 '개별사회사업방법론(케이스워크)'을 소개 및 교육한 학자이기도 하다. 그는 사회사업백과사전(encyclopedia of social work)에서 '개별사회사업(casework)'을 대체하여 사례관리(case management)가 등장하게 된 맥락에 주목하면서 목슬레이(1989)의 『*The Practice of Case Management*』를 역서로 소개하였는데, 이는 이후 사례관리에 관한 논의와 연구의 확산 및 실천현장에서의 적용에 중요한 계기가 되었다(2013, 김만두 교수 인터뷰 자료).

(2) 사례관리의 태동

우리나라 사회복지실천현장의 사례관리 태동에 있어 주지해야 할 사항은 사례관리자의 역할과 기능에 대한 보편적인 합의나 구체적 지침이 제시되기 전에, 민간 차원에서 자발적으로 사례관리가 시작되었다는 점이다. 사회복지실천현장에서 사례관리가 언제부터 시작되었는지에 대한 명확한 합의는 없다. 공식적으로는 1990년대 초에 사회복지관 부설 재가복지봉사센터가 설립되면서 지역사회보호사업의 일환으로 일부 사례관리기능을 접목한 사업을 전개하였다. 그러나 비공식적으로는 사례관리의 기능이 그 이전부터 사회복지실천현장에서 수행되고 있음을 확인할 수 있다.

1956년에 설립된 현 이화여대종합사회복지관(초기 명칭은 사회관)은 1975년에 이미 취약계층에 대한 가정방문을 통해 자원을 연계하고 구성원의 역량을 강화하는 재가복지사업의 뿌리가 되는 사업을 수행하였다. 1980년대 후반에는 사례발굴과 사례조사를 통해 사례회의를 개최하고 그 결과에 따라서 사례별 서비스 계획을 수립하여 지역사회의 자원을 연결하고 클라이언트를 지원하였는데, 이러한 지역사회를 기반으로 하는 사례에 대한 개입은 민간영역에서 진행된 사례관리 초기 모습의 하나라 하겠다. 또한, 1989년에는 노인과 저소득가정 밀집지역이었던 당시의 북아현동 시민아파트(현재는 재개발되었음)에 지부(branch office)를 설치하고 찾아가는 사업(out-reach)을 진행하였다. 지역의 통반장과 동사무소(현 주민센터)로부터 사례에 대한 정보를 확보하여 가정방문을 통해 욕구조사(사례발굴 및 사정)를 실시하고 이를 근거로 사회복지사, 간호사, 상담가 등 전문가가 협력적으로 참여하는 다학제적 사례회의(케이스컨퍼런스)를 정기적으로 진행하였다(최소연, 2012a; 이화여자대학교 사회복지관, 2016). 이러한 복합적인 욕구를 지닌 대상자에 대한 민간 사회복지관의 접근방식은 사례관리의 개념과 방법이 한국에 공식적으로 등장하기 전인 1980년대에 이미 지역사회를 중심으로 사례관리가 민간영역에서 진행되고 있음을 보여 주는 것이라 하겠다.

(3) 민간영역 사례관리의 공식적 전개

민간사회복지시설에서 사례관리가 공식적으로 전개된 것은 1990년대 초반이다. 보건복지부 지침에 의해 1990년대 초 사회복지관에 '재가복지봉사센터'가 설치되어 재가복지사업의 주요 기능으로 지역사회보호사업을 시행하면서 지역사회 중심의 사례관리 서비스를 접목하여 진행하였다. 1990년대 초반 재가복지봉사센터의 지역사회보호사업은 사례관리기능을 접목하였지만, 사례관리의 구체적인 지침이나 명문화된 매뉴얼이 제시되었던 것은 아니다(최소연, 2012a). 정신보건분야에서도 사례관리의 필요성을 인식하여 1995년 「정신보건법」에 정신질환자를 대상으로 하는 지역사회 정신보건사업으로 사례관리를 필수사업으로 지정하였다(한국사례관리학회, 2012).

사회복지관은 사회복지관의 기능을 개편하면서 사례관리를 사회복지관의 주요 기능으로 지정하였다. 그 이전까지는 가족복지사업, 지역사회보호사업, 지역복지사업의 3대 기본사업과 교육문화사업, 자활사업을 포함한 5대 사업을 수행하였으며, 사례관리는 지역사회보호사업의 일부였다(한국사회복지관협회, 2012). 2013년부터는 지역사회복지관의 3대 기능 중 하나로 '가족기능강화', '지역사회조직'과 함께 '사례관리'가 명시되어 있어 사례관리는 사회복지관의 주요 기능으로 자리매김되고 있다. 또한, 사회복지관 평가지표에도 사례관리의 실행과 운영체계의 적절성을 확인하는 지표가 공식적으로 채택되었으며, 이러한 평가지표에는 서비스 과정에 클라이언트가 협력적으로 참여하는지에 관한 강점관점을 반영하고 있다(한국사회복지협의회, 2012). 사회복지관뿐 아니라 지역을 기반으로 사업을 수행하는 노인복지관, 장애인복지관, 지역아동센터, 가족센터(건강가정 및 다문화가족지원센터), 정신건강복지센터 등 다양한 영역에서 현재 사례관리를 진행하고 있다.

사례관리의 전개과정에서 볼 때, 사례관리를 효과적으로 수행하기 위한 체계적이고 공식적인 노력은 지체된 부분이 있다. 사례관리를 위한 지침이나 표준화 작업은 2010년 이후에 비교적 활발하게 전개되었으며(서울복지재단, 2009; 서울시사회복지사협회, 2009; 한국사례관리학회, 2012), 이러한 표준화작업도 협회나 단체 혹은 민간 사회복지기관에서 각기 독자적으로 진행하고 있어 민간영역에서 활용하고 있는 사례관리 양식과 절차는 매우 다양하다.

(4) 공공사례관리의 전개

공공영역의 사례관리는 복지 사각지대의 심각성과 취약계층의 증가로 필요성이 강조되면서 현재 전국적으로 수행되고 있다. 보건복지부는 공공영역의 통합사례관리 사업으로 희망복지지원단을 운영하고 있다. 보건복지부는 2009년 하반기에 전국 10개 시 · 군 · 구에서 사례관리를 시범적으로 실시하였고,[1] 2010년에는 전국적으로 확대하는 과정을 거쳤다(서울특별시 · 서울복지재단, 2017). 2012년에는 시 · 군 · 구에 '희망복지지원단'을 설치하여 통합사례관리사업을 본격적으로 수행하였다. 2014년에는 전국 15개소에 '읍 · 면 · 동 복지허브화' 시범사업을 실시하였으며, 이후 전국 읍 · 면 · 동으로 확대하였다. 2018년에는 '찾아가는 복지 서비스'를 통해 전국 읍 · 면 · 동(3,505개)을 대상으로 통합사례관리를 수행하고 있다(보건복지부, 2018a).

정부는 돌봄을 필요로 하는 인구가 증가함에 따라 2018년에 '지역사회통합돌봄(커뮤니티 케어)' 시범사업을 실시하면서 지역사회중심의 보호 체계를 강화하였다. '지역사

1) 2009년 사례관리를 시범실시한 10개 시 · 군 · 구: 서울 마포구, 서울 영등포구, 경기 남양주시, 경기 성남시, 경기 하남시, 충남 당진군, 인천 부평구, 인천 남동구, 부산 동래구, 부산 영도구

회통합돌봄(커뮤니티 케어)' 사업은 돌봄이 필요한 노인, 장애인, 정신질환자 등이 자신이 살던 주거공간에서 각자의 욕구에 맞는 서비스를 받고 지역사회에서 생활할 수 있도록 지원하는 정책이다. 2018년에 시범사업으로 시작하여 2025년까지 '지역사회 통합돌봄 체계' 구축을 목표로 진행되고 있다. '지역사회통합돌봄'은 주거, 보건의료, 복지 · 돌봄의 세 영역에서 서비스를 제공하여 돌봄 대상자가 지역사회에서 건강하고 안전하게 생활하도록 지원하는 것을 목표로 하고 있어(보건복지부, 2020) 사례관리 클라이언트가 이 정책의 서비스 대상이 되고 있다.

공공영역의 사례관리는 지자체별 특성을 반영하여 시행되는 경우가 있는데, 서울시는 2015년 7월에 '찾아가는 동 주민센터(찾동)'사업을 통해서 동 단위 사례관리를 시행 중에 있으며(서울특별시 · 서울복지재단, 2017), 경기도는 다른 지역보다 앞서 2008년 11월에 '무한돌봄사업'을 시작하여 시 · 군 · 구 단위의 무한돌봄센터를 중심으로 취약계층과 위기가정을 중심으로 통합사례관리자가 맞춤형 서비스를 제공하고 있다(경기도, 2016). 서울시나 경기도를 비롯하여 현재 전국 지방자치단체에서 수행하는 사례관리는 보건복지부의 지침에 기초하여 진행되고 있다.

희망복지지원단과는 별개로 지역사회의 취약아동을 주 대상으로 보건복지부에서는 '드림스타트' 사업을 시행하고 있다. 이 사업은 가족해체에 따른 가족기능 약화 및 사회양극화에 따른 아동 빈곤문제의 심각성이 대두되면서, 아동과 가족에 초점을 둔 통합사례관리를 통해 모든 취약계층 아동에게 공평한 출발 기회를 보장하는 것을 목적으로 한다. 드림스타트 사업은 2007년 16개 시 · 군 · 구에 희망스타트시범사업으로 시작하였으며, 2008년에 드림스타트로 개칭하였다. 2011년에는 「아동복지법」에 드림스타트 사업의 근거를 신설하고 지역 내 아동통합지원체계를 구축하였다. 드림스타트는 전국적으로 사업의 범위를 확장하면서 2015년부터는 통합사례관리의 기능을 수행하고 있다. 취약계층의 아동과 가정에 대한 지원은 시 · 군 · 구의 '드림스타트'를 중심으로 진행되고 있으며, 지역아동센터, 아동보호전문기관, 희망복지지원단, 읍 · 면 · 동 맞춤형 복지팀 등 사례관리기관 간 연계협력을 통해서 취약아동을 지원하고 있다(보건복지부,

2018c).

(5) 우리나라 사례관리의 전개과정

우리나라 사례관리 전개과정은 [그림 1-2]와 같이, 민간사회복지시설의 개별사례에 대한 개입 노력을 시작으로 현재는 민간영역과 공공영역에서 각각 사례관리를 하고 있다.

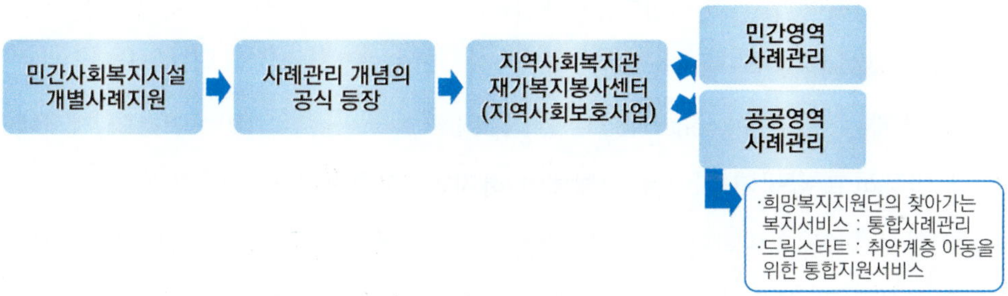

[그림 1-2] 우리나라 사례관리의 전개과정

3. 사례관리의 원칙

1) 클라이언트에 대한 실천 원칙

사례관리자는 사회복지 전문직의 가치와 사회복지사 윤리강령에 기반을 두고 실천을 해야 한다. 여러 사회복지 전공서적에서 인용되고 있는 비에스텍(Biesteck, 1957)의 개인을 대상으로 하는 실천 원칙은 인간존엄성의 가치와 윤리적 실천을 지향하고 있어 사례관리의 원칙으로도 유용하다. 이 원칙은 개별화, 의도적 감정표현, 통제된 정서관여, 수용, 자기결정, 비밀보장, 비심판적 태도의 7가지이다.

첫째, 개별화(individualization)는 클라이언트의 고유성과 독특성에 대한 존중이다. 사례관리는 개별사례에 대해 맞춤형의 서비스를 제공하기 때문에 유사한 문제를 지닌 클라이언트라 하더라도 각 개인이 그 문제를 어떻게 인식하고 있으며 어떠한 방법으로 해결하기를 희망하고 있고, 활용 가능한 내 · 외적인 자원이 무엇인지 등 개별 클라이언트의 독특한 상황을 고려하여 접근해야 한다.

둘째, 의도적 감정표현(purposeful expression of feelings)은 클라이언트의 억눌린 감정 혹은 긍정적 감정과 부정적 감정까지 클라이언트가 감정을 표현할 수 있도록 사례관리자가 개입해야 함을 의미한다. 사례관리자는 클라이언트가 자신의 감정을 표현할 수 있도록 도와야 한다.

셋째, 통제된 정서관여(controlled emotional involvement)는 클라이언트의 정서에 민감하게 반응하고 감정의 의미를 이해해야 하지만, 정서적인 교류에 있어 전문적인 경계를 지녀야 함을 의미한다. 사례관리자는 클라이언트의 문제에 공감하지만 지나칠 정도의 정서적 관여는 전문적 원조관계에 부정적 영향을 미칠 수 있음을 인식해야 한다. 사례관리자는 클라이언트의 문제해결에 도움이 되는 범위 내에서 정서적으로 관여해야 한다.

넷째, 수용(acceptance)은 있는 그대로 클라이언트를 받아들이는 것이다. 클라이언트의 강점과 약점을 비롯하여 성별 · 인종 · 민족 · 언어 · 장애 · 연령에 무관하게 현재 있는 그대로 클라이언트의 다양한 특성과 상황을 수용하고, 가능성과 잠재력 그리고 강점을 지닌 존재임을 인정하는 것이다.

다섯째, 자기결정(self-determination)은 클라이언트가 스스로 결정할 권리가 있다는 것에 대한 존중으로 자기결정을 최대한 보증하는 것을 의미한다. 클라이언트가 자기결정권을 행사하기 어려운 경우도 있지만 사례관리자는 클라이언트가 자기결정권을 최대한 발휘할 수 있도록 충분한 정보를 제공해야 하며 자기결정권을 최대한 존중하는 방식으로 사례관리를 수행해야 한다.

여섯째, 비밀보장(confidentiality)의 원칙이다. 사례관리자는 클라이언트의 사적인 정보를 적법한 절차 없이 누설해서는 안 된다. 사례관리과정에서 획득한 클라이언트의 사생활에 대해서 비밀보장을 준수해야 한다.

마지막으로 비심판적인 태도(non-judgemental attitude)는 클라이언트에 대해서 사회복지사가 도덕적인 판단을 하지 않음을 의미하는 것이 아니다. 휴먼 서비스 분야의 전문가는 클라이언트에 대해서 도덕적인 판단을 하게 된다(Hasenfeld, 1992). 그러나 이러한 판단이 클라이언트에 대한 심판적인 태도로 연결되어서는 안 되는 것이 비심판적 태도이다. 사례관리자는 클라이언트의 강점과 약점, 문제와 가능성, 행동과 태도 등 전반적인 상황을 있는 그대로 수용하면서 그것을 원조과정에서 어떻게 활용할 것인가에 초점을 두어야 한다.

2) 사례관리의 원칙

사례관리의 다양한 문헌에서 논의되고 있는 사례관리 원칙을 종합하여 제시하면, [그림 1-3]과 같다(Moxley, 1989; Woodside & McClam, 2006; NASW, 2013; Summers, 2016).

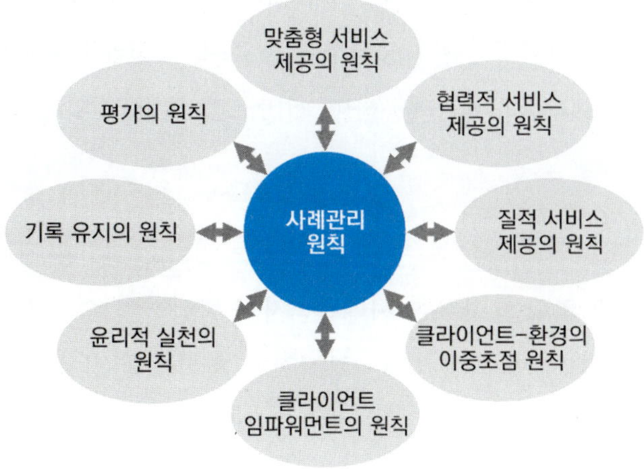

[그림 1-3] 사례관리의 원칙

(1) 맞춤형 서비스 제공

사례관리는 클라이언트와 가족체계가 직면한 욕구를 해결하기 위해 각 클라이언트에게 가장 적합한 사정방법을 활용하고, 개별화된 목표설정 및 실행, 그리고 평가방법을 적용해야 한다. 이는 기관이 지닌 자원이나 사례관리자의 역량에 국한하여 다수의 클라이언트에게 공통적인 개입방법을 적용해서는 안 됨을 의미한다. 클라이언트의 상황에 가장 적합한 방법을 적용한 맞춤형의 서비스를 제공해야 한다. 맞춤형 서비스 제공은 클라이언트 각 개인별 서비스 계획(ISP: Individualized Service Plan) 수립을 통해 가능하다.

(2) 협력적 서비스 제공

사례관리자는 클라이언트와 협력적인 관계를 유지해야 하며 클라이언트의 가족과 클라이언트에게 영향을 미치는 체계의 관련자와도 협력해야 한다. 또한, 클라이언트를 효과적으로 원조하기 위해 사례관리자가 속한 기관의 직원은 물론 지역사회의 전문가 및 단체와도 협력해야 한다. 클라이언트의 복합적인 욕구에 대응하기 위해서는 다학제적인 접근과 다양한 자원의 연결이 요구되기 때문에 사례관리자는 사례관리에 관련된 공공영역과 민간영역, 비공식자원과 공식자원 등 서비스 전달과정의 여러 분야 전문가 및 기관과 협력적으로 서비스를 제공하며 서비스의 통합을 위해 노력해야 한다.

(3) 질적 서비스 제공

사례관리는 전문적 역량을 보유한 사례관리자가 담당하여 수준 높은 보호를 제공해야 한다. 자원 부족, 직원의 역량 부족, 부적절한 서비스 환경 등 클라이언트가 느낄 수 있는 부정적인 요인을 최소화하고 클라이언트의 욕구에 맞는 서비스가 적시에 전문가에 의해 제공되도록 해야 한다. 적정 클라이언트를 담당해야 함은 물론이고 사례관리의 사각지대가 없도록 누락된 대상자를 발굴하여 서비스에 연결될 수 있도록 해야 한다.

(4) 클라이언트-환경의 이중초점

사례관리자는 환경 속의 개인의 관점(person in environment)으로 개입을 한다. 클라이언트에 대한 사정뿐 아니라 클라이언트에게 직간접의 영향을 미치는 환경에 대한 사정을 통해 클라이언트와 환경의 변화를 위해서 동시적인 개입을 한다. 사례관리자는 미시체계에서 직접실천의 개입을 하며 클라이언트가 속한 체계의 변화를 위해 중범위와 거시체계에서의 역할을 수행해야 한다.

(5) 클라이언트 임파워먼트

사례관리자는 클라이언트의 변화 가능성을 신뢰하고 사례관리과정에서 클라이언트를 적극적인 참여자로 존중해야 한다. 클라이언트와 환경의 강점을 원조과정에서 활용하여 클라이언트의 삶이 더 나은 방향으로 변화되도록 지원해야 한다. 사례관리자가 클라이언트의 문제해결에 주도성을 갖는 것이 아니라 클라이언트가 자신의 문제해결에 주도성을 갖도록 하여 클라이언트의 성장과 변화를 도와야 한다.

(6) 윤리적 실천

사례관리자는 인간존엄성과 사회정의 실현이라는 사회복지 가치에 입각하여 윤리적인 실천을 해야 한다. 사례관리기관은 사례관리자의 비윤리적인 실천을 모니터링하며 실천상의 과오가 없도록 정기적인 슈퍼비전을 제공해야 한다. 직원의 윤리적 민감성을 제고하기 위한 교육기회의 제공은 물론 윤리적인 사안을 다루기 위해 기관의 체계를 구비해야 한다.

(7) 기록 유지

사례관리의 모든 과정은 적시에 문서화되어야 한다. 기록은 사례관리자의 과업이지만, 기록 내용의 주체는 클라이언트이다. 사례관리기록은 클라이언트가 표현하는 언어와 목표, 관점 등을 반영하여 정확하게 기록해야 하고 문서화된 클라이언트의 기록에 대해서는 비밀보장의 원칙을 준수하며 안전하게 보관해야 한다.

(8) 평가

평가는 사례관리 책임성 이행의 근거가 되는 중요한 부분으로 사례관리를 통한 클라이언트의 변화와 사례관리 서비스에 대한 만족도, 사례관리자 활동의 적절성과 서비스 질 등의 내용이 포함된다. 평가는 전문가의 단독 과업이 아니기 때문에 사례관리자를 비롯한 여러 전문가와 클라이언트 및 가족이 평가에 참여하며, 평가를 통해 클라이언트의 변화가 유지되도록 함과 동시에 사례관리 서비스의 질 개선을 도모해야 한다.

생각해 보기

1. 사례관리와 개별사회사업에서 실천가는 각각 어떤 역할을 해야 하는지 토론해 보자.
2. 최근 우리나라 민간 사회복지실천현장과 공공영역에서 사례관리기능이 강조되고 있는 이유는 무엇이라고 생각하는가?
3. 클라이언트와 함께 일했을 때(실천경험, 실습경험), 사례관리 실천 원칙을 적용하였는지, 사례관리 실천 원칙 중 어떤 원칙의 적용이 용이했고 어려웠는지 토론해 보자.

Chapter 02

사례관리의 구성요소

1. 사례관리의 구성요소

사례관리의 구성요소로 사례관리 참여자(클라이언트), 사례관리자, 지역사회, 자원, 사례관리 운영체계(기관)를 들 수 있다. [그림 2-1]은 생태체계관점에서 사례관리의 구성요소를 도식화한 것이다.

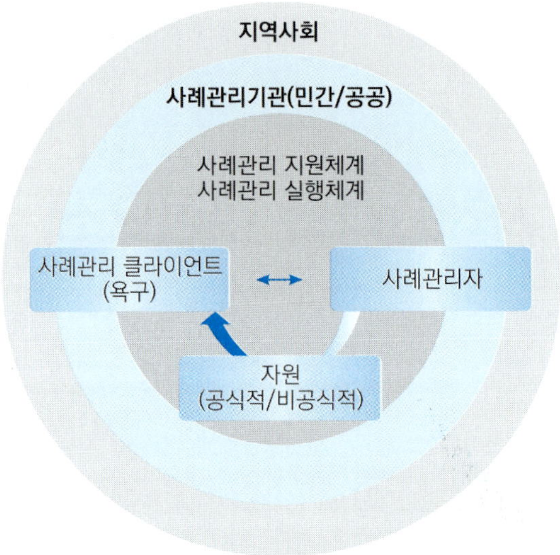

[그림 2-1] 사례관리의 구성요소

1) 사례관리 참여자(클라이언트)

(1) 클라이언트의 특성

사례관리는 공공과 민간, 이용시설과 생활시설, 사회복지시설과 사회복지사가 근무하는 시설(의료기관, 학교, 교정기관 등) 등 다양한 영역에서 행해진다. 사례관리분야가 다양할지라도 사례관리 참여자(클라이언트)에게서 볼 수 있는 공통적인 요소가 있다. 그것은 ① 클라이언트는 한 명 이상의 원조자로부터 도움이 필요한 복합적인 문제를 경험하고 있는 사람이라는 점, 그리고 ② 원조를 효과적으로 이용하는 데 있어 특별한 어려움이 있는 경우, 즉 무지나 역기능적인 태도 등으로 인해 사례관리자의 도움 없이는 효과적으로 서비스를 공급받는 것이 어려운 클라이언트라는 점이다(Ballew & Mink, 1996).

그러나 복합적인 문제를 가지고 있는 경우라 하더라도 충분한 지식과 사회적 기술,

자원을 보유하고 있어서 스스로 관리가 가능하다면 사례관리자의 도움이 굳이 필요하지 않을 수 있다. 따라서 사례관리의 필요성은 클라이언트의 자원 및 역량과 관련된다. 다시 말해, 복합적인 문제를 지닌 클라이언트가 자원이 부족하거나 자원을 활용하는 능력이 부족한 환경에서 스스로 관리할 수 없을 때 사례관리가 요구된다.

(2) 클라이언트에 대한 관점

클라이언트에 대한 관점은 클라이언트의 참여 범위를 결정하는 데 영향을 미친다. 병리적 관점이 우세한 시기에는 클라이언트를 무기력한 사람(powerlessness), 의존자(dependent) 혹은 서비스 수혜자(recipient)로 보았으며, 클라이언트는 사회복지사의 전문적인 판단과 계획에 의존하여 서비스를 제공받는 대상자(객체)였다. 이후 소비자 주권주의(consumerism)가 강조되는 시점에서 클라이언트는 서비스의 단순한 수혜자가 아니라 서비스를 선택하는 고객, 혹은 이용자의 관점으로 인식되었다. 이후 사회복지 실천현장에서 강점관점(strengthening perspective)이 우세한 상황에서 클라이언트는 서비스 전 과정에 능동적으로 참여하는 사회복지사의 협력적인 동반자(collaboration & partnership)이다(Saleebey, 1996). 강점관점으로 볼 경우, 클라이언트는 변화과정에 능동적으로 참여하는 파트너이며 자신이 처한 환경과 자신의 능력을 가장 잘 알고 있는 주체이다(Miley, O'Melia, & DuBios, 2007).

사회복지 서비스의 성과는 사회복지사와 클라이언트의 공동생산(co-production)의 결과이기 때문에(김영종, 2013), 클라이언트의 적극적이고 협력적인 참여와 노력은 사례관리의 성과에 중요할 수 있다. 그런 의미에서 클라이언트는 소극적인 수혜자가 아니라 적극적인 서비스 참여자이다.

[그림 2-2] 클라이언트에 대한 관점의 변화

(3) 클라이언트의 구분

클라이언트의 문제해결을 위해서 여러 전문가의 협업과 다양한 자원이 요구되며, 장기간의 시간이 소요될 수 있다. 클라이언트가 직면하고 있는 문제수준의 복합성과 시급성에 따라서 사례관리자의 개입 범위와 전문가와의 협력의 범위, 그리고 사례관리의 진행기간도 각기 다르다. 사례관리 클라이언트를 일반사례와 심화(집중)사례로 구분하는 경우가 있으며, 문제의 시급성에 따라서 위기사례(혹은 긴급사례대상자)로 분류하기도 한다. 기관의 서비스 제공 범위를 넘어서서 지역사회의 다양한 자원이 필요한 클라이언트의 경우 통합사례관리대상자로 선정하여 지역사회의 사례관리 팀워크를 활용하여 지원하게 된다.

사례관리 클라이언트의 구분

- 위기사례: 위기의 안정화를 주요 목적으로 하며 현재 클라이언트의 삶을 위협하는 요소를 제거 혹은 보호장치를 마련함으로써 위기를 안정화하는 것에 초점을 두는 개입 유형
- 일반사례: 클라이언트의 욕구 충족을 위한 수단이 사례관리 수행기관 내부에서 가능한 수준의 사례. 조직 내부의 협력체계나 서비스를 조정하는 것이 중요한 사례
- 통합사례: 클라이언트의 욕구충족이 기관 내부의 자원만으로는 부족하고 지역사회의 다양한 자원의 동원을 통해서만 가능한 경우. 따라서 사례관리의 통합형은 지역사회 연계체계를 구축하거나 네트워크 활성화를 위한 노력이 필요

출처: 서울복지재단(2013).

2) 사례관리자

(1) 사례관리자의 역할

① 간접실천과 직접실천의 역할

사례관리자는 클라이언트의 문제해결을 위해 상담과 조언 등의 직접 서비스뿐 아니라 옹호, 서비스 연계, 조정 등의 간접적인 역할을 수행한다. 목슬레이(1989)는 직접적

역할로 실행자, 교사, 상담가, 안내자, 협력자, 진행자, 정보전문가, 지지자의 역할을, 그리고 간접적 역할로 자원 연계자, 중개자, 조정자, 옹호자의 역할을 제시하였다.

〈표 2-1〉 사례관리자의 직접실천 및 간접실천의 역할

사례관리 직접실천가의 역할		사례관리 간접실천가의 역할
실행자, 교사/상담자, 안내자/협력자, 진행가, 정보전문가, 지지자	+	중개인, 연결자, 계획가, 사회적 네트워크 개입, 기술적 지원과 자문, 서비스 조정자, 관리자

② 임상가와 행정가의 역할

사례관리자는 임상가의 역할과 행정가의 역할을 함께 수행한다(김만두, 1993). 전자는 클라이언트에 대한 실천전략 측면에서의 역할이고 후자는 사례관리 서비스를 효과적이고 효율적으로 제공하기 위한 시스템 측면에서의 역할이다[그림 2-3].

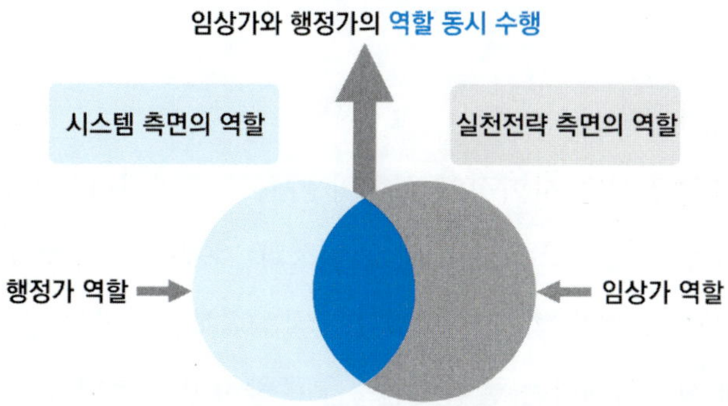

[그림 2-3] 사례관리자의 임상가와 행정가의 역할

③ 미시 · 중범위 · 거시체계에서의 역할

사례관리자는 클라이언트를 둘러싸고 있는 체계에 개입을 한다. 사례관리자는 자신의 역할을 미시체계에 국한해서는 안 되며, 필요할 경우 클라이언트를 위한 옹호의 역할과 제도와 정책 변화를 위해 거시체계수준에서 역할을 수행해야 한다.

〈표 2-2〉 체계수준에서 사례관리자의 역할

체계수준	초점	역할
미시체계 (클라이언트와 가족체계)	클라이언트와 가족의 문제해결	격려자, 촉진자, 상담가, 문제해결자, 교육자, 안내자, 조사자, 자문가, 중재자, 평가자, 기록유지자
중범위체계 (기관/지역사회)	자원 동원 및 연결	촉진자, 계획가, 조정자, 옹호자, 관리자, 자원동원가, 연계자, 중재자, 중개자, 평가자, 협상가
거시체계 (사회 및 정책)	자원 확충과 사회 변화	기획가, 중재자, 행동가, 옹호자, 평가자

(2) 사례관리자의 역량

사회복지사는 자신을 도구로 활용하여 클라이언트의 삶을 원조하는 전문가이다. 사회복지실천은 전문이론, 지식, 기술을 전수받은 자격을 지닌 전문가가 수행해야 한다(Zastrow, 2010). 전문직의 역량은 지식과 기술을 구비한 것만으로는 충족될 수 없기 때문에 사회복지사는 전문지식과 기술을 활용함에 있어 전문직의 가치에 기반하여 실천을 해야 한다.

① 전문직의 가치

사회복지는 인간존엄성과 사회정의 실현의 가치를 표방한다. 한국 사회복지사윤리강령 전문에 사회복지사는 '모든 인간의 존엄성과 가치를 존중한다'고 명시함으로써 사회복지사의 윤리적 실천을 촉구하고 있다(한국사회복지사협회 윤리강령). 인간존엄성의 가치에 의해 사회복지사는 클라이언트를 존중하며 고통받고 억압받는 클라이언트가 인간다운 삶을 살 수 있도록 도와야 한다(NASW, 2001). 사회정의 실현과 관련하여서는 취약계층을 위한 복지 확충을 위해 옹호하며 사회제도의 개선을 위해 헌신해야 한다. 사회정의 실현의 주된 관심은 불평등 이슈를 완화하고 해결하는 것이다. 불평등의 이슈와 관련하여 사회복지사는 클라이언트와 계층을 대변하고 옹호하는 역할을 수행한다. 사회복지의 인간존엄성과 사회정의 실현의 가치는 바로 사례관리자가 클라이언트와 클라이언트가 속한 사회환경에 대한 이중초점을 지향하는 전문직의 가치이다.

② 사례관리자의 역량: 태도, 지식, 기술

사례관리자가 직접실천과 간접실천의 역할을 수행하기 위해서는 이 두 영역의 지식과 기술을 구비해야 한다. 사례관리자는 여러 임상이론에 관한 지식을 가지고 다양한 욕구와 특성을 지닌 클라이언트에게 가장 적합한 이론을 적용해야 한다. 또한, 클라이언트의 문화적 다양성을 강점으로 활용하기 위해서 문화적 역량을 구비해야 하며(Lum, 2005), 강점관점의 실천을 위해서 강점관점의 여러 이론에 관한 기본적인 지식과 개입기술을 숙지해야 한다. 물론, 윤리적 실천을 위한 윤리적 의사결정 능력, 클라이언트와의 효과적 의사소통 능력, 경청기술, 욕구사정기술, 기록기술, 사례관리 계획을 위한 기획기술, 조직화기술, 옹호기술, 자원동원기술, 과학적인 분석과 평가의 기술 등 다양한 기술이 요구된다.

사례관리자가 구비해야 할 역량으로 직무능력표준(National Competence Standard)과 사례관리 문헌에서 제시하고 있는 내용을 종합하여 〈표 2-3〉에 사례관리자의 태도, 지식, 기술을 제시하였다.

〈표 2-3〉 효과적인 사례관리를 위한 역량: 태도, 지식, 기술

태도	지식	기술
• 공감적 태도 • 수용적 자세 • 비심판적 태도 • 가치중립적 태도 • 비차별적 태도 • 비지시적 태도 • (사회문제에 대한)비판적/분석적 자세 • 협력적 태도(클라이언트와 파트너십) • 변화 가능성에 대한 긍정적 태도 • 문제해결을 위한 적극적인 자세 • 일관적인 태도	• 관련 법: 「개인정보보호법」, 「국민기초생활보장법」, 각 대상별 사회복지 관련 법 • 이론 및 관점: 생태체계이론, 사회자본이론, 네트워크이론, 강점 관점, 상징적 상호작용주의 관점 • 다양한 임상이론: 해결 중심 치료, 인지치료, 심리사회역동 모델, 가족체계이론, 가족치료 이론, 위기개입이론 등 • 과학적 기법의 이론: 증거기반 실천 이론, 욕구이론 및 사회조사방법론, 프로그램 개발과 평가 • 사회복지실천윤리	• 관계(rapport)형성기술 • 의사소통기술 • 상담기술 • 사정기술 • 기록 및 문서작성기술 • 갈등조정기술 • 협상기술 • 옹호기술 • 네트워크기술 • 자원분석기술 • 자원동원기술 • 팀워크기술 • 조직화기술 • 윤리적 의사결정기술 • 문화적 역량기술 • 시간관리기술 • 컴퓨터 활용기술

사례관리자의 태도와 지식, 기술은 초임사회복지사의 역량의 범위를 넘어서는 부분이 있다. 참고 표에 제시한 한국사례관리학회와 미국사회복지사협회의 사례관리 표준에서도 사례관리자는 일정 부분의 전문성을 지닌 유자격자에 의해 수행할 것을 권고하고 있다. 따라서 사례관리자는 자신의 전문성을 향상하기 위해 노력해야 하며, 기관은 사례관리자가 효과적으로 사례관리업무를 수행하도록 슈퍼비전 체계를 구비하고 정기적인 슈퍼비전을 제공해야 한다.

한국사례관리학회 표준 실천지침 5. 사례관리자의 자격
사례관리자는 사회복지사 1급 자격증 취득 후 사회복지실천 경력 2년 이상인 자이거나 사회복지사 2급 자격증 취득 후 사회복지실천 경력이 4년 이상 되어야 하며, 사례관리와 관련된 교육과 훈련을 받은 자이어야 한다(한국사례관리학회, 2016).

NASW 사례관리 표준 원칙2. 자격
사회복지 사례관리자는 사회복지교육협의회가 인증한 학교 또는 프로그램에서 사회사업 학사 혹은 그 이상의 학위를 취득한 자여야 하며, 사례관리자는 자신이 실천을 하는 주와 관할구역의 면허와 자격 요구사항을 준수해야 하며, 사례관리실천에 필요한 기술과 전문적인 경험을 보유해야 한다(NASW, 2013).

3) 사례관리기관

우리나라의 사례관리는 크게 공공영역과 민간영역의 사례관리로 구분된다〈표 2-4〉. 공공과 민간의 사례관리가 각각의 체계로 수행되고 있기 때문에 공공사례관리는 보건복지부의 지침에 기초하여 운영되고 있으며 민간영역의 사례관리는 각 기관의 사례관리 운영지침과 체계에 근거하고 있다.

〈표 2-4〉 지역사회 내 사례관리체계

민간영역 사례관리	공공영역 사례관리
• 사회복지시설(이용시설과 생활시설): 사회복지관, 노인복지시설, 장애인복지시설, 아동보호전문기관, 지역아동센터, 자활센터, 사회복귀시설, 다문화가족지원센터, 그룹홈, 생활시설 등 • 의료사회복지, 정신건강사회복지, 학교사회복지, 교정사회복지분야 등	• 보건복지부 희망복지지원단(희망복지지원팀) –경기도(무한돌봄) –서울시(찾아가는 동주민센터) • 보건복지부 드림스타트(취약계층 아동을 위한 맞춤형 통합서비스)

4) 지역사회

지역사회는 클라이언트의 생활 터전이며 사례관리자의 업무가 수행되는 장소이다. 강점관점에서 보면, 지역사회는 각종 자원이 존재하는 자원의 보고(寶庫)이기 때문에(Miley, et al., 2007) 사례관리자는 지역사회에 대한 지식을 가지고 있어야 한다. 사례관리는 지역사회를 기반으로 전개되기 때문에 지역사회의 인구사회학적 특성과 사회보장 계획, 지역사회의 서비스 전달체계와 지역사회 자원 등 지역사회의 특성을 이해해야 한다.

- 지역사회의 특성: 인구, 사회, 경제, 정치, 교육, 복지, 의료 등
- 지역사회보장계획과 지역사회보장협의체의 활동
- 지방정부의 사회복지정책
- 지방정부의 서비스 전달체계
- 지역사회의 통합사례관리 운영방식
- 지역사회의 자원

5) 자원

클라이언트의 복합적인 욕구에 대응하기 위해 지역사회의 다양한 자원의 연계는 필수적이다. 자원이란 생활상의 제반 욕구를 충족시키거나 문제해결을 목적으로 이용되는 각종 시설, 기관, 단체 및 사람 등 유형의 인적·물적 자원들과 제도, 지식, 기술, 정보, 시간, 지원, 협조 등의 무형의 자원들로 효과적인 서비스 계획과 제공에 필요한 다차원적인 자원을 통칭한다(경기복지재단, 2010).

자원은 내적 자원과 외적 자원으로 구분된다. 내적 자원은 클라이언트와 가족의 강점을 말하며 외적 자원은 개인 또는 가족의 합리적인 질적 생활을 유지하도록 도와주는 재화와 서비스를 제공하는 사람이나 조직을 의미한다. 외적 자원은 크게 공식자원

과 비공식자원으로 구분된다. 공식자원은 공공기관, 민간단체, 각종 사회단체 등으로 기관이나 전문가에 의해 제공되며 기금이나 서비스 이용요금을 통해 재원을 충당한다. 비공식자원은 비조직적이고 자발적 · 상호부조적 특성을 지니며 친지, 친구나 이웃, 자조집단 등이 해당된다.

2. 사례관리 운영체계

1) 민간사례관리

민간사례관리는 사회복지시설을 중심으로 진행되며 지역사회의 주민 혹은 시설 입소자를 대상으로 각 시설의 사례관리지침에 의해 수행된다.

(1) 이용시설의 사례관리

① 지역사회 기반의 이용시설

사회복지관, 장애인복지관, 노인복지관과 같이 일정 규모의 직원이 종사하고 있는 사회복지시설의 경우, 사례관리팀 혹은 사례관리 담당자가 지정되어 사례관리를 수행한다([그림 2-4] 참조). 이 경우 기관 내 여러 전문가와 협력이 가능하다. 이용시설은 보건복지부의 시설 운영지침과 각 협회(사회복지관협회, 장애인복지관협회, 노인복지관협회 등)의 지침에 준해서 시설별로 사례관리를 수행한다.

- 사례관리팀 구성: 사회복지사들로 구성된 팀 혹은 사회복지사와 타 전문가의 다학제의 팀
- 지역사회의 사각지대 사례발굴

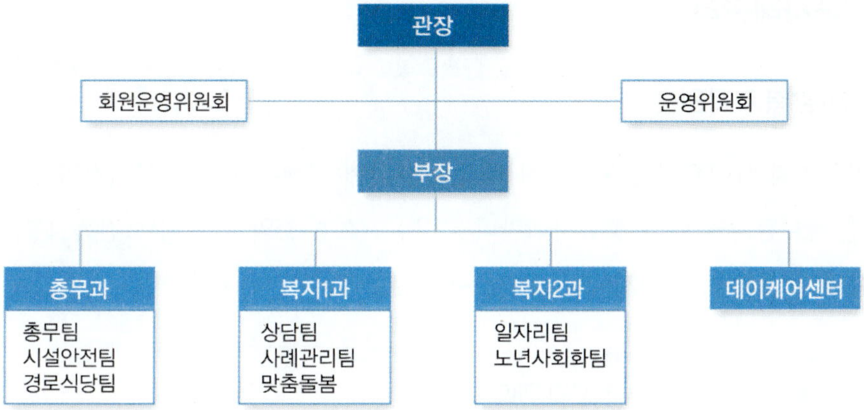

[그림 2-4] 지역사회기반 노인복지시설의 사례관리팀 조직구조(예시)

② 지역사회의 소규모 사회복지시설

지역아동센터, 아동권익증진센터, 가족센터, 사회복귀시설 등은 지역기반의 사회복지시설에 비해서 직원의 수가 적기 때문에 사례관리가 팀 단위에서 진행되기보다는 사회복지사의 담당 업무차원에서 진행되는 경우가 많다.

- 주로 직원의 사례관리 업무를 중심으로 진행
- 시설의 서비스 이용자 중심의 사례관리

(2) 생활시설 중심의 사례관리

생활시설에서 입소자를 대상으로 진행되는 사례관리이다.

- 시설 입소자 중 복합적인 문제로 여러 전문가의 협력이 필요한 경우 진행
- 별도의 사례관리팀이 없는 경우가 대부분
- 타 기관의 협력 혹은 지역의 통합사례관리로 의뢰

2) 공공사례관리

(1) 희망복지지원단

공공영역의 사례관리는 보건복지부 지침에 의해 진행된다. 희망복지지원단 업무 매뉴얼에 제시된 공공영역 통합사례관리 내용은 〈표 2-5〉와 같으며(보건복지부, 2022), 희망복지지원단 업무 체계도는 [그림 2-5]와 같다.

〈표 2-5〉 희망복지지원단 사례관리 개요

구분	내용
통합사례관리 개념	지역사회 공공·민간자원에 대한 체계적인 관리·지원체계를 토대로 복합적이고 다양한 욕구를 가진 대상자에게 복지·보건·고용·주거·교육·신용·법률 등 필요한 서비스를 통합적으로 연계·제공하고, 이를 지속적으로 상담·모니터링 하는 사업
사례관리 목표	지역주민의 다양한 욕구에 맞춤형 서비스를 연계·제공함으로써 지역주민의 삶을 안정적으로 지원·지지하고, 복지제도의 효과성·효율성 향상 • 일반적으로 지역주민을 대상으로 하나, 복지욕구 및 경제적 여건을 고려하여 빈곤계층의 탈빈곤·빈곤 예방을 중점 목표로 설정(고용-복지 연계에 중점)
통합사례관리 절차	대상자 발굴 → 초기상담 → 대상자 접수 → 욕구 및 위기도 조사 → 사례회의 → 대상자 구분·선정 → 서비스 제공 계획 수립 → 서비스 제공 및 점검 → 종결 → 사후관리의 총 10단계로 구성되어 있으며 희망복지지원단의 경우, 읍·면·동에서 초기상담 후 의뢰된 사례관리가구에 대해 대상자 접수부터 종결까지의 사례관리를 수행
처리 기한	대상자 접수일로부터 30일 내 서비스 제공 계획 수립
대상자 구분	읍·면·동에서 의뢰된 가구에 대해서는 욕구 및 위기도 조사 실시 후 사례회의 개최를 거쳐 사례관리 가구와 서비스 연계 가구로 구분하여 적용 • 사례관리 가구: 1개월 이상의 중장기적 개입이 필요한 가구로서 다양한 서비스가 집중적으로 제공될 수 있도록 사례회의 등 일반적인 절차를 적용하는 가구 • 서비스 연계 가구: 욕구가 단편적이어서 1개월 미만의 단기적 개입 또는 단순 서비스 연계를 통해 문제해결이 가능한 가구로서 사례회의의 일반적인 절차를 축소하는 가구

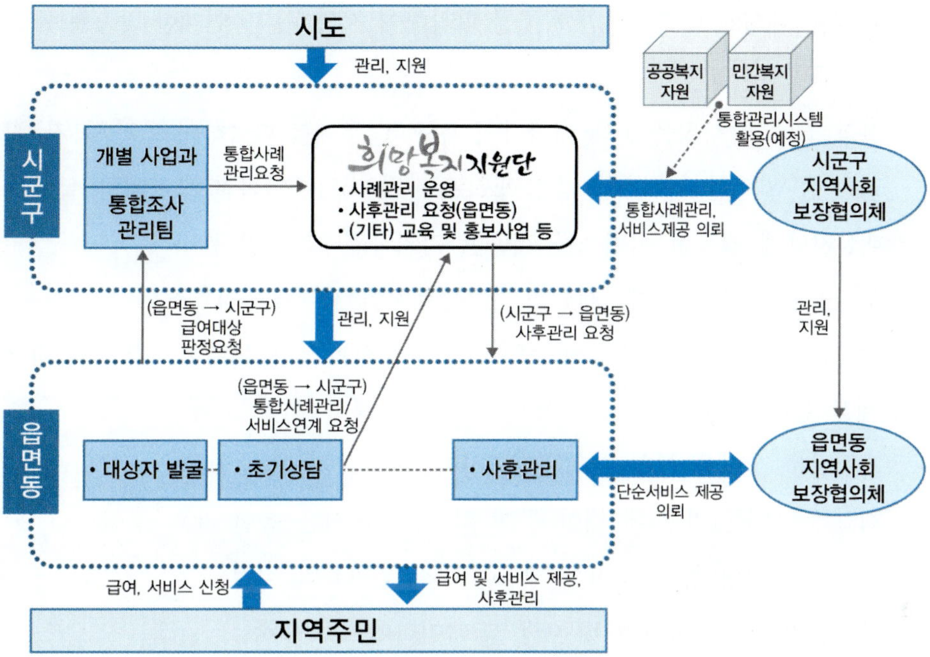

[그림 2-5] 희망복지지원단 업무체계도

(2) 드림스타트

드림스타트 사업은 취약계층 아동을 위한 맞춤형 사례관리이다. 아동의 건강한 성장과 발달을 도모하고 공평한 출발기회를 보장함으로써 건강하고 행복한 사회구성원으로 성장할 수 있도록 지원하는 것을 목표로 한다. 드림스타트 사업에 대해 간략하게 소개하면 다음과 같다(보건복지부, 2018c).

- 사업대상: 0세(임산부)~만 12세(초등학생 이하) 아동 및 가족
  - 만 12세 이상 아동 중 초등학교 재학 아동 포함
  - 수급자 및 차상위계층 가정, 보호대상 한부모가정(조손가정 포함), 학대 및 성폭력피해아동 등에 대한 우선지원 원칙

- 사업내용: 대상자의 복합적인 욕구를 파악하여 지역자원과 연계한 맞춤형 통합 서비스 제공
  - 인적 조사 및 사정을 통해 대상자의 욕구 및 문제를 파악하여 보건, 복지, 보호, 교육 등 필요한 서비스를 종합적으로 지원하고 주기적인 모니터링 실시
  - 대상자에게 필요한 서비스를 제공할 지역자원 발굴 및 관리
- 법적 근거: 「아동복지법」 제37조, 「아동복지법 시행령」 제37조
- 아동통합사례관리사의 업무: 아동의 건강한 성장과 발달을 위해 지역사회 내 자원 연계를 통해 아동의 문제 및 욕구별 맞춤형 통합 서비스 제공
  - 가정방문 상담을 통한 사례관리대상아동(위기아동 등) 발굴
  - 취약계층 아동(가구)에 대한 문제 및 욕구 파악을 통한 계획 수립
  - 아동별 맞춤형 통합 서비스 제공(서비스 연계) 및 점검
  - 사례관리 기초기록관리 및 아동별 데이터베이스 구축

드림스타트의 사례별 등급과 재사정 주기는 〈표 2-6〉가 같으며, 업무체계도는 [그림 2-6]과 같다.

〈표 2-6〉 사례등급별 정의 및 재사정 주기

사례등급	사례등급별 정의	재사정 주기
위기개입	• 아동학대, 방임, 가정폭력 등 아동과 가족에게 위기상황이 존재하는 경우로 사례관리자가 즉각적으로 개입하여 위기상황에 대한 대처가 필요한 경우	3개월 이내
집중사례관리	• 대상자와 가구 구성원이 복합적인 욕구 및 문제를 가지고 있어 통합 서비스를 제공해야 할 필요성이 높은 경우 • 양육환경과 아동발달에 대한 문제가 안정화될 때까지 집중적인 주의 및 관리가 필요한 경우	6개월 이내

사례등급	사례등급별 정의	재사정 주기
일반사례 관리	• 대상자와 가구 구성원의 욕구 및 문제가 복합적이지 않지만 관련 서비스 연계를 통한 관리가 필요한 경우 • 문제가 완전히 해결되지는 않았으나 문제에 대한 서비스 연계로 문제가 안정화된 경우로 모니터링과 통상적인 관리를 하는 경우	12개월 이내

출처: 보건복지부(2018c: 74).

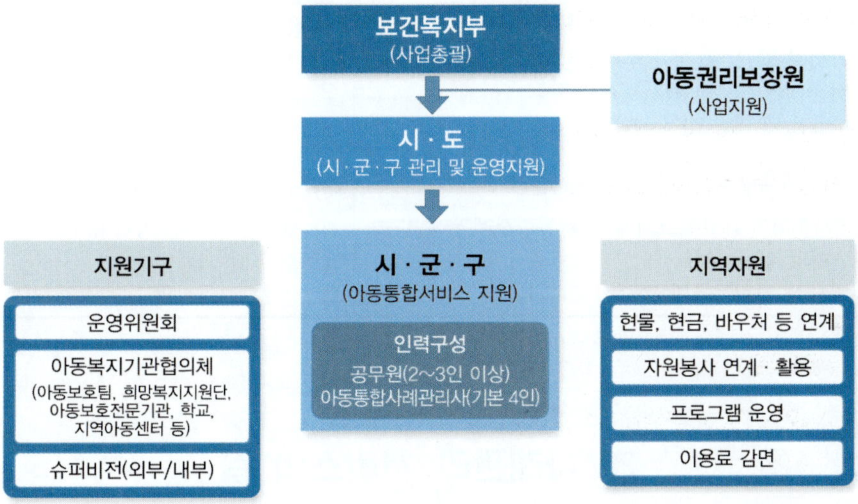

[그림 2-6] 드림스타트 업무체계도

3) 사례관리 운영체계

사례관리를 효과적으로 수행하기 위해 사례관리 수행기관은 운영체계를 구비하고 있어야 한다. 사례관리 운영체계는 크게 지원체계와 실행체계로 구분할 수 있다. 지원체계는 사례관리를 효과적으로 수행하기 위한 정책(규정)과 지침에 근거한 것이며, 실행체계는 사례관리자의 구체적인 역할과 관련된 것이다. 〈표 2-7〉은 사례관리의 지원체계와 실행체계의 내용이다.

〈표 2-7〉 사례관리 지원체계와 실행체계

사례관리 지원체계: 사례관리지침	사례관리 실행체계: 사례관리자의 역할수행
* 아래의 내용을 기관에서 구비하고 있는지를 통해 확인 ① 사례관리규정 구비(기관 내부 인력 간 표준화) ② 사례관리과정별 업무분석(업무기술, 업무명세, 업무평가서) ③ 사례관리팀 구성 및 사례관리자 배치(업무특성에 따른 적합도 고려) ④ 교육훈련(사례관리를 위한 역량강화) ⑤ 다학제적 접근(타 전문직과의 협력) ⑥ 팀접근 협력(타 팀과의 협력) ⑦ 슈퍼비전 및 자문(질적 사례관리를 위한 슈퍼비전 및 자문) ⑧ 사례관리 프로그램의 정기적 평가 ⑨ 지역사회와의 네트워크체계 구축(통합사례관리 및 솔루션회의 활동지원) ⑩ 지역사회 자원목록의 정기적 업데이트	* 아래 역할이 적시에 적절하게 수행되고 있는지를 통해 확인 ① 초기 스크리닝, 인테이크 등을 통해 사례관리 대상자에 대한 기초자료 수집 ② 클라이언트의 동의와 계약 ③ 클라이언트의 욕구에 기초한 사정 ④ 정기적 사례회의를 통한 개입 방향 논의 ⑤ 클라이언트와의 협력적인 계획 수립 ⑥ 사례관리 점검표를 통해 정기적으로 평가 및 모니터링 ⑦ 계획에 의한 실행 ⑧ 재사정의 수행/성과평가 ⑨ 종결 및 의뢰 ⑩ 사례관리과정의 체계적인 기록

3. 사례관리 서비스의 질

1) 사례관리 서비스의 질

서비스는 전문가의 역량에 따라 질적인 부분에 편차가 존재할 수 있다. 사례관리 서비스가 동일한 사람에 의해 수행된다고 하더라도 서비스의 특성상 서비스의 이질성을 완전히 배제할 수 없다. 서비스는 제품과 달리 대부분이 무형성이기 때문에 잉여 서비스를 재고로 보관할 수도 없다(이유재, 2014). 이러한 서비스의 특성으로 인해 서비스의 질을 관리하는 것은 용이한 과정은 아니다. 서비스 품질의 구성요소로 마틴(Martin, 1993)의 접근성, 확실성, 의사소통, 자격 여부, 준수성, 결핍성, 지속성, 공감성, 인격성, 수행성, 일관성, 즉응성, 안정성, 가시성, 정중성을 사례관리에 적용하여 재구성하였다〈표 2-8〉.

〈표 2-8〉 서비스의 품질요소

구성요소	서비스 질	사례관리의 질적 측면에 적용
접근성	프로그램이나 서비스에 접근하거나 얻기가 쉽다.	클라이언트가 사례관리 서비스에 쉽게 접근하기 위해 지리적, 시간적, 심리적, 물리적인 요소가 고려되어야 한다.
확실성	직원이 친절, 공손, 신중하고 관련 지식을 많이 가지고 있다.	사례관리자는 전문적 태도는 물론이고 사례관리를 수행하기 위한 지식을 많이 가지고 있다.
의사소통	서비스 및 추후의 변경사항에 관하여 클라이언트가 이해할 수 있는 언어로 클라이언트에게 알려 준다.	클라이언트가 이해할 수 있도록 서비스에 관한 전반적인 내용을 명확하고 정확하게 소개해야 한다.
자격 여부	직원이 서비스를 제공하는 데 대한 필수 지식 및 기술 요건을 갖추고 있다.	사례관리자는 서비스 제공을 위한 필수적인 지식 및 기술 요건을 구비하고 있다.
준수성	서비스가 표준을 준수한다.	사례관리의 규정과 절차를 준수해야 한다.
결핍성	클라이언트 만족에 부정적으로 영향을 미치는 모든 품질 특성이 적어야 한다	자원부족, 직원의 역량부족, 부적절한 서비스 환경 등 클라이언트가 느낄 수 있는 부정적인 영향요인을 최소화해야 한다.
지속성	성과, 산물, 결과가 유지된다.	사례관리 서비스 제공을 통해 클라이언트의 변화가 지속되어야 한다.
공감성	직원이 클라이언트에 대한 개별화된 이해와 관심을 보여 준다.	클라이언트에 대해 개별화의 원칙에 입각하여 관계를 형성하고 유지한다.
인격성	클라이언트의 존엄성과 자존심을 보호하는 방식으로 서비스가 제공된다.	사례관리 대상자의 존엄성과 자존심을 보호하는 방식으로 서비스가 제공된다.
수행성	프로그램과 서비스가 계획대로 수행된다.	사례관리 목표달성을 위한 체계적 계획을 수립하고 계획에 따라 수행한다.
일관성	시간이 지남에 따라 또는 클라이언트 사이의 최소 변화에 대하여 신뢰할 수 있고 일관되게 서비스를 제공한다.	서비스의 지속성을 보장하고 서비스 제공에 있어 질적인 변화를 최소화하는 등 서비스 전 과정에서 일관성을 유지한다.
즉응성	직원이 서비스를 제공하는 시기가 적절하다.	적시에 필요한 서비스를 연결하고 제공한다.
안전성	프로그램과 서비스가 안전한 세팅에서 제공되며 위험이 존재하지 않는다.	서비스 전달을 위한 업무환경이 안전하다.
가시성	시설, 장비, 인력, 출간된 자료의 물리적인 외형이 적합하다.	사례관리 서비스 제공과정에서 활용되는 제반 시설, 장비가 적합하고 용이하다.
정중성	직원이 클라이언트를 존중한다.	클라이언트를 동반자로 인정하고 존중한다.

2) 사례관리의 질적 요소

사례관리를 질적으로 수행하기 위한 요소 중 가장 우선적인 요소는 사례관리자의 전문성이라 하겠다. 휴먼 서비스 전달에 있어 중추적인 역할을 원조전문직이 수행하기 때문에 전문가의 역량과 숙련성은 그 어떤 요소보다 질적 서비스의 핵심요소이다. 뿐만 아니라 사례관리자가 속한 기관의 역량, 클라이언트의 참여의지 및 변화 동기, 사례관리자가 활용하는 임상적인 준거와 이론적인 틀, 다전문직과의 협력은 휴먼 서비스의 질적 요소이다.

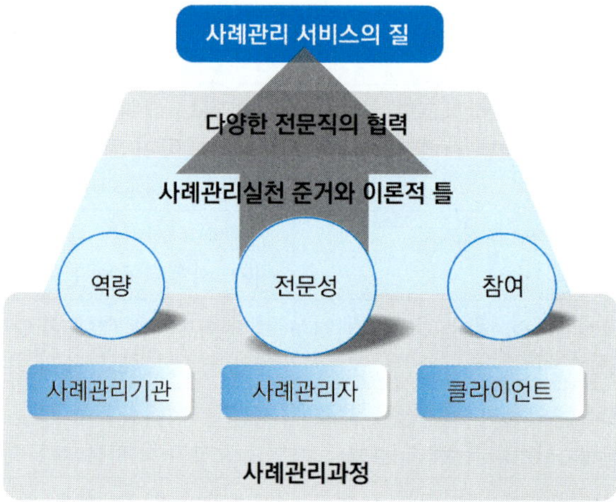

[그림 2-7] 사례관리 서비스 질의 핵심요소

(1) 사례관리자의 전문성

서비스는 제품과 달리 표준화 혹은 규격화하는 것이 어렵기 때문에 누가 서비스를 전달하는가에 따라서 서비스의 질에 차이가 발생한다. 전문성을 갖춘 숙련된 사례관리자에 의해 사례관리가 수행되는 것이 바람직하지만 기관의 모든 사례관리자가 충분한 전문성을 구비하고 업무를 수행하는 것이 아니기 때문에 사례관리자 간에 서비스의 질에 편차가 있을 수 있다. 사례관리자는 질적인 서비스를 제공하기 위해 전문성을 지속적으로 개발해야 하며, 기관에서는 사례관리자가 전문성을 담보하고 실천을 할 수 있도록 정기적인 슈퍼비전을 제공해야 한다. 사례관리자는 전문적 실천 및 전문기능 수행에 있어 숙련상태를 유지하고 높은 수준의 실천을 수행해야 하는(NASW, code of ethics. 4.01, 5.01) 윤리적 책임이 있다.

사례관리자는 클라이언트의 고유한 문화적 특성을 강점으로 활용하기 위해서 문화적 민감성을 포함한 문화적 역량(cultural competence)을 구비해야 한다. 사례관리자가 성별, 계층, 연령, 인종, 종교 등 다양한 배경을 지닌 클라이언트를 만나기 때문에 클라이언트의 다양성에 대한 존중은 물론이고 고유한 문화의 특성을 이해하고 문화적 강점을 사정하여 이를 실천과정에 접목해야 한다. 문화적 역량은 타인의 문화에 대한 민감성, 다문화에 대한 인식, 태도적인 측면에서의 역량을 말하며, 다문화에 대한 지식과 기술의 지속적인 발전이 가능한 귀납적인 학습의 특성을 갖는다(최소연, 2012b; Lum, 2005). 문화적 역량은 사례관리자가 지녀야 할 전문적인 영역일 뿐 아니라 사례관리자가 속한 기관과 지역사회도 문화적 역량을 보유해야 한다.[1)] 클라이언트에 대한 전문가의 올바른 이해를 바탕으로 개입이 행해질 때 비로소 서비스의 실효성과 전문직의 책임성이 담보될 수 있다(Reamer, 2001).

(2) 클라이언트의 참여

클라이언트를 만성적인 문제를 지닌 의존자로 간주할 경우, 클라이언트의 변화는 제한된다. 강점관점의 임파워먼트 실천은 사례관리자와 클라이언트의 협력적 파트너십을 실천의 중요 요소로 간주하며, 원조의 전 과정에서 클라이언트의 적극적인 참여

---

1) 문화적 역량의 차원, ① 실천가 차원(사회복지사는 자신의 개인적 가치와 문화적 유산과 관련된 자기 인식, 문화동화주의 및 다원주의와 관련하여 가치 차이와 갈등, 그리고 타인, 특별히 클라이언트의 문화에 대해 인식해야 함), ② 기관 차원: 기관의 정책과 인력(다문화 클라이언트를 위한 다문화직원), 문화적 역량을 위한 직원훈련, 프로그램 평가, 클라이언트에 대한 정보 제공(통번역, 클라이언트의 언어로 홍보 등), 문화적 역량의 슈퍼비전 등, ③ 지역사회 차원: 중범위 및 거시적 차원에서의 역량으로 지역사회의 인식 및 정책 측면의 문화적 역량(Lum, 2005)

를 강조한다(Saleebey, 2006). 클라이언트의 주도적인 참여와 적극적인 협력은 변화를 위한 동인이다. 이러한 관점에서 클라이언트와 클라이언트 가족은 수혜자가 아니라 자신의 문제를 적극적으로 해결하기 위한 주체이며, 사례관리자의 협력적인 파트너이다. 또한, 클라이언트는 사례관리자로부터 일방적으로 원조를 제공받는 대상(객체)이 아니라 자신의 문제를 해결하는 주체이다. 사례관리자의 과도한 개입의 결과로 클라이언트가 학습된 무능력자나 수동적인 수혜자가 되지 않도록 해야 한다. 사례관리자는 클라이언트의 가능성과 능력을 존중하며, 클라이언트가 서비스 과정에 최대한 참여하도록 해야 한다.

(3) 사례관리기관의 역량

우리나라는 미국과 달리 개업실천 사회복지사가 거의 없고 대부분 기관에 속해서 업무를 수행하기 때문에 기관의 업무환경과 문화는 사회복지사의 실천에 직간접적으로 영향을 미친다(김기덕 외, 2012). 사례관리자에 대한 정기적인 교육기회의 제공과 능력개발을 위한 지원, 적절한 슈퍼비전의 제공, 네트워크의 밀도와 강도, 직원 업무배치의 합리성, 업무 수행을 위한 기관의 지원 등은 사례관리 서비스의 질에 영향을 미친다. 조직의 미션과 리더십, 조직의 문화는 구성원의 업무성과에 영향을 미치기 때문에 사례관리기관의 역량은 질적 사례관리 서비스의 선행요인이라 하겠다(Brewer & Coleman, 2000; Choi, 2017; Choi, 2018).

(4) 사례관리실천 준거와 이론 틀

사례에 대한 임상적인 개입 시 적합한 이론적 틀을 적용하는 것은 클라이언트의 문제해결에 중요하다. 사례관리자는 클라이언트에 대한 포괄적인 사정을 통해서 임상적인 실천을 해야 한다. 임상적 개입은 심각한 정신적·인지적 혹은 정서적인 손상을 지닌 클라이언트나 비자발적인 클라이언트, 장기간의 개입에도 효과를 보이지 않은 클라이언트, 장기간 시설생활로 현저하게 기능을 상실한 클라이언트, 인간관계에 심각한 문제가 있는 클라이언트와 함께 일할 때 필요하다. 이 경우 사례관리자는 자신에게 익숙한 이론적인 틀을 적용하는 것이 아니라, 임상적인 증거에 기반하여 클라이언트에게 가장 적합한 이론적인 틀을 적용해야 한다. 증거기반의 실천(evidence-based practice)의 적용은 클라이언트에 대한 임상실천의 개입에 있어 유용한 방법의 하나이다(Fisher, 2009).

(5) 다양한 전문직의 협력

질적 사례관리의 황금률은 전문적으로 분화되어 있는 서비스를 어떻게 통합하여 클라이언트에게 공급하는가이다(Raiff & Shore, 1993). 다양한 전문직이 협력하는 것으로 다학제 접근의 실천(multidisciplinary)이 있다. 이는 각기 독자적으로 실천을 하여 각각의 계획을 전개하고, 그 후 클라이언트에 대한 관점을 공유하기 위해 회합을 하는 실천을 의미한다. 여러 분야의 전문직이 협력적으로 실천을 하는 것으로 다학제 상호협력 접근(interdisciplinary)이 있다. 이는 사례관리를 위해 팀으로 활동을 하며 서로 다른 전문가, 클라이언트 그리고 관련자가 함께 사례관리의 계획에 참여하여 전문가의 통합적이고 협력적인 계획하에 진행되도록 하는 것이다. 사례관리실천의 성과를 위해서는 다학제적인 접근과 다학제 상호협력 등 다양한 분야의 전문가와 협력과 협업이 요구된다.

4. 사례관리 과정

사례관리 과정은 접수면접 · 사정 · 계획 · 실행 · 모니터링 · 평가 · 사후지도로, 사회복지실천의 일반과정과 유사하다. 미국사회복지사협회(NASW, 2013)와 서울복지재단의 사례관리 표준매뉴얼(2009), 보건복지부 희망복지지원단 매뉴얼(2018)을 참고하여 사례관리 과정을 도식화하였다[그림 2-8].

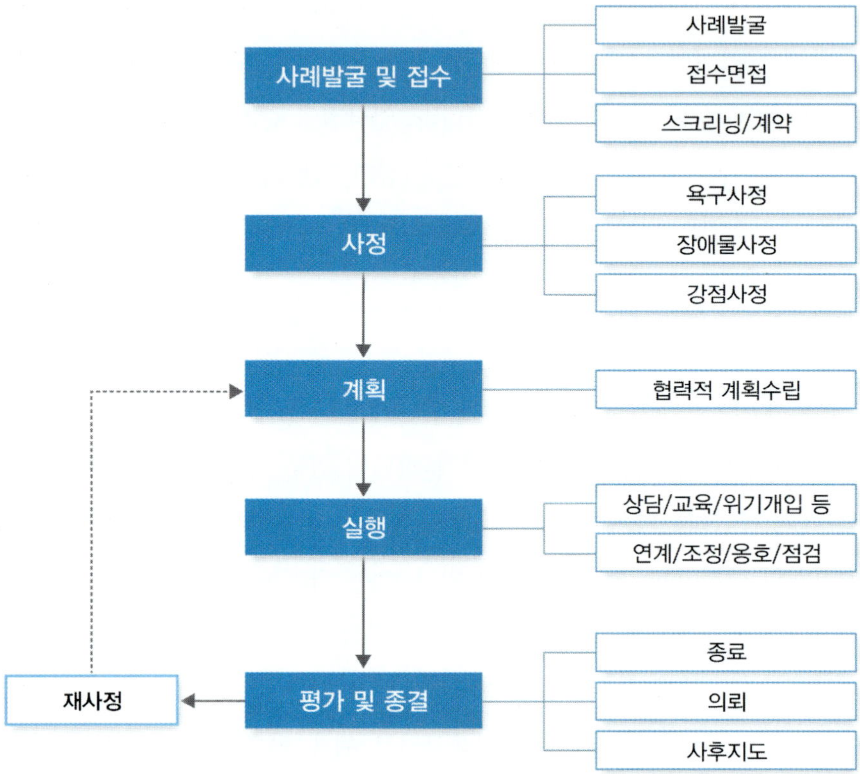

[그림 2-8] 사례관리과정

1) 사례발굴, 접수면접 및 계약

사례관리자가 사례관리를 전제로 잠정적 클라이언트와 접촉하는 과정을 사례발굴이라 한다. 사례발굴을 거쳐 클라이언트의 기본적인 사항과 사례관리에 참여하게 된 이유를 확인하는 접수면접이 행해진다. 이를 인테이크 혹은 접수면접이라고 한다. 접수면접의 과정을 통해 클라이언트가 기관의 사례관리 적격자인지, 타 기관 의뢰대상인지, 단순 정보 제공이 필요한지, 아니면 사례관리 클라이언트로 부적격자인지의 여부를 파악한다. 이를 사례 스크리닝(사례판정)이라고 한다. 사례관리 적격자인 경우 서비스 계약을 하게 된다. 우리나라 사례관리과정은 사정 이후 서비스 계획의 단계에서 클라이언트와 동의 및 계약이 진행되는 경우가 있으나 사례관리와 관련된 여러 문헌에서는 접수면접 후 스크리닝의 과정에서 사례관리 적격자인 경우 계약을 체결하고 다음 단계인 사정을 하는 것으로 제시하고 있다.

2) 사정

사정(assessment)은 누가, 어떻게, 무엇을, 어떠한 방법으로 사정하는지에 따라서 사정의 방향과 내용에 차이가 있을 수 있다. 사정은 사례관리 계획을 비롯하여 이후 실행과정에도 영향을 미치기 때문에 신중하고 정확한 사정이 이루어져야 한다. 사정은 클라이언트의 욕구를 확인하기 위해 클라이언트의 사회력, 가족력, 직업력 등을 포함한 전반적인 사항뿐 아니라 클라이언트의 체계에 대한 사정을 포함하며, 비공식 및 공식적 자원, 그리고 클라이언트의 강점과 한계 등을 포괄적으로 조사하고 평가하는 과정이다. 사정은 사례관리자와 클라이언트의 면담을 통해서 이루어지기도 하지만, 다양한 검사도구와 사례관리자의 관찰, 타 기관의 기록자료들을 포괄적으로 활용할 수 있다.

3) 계획

계획은 클라이언트의 욕구와 문제해결을 위해 목표를 설정하고 전략을 수립하는 조직화된 과정이다. 사정을 통해 확인된 정보에 근거하여 클라이언트 욕구의 우선순위를 정하고, 적합한 자원을 연결하여 클라이언트의 미충족 욕구를 해결하기 위한 체계적인 과정이다. 계획은 클라이언트와 사례관리자가 상호 협력적으로 수립해야 한다. 사례관리 계획에는 구체적인 목표, 목표달성을 위한 세부 활동, 각 활동의 책임자와 달성기한, 목표달성의 평가 시기 및 방법 등이 명시되어야 한다.

4) 실행

실행은 사례관리 목표달성을 위해 사례관리자와 클라이언트가 구체적인 활동을 수행하는 과정이다. 수립된 계획에 근거하여 사례관리자는 클라이언트의 기능 향상을 위해 상담, 교육, 조언 등의 직접적인 실천을 진행한다. 또한, 클라이언트와 서비스를 연결하고, 자원을 확충하기 위해서 조정과 연계, 옹호, 점검 등의 간접 실천을 수행한다.

5) 평가

사례관리를 통해 서비스 목표가 달성되었는지에 대해서 객관적이고 과학적인 방법을 통해 확인하는 과정이 평가이다. 클라이언트가 긍정적인 변화를 보였는지, 그 변화는 설정된 목표의 결과인지, 서비스 실행과정이 효율적이고 효과적으로 진행되었는지를 판단하는 과정이다.

6) 재사정

사례관리과정에서 클라이언트에게 부가적인 욕구가 발생을 하였는지, 다른 서비스의 연결이 요구되는지를 확인하기 위해서 재사정을 한다. 욕구는 동태적인 특성을 갖기 때문에 사례관리과정 중 클라이언트의 변화된 욕구와 문제를 확인하는 과정이 요구된다.

7) 종결

종결은 사례관리의 목표를 달성하였을 때, 클라이언트의 사망, 타 기관 의뢰, 클라이언트의 이사 혹은 철회 등의 이유로 행해진다. 종결의 바람직한 유형은 클라이언트가 목표를 달성하여 계획된 변화를 보였을 때이다. 많은 클라이언트가 만성적이거나 복합적인 문제를 가지고 있어 사례의 종결까지는 일정기간이 소요될 수 있다. 종결 이후 일정기간을 두고 사후지도를 해야 한다. 사후지도에서는 사례의 변화가 유지되고 있는지, 다른 자원의 연결이 필요한지를 확인한다.

사례관리의 개입수준

우리나라에서 일반적으로 제시되고 있는 사례관리 개입수준은 '일반사례관리'와 '심화사례관리'이다. 심화사례관리는 클라이언트가 여러 전문가의 도움이 필요하여 지역사회의 다양한 자원 연결을 요하는 경우이다. 즉, 사례관리자의 심도 있는 개입이 필요한 사례가 해당된다. 일반사례관리와 심화사례관리의 구분과는 다르게 서머스(Summers, 2016)는 행정적 사례관리, 자원조정, 집중(심화)사례관리, 혼합사례관리로 사례관리의 수준을 구분하고 있다.

(1) 행정적 사례관리(administrative case management)
- 기능이 비교적 좋은 클라이언트에게 최소한의 원조를 전달하는 수준
- 사례대상자가 기관에 방문한 경우, 그 시점에서 업무가 가능한 직원이 사례를 담당
- 사례대상자가 항상 동일한 사례관리자를 만나는 것은 아닐 수 있음

(2) 자원조정(resource coordination)
- 치료와 계획의 세부사항을 다루는 데 어려움을 겪는 클라이언트가 대상
- 일반적으로 행정적 사례관리에 비해서 도움과 원조가 더 많이 요구되는 장기적인 문제를 겪고 있는 사례가 해당됨

(3) 집중사례관리(intensive case management)
- 지역사회에서 생활하며 자신의 문제가 악화되지 않기 위해 많은 지도감독과 지원 및 원조가 필요한 사례
- 집중사례관리자는 각 사례에게 보다 관심을 갖기 위해 일반적으로 적은 수의 사례를 할당받음
- 사례관리대상자는 반복적인 응급상황과 입원, 자신이나 타인에게 위험을 야기하는 단계로 문제가 악화될 수 있는 위험이 있음
- 집중사례관리는 일반적으로 24시간 서비스에 접근 가능해야 함 → 고위험 상황과 상태가 나빠지지 않도록, 그리고 지지망 접근을 보증하도록 심도 있는 개입이 요구됨

(4) 표적 혹은 혼합사례관리(Targeted or Blended Case Management)
- 이 방법은 최근 일부 기관에서 지향하는 방법으로 위의 행정적 사례관리, 자원 조정, 심화사례관리가 욕구수준에 따라서 클라이언트를 각 사례관리자에게 배치하는 것이라면, 표적 혹은 혼합사례관리는 위와 같이 클라이언트를 배치하지 않고 다양한 욕구를 지닌 클라이언트를 한 사례관리자가 담당을 하는 것임(예를 들어, '자원조정' 사례관리 대상자였다가 3개월 후에 '집중사례관리'로 다시 기관을 방문하였을 경우에도 동일한 사례관리자가 담당을 하는 것을 말함)
- 즉, 클라이언트가 위기상황에서 집중사례관리가 요구될 경우나 비교적 안정적인 상황에서 일부 자원조정이 필요할 때에 동일한 사례관리자가 담당함
- 클라이언트는 욕구수준과 무관하게 동일한 사례관리자의 서비스를 받기 때문에 상황이 안 좋아질 경우 사례관리자와의 관계와 보호의 연속성을 보장받을 수 있음
- 사례관리자는 적은 수의 사례를 할당받음

생각해 보기

1. 자신을 사례관리자로 간주하고 〈표 2-3〉의 사례관리의 지식, 기술, 태도의 내용을 자신의 역량과 비교해 보자. 어떤 부분에 강점이 있는지 그리고 어떤 부분에 향상이 요구되는지를 생각해 보고 한 학기 동안 자신의 전문성을 어떤 방법으로 향상할지 구체적인 계획을 논의해 보자.
2. 나는 클라이언트를 서비스 수혜자가 아니라 참여자로 존중하고 있는가? 그리고 사회복지 현장은 클라이언트를 참여자로 인정하는가? 클라이언트는 자신을 참여자로 생각하는가? 자신의 실습, 봉사, 실천 경험을 근거로 논의해 보자.
3. 사례관리과정과 사회복지실천과정이 어떤 점에서 유사하고 어떤 점에서 차이가 있는지를 논해 보자.

Chapter 03

사례관리의 이론적 근거와 모형

1. 사례관리의 이론적 근거

사례관리와 관련된 주요 이론 및 관점으로 생태체계이론, 네트워크이론, 강점관점을 들 수 있다. 이 이론과 관점은 사회복지학의 다른 교과목에서 이미 충분하게 학습하였기에 여기에서는 사례관리의 적용점을 중심으로 간략하게 살펴보겠다.

1) 생태체계이론

(1) 환경-개인의 상호작용

사회복지는 '환경 속의 인간(PIE: Person in Environment)'의 관점을 지속적으로 유지해 왔다. 생태체계이론은 환경과 인간의 상호작용을 잘 설명해 주는 이론이다. 따라서 지역사회를 기반으로 진행되는 사례관리의 경우, 지역사회에 속해 있는 클라이언트에 대한 사정과 클라이언트와 환경과의 상호작용의 유형, 다양한 환경자원과의 연결 및 클라이언트의 지역사회 적응을 설명하는 데 있어 생태체계이론은 유용한 기초를 제공해 준다.

(2) 유능성

생태체계이론은 인간과 환경이 상호교류를 통해 지속적으로 적응적 발달을 하는 것으로 이해를 한다. 인간의 변화를 진보적 발달로 파악하며, 환경 속에서 효과적으로 기능할 수 있는 능력인 유능성(competence)을 형성할 수 있는 존재로 인간을 인식한다(권중돈, 2014). 인간이 내·외적 힘에 반응하여 성장하고 변화하며 안정화한다고 보는 생태체계이론(조흥식 외, 2012)은 지역사회에서 클라이언트의 변화와 적응을 설명하는 데 유용성을 갖는다.

(3) 적합성과 적응

생태체계이론의 적합성(goodness of fit)과 적응(adaptiveness), 스트레스와 대처기술(stress and coping skills)은 클라이언트가 지역사회 환경과 균형을 유지하도록 사례관리자가 지원하는 다양한 원조활동의 근거가 된다. 적합성은 개인의 적응적 욕구와 환경의 질(자원)이 부합되는 정도와 관련된다. 인간과 환경은 상호작용을 통해 적응적 균형에 도달하기 위해 지속적으로 노력하며, 개인과 환경의 교류가 상호 유용한 효과가 있을 때 적합성이 이루어진 것으로 본다. 적응은 개인과 환경이 적합성을 이루기 위해 영향을 미치는 상호작용과정을 말한다(조흥식 외, 2010). 인간은 자신의 욕구에 적합하도록 환경을 변화시키고, 또한 환경에 적응할 수 있는 존재이기도 하지만, 환경의 요구에 자신을 맞추는 순응도 한다.

생태체계이론의 적합성과 적응의 개념을 사례관리에 적용할 경우, 사례관리자는 클라이언트를 환경에 적응하기 위한 수동적인 개인이 아니라 자신의 욕구에 적합하도록 환경을 변화시키는 적극적인 주체로 조명할 수 있다.

(4) 스트레스와 대처

스트레스는 개인의 요구와 환경자원 사이의 불일치로 인해 야기되는 생리, 심리, 사회적 현상을 말한다. 스트레스는 성장과 발전의 동인으로 작용할 수 있지만, 신체 및 사회적 요구와 개인의 대처능력 사이에 균형이 심하게 손상될 때 생활문제가 발생하게 된다(권중돈, 2014). 대처능력은 내적 자원(자기존중감, 문제해결 기술, 유능감 등)과 외적 자원(가족, 사회관계망, 조직의 지원)에 의해 결정된다. 생태체계이론의 스트레스와 대처능력은 자원과 욕구의 불일치로 야기되는 스트레스에 내적 자원과 외적 자원을 연결하여 클라이언트의 문제해결 능력을 향상하는 사례관리의 기능을 잘 설명해 주고 있다.

생태체계이론은 '환경 속의 인간(PIE)'의 관점에서 클라이언트(가족)가 사회와 어떤 관계의 유형으로 상호작용하는지를 파악하는 데 유용하다. 클라이언트와 환경의 상호작용과 관계를 파악하기 위한 생태도나 사회관계망은 클라이언트를 환경 속의 개인으로 보는 생태체계관점의 도구이다(조흥식 외, 2010).

2) 네트워크이론

(1) 네트워크의 개념

네트워크는 자원, 기술, 사회관계, 지식, 신뢰 등을 공유할 수 있는 사람들 또는 단체의 공식적 혹은 비공식적 관계의 망으로 유대 또는 연계이다(이준영, 2007). 사례관리 클라이언트는 대부분 복합적 욕구로 인해 다양한 기관이나 전문가의 도움이 필요하기 때문에 클라이언트를 위한 자원연결에 네트워크는 필수적이다. 사례관리자의 역할 중 큰 비중을 차지하는 '연계'는 지역사회자원과 클라이언트를 연결하는 네트워킹의 구체적 활동이다.

(2) 사회복지네트워크를 설명하는 이론

사회복지네트워크를 설명할 수 있는 이론으로 자원의존이론, 사회교환이론, 사회자본이론이 있다. 자원의존이론은 연계나 네트워크 행위를 설명함에 있어 자원 소유의 유무에 초점을 두고 있으며, 사회교환이론은 경제적 거래, 즉 교환관계에 초점을 두고 있다(김영종 외, 2008). 사회자본이론에서는 네트워크를 사회자본구성의 한 요소로 본다. 사회자본에는 시민참여의 규범과 관계망, 그리고 이러한 관계망을 통한 사회적 연대의 형성이 중요하다(Putnam, 2003). 네트워크를 이해하기 위해서는 사회자본이론의 관점이 보다 유용하다.

(3) 네트워킹 과정 및 과업

사례관리자는 클라이언트를 의뢰하기 위해, 그리고 사회 지지망을 개발하고 사회행동단체들과 함께하기 위해 네트워킹을 한다. 네트워킹에는 일련의 단계가 있다. 〈표 3-1〉은 조직 간 네트워킹의 단계와 실천기법을 제시한 것이다.

〈표 3-1〉 사회복지 네트워킹의 과정과 과업

<table>
<tr><th colspan="2">단계</th><th>과업</th><th>사회복지사의 역할</th></tr>
<tr><td rowspan="2">준비 단계</td><td>① 네트워킹 적합성 검토하기</td><td>• 당면 문제의 확인
• 네트워킹의 목적 규명
• 네트워킹의 이득과 비용 분석</td><td rowspan="2">기획가
조정가</td></tr>
<tr><td>② 네트워킹 승인받기</td><td>• 네트워킹에 대한 조직 내 공감대 형성
• 기존 네트워킹으로부터의 학습
• 과업환경 내 조직의 실태 분석</td></tr>
</table>

단계		과업	사회복지사의 역할
구성 단계	③ 네트워크 대상조직 찾기	• 잠재적 네트워킹 필요목록 작성 • 정보 수집: 2차 자료 및 초기면접 • 참여 가능 조직의 목록 재구성 • 네트워크 규모 및 조직의 참여방식 검토	정보수집가 커뮤니케이터 열성가 분석가
	④ 네트워크 접촉하기	• 목적, 기획을 기초로 참여대상 조직 접촉 • 조직의 이해(interest) 파악 • 신뢰의 형성 • 참여조직 전체의 호혜성 확보방안 검토 • 계약 맺기	
실행 단계	⑤ 네트워크 영역 구축하기	• 네트워킹의 주요 사업 합의 도출 • 네트워킹의 유형 결정 • 협력 담당자의 설정 • 인프라의 형성: 정보공유체계와 사무실	조정가 협상가 중개자
	⑥ 네트워킹 실행하기	• 계획 수립 • 참여기관의 지위 결정 • 네트워킹 관리 운영체계의 형성 • 여러 조직이 참여하는 교육 실시	
관리 단계	⑦ 네트워크 갈등관리하기	• 네트워크의 상태 분석 및 확인 • 소외조직 확인 • 자원배분 지원구조 변화주기 • 의사소통구조의 내실화	갈등중재자 열성가 커뮤니케이터
	⑧ 네트워크 유지하기	• 응집력 유지: 산출의 공유 • 신뢰의 제고 및 유지 • 네트워크 해제의 준비	

출처: 김영종 외(2008), pp. 57-59, 78-79의 내용을 참고하여 재구성.

네트워크 이론은 사례관리자가 서비스 조정과 연계기능을 수행하는 이론적 토대를 제공해 준다는 점에서, 그리고 네트워킹을 통해 주민들의 사회적 연대감을 형성하고 결과적으로 사회적 자본을 확충한다는 점에서 유용하다.

3) 강점관점

(1) 강점관점과 병리관점

강점관점(strengthening perspectives)은 클라이언트의 능력과 변화 가능성에 대한 사회복지사의 믿음을 전제로 한다. 강점관점은 클라이언트가 문제가 없다는 것이 아니다. 그동안 병리적 관점으로 클라이언트의 문제에만 집중하던 실천가의 시각을 클라이언트가 지닌 강점에 초점을 두고 기존과 다른 방식으로 클라이언트를 보는 것이다.

병리관점에서는 전문가의 임상적 진단에 근거하여 전문가(사회복지사)가 주도적으로 개입을 하지만, 강점관점의 실천에서는 클라이언트의 강점을 동원하여 클라이언트가 주도적으로 자신의 삶을 성취하도록 사회복지사가 돕는 역할을 수행한다(Saleebey, 2005). [그림 3-1]은 강점관점과 병리관점의 비교이다. 강점관점의 실천은 결함보다는 강점에, 문제의 발견보다는 해결방안의 모색에, 관례적인 방안들보다는 능력의 향상에, 그리고 전문가의 숙련성보다는 클라이언트와의 협력적인 파트너십에 초점을 둔다.

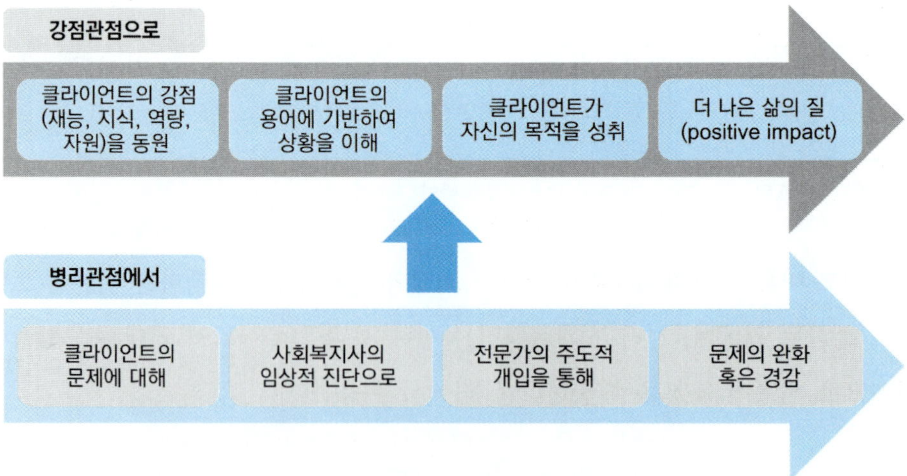

[그림 3-1] 병리관점과 강점관점의 차이

(2) 강점관점의 원칙

샐리비(Saleebey, 2005)는 강점관점의 원칙을 다음과 같이 제시하였다.

- 모든 개인, 집단, 가족, 지역사회는 강점을 가지고 있다.
- 외상, 학대, 질병과 투쟁은 도전과 기회의 근원일 수 있다. 개인은 역경을 통해 보다 강인해질 수 있다.
- 성장과 변화 역량의 상한선을 설정하지 말고 개인, 집단, 지역사회의 열망을 신중히 받아들여라.
- 협력하는 것이 클라이언트를 가장 잘 섬기는 것이다. 사회복지사의 역할은 협력자, 자문가, 옹호자이다.
- 모든 환경은 자원으로 가득 차 있다.

(3) 강점관점의 임파워먼트과정

임파워먼트는 강점관점에 기반한 실천과정이다. 임파워먼트 접근은 강점과 능력을 향상시키기 위해 모든 체계 차원에서 클라이언트와의 파트너십을 통한 업무 수행을 강조하고 있다. 사례관리자는 ① 클라이언트가 강점을 가지고 있다는 것과, ② 환경은 잠정적인 자원을 보유하고 있으며, ③ 클라이언트 체계뿐 아니라 사회구조도 변할 수 있고, ④ 변화과정의 모든 양상에서 클라이언트가 전적 파트너로 참여해야 한다는 것을 주지해야 한다(Miley et al., 2007).

〈표 3-2〉는 전통적인 문제해결과정과 임파워먼트과정의 비교이다. 임파워먼트는 대화단계(Dialogue phase), 발견단계(Discovery phase), 발달단계(Development phase)의 3단계로, 각 단계의 과정이 클라이언트와 사회복지사가 함께 수행하는 활동으로 구성되어 있는 것이 전통적인 문제해결과정과의 차이이다.

〈표 3-2〉 전통적 문제해결과정과 임파워먼트과정

<table>
<tr><th rowspan="2">문제해결 과정</th><th colspan="3">임파워먼트과정</th></tr>
<tr><th>단계</th><th>과정</th><th>활동</th></tr>
<tr><td>계약</td><td rowspan="3">대화 단계</td><td>파트너십 형성하기</td><td>클라이언트의 권리를 인정하고 독특한 인간으로 존중하며 사회복지사와 클라이언트의 관계 구축</td></tr>
<tr><td rowspan="4">문제 확인과 사정</td><td>상황 명료히 하기</td><td>클라이언트의 경험에 가치를 두고 반응하며 도움이 필요한 도전해야 하는 클라이언트의 상황에 대해 상호적으로 이해하는 것</td></tr>
<tr><td>방향 규정하기</td><td>클라이언트와의 관계에서 초기 목적 규정: 동기를 촉진하고 관련 자원의 모색을 위한 안내</td></tr>
<tr><td rowspan="3">발견 단계</td><td>강점 확인하기</td><td>일반적 기능, 도전 상황에 대한 대처, 문화적 정체성, 역경 극복을 위한 클라이언트 강점 확인: 클라이언트의 강점은 변화를 위한 초석임</td></tr>
<tr><td>자원의 가능성 사정하기</td><td>가족, 사회집단, 조직, 지역사회기관과의 연계 등 환경과 클라이언트 교류의 자원탐색</td></tr>
<tr><td>목표 설정 및 계획</td><td>해결방안 구상하기</td><td>클라이언트와 환경의 자원을 활용하고 바람직한 목적으로 안내하는 성취 가능한 행동 계획 구성</td></tr>
<tr><td rowspan="3">실행</td><td rowspan="5">발달 단계</td><td>자원 활성화하기</td><td>자문, 자원관리, 교육을 통해 유용한 자원을 동원하면서 행동 계획 실행</td></tr>
<tr><td>협력 만들기</td><td>클라이언트 간, 클라이언트의 친인척 자원망 내, 서비스전달체계 내에서 협력관계를 통해 새로운 자원 창출</td></tr>
<tr><td>기회 확장하기</td><td>프로그램 개발, 지역사회조직화, 사회행동을 통해 새로운 기회와 자원 개발</td></tr>
<tr><td>평가</td><td>성공 인식하기</td><td>성공을 인정하고 지속적으로 유지하기 위해 변화노력의 성공을 평가</td></tr>
<tr><td>종결</td><td>이득 통합하기</td><td>변화과정의 종결: 관계의 분리, 성공 축하, 긍정적 변화의 안정화</td></tr>
</table>

출처: Miley, O'Melia, & DuBois(2007: 107-114)의 내용을 재구성.

사례관리실천과정에서 강점관점의 유용성은 다음과 같다.

첫째, 지역사회는 다양한 욕구를 지닌 클라이언트의 중요한 자원의 보고(寶庫)이다. 클라이언트 자신, 가족, 이웃, 친지 등 비공식자원뿐 아니라 사회단체와 기관, 공공영역의 서비스 등 다양한 자원이 존재하고 있다는 관점을 제시해 준다.

둘째, 취약하고 심각한 도전에 직면한 클라이언트도 역경을 통해서 이전의 삶을 회복할 수 있으며, 이전보다 너 나은 삶을 성취할 수 있다는 긍정적인 신념을 제공해 준다.

셋째, 강점관점은 클라이언트의 변화 가능성에 대한 사례관리자의 부정적인 시각을 전환해 준다. 클라이언트는 변화하려는 열망을 가지고 있는 적극적인 참여자라는 것을 전제로 사례관리실천을 하도록 한다.

넷째, 강점관점에서 사례관리자는 클라이언트의 변화를 주도하는 사람이 아니라 클라이언트가 변화하도록 촉진하는 변화매개자이다. 클라이언트와 협력적 파트너십을 통해 클라이언트가 변화할 수 있도록 원조하고 클라이언트의 환경이 변화에 도움이 되도록 옹호의 역할을 한다.

2. 사례관리의 모형

사례관리모형(model)은 사례관리를 위한 전반적인 틀을 제공한다는 점에서 유용하다. 사례관리자는 모형의 특성을 이해하고 어떠한 모형을 준거로 활용하는 것이 유용할지 살펴볼 필요가 있다. 그러나 사례관리모형은 학자의 견해와 관점, 그리고 사례관리가 수행되는 상황적 특성을 담고 있기 때문에 모형을 그대로 수용하기보다는 각 모형의 강점과 한계에 대한 비판적 고찰을 통해 어떤 모형이 적절한지, 그리고 어떤 부분이 보완되어야 하는지를 숙고할 필요가 있다. 즉, 사례관리모형에 대한 무비판적인 수용이 아니라 이들 모형을 한국 사례관리 현장에 적용할 경우의 의미와 한계를 함께 고찰할 것을 권장한다. 이는 우리나라의 다양한 사례관리 실천현장에 보다 적합한 모형의 개발이 필요하기 때문이다.

본 교재에서는 사례관리의 기능과 개입수준, 사례관리자의 역할, 사례관리현장, 서비스 전달기반으로 구분하여 사례관리모형을 소개하고자 한다. 모형에 대한 학습을 통해 한국 사례관리현장에 어떻게 수정 · 보완하여 접목하면 유용할지, 학습자의 생각을 구조화하는 기회가 되기를 바란다.

1) 사례관리기능에 따른 모형

(1) 사례관리 서비스의 포괄성에 따른 모형

사례관리 서비스가 포괄하는 수준에 따라서 최소모형, 조정모형, 포괄모형으로 구분된다(Rose, 1980; 이근홍, 2015: 89 재인용).

- 최소모형은 사례관리자가 최소한의 서비스를 제공하는 것으로 사례를 발굴하여 사례에 대한 사정과 개입 계획을 수립한 후 서비스 제공자에게 의뢰하는 것이다.
- 조정모형은 최소모형의 서비스와 함께 클라이언트에 대한 옹호와 직접실천의 개입, 지지체계 개발 그리고 클라이언트에 대한 재사정을 포함한다.
- 포괄모형은 조정모형의 서비스 이외에 자원개발을 위한 옹호, 서비스 점검의 간접실천과 교육, 위기개입의 직접실천을 포괄하고 있다.

〈표 3-3〉 사례관리 서비스의 포괄성에 따른 모형

최소모형 (minimal model)	조정모형 (coordination model)	포괄모형 (comprehensive model)
아웃리치(사례발굴) 클라이언트 사정 사례 계획 서비스 제공자 연계	아웃리치(사례발굴) 클라이언트 사정 사례 계획 서비스 제공자 연계	아웃리치(사례발굴) 클라이언트 사정 사례 계획 서비스 제공자 연계
	클라이언트 옹호 사례에 대한 직접적 개입 지지체계 개발 재사정	클라이언트 옹호 사례에 대한 직접적 개입 지지체계 개발 재사정
		자원개발을 위한 옹호 서비스 점검 대중교육 위기개입

출처: 이근홍(2015: 90); 박미은(2015: 104)의 내용을 재구성.

(2) 사례관리 기능에 따른 모델

자원 보유수준의 고저, 그리고 서비스 통합수준의 고저에 따른 사례관리기능모형으로 마케팅모형(↑ ↑), 정량배분모형(↓ ↑), 중개모형(↑ ↓), 개발모형(↓ ↓)으로 구분하고 있다(Moore, 1992).

- 마케팅모형: 지역사회에 자원이 풍부하고 기관 간 서비스 통합수준이 높을 때는 마케팅 모형이 적절하다. 소비자에게 상품이나 서비스를 효율적으로 제공하기 위한 체계적인 경영활동을 우리는 마케팅이라고 한다. 이 모형을 마케팅모형이라고 하는 것은 자원이 풍부하기 때문에 클라이언트의 서비스 선택의 기회가 많으며, 서비스의 통합수준이 높기 때문에 클라이언트의 욕구에 부합하는 서비스를 체계적으로 연결할 수 있기 때문이다.
- 정량배분모형: 분배 혹은 배분모형으로 소개되고 있으나 정확한 표현은 정량을 할당한다는 의미이다. 보유한 자원이 충분하지 않고 서비스의 통합수준은 높기 때문에 사례관리자는 자원을 가장 효율적으로 할당하는 역할을 한다.
- 중개모형: 보유자원의 수준은 높으나 서비스 통합 정도는 낮기 때문에 사례관리자는 파편화된 서비스를 클라이언트에게 연결하는 중개자의 역할을 수행한다.
- 개발모형: 자원의 보유수준이 낮고 서비스 통합수준이 낮은 경우, 사례관리를 효과적으로 수행하는 것은 쉽지 않다. 사례관리자는 적극적으로 자원을 개발하고 조정하는 역할을 수행하게 된다.

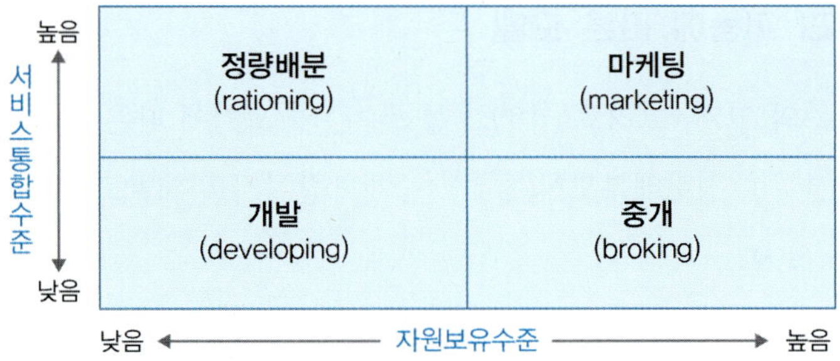

[그림 3-2] 무어(Moore)의 사례관리기능모형

(3) 사례관리 서비스 수준에 따른 모형

황성철(1995)은 사례관리의 기능과 사례관리자의 역할을 중심으로 단순형, 기본형, 종합형, 전문관리형으로 구분하고 있다〈표 3-4〉.

- 단순형(simple model): 단순형은 로스(Rose)의 최소모형과 마찬가지로 지역사회의 자원과 서비스 연계를 목적으로 한다. 따라서 사례관리자는 준전문가의 위치에서 중개자의 역할을 수행하며, 담당하는 사례의 양도 많은 편이다.
- 기본형(basic model): 기본형은 클라이언트와 지역사회의 자원 연결뿐 아니라 개별화된 상담과 조언을 제공한다. 사례관리자는 단순형에 비해서 전문성을 구비해야 하며 중개자, 상담가, 교육자, 지지자, 서비스 점검자의 역할을 한다. 한 사례관리자는 30명 내외를 담당한다.
- 종합형(comprehensive model): 사례관리자는 클라이언트와 자원연결뿐 아니라 심층 상담과 치료개입의 역할까지 한다. 이를 위해 경력이 풍부한 사례관리자가 전문가의 위치에서 비교적 적은(20명 내외) 사례를 담당한다.
- 전문관리형(professional management model): 전문관리형은 사례관리자가 직접적 실천과 간접적 실천뿐 아니라 사례관리기관에서 관리자로서의 과업과 책임을 수행한다. 사례관리자는 특별분야의 전문가로 10사례 미만의 최소한의 사례를 담당한다.

〈표 3-4〉 사례관리 서비스 수준에 따른 모형

구분	단순형	기본형	종합형	전문관리형
사례관리의 근본 목적	지역사회자원과 서비스 연계	지역사회자원과 서비스 연계 및 기초상담, 조언	지역사회자원과 서비스 연계 및 심층상담, 치료	직접적 · 간접적 서비스 제공과 관리자로서 서비스 관리
사례관리기능	욕구 인식 및 사정, 사례계획과 서비스 연계, 서비스 점검	적극적 사례발굴, 사정, 계획, 개입, 서비스 연계, 상담, 서비스 점검	로스만(Rothman)의 기능 수행1)	기본적인 사례관리기능과 자원의 분배, 통제, 의사결정기능 포함
사례관리자의 역할	자원과 서비스 중개자	중개자, 상담가, 교육자, 지지자, 서비스 점검자	자원과 서비스 중개자, 상담/치료자, 교육자, 클라이언트 옹호자	연계자, 상담가, 치료자, 교육자, 관리자
사례관리자의 교육 및 전문성 정도	비전문가 준전문가(전문대 졸업자/훈련된 자원봉사자)	준전문가, 전문가 (전문대 졸업자/신임사회복지사)	전문가(경력이 풍부한 선임사회복지사)	특별분야별 전문가
조직 내 사례관리자의 위치와 슈퍼비전	기존의 조직과 업무 수행부서에서 수행, 전문가에 의한 엄격한 슈퍼비전	기존의 조직 내에서 수행, 경험이 많은 사회복지사의 슈퍼비전 필요	독립된 사례관리부서, 최소한의 슈퍼비전	독립된 팀 형성, 슈퍼비전이 필요 없음
사례관리자의 사례량	비교적 많음	적절함 (30사례 내외)	비교적 적음 (0~20사례)	최소한의 사례 (10사례 미만)
개별/팀 접근	팀 접근도 가능하나 주로 개별적 접근	개별적 접근	개별적 접근	팀 접근
사례관리자의 업무에 관한 자율성 및 권위 정도	자율적인 결정권이 없음 전문가와 협의 요망	어느 정도 자율성이 보장됨	자율적인 의사결정이 보장됨	전문분야별 자율성이 보장되나 공동결정 요망

출처: 황성철(1995: 8).

1) 로스만(1991)의 사례관리기능: 기관에 오기(의뢰, 아웃리치), 접수, 사정(심리, 사회, 의료), 목표설정(장기, 단기), 개입계획, 자원 확인 및 목록화, 클라이언트 연결하기(공식적, 비공식적), 점검 및 재사정, 상담, 치료, 옹호, 성과평가, 기관간 조정

이 모형은 사례관리에 관한 논의가 시작되는 초기에 한국형 사례관리모형으로 제시되었다는 점에서 의미를 갖는다. 그러나 사례관리자의 전문성과 관련하여 국가직무능력표준(NCS)이나 NASW(미국사회복지사협회)의 사례관리 표준매뉴얼에서는 사례관리는 전문가에 의해 행해져야 함을 명시하고 있기 때문에 단순형이나 기본형의 역할 수행을 비전문가가 하는 것이 타당한가에 대해서는 이견이 존재할 수 있다. 또한, 슈퍼비전의 범위에 있어서도 조직에 속한 모든 직원은 슈퍼비전을 받아야 한다는 조항이 윤리강령에 제시되어 있기 때문에(NASW, 2017), 사례관리가 수행되는 현장의 특성을 고려하여 최근의 상황에 적합하게 적용될 필요가 있다.

2) 사례관리자의 역할에 따른 모형

사례관리자는 직접실천과 간접실천의 역할을 수행한다. 사례관리자가 수행하는 역할에 따라서 치료자, 중개인, 기관 간 팀, 강점관점으로 분류한 얼리와 푀르트너(Early & Poertner, 1995)의 사례관리모형과 확장된 중개자모형, 개인적 강점모형, 재활모형, 완전지지모형으로 제시하고 있는 루빈(Rubin, 1987)의 모형을 살펴보겠다.

(1) 사례관리자 역할모델

얼리와 푀르트너(1995)는 사례관리자의 역할을 치료자, 중개인, 기관 간 팀, 강점관점의 4가지로 제시하였다. 치료자 사례관리자는 임상가의 역할 비중이 크다. 사례관리자가 클라이언트의 문제해결을 위해 치료자의 역할을 주로 수행하는 모형이다. 중개인 사례관리자는 자원을 연결하기 위해 중개자의 역할에 비중을 두고 있는 것이며, 기관 간 팀 사례관리자는 여러 분야의 전문가와의 협력적인 역할 수행에 비중을 두고 있다. 강점관점 사례관리자는 강점에 주목하여 사례관리의 전 과정을 수행하는 모형이다(정순둘, 2005).

〈표 3-5〉 사례관리자 역할모형

구분	내용
치료자 사례관리자	치료에 사례관리를 접목시킨 것으로 DSM으로 사정한다. 계획은 직접적 치료를 우선으로 하기 때문에 다른 기관과의 연계는 수동적이다.
중개인 사례관리자	기능 사정을 통해서 서비스 욕구를 결정하며 사례관리자는 클라이언트가 서비스를 원활하게 받을 수 있도록 욕구에 부합하는 서비스를 연계하고 중개하는 역할을 한다.
기관 간 팀 사례관리자	다분야의 전문가가 팀으로 조정을 한다. 서비스 조정에 합의한 기관이 협력적으로 서비스를 제공하는 모형이다. 따라서 여러 분야의 전문가가 종합적으로 사정한다.
강점관점 사례관리자	클라이언트와 클라이언트 체계의 강점에 주목한다. 클라이언트와 가족의 능력과 자원, 즉 강점을 사정한다.

출처: Early & Poertner(1995)의 내용 재구성.

(2) 루빈의 모형

루빈(1987)은 사례관리모형으로 확장된 중개자, 개인적 강점, 재활, 완전지지의 4가지 모형을 제시하였다(정순둘, 2005).

- 확장된 중개자모형: 욕구를 사정하고 욕구에 부합하는 서비스를 연결하는 역할을 수행한다. 사례관리자는 직접적 서비스 제공의 역할보다는 중개자로서 자원을 연계하는 간접역할을 수행한다.
- 개인적 강점모형: 사례관리의 목적을 달성할 수 있도록 클라이언트의 능력을 확인하고, 강점을 최대한 발휘하도록 하는 것에 초점을 둔다. 사례관리자는 클라이언트의 임파워먼트와 자원 획득을 도와준다.
- 재활모형: 클라이언트의 욕구에 초점을 두고 클라이언트의 취약한 부분을 극복할 수 있도록 기술을 가르치는 것에 비중을 둔다.
- 완전지지모형: 사례관리자가 직간접의 다양한 역할을 수행하며 클라이언트를 위해 포괄적이고 종합적인 서비스를 제공한다.

루빈의 모형은 클라이언트의 문제 특성에 따라서 그리고 사례관리자의 역할에 따라서 4가지 모델이 각각 분리되어 혹은 중복되어 실천현장에서 적용될 수 있다.

3) 사례관리실천현장에 따른 모형

랩과 키르스트하르트(Rapp & Kirsthardt, 1996)는 사례관리가 진행되는 현장(setting)을 중심으로 PACT, 재활, 강점, 확장된 중개자, 임상사례관리모형을 제시하였다.

- PACT(Program of Assertive Community Treatment): 지역사회 중심의 모델로 만성적인 질병이나 문제를 가진 클라이언트에게 치료와 재활을 포함한 포괄적인 서비스를 제공하고 관리하는 실천 모델(주요 대상은 만성적인 정신질환 혹은 정신장애를 가진 사람)이다.
- 재활모델(Rehabilitation Model): 치료 개입보다 예방 기술훈련에 더 초점을 둔 것으로 사례관리자는 최소한의 전문원조로 클라이언트의 정상화를 지원한다.
- 강점모델(Strength Model): 외부 자원과의 연결을 통해 독립적인 삶을 살도록 지원(재활모델과의 차이는 계획을 클라이언트가 직접 추진)한다.
- 확장된 중개자/제너럴리스트 모델(Expanded Broker/Generalist Model): 클라이언트에게 직접 서비스를 제공하지 않으며 중개자의 역할을 수행한다(높은 전문성을 요구하지 않음).
- 임상사례관리모델(Clinical case management model): 클라이언트와 사례관리자의 관계를 강조하며 자원개발 및 연결뿐 아니라 대안적 치료기법에 초점을 둔다.

4) 사례관리 서비스 전달기반모형

우드사이드와 맥클램(Woodside & McClam, 2006)은 사례관리자의 역할과, 사례관리 수행장소, 사례관리의 책임을 중심으로 구분하고 있다〈표 3-6〉.

- 역할에 기초한 사례관리(role-based case management): 사례관리자에게 기대되는 역할을 중심으로 구성한 모형이다. 사례관리의 목적을 클라이언트의 욕구 충족을 위해 다양한 서비스의 연결과 치료적 보호의 제공, 그리고 서비스의 효과성과 질 평가에 초점을 두고 있다. 사례관리자는 접수면접에서부터 서비스 평가까지 전 과정에 책임을 갖는다.
- 조직에 기초한 사례관리(organization-based case management): 클라이언트의 욕구충족을 위해 서비스가 제공되는 장소에서 포괄적인 서비스를 제공한다. 종합서비스센터, 심리사회재활센터, 다전문직 협동팀 접근과 같은 다양한 상황에 적용할 수 있는 모델이다.
- 책임에 기초한 사례관리(responsibility-based case management): 사례관리의 책임이 누구에게 있는가와 관련된 것이다. 가족성원, 지지적 보호체계망, 자원봉사자, 그리고 클라이언트 자신이 사례관리자로서 책임을 가질 수 있다.

〈표 3-6〉 우드사이드와 맥클램의 모형

구분		내용
역할에 기초한 사례관리	개요	사례관리자에게 기대되는 역할 중심: 일반주의 실천가(generalist), 중개자(broker), 일차 치료자(primary therapist), 비용억제자(cost containment)
	목표	사례관리자는 단일접점을 통해 클라이언트의 모든 욕구를 충족하고자 함. 이를 위해 사례관리자는 자원연결자, 치료적 보호 제공자, 효율성 및 서비스 질 점검자의 역할을 함
	책임	접수면접, 자료 수집, 기획, 서비스 연결, 서비스의 조정 및 전달(혹은 둘 다), 의뢰 그리고 평가 등 전반적인 역할 책임
	일차 역할	중개인, 조정자, 상담가, 계획가, 문제해결자, 기록유지자
	개입기간	욕구의 복합성 정도, 서비스 전달장소의 제한, 단기 및 장기보호의 필요성에 따라 개입기간이 다양함
	장점	사례관리자의 다양한 역할로 클라이언트에게 one-stop 서비스 가능
	약점	일부 기관의 경우 서비스 제한, 사례관리자의 과도한 사례담당으로 사후관리 미흡, 지역사회에 개입하기 위한 시간 부족, 비용억제의 관리된 보호일 경우 클라이언트 욕구 미충족

구분		내용
조직에 기초한 사례관리	개요	서비스가 제공되는 조직: 단일 기관의 포괄적 서비스 제공(comprehensive service center), 다학제 팀(interdisciplinary team), 심리사회재활센터(psychosocial rehabilitative center)
	목표	사례관리자는 서비스가 전달되는 장소의 단일 접점에서 복합적인 클라이언트의 욕구를 충족함. 이러한 포괄적 서비스 전달은 때로 전통적 가족의 기능과 유사
	책임	사정, 계획, 사회적 지지, 주거, 레크리에이션, 근로, 지역사회에의 통합, 서비스의 조정부터 서비스 제공 관련 전문팀의 관리까지 포함
	일차 역할	옹호자, 중개인, 조정자, 기획가, 문제해결자, 기록유지자
	개입기간	개입기간은 다양함. 사례가 복잡하고 여러 전문가가 필요한 경우 장기간 서비스가 제공되며, 다른 경우에는 단기 서비스가 적합
	장점	한 지역 내에서 다양한 서비스 연계를 통해 서비스 제공
	약점	클라이언트가 필요한 서비스가 기관에서 용이하지 않을 수 있음 비공식 지지체계의 접근이 어려움
책임에 기초한 사례관리	개요	사례관리의 책임소재: 가족(family), 지지적 보호(supportive care), 자원봉사자, 사례관리자인 클라이언트(client as case manager)
	목표	사례관리자의 단기 및 장기 개입, 서비스 조정, 자원봉사자의 도움 및 클라이언트 임파워먼트를 강조
	책임	서비스 발견, 조정, 사정, 관계망 형성, 연계와 연계 유지를 위한 지원과 원조
	일차 역할	중개인, 조정자, 계획가, 문제해결자, 자료 보관자
	개입기간	위기 또는 발달장애가 있는 동안의 단기간 개입 혹은 신체적이나 정신병의 장애 또는 노인문제와 같은 장기적 개입
	장점	다양한 개인과 집단에 의해 사례관리 책임이 수행되므로 관계 형성 혹은 서비스에 접근하기 어려운 클라이언트에게 서비스 전달하는 것에 있어 비용 효과적
	약점	사례관리자가 클라이언트에 대한 이해부족 지식과 기술의 부족 사례관리자로 가족성원이나 자원봉사자를 수용하는 것의 비효과적 결과

출처: Woodside & McClam(2006)의 3장 내용을 요약 정리함.

생각해 보기

1. 사례관리와 관련된 이론 및 관점 중 하나를 선택하여 그 이론(관점)을 사례관리에 적용할 경우의 유용성에 관해 심도 있게 토론해 보자.
2. 사회복지관, 노인복지관, 장애인복지관에 각각 적합한 사례관리모형은 무엇이라고 생각하는가? 모형을 선정하고, 우리나라 사회복지현장에 그 모형을 적용할 경우 유용성과 한계에 대해서 토의해 보자.
3. 사례관리모형 중 하나를 선정하여, 우리나라 실천현장의 적용 가능성과 한계에 대해서 비판적으로 논의해 보자.

Chapter 04

사례관리의 윤리 및 법적 이슈

사회복지사는 법적 책임뿐 아니라 윤리적인 책임을 이행하는 휴먼 서비스 분야의 전문가이다. 휴먼 서비스 분야의 전문가가 윤리적 잣대 없이 실천을 하는 것은 클라이언트에게 위해가 되는 매우 위험한 실천이다(Reamer, 2001; Summers, 2016). 사례관리자는 사회복지사 윤리강령 조항을 숙지하여 윤리적 실천을 위해 최대한 노력해야 한다. 윤리강령은 윤리적 모호성을 줄이며 윤리적 행동을 강화하기 위한 지침을 제공하는 목적을 갖기 때문에(Dutelle, 2011) 실천상의 오류(malpractice)와 비윤리적인 실천을 예방하며, 사례관리자의 윤리적 행동을 촉진하는 지침이 된다. 본 장에서는 미국과 한국의 사회복지윤리강령에 기초하여 사례관리실천과정에서 직면할 수 있는 윤리적 이슈와 윤리적 딜레마를 효과적으로 대응하기 위한 윤리적 의사결정의 지침, 그리고 「개인정보보호법」에 관해 살펴보고자 한다.

1. 사례관리의 윤리적 이슈

사례관리자가 클라이언트와 함께 일할 때 직면할 수 있는 윤리적 사안으로 클라이언트의 자기결정권, 고지된 동의, 사생활 보호 및 비밀보장, 클라이언트와 사례관리자 간의 가치상충, 한정된 자원 배분, 그리고 기술(technology)활용에 따른 이슈에 대해 살펴보겠다.

1) 클라이언트의 자기결정권

(1) 자기결정권

클라이언트는 자신의 문제와 관련하여 스스로 결정하고 선택할 수 있는 욕구와 권리를 지닌다(Biestek, 1957). 자기결정(self-determination)은 외부의 압력 없이 스스로 결정하는 것을 말하며, 자기결정권(rights of self-determination)이란 클라이언트의 자기결정이 권리로 보장되어야 함을 의미한다.

(2) 자기결정권의 전제조건

자기결정권은 누구나 갖는 권리다. 그러나 자기결정권을 보장하는 것이 클라이언트에게 위해가 되는 경우가 있다. 이는 자기결정권을 보장하기 위한 전제 조건이 있기 때문이다. 이 조건은 클라이언트의 자기결정을 위한 능력, 그리고 선택을 위한 대안이다. 예를 들어, 발달 · 인지 · 정신적인 장애가 있는 클라이언트나 보호가 필요한 아동 혹은 억압된 상황에 있는 클라이언트의 경우, 자기결정의 결과로 자신의 삶에 손상을 입게 되거나 타인에게 위해가 될 수 있다. 그리고 클라이언트가 선택할 수 있는 대안이 전혀 없는 경우에도 그 결정을 진정한 의미의 자기결정이라고 할 수는 없다. 예를 들어, 보호가 필요한 청소년이 가정과 같은 곳에서 생활하고 싶으나 공동가정이나 위탁

가정을 비롯하여 지역사회에 다른 대안이 없어 생활시설에 거주하기로 한 경우, 이는 생활시설 입소가 자기결정권을 충분히 보장한 것이라 할 수 없는 것이다.

자기결정을 권리로 보장하기 위해서는 클라이언트가 외부의 압력 없이 자신을 위한 최선의 결정을 할 수 있는 능력이 있어야 하며 그리고 선택 가능한 대안 중에서 결정을 하는 것이 전제되어야 한다(김기덕 외, 2012).

(3) 자기결정권의 제한과 사례관리자의 온정적 개입

개입(intervention)은 전문가주의의 관점이 반영된 것으로 자기결정권의 보장과 사회복지사의 개입은 서로 충돌되는 개념이다. 개입이라는 단어는 전문가가 타인의 삶에 관여하는 것을 의미하기 때문에 소비자 주권주의, 혹은 파트너십을 강조하는 최근에는 대체되는 용어가 더 적절할 수 있다는 견해도 있다. 그러나 단어의 의미를 넘어서서, 사례관리자는 클라이언트의 자기결정을 제한하고 온정적인 개입을 해야 하는 경우가 있다.

온정적 개입은 개입의 결과로 클라이언트의 복지가 증진될 것이라는 전문적 판단과 신념에 근거해야 한다. 온정적 개입은 클라이언트의 삶을 구속하거나 자기결정권을 침해하는 것과는 다른 것이다. 물론, 일각에서는 '좋지 않은 결정을 하는 것도 클라이언트의 권리'라고 주장하는 경우도 있다. 그러나 클라이언트의 자기결정의 결과가 자신에게 해가 되거나 타인에게 위해가 되는 경우에 사례관리자는 클라이언트가 본인과 타인에게 최소한의 손실이 되는 결정을 할 수 있도록 도와야 하는 윤리적 책임을 갖는다. 미국윤리강령에도 자기결정권의 제한에 대해서 명시하고 있다(NASW, Code of Ethics, 1.02).

1.02 자기결정

사회복지사는 클라이언트의 자기결정 권리를 존중하고 증진시키며 자신의 목표를 확인하고 명확히 하도록 클라이언트를 도와준다. 사회복지사는 클라이언트의 행동이나 잠재적 행동이 그 자신이나 타인에게 심각하고 예측 가능하며 즉각적인 위험을 초래한다고 전문적으로 판단될 때, 클라이언트의 자기결정권을 제한할 수도 있다.

사례관리자의 온정적 개입은 강압적이거나 강요가 아니라 클라이언트의 비전(vision)과 생산적인 미래를 지원하기 위해 클라이언트가 스스로 좋은 방향으로 결정하도록 촉진하는 것이어야 한다(Summers, 2016).

2) 고지된 동의

(1) 고지된 동의(Informed consent)

고지된 동의는 충분한 정보에 근거한 동의를 말한다. 말 그대로 잘 알려 주고 동의를 한 후에 서비스의 절차가 진행되어야 한다는 의미이다. 우리나라 사회복지사 윤리강령의 '클라이언트에 대한 윤리기준'에 "사회복지사는 클라이언트가 받는 서비스의 범위와 내용에 대해 정확하고 충분한 정보를 제공함으로써 알 권리를 인정하고 존중해야 한다"고 명시하고 있다.

(2) 정보의 충분한 제공

사례관리자는 클라이언트가 동의하기 전에 사례관리와 관련된 충분한 정보를 제공해야 한다. 어떠한 방법으로 무슨 내용의 정보를 클라이언트에게 제공하는 것이 좋은지 미국사회복지사 윤리강령(1.03의 조항)과 리머(Reamer, 2001)의 윤리감사지표를 참고하여 〈표 4-1〉에 제시하였다.

〈표 4-1〉 사례관리 고지된 동의지침

구분	내용
고지내용	사례관리의 목적, 서비스와 관련된 위험, 제3의 지불자의 요청사항(정부 혹은 후원자가 비용 지불자인 경우 요구사항), 관련 비용, 합리적인 대안, 동의를 거절하거나 철회할 수 있는 클라이언트의 권리, 비자발적 클라이언트의 경우 서비스 거부의 범위, 기록자료의 활용 범위, 동의의 유효기간
고지대상	클라이언트, 법적 보호자 또는 후견인
고지시기	서비스 개시 전, 서비스 내용이 변경되는 시점, 정책이나 규정의 변경이 서비스에 영향을 미치게 된 상황, 기타 재계약이 요구되는 시점 등
고지방법	클라이언트가 이해할 수 있는 언어로 명확하게 제공하며 클라이언트가 이해할 수 있도록 필요한 조치 강구
클라이언트의 권익	강압과 부당한 영향력의 부재, 동의 절차에 대한 적절한 주기적인 갱신, 클라이언트에게 질문할 기회 제공, 클라이언트가 동의능력이 부족한 경우에 제3자에게 허가를 득한 후 클라이언트 수준에 맞게 정보 제공

(3) 고지된 동의를 위한 전제조건

고지된 동의를 위해서는 능력, 충분한 정보 제공, 클라이언트의 자발성이 전제되어야 한다(김기덕 외, 2012). 클라이언트가 지신에게 가장 좋은 것이 무엇인지에 대한 판단 능력이 있어야 하며, 여러 정보를 이해하기 위한 클라이언트의 능력이 있어야 하고, 자율성에 의한 것이어야 고지된 동의이다. 고지된 동의는 자기결정권의 구체적인 실체이다.

- 능력: 여러 대안 중에 자신에게 가장 이득이 되는 것이 무엇인지를 결정하기 위한 클라이언트의 능력
- 정보에 대한 이해: 사례관리자는 클라이언트에게 정보를 신중하게 제공하고 클라이언트가 제공된 정보를 잘 이해했는지를 확인해야 함

> **클라이언트의 상황과 개별 특성을 고려한 정보 제공**
> 한국어 이해능력이 부족한 외국인을 위한 번역 리플릿의 제공 및 유자격자의 통역 서비스 제공, 시각장애인의 경우 점자로 정보 제공, 청각장애인 클라이언트의 경우 수화통역 서비스 제공, 어르신의 경우 큰 글자체의 문서 제공 등

- 자발성: 전문적 서비스를 제공받는 기관으로부터 어떠한 강제나 압력 없이 자유롭게 스스로 동의하는 것

(4) 동의의 불완전성

클라이언트가 충분한 정보에 근거하여 동의하였을지라도 사례관리과정에서 계약의 조건이나 내용에 대해서 조정을 요구할 수 있다. 자율성에 의한 동의라 할지라도 불완전할 수 있기 때문이다(Sandel, 2009). 클라이언트는 동의 시점 이후 새로운 정보의 습득이나 심리적 변화에 의해 계약의 변경을 원할 수 있다. 동의가 완전할 수는 없지만, 동의내용을 최대한 유지하기 위해서 사례관리자는 클라이언트에게 충분한 정보를 제공하여야 한다.

3) 비밀보장

(1) 비밀보장

비밀보장은 사회복지사가 클라이언트의 동의 없이는 클라이언트로부터 취득한 정보를 공개할 수 없다는 것이다. 한국사회복지사윤리강령에 "사회복지사는 클라이언트의 사생활을 존중하고 보호하며, 직무 수행과정에서 얻은 정보에 대해 철저하게 비밀을 유지해야 한다"고 명시하고 있다. 미국사회복지사 윤리강령 1.07 '사생활과 비밀보장'에도 여러 조항으로 매우 구체적이고 세부적인 기준을 명시하고 있다.

클라이언트로부터 얻은 사적 정보는 사례관리자의 정보가 아니고 전문적인 원조과

정에서 요구되는 클라이언트의 것이기 때문에 동의 없이 정보를 공개하는 것은 비윤리적이다(Summers, 2016). 사례관리자는 클라이언트에 관한 사적 정보를 취득한 시점부터 비밀 유지의 기준을 적용받게 된다.

사례관리자를 위한 비밀보장 기준은 다음과 같다(Woodside & McClalm, 2006).

- 사례관리자는 클라이언트가 자신과 타인에게 위해가 되는 경우를 제외하고는 클라이언트에 관한 정보의 비밀을 유지해야 한다.
- 클라이언트의 정보를 동료와 공유할 경우, 사례관리자는 클라이언트에게 누구에게 공개하고, 정보공개의 이유가 무엇이며, 어떠한 정보를 공개하는지를 알려야 한다.
- 클라이언트가 동의한다면, 가족과 친지에게 그 정보의 공개는 가능하다.
- 사례관리자는 법령이 요구할 경우 법이 보호하는 범위에서 클라이언트에 관한 정보를 법정에서 진술해야만 한다.
- 사례관리자가 정보를 공개하기 위해서는 반드시 클라이언트의 허락이 있어야 한다.

(2) 비밀보장의 범위

비밀보장의 대상이 되는 정보는 사례관리자와 클라이언트 사이의 언어적 의사소통 내용만이 아니라 비언어적 의사소통내용과 그에 대한 사회복지사의 전문적 판단까지 포함된다(Finn, 1992; Collingridge et al., 2001). 사례관리의 전체 과정에서 클라이언트에 관한 상황은 물론이고 사회복지사의 견해, 느낌, 판단 등 클라이언트와 면담과정에서 획득한 모든 정보가 비밀보장의 범위에 해당된다.

(3) 클라이언트에 관한 정보공개가 가능한 경우

클라이언트에 관한 정보공개가 가능한 범위를 사례관리자가 임의적으로 결정하는 것은 쉽지 않은 일이다. 자칫 사적 정보 공개로 인해 법적 책임을 져야 하는 경우도 발생한다. 클라이언트로부터 획득한 모든 정보가 다 비밀보장의 대상이 되는 것은 아니다. 다음은 클라이언트에 관한 정보공개가 가능한 경우이다(Dolgoff, et al., 2005).

- 클라이언트가 정보공개에 동의할 때
- 법이 특정 정보의 보고를 요청할 때
- 배상 혹은 법률 규정이 정보공개를 요청할 때
- 클라이언트가 위험하거나 자신이나 타인을 위해할 때
- 자살 혹은 클라이언트의 생명을 위협하는 다른 심각한 위험이 있을 때
- 아동학대나 방임이 심각하게 의심될 때
- 사회복지사가 법원으로부터 평가를 부탁받았을 때
- 클라이언트가 범죄 가담을 계획할 때
- 정신적 · 심리적 장애로 클라이언트의 입원(소)이 필요하다고 사회복지사가 결정할 때
- 클라이언트가 실천오류로 사회복지사를 고소할 때
- 아동의 이익을 최우선으로 고려해야 하는 아동보호(후견) 사례일 때
- 클라이언트가 이미 소송사건으로 비밀정보를 밝혔을 때
- 클라이언트가 사회복지사에게 해를 입히겠다고 위협할 때
- 제공된 전문적 서비스 비용의 수납을 위해 사회복지사가 법원명령을 필요로 할 때

우리나라에서 아동학대와 관련된 사안은 신고의 의무가 있다.

아동학대와 관련된 사안 신고의 의무

아동학대 의심사례 발견 시 아동보호전문기관 및 수사기관에 신고(「아동학대범죄의 처벌 등에 관한 특례법」 제10조)

※ 2014년 9월 29일부터는 처벌이 강화되어 "의심만 되어도" 신고하여야 하며, 신고하지 않은 경우, 500만 원 이하의 과태료 부과

(4) 클라이언트 사망 후 정보공개

클라이언트가 사망한 이후에 가족이 정보공개를 요청할 경우 사례관리자는 공개해도 되는 것인가? 클라이언트의 사적 정보보호의 권리는 생존해 있을 경우만 해당되는 것이 아니다. 클라이언트 사망 후에도 클라이언트는 생전에 기관에서 가졌던 사생활보호의 권리를 동일하게 갖는다. 그러나 법률이 정한 범위 혹은 법적으로 가능한 범위에서 가족성원이 클라이언트 사망 후에 클라이언트에 관한 기록을 요청할 경우 공개는 가능하다. 클라이언트가 사후에도 자신의 서비스 제공내용이나 민감한 사적 정보의 비밀을 유지할 것을 요청하였다면 사례관리기관은 클라이언트의 요청사항을 존중해야 한다. 사례관리자는 사례가 종결되거나 클라이언트가 사망한 후에도 비밀보장의 의무기한이 지속될 수 있다는 사실을 알아야 한다.

4) 가치상충

(1) 가치중립과 가치부여

사례관리자의 가치가 클라이언트나 전문직의 가치와 상충될 수 있기 때문에 자신의 가치, 클라이언트의 가치, 전문직의 가치가 무엇인지 알고 실천을 해야 한다. 무엇보다도 사례관리자는 자신의 가치를 클라이언트에게 부여해서는 안 된다.

그동안 사회복지사들은 가치중립적인 태도를 지닐 것을 요구받았다. 그러나 혹자는 "다른 사람을 돕는 경우 도덕적 윤리 판단을 할 필요가 있고, 클라이언트가 그렇게 하

도록 도울 필요가 있다"(Siporin, 1988)고 말한다.

사실상 휴먼 서비스 조직의 종사자는 클라이언트에 대한 도덕적 판단으로부터 자유롭지 못하다(Hasenfeld, 1992). 이는 사회복지가 인간의 삶을 존중하고 긍정적인 방향으로 개인과 사회가 변화하도록 돕는 가치를 우선으로 하고 있기 때문이다. 사례관리자는 전문직의 가치를 실천과정에서 지향한다. 무엇이 최선이고 옳은지에 대한 가치판단을 통해 클라이언트를 도와야 한다. 사회복지사는 전문직의 가치를 추구하는 것이지, 사회복지사 개인의 가치를 클라이언트에게 부여해서는 안 된다. 클라이언트의 가치가 본인 자신과 타인에게 손실을 가져오거나 삶에 부정적이지 않은 한 클라이언트의 가치는 존중되어야 한다.

(2) 가치갈등을 피하기

가치상충의 상황에서 중립적인 태도를 유지하는 것은 쉽지 않다. 사례관리자가 가치갈등을 피하고 클라이언트에게 전문적 서비스를 제공하기 위한 유용한 팁은 다음과 같다(Summers, 2016).

- 사례관리자와는 다른 클라이언트의 태도와 삶의 방식을 존중한다.
- 장애인이나 성적 취향이 다른 소수자에 대해 결코 편견을 갖지 않는다.
- 사례관리자가 클라이언트에게 동의하지 않을지라도 항상 최선의 서비스를 제공한다.
- 사례관리자의 가치와 다르다는 이유로 클라이언트 가치의 변화를 시도하지 않는다.

5) 한정된 자원

(1) 자원배분

사례관리자는 클라이언트에게 필요한 자원을 동원하고 연결하며 발굴하는 역할을 한다. 사례관리자가 한정된 자원의 범위에서 실천을 한다면 클라이언트의 미충족 욕구의 해결은 제한을 받게 된다. 사례관리자는 현존하는 자원에 클라이언트의 욕구를 맞추는 것이 아니라 클라이언트의 미충족 욕구해결을 위해 적극적으로 자원을 발굴하고 동원해야 한다.

자원은 한정되어 있기 때문에 사례관리자는 자원을 확충해야 하며, 공정하고 비차별적으로 자원을 배분해야 한다. 자원배분의 윤리적 책임은 미국 사회복지사 윤리강령 3.07 a와 b조항에 명시되어 있다.

3.07 행정

ⓐ 사회복지실천 행정가는 클라이언트의 욕구를 충족시키기 위한 적절한 자원을 얻기 위해 자신이 속한 기관의 내부 및 외부에서 옹호활동을 펴야 한다.

ⓑ 사회복지사는 공개적이고 공정한 자원 배당절차를 옹호해야 한다. 모든 클라이언트들의 욕구가 충족될 수 없을 때에는, 적절하며 일관되게 적용되는 원칙에 입각한 비차별적인 자원할당 절차를 개발해야 한다.

한국사회복지사 윤리강령은 자원배분과 관련된 구체적인 윤리기준은 없고 사회정의와 관련된 내용이 제시되어 있다("사회적 약자를 옹호하고 대변하는 일을 주도해야 한다", "사회정의를 증진시키기 위한 사회정책의 수립, 발전, 입법, 집행을 요구하고 옹호해야 한다").

(2) 자원배분의 공정성

자원을 공정하게 배분하는 것은 불평등문제를 완화하고 사회정의를 실현하는 중요한 기제이다. 자원은 한정되어 있는데, 그 자원을 이용하려는 클라이언트가 많을 경우, 어떤 클라이언트에게 우선적으로 자원이 배분되어야 하는가는 공정성과 관련된다. 자원이 특정 클라이언트들에게 우선적으로 배분되면 결과적으로 다른 클라이언트에게 배분할 자원은 줄어들 수밖에 없기 때문이다.

리머(1999)는 자원할당 기준이 기관 관리자의 방향이나 정책적 압력, 그리고 기관의 업무방식에 의해 결정되기 때문에 공정한 자원배분과 관련하여 문제가 있음을 지적하며 사회복지사가 자원배분 시 참고할 수 있는 분배공정성의 원칙을 네 가지로 요약하고 있다(김기덕 외, 2012 재인용).

- 모든 사람에게 일정 한도 내에서 동등하게 분배하는 것이다. 한정된 자원을 동일하게 분배하므로 분배의 과정보다는 결과를 강조한 방법이다. 그러나 자원을 나눌 수 없는 경우가 있으며 클라이언트에게 동일한 자원을 제공하는 것이 언제나 수용 가능한 것은 아니다. 예를 들어, 연말에 쌀 모으기를 통해 수집된 쌀 500kg을 100명의 클라이언트에게 분배를 할 경우 가구상황을 고려하지 않고 동일하게 5kg씩 분배한다면 부양가족이 많은 가구와 독신가구, 혹은 고향의 가족으로부터 정기적으로 쌀을 제공받고 있는 클라이언트 등 배분대상의 상황은 고려하지 않은 배분이다.
- 욕구에 기초하여 배분하는 것이다. 여기서 욕구는 가장 취약한 사람의 욕구가 우선시됨을 의미한다. 욕구수준이나 심각성에 따라서 순위를 정하는 방식이다. 클라이언트 중에 독신가구, 2인 가족의 가구, 4인 가족의 가구가 있어 쌀 소비가 각각 다르기 때문에 독신 클라이언트에게는 3kg씩, 2인 가구에게는 5kg씩, 3인 이상 가구에게는 8kg씩 분배를 한다면 클라이언트의 상황과 필요를 일정 부분 반영한 배분이다. 그러나 자원은 한정되어 있으며 경쟁적인 욕구상황에서는 분배의 공정성을 지향하는 것은 어려워진다. 우리나라 노인복지관의 경우 명절 후원물품 배분 시 대상에서 제외된 클라이언트가 문제제기를 하고 있음을 사회복지사들이 호소하고 있다. 기관에서는 욕구의 긴급성에 따른 선별적 배분(예를 들어, 더 어렵고 필요한 사람을 대상)을 한 것이지만 일부 클라이언트는 이에 동의하지 않기 때문이다.
- 과거와 현재의 억압에 대한 보상을 반영하여 분배한다. 단순히 욕구나 평등의 기준만 고려하는 것이 아니라 차별받는 사람을 우선적으로 고려하여 배분하는 것이

다. 장애인에 대한 적극적 우대조치, 북한이탈주민에 대한 지원, 결혼이주여성에 대한 지원 등이 이에 해당된다. 가장 취약한 사람에게 우선적으로 헌신한다는 사회복지 서비스의 가치도 분배공정성의 이 원칙에 해당된다. 그러나 모두가 어렵고 취약한 상황에서는 과거와 현재의 억압에 대한 보상은 역차별의 문제를 야기할 수 있으며, 자원 흐름의 통제가 적절하지 않을 경우 특정 대상에게 분배가 집중되는 문제가 야기될 수 있다.

- 사람이 기여한 것에 따른 분배이다. 조건부 수급의 경우가 해당될 수 있다. 근로나 취업 등 어떤 기여를 한 것에 따라서 자원을 배분하는 것이다. 과거와 미래의 기여에 비례하여 배분되어야 한다는 이 원칙은 사례관리의 실천과는 충돌될 소지가 많다. 사례관리 클라이언트들은 복합적인 욕구를 지니고 있으며 자신의 지불능력이나 기여와 무관하게 도움이 필요하기 때문에 그동안의 노력이나 앞으로의 기여가 어려울 수 있기 때문이다.

사례관리자는 자원을 발굴하고 동원하는 역할에 적극적이어야 한다. 그러나 자원은 한정되어 있으며 효과적으로 활용해야 하므로 자원을 어떤 기준으로 분배해야 하는가에 대해서 항상 신중해야 한다. 위에 제시한 평등, 욕구, 보상, 그리고 기여의 원칙 중 어떤 기준을 우선적으로 적용할지 심사숙고하여 사례관리자의 결정이 정의로우며 정당화될 수 있도록 윤리적으로 판단해야 한다.

(3) 사례관리자의 시간 배분

사례관리자의 업무과중이 서비스 질의 저하로 연결된다면, 적정 수를 초과하여 많은 클라이언트를 담당하는 것은 윤리강령에서 제시하고 있는 질적 서비스 제공과는 상충된다(김기덕 외, 2013). 사례관리자는 클라이언트에게 중요한 자원이다. 만일, 지역사회에 잠재적 클라이언트가 많으나 사례관리자가 담당할 수 없는 상황이라면 서비스에서 배제된 사람들은 자원배분이 공정하지 않다고 생각할 것이다. 그렇다고 사례관리자가 기존 클라이언트에게 할애된 시간을 축소하여 더 많은 클라이언트를 담당하게 된다면, 서비스의 질은 저하될 것이다.

사례관리자는 자신이 클라이언트에게 중요한 자원이라는 사실을 인식하고 시간을 효과적으로 사용해야 한다. 사례관리자의 효과적인 시간관리와 시간배분은 자원의 공정한 배분이다(이는 시간을 모든 클라이언트에게 동일하게 할애한다는 의미가 아님). 그리고 지역사회에 잠재적인 클라이언트가 많다면, 기관과 지역사회 차원에서 이들 클라이언트가 서비스를 받을 수 있도록 서비스 확충을 위한 옹호 역할을 적극적으로 해야 한다.

6) 기술(technology)을 활용한 서비스

사례관리 대상자 중 노인이나 활동에 제약이 있는 장애인을 대상으로 한 돌봄서비스는 노동집약적이기 때문에 돌봄의 수요와 공급의 불일치 상황에서는 인간노동력에 전적으로 의존하는 것이 현실적으로 어려울 수 있다. 특히, 인간 간 접촉이 제한되는 사회적 재난에서는 기술(technology)을 활용한 비대면 서비스에 대한 필요가 커질 수밖에 없다. 이러한 현실을 반영하여 유럽에서는 복지기술(welfare technology)이 돌봄인력의 공급난과 돌봄의 효율성을 위한 미래지향적인 방안이라는 인식하에 노인 및 장애인의 일상생활지원과 생활안전, 그리고 사회참여와 삶의 질을 향상하기 위한 방편으로 그 적용범위가 확장되고 있다[(Susanne & Katarina, 2021).

복지와 기술의 융합을 의미하는 복지기술(welfare technology)은 복지의 영역에 진보된 기술을 적용하는 것을 의미하는데 이는 기술을 복지영역에 적용하여 클라이언트의 삶을 지원하는 것뿐 아니라 사회문제를 혁신적으로 해결할 수 있는 방안으로 논의된다. 유럽에서는 2000년대 초반부터 복지기술의 필요성이 부각되어 지역사회에서 노후를 보낼 수 있도록 기술을 활용한 돌봄서비스를 제공하고 있으며 우리나라에서도 커뮤니티케어 시범사업을 계기로 복지기술의 활용이 확장되어 사례관리 대상자의 생활안정을 지원하고 있다. 복지기술은 의사소통 지원, 생활안전지원, 일상과업 지원(복약, 운동 등), 질병 모니터링, 여가와 오락, 재활, 정서 및 사회적 지지(인공지능을 활용한 반려로봇), 보행지원(웨어러블), 서비스로봇, 가상케어 등 다양한 영역에서 활용된다(최소연, 2022).

향후 사례관리영역에서 클라이언트의 생활안전 모니터링을 위해 정보통신기술(ICT)을 연계한 서비스가 증가할 것으로 예측되므로 기술활용과정에서 야기될 수 있는 클라이언트의 사생활 침해나 자기결정권 등의 문제가 야기되지 않도록 윤리적 지침이 제시되어야 한다. 미국사회복지사협회(NASW)는 사회복지사가 디지털 기술과 정보기술을 활용하여 클라이언트에게 서비스를 제공하는 과정에서 사회복지사의 윤리적 실천을 강화하기 위해 2017년에 기술활용과 관련된 윤리적인 표준의 세부내용을 윤리강령에 포함하면서, 사회복지실천에서 사용될 수 있는 새로운 기술 발전과 다양한 윤리기준이 적용되는 방식에 대해 지속적으로 숙지해야 함을 권고하고 있다(NASW, 2017). 이에 사례관리자는 〈표 4-2〉의 윤리지표를 활용하여 기술을 활용한 서비스가 사례관리 클라이언트를 위해 윤리적으로 활용될 수 있도록 해야 할 것이다.

〈표 4-2〉 기술연계(technology linked) 복지서비스를 위한 윤리지표

대범주	범주		지표	그렇다	아니다
클라이언트의 권익	클라이언트 편익		서비스는 클라이언트 개인의 상황에 적합하다.		
			서비스는 클라이언트 개인의 욕구에 적합하다.		
			서비스는 클라이언트가 이용하기 편리하다.		
	클라이언트 권리	알권리	클라이언트가 알아야 하는 정보를 적시에 정확하게 제공한다.		
			정보수집의 범위, 내용, 처리방식, 보관과 폐기 등에 관한 내용에 대해서 알린다.		
		자율성 보장	클라이언트로부터 자발적 동의를 얻는다.		
			서비스 결정 과정에 어떠한 강압도 없다.		
			이용을 거부할 권리를 존중한다.		

대범주	범주		지표	그렇다	아니다
		사생활 보호	서비스 과정에서 획득한 모든 정보의 비밀을 보장한다.		
			클라이언트의 동의 없이 제3자에게 정보를 제공하지 않는다.		
			서비스 제공과정에서 클라이언트의 사생활을 침해하지 않는다		
		고지된 동의	서비스와 관련된 기관의 정책을 클라이언트에게 고지한다.		
			서비스를 이용하기 위한 클라이언트의 능력을 평가한다.		
			클라이언트의 일상생활 정보를 관찰하거나 제3자의 관찰을 허용하기 전에 클라이언트로부터 사전 동의를 얻는다.		
사회복지사의 책무	서비스 제공		디지털 소외계층이 이용할 수 있도록 지원한다.		
			서비스 이용에 제약을 가하는 장애요인(비용부담, 데이터 이용, 기기 사양 등)이 없다.		
			서비스 이용의 효과를 정기적으로 평가한다.		
	전문직 역량		기술연계 서비스를 제공하기 위한 지식과 기술을 보유했다.		
			기술연계 서비스에 관한 정책과 법률을 이해하고 준수한다.		

출처: Choi et al.(2022).

2. 윤리적 의사결정

윤리적 사안은 실천가가 단독으로 결정하기보다는 기관의 윤리적 의사결정과 관련된 체계 속에서 다루어야 한다. 윤리적 의사결정에 관해서는 《사회복지윤리와 철학》 교과목에서 다루고 있기 때문에, 본 교재에서는 김기덕 등(2012)의 내용을 참고하여 윤리적 의사결정체계와 절차에 대해 소개하고자 한다.

1) 윤리적 의사결정체계

사례관리자는 윤리적 사안과 관련된 이슈들을 다루기 위해서 업무환경의 다양한 체계의 검토와 자문을 받는 것이 유용하다. 윤리적 의사결정에 도움이 되는 체계는 다음과 같다.

(1) 동료 검토

윤리적 사안에 대해서 동료들과 해당 사안에 대해 논의하여 방향을 결정할 수 있다. 그러나 동료는 조직구조상 수평적 관계에 있기 때문에 윤리적 사안과 관련하여 동료 검토의 내용에 대해서 상위체계의 검토가 있다면 보다 안전할 수 있다.

(2) 슈퍼비전체계

슈퍼바이저는 슈퍼바이지가 윤리적인 실천을 수행하도록 지도감독해야 하는 책임이 있다(Reamer, 2001). 실천과정의 모든 사회복지사는 적절한 슈퍼비전을 제공받아야 하기 때문에(NASW, 2017), 슈퍼비전은 사례관리자의 윤리적 의사결정을 지원하는 공식적인 채널의 기능을 한다. 사례관리자는 정기적인 슈퍼비전을 제공받음으로써 윤리적 사안에 대한 슈퍼바이저의 지도를 받을 수 있다.

(3) 교육훈련체계

지속적인 교육훈련을 통해 사례관리자는 윤리적 민감성을 고양하고 윤리적 의사결정을 위한 역량강화에 도움을 받을 수 있다. 윤리적 사안에 대한 검토, 토론, 사례 분석 등, 윤리적 민감성을 증진하고 대안을 도출하기 위한 지속적인 학습과 교육은 윤리적 의사결정과 관련된 역량 증진에 유용하다.

(4) 클라이언트 권리장전(혹은 권리규정)

클라이언트의 권리를 보호하고 증진하기 위한 권리장전 혹은 권리규정이 기관에 구비되어 있다면, 이를 참고하여 윤리적 사안과 관련하여 해결 방안을 모색할 수 있다. 이미 제시된 것을 참조할 수도 있으며(예: 유엔인권선언문, 「장애인 차별금지법」, 아동권리장전 등), 각 기관에서 마련한 클라이언트 권리장전을 활용하여 윤리적 의사결정의 지침으로 활용할 수 있다.

(5) 전문가 윤리강령

사례관리자는 윤리적인 교착상태에서 사회복지사 윤리강령을 검토하여 적용할 수 있다. 그러나 윤리강령이 구체적인 지침을 제시하지 못할 경우, 소속기관의 윤리위원회나 한국사회복지사협회 윤리위원회의 도움을 받을 수 있다.

(6) 판례집의 활용

윤리적 교착상태에서 어떤 절차와 방향으로 윤리적 의사결정을 했는지에 대한 판례집을 활용하므로 윤리적인 의사결정의 도움을 받을 수 있다. 우리나라는 윤리적 의사결정과 관련된 판례집이 아직 없기 때문에 향후 윤리적인 갈등상황의 판례집이 제시된다면, 윤리적 의사결정을 위한 유용한 지침으로 활용 가능하다.

2) 윤리적 의사결정 절차

윤리적 사안을 해결하기 위해 윤리강령을 참고하지만, 윤리강령이 명확한 지침을 제공하지 못할 수 있기 때문에 사례관리자는 윤리적 딜레마와 관련하여 윤리적 의사결정의 모델을 적용해 대안을 모색할 수 있다.

(1) 윤리적 의사결정모델

콩그레스(Congress, 1999)는 사회복지의 가치, 윤리강령, 그리고 사회복지의 맥락을 고려하여 신속하고 효과적으로 적용 가능한 윤리적 의사결정의 모델로 윤리(ETHIC)의 철자를 활용한 의사결정과정을 제시하고 있다.

❍ 콩그레스의 ETHIC모델

- E: 개인, 사회, 기관, 전문적 가치를 검토하고(Examine),
- T: 상황과 관련된 윤리규정, 관련 법규의 적용에 대해 생각하고(Think),
- H: 다른 결정의 결과를 가정해 보고(Hypothesis),
- I: 결정과 관련하여 혜택받는 사람과 피해받는 사람을 확인하고(Identify),
- C: 자문을 받음으로써 윤리적인 의사결정을 할 수 있다(Consult).

(2) 윤리적 규칙과 원칙의 적용

돌고프 등(Dolgoff et al., 2005)은 윤리적 의사결정모델을 의사결정과정과 윤리적 원칙의 우선순위의 측면에서 제시하고 있다.

① 윤리적 의사결정의 과정

- 1단계: 문제가 무엇인지, 그리고 문제를 야기하는 요인이 무엇인지를 확인한다.
- 2단계: 누가 클라이언트로 피해자인지, 지지체계와 다른 전문가 등 해당되는 문제와 관련된 사람과 단체는 누구인지를 확인한다.
- 3단계: 2단계에서 확인된 다양한 주체들이 주어진 문제와 관련하여 어떤 가치를 가지고 있는지를 확인한다. 즉, 사회적 가치, 전문가로서의 가치, 클라이언트의 가

치, 사회복지사 개인의 가치 등을 확인한다.

- 4단계: 주어진 문제를 해결하거나 최소한 문제의 정도를 경감시킬 수 있는 개입목표를 명확히 한다.
- 5단계: 개입수단과 개입대상을 분명하게 확인한다.
- 6단계: 확정된 목표에 따라 설정된 개입방안의 효과성과 효율성을 평가한다.
- 7단계: 누가 의사결정에 참여할 것인가를 결정한다.
- 8단계: 가장 적절한 개입방법을 선택한다.
- 9단계: 선택된 개입방법을 수행한다.
- 10단계: 선택된 개입방법이 수행되는 것을 검토하며, 예상하지 않았던 결과가 나타나는지를 주지한다.
- 11단계: 결과를 평가하고 추가적인 문제들이 무엇인지를 확인한다.

② 윤리적 의사결정의 우선순위

윤리적 의사결정의 우선순위는 윤리적 규칙심사를 거쳐 윤리적 원칙심사로 이어진다.

- 윤리적 규칙심사: 윤리적 교착상태에서 먼저 윤리적 규칙심사(Ethical Rule Screen)를 적용하여, 윤리강령의 어떤 규칙을 적용할 수 있는지를 결정한다. 윤리적 사안과 관련하여 여러 가지의 윤리강령이 적용될 경우나, 윤리강령의 규칙 중 어떤 강령을 적용해야 할지 혼동되는 경우에 그 다음 단계로 윤리적 원칙을 따르게 된다.
- 윤리적 원칙심사: 윤리적 원칙심사(Ethical Principle Screen)는 윤리적인 교착상태에서 사회복지실천가가 윤리적 원칙의 우선순위에 의해 의사결정을 하는 것을 말한다. 돌고프 등이 제시한 윤리적 원칙은 생명보호의 원칙, 평등과 불평등의 원칙, 자율성과 자유의 원칙, 최소해악의 원칙, 삶의 질 원칙, 사생활보호와 비밀보장의 원칙, 정직과 완전공개의 원칙 순서로 제시되고 있다. 이들이 제시한 원칙의 순서와 다소 다르게 우선순위를 구성하는 경우도 있다. 그러나 어떠한 원칙이라 하더

라도 인간존엄성과 사회정의 실현을 통한 클라이언트의 삶의 질 향상을 추구해야 함은 명확한 것이다.

- 제1원칙 – 생명보호(principle of the protection of life): 생명보호의 원칙은 클라이언트와 모든 사람에게 우선적으로 적용되는 것으로 다른 윤리적인 원칙보다 우선시되는 원칙이다.
- 제2원칙 – 평등과 불평등(principle of equality and inequality): 동일한 환경에 처한 모든 사람은 동일한 방식의 처우를 받아야 하며, 다른 상황에 처해 있는 사람이 불평등의 문제와 관련되었을 경우에는 다르게 처우되어야 한다. 즉, 분배적 정의와 관련하여 불평등한 처우가 평등을 지향할 수 있다는 것으로 사회복지의 가치인 사회정의와 관련된 원칙이다.
- 제3원칙 – 자율성과 자유(principle of autonomy and freedom): 사회복지사는 실천과정에서 개인의 자기-결정, 자율성, 독립성, 자유를 촉진해야 한다. 개인의 자율성과 자유를 보장하는 것이 클라이언트 자신과 타인에게 해가 되는 경우 사회복지사는 제1원칙을 우선순위로 하여 개입해야 할 의무가 있다.
- 제4원칙 – 최소해악(principle of least harm): 클라이언트에게 해가 되는 윤리적 교착상태에 직면하여 사회복지사는 위해가 되는 상황을 사전에 방지하거나 피하도록 해야 한다. 대안 중 어떤 것을 선택하더라도 누군가에게 위해가 될 수 있는 상황이라면 사회복지사는 클라이언트나 타인에게 최소한의 해가 되는 선택을 해야 한다.
- 제5원칙 – 삶의 질(principle of quality of life): 사회복지사는 클라이언트 개인뿐 아니라 지역사회의 삶의 질을 촉진하기 위한 실천을 해야 한다. 사회복지사는 지역에서부터 세계에 이르기까지 복지사회를 구현해야 하며, 사람과 지역사회, 그리고 환경의 발달을 촉진해야 한다.
- 제6원칙 – 사생활보호와 비밀보장(principle of privacy and confidentiality): 사회복지사는 모든 사람의 사생활보호와 비밀보장의 권리를 강화하기 위해 노력

을 해야 한다. 그러나 비밀보장을 하는 것이 오히려 위해가 될 경우, 폭력이나 손해를 예방하는 것이 이 원칙보다 우선되어야 한다.

– 제7원칙 – 정직과 완전공개(principle of truthfulness and full disclosure): 사회복지사는 진실된 말을 해야 하며 자신의 클라이언트 및 타인과 관련된 모든 정보에 대해서 충분하게 공개해야 한다. 전문적인 관계가 원활하게 되기 위해서는 신뢰를 요하며 신뢰는 정직을 기본으로 한다.

3. 개인정보보호법

사례관리과정에서 획득한 클라이언트의 정보를 활용하기 위해서는 사전에 개인정보 활용 동의를 받아야 한다. 그리고 동의서에 제시된 범위에 한해서 정보를 활용해야 한다. 즉, 사례관리와 관련된 개인정보는 사례관리를 위한 목적에 국한해서 활용해야 하며, 이 또한 서비스 신청자(후견인 포함)의 동의가 있어야 가능하다. 사례관리자는 「개인정보보호법」과 이 법에 의해서 각 정책에서 다루고 있는 내용을 숙지해야 한다.

1) 개인정보

「개인정보보호법」에서 구분하고 있는 정보는 개인정보, 민감정보, 고유식별정보이다.

(1) 개인정보

'개인정보'는 살아 있는 개인에 관한 정보로서 당해 정보에 포함되어 있는 성명 · 주민등록번호 및 영상 등을 통하여 개인을 알아볼 수 있는 정보를 말하며, 해당 정보만으로는 특정개인을 알아볼 수 없더라도 다른 정보와 쉽게 결합하여 알아볼 수 있는 것을 포함하고 있다. 개인정보에 포함되는 내용은 다음과 같다.

- 일반정보: 이름, 주민등록번호, 주소, 전화번호, 가족관계, 이메일주소, ID/Pass Word, IP주소 등
- 신체적 정보: 유전자정보, 건강상태, 질병, 장애, 진료기록, 신체적 특징 등
- 재산적 정보: 금융재산, 통장계좌번호 및 비밀번호, 소득, 동산, 부동산내역 등
- 사회적 정보: 학력, 성적, 출석상황, 전과, 범죄기록, 직장, 고용주, 근로경력 등

(2) 민감정보

'민감정보'란 사상 · 신념, 노동조합 · 정당의 가입 · 탈퇴, 정치적 견해, 건강, 성생활 등에 관한 정보, 유전자검사 등의 결과로 얻어진 유전정보, 「형의 실효 등에 관한 법률」 제2조 제5호에 따른 범죄경력자료에 해당하는 정보, 그 밖에 정보주체의 사생활을 현저히 침해할 우려가 있는 개인정보를 말한다.

(3) 고유식별정보

'고유식별정보'는 법령에 따라 개인을 고유하게 구별하기 위해 부여된 정보로서 주민등록번호, 외국인등록번호, 운전면허번호, 여권번호가 해당된다.

2) 개인정보 동의서

사례관리에 참여하는 개인정보를 활용하기 위한 동의서에는 단지 정보를 보호하겠다는 내용 이외에 정보수집의 목적과 보유기간, 정보 제공을 거부할 권리 등 다음의 내용이 포함된다.

- 수집하는 개인정보 항목(일반개인정보, 고유식별정보, 민감정보)
- 개인정보의 수집 및 이용목적
- 개인정보의 보유 및 이용기간
- 개인정보 제3자 제공: 정보를 제공받는 자, 개인정보를 제공받는 자의 개인정보 이용목적, 제공되는 개인정보 항목, 개인정보의 보유 및 이용기간
- 개인정보 제공에 대한 동의를 거부할 권리 및 거부로 인한 제약사항
- 법정대리인의 동의가 필요한 경우 법정대리인의 동의

***참고: 「개인정보보호법」 [시행 2020. 8. 5.] [법률 제16930호, 2020. 2. 4., 일부개정]**

제15조(개인정보의 수집·이용) ① 개인정보처리자는 다음 각 호의 어느 하나에 해당하는 경우에는 개인정보를 수집할 수 있으며 그 수집 목적의 범위에서 이용할 수 있다.

1. 정보주체의 동의를 받은 경우
2. 법률에 특별한 규정이 있거나 법령상 의무를 준수하기 위하여 불가피한 경우
3. 공공기관이 법령 등에서 정하는 소관 업무의 수행을 위하여 불가피한 경우
4. 정보주체와의 계약의 체결 및 이행을 위하여 불가피하게 필요한 경우
5. 정보주체 또는 그 법정대리인이 의사표시를 할 수 없는 상태에 있거나 주소불명 등으로 사전 동의를 받을 수 없는 경우로서 명백히 정보주체 또는 제3자의 급박한 생명, 신체, 재산의 이익을 위하여 필요하다고 인정되는 경우
6. 개인정보처리자의 정당한 이익을 달성하기 위하여 필요한 경우로서 명백하게 정보주체의 권리보다 우선하는 경우. 이 경우 개인정보처리자의 정당한 이익과 상당한 관련이 있고 합리적인 범위를 초과하지 아니하는 경우에 한한다.

② 개인정보처리자는 제1항제1호에 따른 동의를 받을 때에는 다음 각 호의 사항을 정보주체에게 알려야 한다. 다음 각 호의 어느 하나의 사항을 변경하는 경우에도 이를 알리고 동의를 받아야 한다.

1. 개인정보의 수집·이용 목적
2. 수집하려는 개인정보의 항목
3. 개인정보의 보유 및 이용 기간
4. 동의를 거부할 권리가 있다는 사실 및 동의 거부에 따른 불이익이 있는 경우에는 그 불이익의 내용

③ 개인정보처리자는 당초 수집 목적과 합리적으로 관련된 범위에서 정보주체에게 불이익이 발생하는지 여부, 암호화 등 안전성 확보에 필요한 조치를 하였는지 여부 등을 고려하여 대통령령으로 정하는 바에 따라 정보주체의 동의 없이 개인정보를 이용할 수 있다. 〈신설 2020. 2. 4.〉

제17조(개인정보의 제공) ① 개인정보처리자는 다음 각 호의 어느 하나에 해당되는 경우에는

정보주체의 개인정보를 제3자에게 제공(공유를 포함한다. 이하 같다)할 수 있다. 〈개정 2020. 2. 4.〉
1. 정보주체의 동의를 받은 경우
2. 제15조제1항제2호·제3호·제5호 및 제39조의3제2항제2호·제3호에 따라 개인정보를 수집한 목적 범위에서 개인정보를 제공하는 경우

② 개인정보처리자는 제1항제1호에 따른 동의를 받을 때에는 다음 각 호의 사항을 정보주체에게 알려야 한다. 다음 각 호의 어느 하나의 사항을 변경하는 경우에도 이를 알리고 동의를 받아야 한다.
1. 개인정보를 제공받는 자
2. 개인정보를 제공받는 자의 개인정보 이용 목적
3. 제공하는 개인정보의 항목
4. 개인정보를 제공받는 자의 개인정보 보유 및 이용 기간
5. 동의를 거부할 권리가 있다는 사실 및 동의 거부에 따른 불이익이 있는 경우에는 그 불이익의 내용

③ 개인정보처리자가 개인정보를 국외의 제3자에게 제공할 때에는 제2항 각 호에 따른 사항을 정보주체에게 알리고 동의를 받아야 하며, 이 법을 위반하는 내용으로 개인정보의 국외 이전에 관한 계약을 체결하여서는 아니 된다.

④ 개인정보처리자는 당초 수집 목적과 합리적으로 관련된 범위에서 정보주체에게 불이익이 발생하는지 여부, 암호화 등 안전성 확보에 필요한 조치를 하였는지 여부 등을 고려하여 대통령령으로 정하는 바에 따라 정보주체의 동의 없이 개인정보를 제공할 수 있다. 〈신설 2020. 2. 4.〉

3) 가명 정보의 처리

「개인정보보호법」에 가명정보의 처리에 관한 특례조항이 2020년에 신설되었다. 개인정보처리자는 통계작성, 과학적 연구, 공익적 기록보존 등을 위하여 정보주체의 동의 없이 가명정보를 처리할 수 있으며, 가명정보를 제3자에게 제공하는 경우에는 특정 개인을 알아보기 위하여 사용될 수 있는 정보를 포함해서는 안 된다. 또한, 개인정보처리자는 가명정보를 처리하는 경우에는 원래의 상태로 복원하기 위한 추가 정보를 별도로 분리하여 보관 · 관리하는 등 해당 정보가 분실 · 도난 · 유출 · 위조 · 변조 또는 훼손되지 않도록 안전성 확보에 필요한 기술적 · 관리적 및 물리적 조치를 하여야 함을 규정하고 있다. 더불어 누구든지 특정 개인을 알아보기 위한 목적으로 가명정보를 처리해서는 안 된다는 것을 명시하고 있으며, 가명정보를 처리하는 과정에서 특정 개인을

알아볼 수 있는 정보가 생성된 경우에는 즉시 해당 정보의 처리를 중지하고, 지체 없이 회수 · 파기하여야 한다고 명시되어 있다.

4) 개인정보의 목적 외 사용금지

개인정보를 목적 이외에 사용할 경우 법적인 처벌을 받게 된다. 〈표 4-3〉은 사회복지 관련 법에서 명시한 개인정보의 목적 외 사용에 관한 처벌조항들이다.

〈표 4-3〉 개인정보의 목적 외 사용 시 사회복지 관련 법의 처벌조항

법	조항	내용
「사회보장급여법」	제54조	• 사회보장정보의 처리업무를 방해할 목적으로 사회보장정보를 위조 · 변경 · 훼손하거나 말소한 자는 10년 이하의 징역 또는 1억 원 이하의 벌금에 처함 • 사회보장정보를 처리할 때 정당한 사유 없이 사회보장정보를 위조 · 변경 · 훼손 · 말소 · 유출하거나 그 방법 또는 프로그램을 공개 · 유포 · 사용 행위를 한 자는 5년 이하의 징역 또는 5,000만 원 이하의 벌금에 처함 • 정당한 사유 없이 사회보장정보시스템을 위조 · 변경 · 훼손하거나 이용하는 행위를 한 자는 5년 이하의 징역 또는 5,000만 원 이하의 벌금에 처함 • 사회보장정보를 처리할 때 정당한 권한이 없거나 허용된 권한을 초과하여 행위를 한 자는 5년 이하의 징역 또는 5,000만 원 이하의 벌금에 처함
「국민기초생활보장법」	제22조 제6항, 제23조의 2 제6항	• 보장기관의 공무원 또는 공무원이었던 자는 신청에 의한 조사와 관련하여 얻은 정보와 자료를 이 법이 정한 보장목적 외에 다른 용도로 사용하거나 다른 사람 또는 기관에 제공하여서는 안 됨 • 금융정보 등의 제공과 관련한 업무에 종사하거나 종사하였던 자는 업무를 수행하면서 취득한 금융정보 등을 이 법으로 정한 목적 외의 다른 용도로 사용하거나 다른 사람 또는 기관에 제공하거나 누설하여서는 안 됨
	제48조	• 법 제23조의 2 제6항을 위반하여 금융정보를 사용 · 제공 또는 누설한 자는 5년 이하의 징역 또는 3,000만 원 이하의 벌금에 처함 • 법 제22조 제6항을 위반하여 정보 또는 자료를 사용하거나 제공한 자, 법 제23조의 2 제6항을 위반하여 신용정보 또는 보험정보를 사용 · 제공 또는 누설한 자는 3년 이하의 징역 또는 2,000만 원 이하의 벌금에 처함

법	조항	내용
「기초 연금법」	제12조	• 제1항부터 제3항까지의 규정에 따른 업무에 종사하는 자(제28조에 따라 권한을 위임받거나 위탁받은 자를 포함한다)는 업무를 수행하면서 취득한 금융정보 등을 이 법에서 정한 목적 외의 용도로 다른 자에게 제공하거나 누설해서는 아니 됨
	제29조	• 제12조 제6항을 위반하여 금융정보를 다른 자에게 제공하거나 누설한 자는 5년 이하의 징역 또는 3,000만 원 이하의 벌금에 처함 • 제12조 제6항을 위반하여 신용정보 또는 보험정보를 다른 자에게 제공하거나 누설한 자는 3년 이하의 징역 또는 2,000만 원 이하의 벌금에 처함
「장애인 연금법」	제12조 제6항	• 제1항부터 제3항까지의 규정에 따른 업무에 종사하거나 종사하였던 자와 제23조에 따라 업무를 위탁받은 자는 업무를 수행하면서 취득한 금융정보 등을 이 법에서 정한 목적 외의 다른 용도로 사용하거나 다른 사람 또는 기관에 제공하거나 누설하여서는 안 됨 • 제12조 제6항을 위반하여 금융정보 또는 보험정보를 사용·제공 또는 누설한 자는 5년 이하의 징역 또는 3,000만 원 이하의 벌금에 처함 • 제12조 제6항을 위반하여 신용정보를 사용·제공 또는 누설한 자는 3년 이하의 징역 또는 2,000만 원 이하의 벌금에 처함

개인정보 제공이 가능한 경우(공공영역의 사례관리지침)

정보시스템(행복e음)의 개인정보는 수집목적 범위를 초과하여 이용하거나 제3자에게 제공하여서는 안 된다. 다만, 다음 각 호 및 「개인정보보호법」 제18조 제2항에 규정된 경우, 목적 외의 용도로 이용하거나 이를 제3자에게 제공할 수 있다.

- 정보주체로부터 별도 동의를 받은 경우
- 「사회보장급여법」 제12조 제3항에 따른 사각지대 발굴 등 법률에 특별한 규정이 있거나 법령상 의무를 준수하기 위하여 불가피한 경우
- 국회 또는 감사원 직무감찰 목적의 자료 요구 등 권한 있는 기관의 감사 또는 조사에 응하여야 하는 경우
- 검찰청 · 경찰청의 범죄의 수사와 공소의 제기 및 유지에 필요한 경우
- 법원의 재판업무 수행에 필요한 경우
- 통계 작성 및 학술연구 등의 목적으로 특정개인을 식별할 수 없는 형태로 제공하는 경우 등

생각해 보기

1. 자녀를 방임하는 모자가족의 어머니가 앞으로 서비스를 받지 않겠다고 한다. 아동을 안전하게 보호하는 것과 클라이언트의 자기결정권을 보장하는 것 사이에서 사례관리자는 어떻게 해야 하는지 윤리적 의사결정의 원칙에 기초하여 토론해 보자.
2. 사례관리자가 자신에게 할당된 20명의 사례를 현재 담당하고 있어 업무상 더 이상 사례를 맡을 책임은 없다. 그러나 사례관리 서비스가 필요한 클라이언트들이 다수 있는 상황이다. 이 상황에서 서비스가 가능할 때까지 기다리도록 하는 것이 맞는 것인가? 여러분이라면 어떻게 하겠는가?
3. 사례관리가 필요한 지역의 어르신이 개인정보동의를 할 수 없다고 하여 서비스를 진행할 수 없는 상황이다. 어르신은 서비스가 필요한 상황인데 어떻게 해야 하는가? 법을 지키는 것과 클라이언트를 원조하는 것 사이에서 사례관리자는 어떻게 해야 하는지 토론해 보자.

Chapter 05

사례관리의 기록

사례관리자는 사례관리 서비스 과정 전반에 대해 적시에 기록하여 문서화해야 하는 책임과 의무가 있다. 기록한 내용을 잘 보관하고 관리해야 하는 의무도 있다(NASW, 2013). 물론, 혹자는 클라이언트에게 직접적인 서비스를 제공할 시간도 부족한데, 서류작업으로 고통을 겪어야 한다고 생각할 수도 있다. 그러나 사례관리를 포함한 사회복지실천에서 기록은 제공된 서비스의 책임성의 근거자료이며 동시에 클라이언트에 대한 윤리적 실천을 입증하기 위한 문서인 것이다. 이에 본 장에서는 기록의 목적과 기능, 기록의 원칙과 윤리뿐 아니라 사례관리자에게 도움이 되는 좋은 기록의 사례를 소개하고 있다.

1. 사례관리기록의 목적 및 기능

1) 기록의 목적

사례관리기록은 사례관리 전 과정에 관한 정보의 문서화(documentation)를 의미한다. 기록은 클라이언트에게 질적인 서비스를 전달하는 근거 자료로써 사례관리 기관과 전문직의 책무성을 담보하는 중요 기제이다. 사례관리기록은 클라이언트를 위한 임상적 기능과 서비스 수행기관을 위한 행정적 기능의 이중적인 기능이 결합된 것이다(O'Rourke, 2010). 기록의 임상적 기능은 클라이언트에 대한 질적서비스와 관련된 것이며 행정적 기능은 기관의 책임성 이행과 관련된 것으로 이 두 기능은 동전의 양면과 같은 성격을 띤다. 즉, 서비스 전 과정에 관한 기록은 클라이언트의 문제를 효과적으로 원조하기 위한 근거자료이며, 결과적으로 이러한 기록들이 축적되어 기관의 서비스가 적시에 합법적인 방법으로 진행되고 있는지를 입증하는 근거로 활용되는 것이다.

- 기록의 임상적 기능: 클라이언트 삶의 질을 향상하기 위한 것이다. 기록은 서비스 전 과정에서 클라이언트를 효과적으로 돕기 위한 근거자료로 활용될 수 있다.
- 기록의 행정적 기능: 기록은 서비스가 적법하게 진행되었는지를 확인하는 근거자료로서 기관의 책임성을 확인하고 담보하기 위한 근거가 된다.

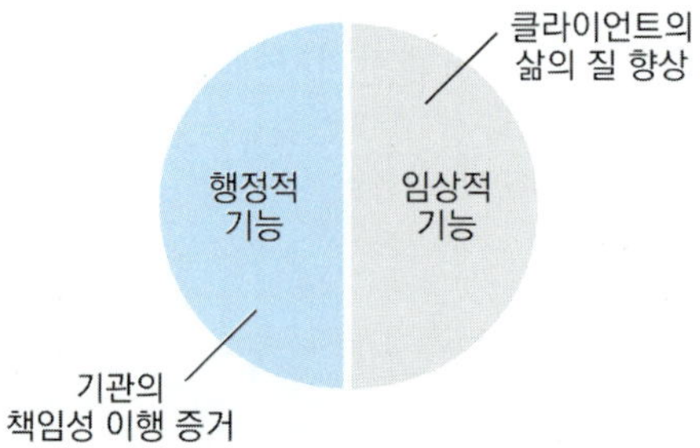

[그림 5-1] 기록의 기능

2) 기록의 기능과 필요성

(1) 기록의 기능

기록은 구체적으로 다음과 같은 기능을 갖는다(Kagle & Kopels, 2008).

- 클라이언트-상황과 서비스 욕구 확인 및 기술하기
- 이용가능한 자원을 기술하고 평가하기
- 서비스 결정과 행동의 근거 명확화하기
- 기준 준수 여부 기록하기
- 서비스 과정과 영향 모니터링하기
- 비용상환 청구하기
- 사례 지속성 유지하기
- 다른 서비스 제공자와 의사소통하기
- 클라이언트와 정보 공유하기
- 행정적 감독 지원하기
- 실천가의 전문적 발전 원활히 하기
- 인가 검토와 다른 외부 감독을 위해 정보 제공하기
- 법정 증거로서 역할하기
- 학생과 기타 전문가를 교육시키기
- 연구와 역사적 분석을 위한 데이터 제공하기

사례관리기록은 클라이언트와 관련된 정보를 확인할 수 있도록 사례관리자의 사고를 조직화하고, 관련자 간 의사소통을 촉진하며, 최적의 효과를 거두기 위한 결정의 자료로 활용된다. 동시에 서비스의 질과 기관의 책임성을 입증하기 위한 중요한 근거가 된다.

(2) 기록의 필요성

기록의 필요성은 기록의 가치(value), 기능(functional), 책임성(accountability)의 측면에서 살펴볼 수 있다(O'Rourke, 2010).

- 가치: 가치 측면에서 사례관리기록은 클라이언트 중심의 기록이어야 한다. 기록의 대상이 클라이언트와 클라이언트의 가족이기 때문에 클라이언트에 대한 인간존엄성의 가치에 기반하여 클라이언트의 인격을 훼손하거나 폄하, 혹은 진단적 낙인 등으로 편견이 발생하지 않도록 해야 한다. 또한, 클라이언트가 자신에 관한 문서를 열람하고자 할 때 기록접근을 보장하도록 사람 중심으로 기록을 해야 한다.
- 기능: 기록이 필요한 것은 기록의 기능에서 그 이유를 찾을 수 있다. 기록을 통해 서비스 적격 여부를 판단할 수 있고, 동료 및 서비스 제공자 간의 의사소통을 위한 근거로 활용하며, 기록의 내용을 통해서 서비스의 질을 개선할 수 있다. 이는 앞에서 설명한 기록의 임상적 기능에 해당되는 것으로 사례관리 클라이언트의 삶의 변화를 돕기 위한 도구로써 기록은 필수적이다.
- 책임성: 기록은 사회복지조직의 책임성의 측면에서 중요하다. 기록된 내용이 없다면 사례관리 기관의 서비스가 적법한 절차로 진행되었는지 판단하기 어려울 것이다. 기록은 전달된 서비스의 성과평가의 근거로 활용되며 사회복지실천이 규정과 법적인 책임을 준수하고 있는지를 파악하는 근거로 활용이 된다.

2. 기록의 윤리와 원칙

1) 사례관리기록의 윤리

사례관리기록은 사례관리과정에 관한 내용이지만, 클라이언트에 관한 내용이라는 사실을 잊어서는 안 된다. 이는 기록의 내용과 과정에서 클라이언트에 대한 존중의 가치가 반영되어야 함을 의미한다. 사례관리자는 사회복지사 윤리강령에 제시되어 있는 기록 관련 조항을 숙지하고 준수하여 기록상에 클라이언트의 권리가 침해되는 일이 없도록 해야 한다. 우리나라 사회복지사 윤리강령에는 기록과 관련된 내용이 명시적으로 제시되고 있지 않기 때문에 미국사회복지사 윤리강령에 제시된 기록과 관련된 조항을 살펴보도록 하겠다(3.04의 '클라이언트의 기록', 1.07의 '사생활 보호와 비밀보장', 1.08의 '기록에 대한 접근').

(1) 클라이언트의 기록

미국사회복지사 윤리강령 3.04는 '클라이언트의 기록'에 관한 내용이다(NASW, 2017). 여기에는 기록내용의 정확성, 적시성과 충분성, 사생활보호, 기록의 보관에 관한 내용이 명시되어 있다. 윤리강령 3.04는 사회복지사의 기록이 아니라 '클라이언트의 기록'으로 되어 있다. 이는 사회복지사가 기록을 하지만 기록의 핵심 대상은 클라이언트라는 것이다.

미국사회복지사 윤리강령 3.04 클라이언트의 기록

ⓐ 사회복지사는 **전자 및 서면 기록**이 정확하며 제공된 서비스가 그대로 반영되어 있다는 것을 보증하기 위해 합리적 수단을 강구해야 한다.
ⓑ 사회복지사는 서비스의 전달을 용이하게 하고 미래의 클라이언트에게 제공될 서비스의 연속성을 보장하기 위해 **적시에 충분한 내용의 자료를 기록에 포함**시켜야 한다.
ⓒ 사회복지사의 문서자료는 가능한 한 적절하게 클라이언트의 사생활을 보호해야 하며 **서비스 전달에 직접적으로 관련되는 정보만을 포함**해야 한다.
ⓓ 사회복지사는 서비스 종결 이후에도 미래의 적절한 접근을 보장하기 위해 **기록을 보관해야 한다**. 기록은 주 법이나 관련 계약서에 명시된 기간 동안 보존해야 한다.

(2) 기록에 대한 비밀보장

① 기록 내용의 비밀보장에 관한 윤리강령

미국사회복지사 윤리강령 1.07 사생활보호와 비밀보장의 조항 중 j, l, m, r, s의 조항은 기록과 관련된 내용이다. 클라이언트에 관한 기록내용에 대한 비밀보장, 기록의 안전한 보관, 기록 처리규정의 준수에 관한 내용이 제시되고 있다.

미국사회복지사 윤리강령: 1.07 사생활보호와 비밀보장 - j, l, m, r, s 조항

ⓙ 사회복지사는 법적 절차의 진행 중 법률이 허용하는 한도 내에서 클라이언트의 비밀을 최대한 보호해야 한다. 법정이나 법적 권한을 가진 기관이 사회복지사에게 클라이언트의 동의 없이 비밀정보나 면책정보의 공개를 명령하는 경우 **그러한 공개가 클라이언트에게 해가 될 때에는, 사회복지사는 법정에 그 명령을 철회하거나 가능한 한 그 범위를 좁게 한정하거나 또는 그 기록을 일반이 검열할 수 없게 비공개로 유지하도록 요청해야 한다.**

ⓛ 사회복지사는 클라이언트의 서면정보, 전자정보, 그리고 기타 민감한 정보에 대한 비밀을 보호해야 한다. 또한 **클라이언트의 기록을 안전한 장소에 보관하며 그 기록에 접근할 권한이 없는 타인이 이용할 수 없도록 합리적 조치를 취해야 한다.**

ⓜ 사회복지사는 클라이언트 또는 제3자에게 제공된 정보를 포함하여 전자 통신의 기밀성을 보호하기 위해 합당한 조치를 취해야 한다. 사회복지사는 전자 메일, 온라인 게시물, 온라인 채팅 세션, 이동 통신 및 문자 메시지와 같은 전자 통신을 사용할 때 적용 가능한 보호장치(예: 암호화, 방화벽 및 암호)를 사용해야 한다.

ⓡ 사회복지사는 전문 웹사이트나 다른 형태의 소셜 미디어에 클라이언트에 대한 식별 정보나 기밀 정보를 게시하는 것을 피해야 한다.

ⓢ 사회복지사는 클라이언트의 비밀을 보호하면서 사회복지실천 자격에 관한 주 법령에 일치하는 방법으로 클라이언트의 기록을 전송하거나 폐기해야 한다.

② 기록내용의 비밀보장을 위한 방안

기록내용의 비밀보장을 위해서 사례관리자는 다음의 사항을 고려해야 한다.

- 기록은 지정된 곳, 잠금장치가 된 곳에 보관해야 한다.
- 업무 중 클라이언트에 관한 기록물을 책상에 방치해 놓지 말아야 한다.

- 기록을 집으로 가지고 가서는 안 되며, 이는 기관의 정책에 포함되어야 한다.
- 클라이언트의 기록물을 면접진행 동안 사회복지사의 책상에 놓지 않도록 한다.
- 기록보관체계가 구비되어야 한다.
- 교육목적의 기록은 클라이언트의 사례기록과 분리하여 보관하도록 한다.
- 기록의 보관기한을 정하여 둔다.
- 전자문서로 저장할 경우에 관련자 이외에 접근권을 제한한다.

③ 기록에 관한 비밀보장의 예외 적용

기록은 클라이언트의 동의 없이 공개해서는 안 된다. 클라이언트의 정보공개와 관련하여서는 4장 사례관리의 윤리적 이슈 부분에서 이미 다루었다. 클라이언트의 기록을 공개할 경우에는 반드시 사전에 클라이언트로부터 서면동의를 득해야 한다. 사례관리자는 기록의 내용을 공개할 경우, 공개의 범위와 공개사유에 대해서 사전에 클라이언트에게 고지하고 동의를 획득해야 할 것이다.

클라이언트의 기록 공개가 가능한 경우

- 법령상의 의무를 준수하기 위해 불가피한 경우
- 국회나 감사원의 감찰목적의 자료요구 권한이 있는 기관의 감사 및 조사에 응하여야 하는 경우
- 검찰청과 경찰청의 범죄수사와 공소의 제기 및 유지에 필요한 경우
- 기록 공개에 대해 클라이언트의 동의가 확보되었을 경우
  - ✔ 사회복지 서비스의 평가목적으로 활용되는 경우
  - ✔ 사례회의 등의 다학제 간, 전문가들 간의 사례에 대한 논의가 필요한 경우
  - ✔ 슈퍼비전, 자문 등의 목적으로 활용되는 경우
  - ✔ 기관의 교육이나 학생실습, 수련이나 사회복지사 인턴의 교육 등에 활용되는 경우
  - ✔ 통계 작성 및 학술연구 등의 목적으로 개인을 식별할 수 없는 형태로 제공하는 경우 등

(3) 클라이언트의 기록 접근권 보장

클라이언트가 자신의 기록을 열람하고자 할 경우 접근권을 보장해야 한다. 물론 클라이언트의 기록 접근권에 대해서는 논란의 여지가 있으며, 위험요소도 존재할 수 있다. 다음은 미국사회복지사 윤리강령에 제시된 클라이언트의 기록 접근권에 대한 조항이다.

> <u>1.08 기록에 대한 접근</u>
> ⓐ 사회복지사는 클라이언트가 자신에 관한 **기록에 적절하게 접근할 수 있도록** 해야 한다. 기록에 대한 클라이언트의 접근이 심각한 오해를 일으키거나, 클라이언트에게 위해를 끼칠 우려가 있을 경우에는 기록을 설명하거나 기록에 관해 조언을 해 주어야 한다. 사회복지사는 기록에 대한 접근이 클라이언트 자신에게 심각한 위해가 될 것이라는 강력한 증거가 있는 예외적인 경우에만 기록 전체 혹은 일부에 대한 클라이언트의 접근을 제한해야 한다. 클라이언트의 요구와 기록의 전부 혹은 일부에의 접근을 제한한 합리적 이유를 클라이언트의 서류철에 기록해야 한다.
> ⓒ 클라이언트에게 자신의 **기록을 보여 줄 때** 사회복지사는 그 기록 속에 언급되거나 논의되고 있는 **다른 개인들의 비밀을 보호**할 수단을 강구해야 한다.

클라이언트의 기록에 대한 접근권의 찬반 견해

사회복지사는 클라이언트에게 기록을 공개할 의무가 있으며 클라이언트는 자신의 사례기록을 읽어 볼 수 있는 권리가 있다. 그러나 클라이언트의 기록 접근권에 대한 찬반 의견이 있다(Gambrill & Pruger, 1997). 기록의 접근권에 대한 찬성의 입장은 클라이언트의 기록이기 때문에 기록에 대한 접근을 보장하는 것은 당연한 클라이언트의 권리라는 것이다. 기록의 접근권에 대한 반대의 입장은 기록에 클라이언트에 대한 부정적인 내용이 포함되어 있을 수 있기 때문에 클라이언트가 그 내용을 접할 경우 사례관리자를 불신하고 관계가 악화될 위험이 있다는 것이다. 또한 객관적인 사정과 개입의 결과에 관한 기록이라 해도 만약 클라이언트가 그 내용의 타당성에 이의를 제기하거나 소송을 제기하는 경우가 발생할 위험도 있기 때문에 기록접근권을 제한해야 한다는 입장이다.

기록의 소유자는 클라이언트 자신이기 때문에 자신의 기록을 자신이 보는 것은 당연한 권리이다.	:	기록은 사례의 지속성을 유지하고 클라이언트의 변화 및 개선을 파악하는 데 목적이 있기 때문에 클라이언트가 자신의 기록에 접근하는 것은 긍정적인 효과보다는 부정적인 영향이 많아 제한해야 한다.

미국사회복지사 윤리강령에는 클라이언트의 기록 접근권을 명시하고 있다. 클라이언트의 기록이기 때문에 클라이언트가 요구할 경우 기록에 접근할 수 있도록 해야 한다는 것이다. 클라이언트의 기록 접근권을 보장할 경우 부정적인 영향만 있는 것은 아니다. 사례관리자가 클라이언트가 볼 것을 염두에 두고 기록한다면 서비스 전 과정을 보다 신중하고 성실하게 기록할 수 있을 것이며, 부정적이고 진단적 낙인의 용어보다는 강점관점의 용어로 대체하여 기록할 수 있을 것이다. 그러나 때로는 민감한 사항과 클라이언트와는 다른 견해, 제3자에 관한 정보도 기록될 수 있기 때문에 사례관리자는 정보공개와 공유가 가능한 범위에 대한 민감성을 갖고 기록을 해야 한다. 기록의 공개로 클라이언트에게 부정적인 영향을 미치거나 제3자의 정보가 공개되는 문제가 없도록 해야 한다.

2) 사례관리기록의 원칙

사례관리자가 관찰하고 파악하고 진행한 내용을 나열하거나 정해진 양식을 단지 채워 나가는 것으로는 좋은 기록이 될 수 없다. 좋은 기록이 되기 위해서는 사례관리자는 정확하게 기록할 뿐 아니라 체계적으로 기록해야 한다. 좋은 기록을 위한 원칙을 제시하면 다음과 같다(Kagle & Kopels, 2008; Sidel, 2011; Summers, 2016).

- 사람 중심의 기록: 사례관리기록은 문제 중심의 기록이 아니라 사람에 초점을 두고 기록해야 한다. '클라이언트는 가출청소년이다', '클라이언트는 장애인이다', '클라이언트는 실업자이다' 등의 기술보다는 '클라이언트는 3월에 가출하였다, 클라이언트는 우측 하지 마비로 양쪽 목발을 사용하고 있다, 클라이언트는 11월에 실직하였다' 등으로 사람에게 초점을 두고 기록해야 한다. 문제 중심의 기록은 진단적 낙인으로 연결될 수 있다.
- 사실에 근거한 기록: 기록은 클라이언트의 상황에 대해 확인된 내용을 정확하게 묘사해야 한다. 사례관리자는 미확인 사실에 대해 근거 없는 추론을 기록해서는 안 된다. '~인 것 같다', '~으로 느껴진다'와 같은 표현의 기록은 사실에 근거한 정확한 기록이 아니다. 만일 관찰내용에 대한 사례관리자의 전반적인 인상을 기록할

경우에는(예: 면담의 전 과정에서 클라이언트와 가족들은 매우 성실하게 임하였다) 관찰한 사실과는 분리하여 별도의 부분으로 기록하도록 한다.

- 전문가 윤리를 바탕으로 한 기록: 기록 윤리에 입각하여 기록해야 한다. 클라이언트를 폄하하거나 비난하는 내용이 포함되어서는 안 되며, 클라이언트의 사생활을 보장하고 클라이언트를 존중하는 방식으로 기록해야 한다.
- 정직한 기록: 기록내용에 누락이나 왜곡, 혹은 과장 없이 성실하게 기록해야 한다. 사례관리의 모든 기록은 이후에 임의로 변조하거나 수정해서는 안 된다. 만일 추가적인 정보를 기록하거나 기록 내용을 수정할 경우는 추가된 내용과 수정된 내용이 무엇인지를 확인할 수 있는 방법으로 기록해야 한다.
- 접근권이 보장된 기록: 기록은 전문가에 의해 행해지는 업무의 일환이지만, 기록내용의 주체는 사례관리자가 아니라 클라이언트이다. 클라이언트가 경우에 따라서는 기록의 내용을 확인할 수 있음을 인식하고 전문가 윤리에 기반해서 기록해야 한다.
- 체계적 기록: 사례관리의 기록은 논리적이고 명확해야 한다. 장황하거나 반복적인 내용을 피하도록 한다. 구조화되어 쉽게 정보를 확인할 수 있도록 기록해야 한다.
- 기록의 적시성: 기록은 시의 적절하게 수행되어야 한다. 상담이나 관찰이 행해진 이후에 일정 기한 내에 기록하도록 한다.
- 기록의 안전보관: 클라이언트에 관한 모든 기록내용은 클라이언트의 동의 없이 활용할 수 없다. 사례관리기록은 부주의로 공개되지 않도록 안전하게 보관해야 하며, 기관의 정책에 따라서 일정기간 보관해야 한다.

3. 사례관리기록의 요소

사례관리자는 접수부터 종결까지 사례관리 전 과정을 기록한다. 이 기록은 기관의 양식을 활용하기도 하지만 때로는 양식에서 다루지 못하는 내용을 추가로 확인하여 기록하기도 한다. 기록의 방법은 체크리스트에 표시하는 방법에서부터 클라이언트와의 상담내용을 글로 적는 방법과 녹음과 영상촬영 등 다양하다. 기록내용은 클라이언트의 상황에 관한 관찰내용뿐 아니라 관찰된 사실에 대한 사례관리자의 판단도 포함된다.

대부분의 기록은 문서로 작성되기 때문에 사례관리자의 조직화된 사고와 문장능력은 기록의 질에 영향을 미칠 수밖에 없다. 그러나 사회복지교육과정에서 사회복지기록을 어떻게 하는 것이 효과적인지에 대한 체계적인 교육훈련은 미흡한 현실이다. 〈표 5-1〉의 내용은 사례관리의 기록내용을 분석하여 좋은 사례관리기록을 위한 요소를 도출한 것이다.

〈표 5-1〉 좋은 기록의 요소

구분	내용
클라이언트 중심의 기록	• 클라이언트를 기준으로 주어를 명시한다. • 클라이언트를 기준으로 관계를 명시한다. • 사람을 중심으로 상황을 기술한다. • 기록 내용이 혼동되지 않도록 주어를 명확히 한다.
구체적이고 정확한 기록	• 대명사는 가능한 사용하지 않는다. • 클라이언트가 말한 내용 혹은 관찰한 사실을 중심으로 기록한다. • 클라이언트의 상황묘사와 사례관리자의 전문적 견해는 분리해서 기술한다. • 시간, 빈도 등은 가능한 정확하게 기록한다. • 기술적 오류가 없도록 기록한다.
논리적이고 체계적인 기록	• 한 문장이 너무 길지 않도록 한다. • 각기 다른 문제의 상황은 별도의 문장으로 분리하여 기록한다. • 욕구 범주별로 조직화하여 기록한다. • 내용을 반복적으로 기술하지 않는다.

구분	내용
가치중립적 기록	• 통제된 정서관여의 방식으로 기록한다. • 비심판적으로 기록한다. • 사례관리자의 수식어를 포함하지 않는다.

1) 클라이언트 중심의 기록

(1) 클라이언트를 기준으로 주어를 명시한다

클라이언트에 관한 사항을 기록하는 범주일 경우에는 주어를 명시하지 않아도 그 내용이 클라이언트에 관한 사항인지 확인이 가능하지만(①), 일반적인 범주에 기록할 경우(②) 주어가 없으면 기록물을 보는 사람이 클라이언트에 관한 내용인지 클라이언트의 가족구성원에 관한 내용인지 혼동하게 된다. 따라서 ②와 같은 범주의 경우는 다음과 같이 클라이언트를 중심으로 주어를 명시하도록 한다.

① 클라이언트의 건강사항	② 건강사항
• 20○○년 봄에 류마티스 관절염을 진단받았다고 함	• <u>클라이언트는</u> 20○○년 봄에 류마티스 관절염을 진단받았다고 함 • <u>클라이언트의 남편은</u> 20○○년 위암으로 절제수술을 받았음

(2) 클라이언트를 기준으로 관계를 기술한다

가족관계를 표시할 경우는 클라이언트를 기준으로 기록한다. 가족원 전체가 사례관리 체계에 포함된 경우에는 주된 클라이언트를 중심으로 가족관계를 명시하도록 한다.

바람직하지 않은 예				
	관계	성명	생년월일	직업
가족사항	부	김○○	19780101	건설일용직
	모	이○○	19830202	무직
	자	김**	20090303	학생
	녀	김☆☆	2010505	학생

바람직한 예				
	관계	성명	생년월일	직업
가족사항	남편	김○○	19780101	건설일용직
	본인(Ct)	이○○	19830202	무직
	아들	김**	20090303	학생
	딸	김☆☆	2010505	학생

(3) 사람을 중심으로 상황을 기술한다

클라이언트의 문제 상황을 기술할 때 문제에 초점을 두고 기술을 하면 사례관리자의 의도와 무관하게 클라이언트에 대한 차별 혹은 낙인이 발생할 수 있다. 예를 들어, '클라이언트는 알코올 중독자이다', '클라이언트의 아들은 가출청소년이다', '000은 기초생활수급자이다'와 같이 클라이언트의 상황을 묘사하게 되면 클라이언트=알코올 중독, 가출청소년, 기초생활수급자가 되는 것이다. 따라서 사람을 중심으로 상황을 묘사하는 것이 적절하다. 즉, '클라이언트는 알코올 중독의 문제를 갖고 있다', '클라이언트의 아들은 가출을 한 상황이다', '000은 기초생활수급을 받고 있다'의 방식으로 기록을 하는 것이 바람직하다.

(4) 기록내용이 혼동되지 않도록 주어를 명확하게 한다

가족력을 ①과 같이 기술할 경우, 대상 어르신과 할아버지가 한 문장에 나오기 때문에 면담한 사례관리자가 아니고서는 클라이언트에 대한 상황을 기술하고 있는 것인지, 아니면 배우자에 대한 상황을 기술하고 있는 것인지 혼동이 된다.

① 가족력: '대상 어르신은 대구에서 출생하였음. 결혼 후 경제적으로 무능력하고 가정에 소홀하여 약 10년 전 이혼하였음. 홀로 생활하며 할아버지께서는 노숙자처럼 지내고 계심'

②와 같이 주어를 명확하게 하여 누구의 상황인지 혼동이 없도록 하는 것이 바람직하다.

> ② 가족력: '○○○어르신은 대구에서 출생하였음. (○○○어르신은) 결혼 후 경제적으로 무능력하고 가정에 소홀하여 부인과는 약 10년 전 이혼하였음. ○○○어르신은 홀로 생활하며 노숙자처럼 지내고 계심'

아래의 경우도 마찬가지이다. 문장의 주어를 명시하는 것이 바람직하다.

바람직하지 않은 예	바람직한 예
Ct부모의 이혼으로 조모와 함께 생활하고 있었으나 조모가 20☆☆년 간암으로 사망하여 현재는 부와 지내고 있음	클라이언트는 부모가 이혼한 후 조모와 함께 생활하였으나, 20☆☆년 조모가 사망한 후에는 아버지, 누나와 지내고 있음

2) 구체적이고 정확한 기록

(1) 대명사는 가능한 사용하지 않는다

클라이언트에 관한 사항을 명확하게 이해하기 위해서 대명사는 가급적 사용하지 않고 명확한 의미로 기술한다.

바람직하지 않은 예	바람직한 예
클라이언트는 위암이며 그것으로 가족이 경제적으로 어렵게 되었다고 한다.	클라이언트는 위암이다. 클라이언트의 위암 치료로 인해서 가정이 경제적으로 어렵게 되었다고 한다.

(2) 클라이언트가 말한 내용을 중심으로 기록한다

관찰내용에 대한 기술 없이 사례관리자의 진단적 언어가 제시될 경우 정보의 해석과 활용에 오류가 발생할 수 있다. 캐글(Kagle, 1996)은 뒷받침이 되는 관찰과 평가 없이 결론을 내려 기록상 과잉 단순화가 나타나는 것을 피해야 한다고 지적하고 있다. 클라이언트의 상황을 정확하고 명확하게 기록하기 위해서 클라이언트의 언어로 기록하며, 상황에 대한 사회복지사의 이해를 기록하기에 앞서 먼저 상황 자체에 대한 관찰내용(사실)을 기록해야 한다.

관찰 없이 판단을 기록한 경우	관찰내용을 중심으로 기록한 경우
클라이언트는 조손가정으로 어려움이 있음(사례관리자의 판단)	클라이언트는 세탁하지 않은 옷을 입고 있었으며 몸에서도 냄새가 났음(관찰내용). 며칠간 목욕을 하지 않았다고 함(클라이언트가 한 말)
Ct는 중도장애인으로 아직까지 장애수용이 완벽하게 이루어지지 못하고 있고 이에 따라 심리적으로 위축되어 있음	클라이언트는 20ㅇㅇ년 교통사고로 하반신 마비가 됨. 사고 이후 외출을 거의 하지 않고 있으며 사람을 만나는 것이 두렵다고 함
현재 Ct는 이전부터 알아 오던 지인에게 많이 의지를 하고 있으며 최근 본 복지관의 기초재활훈련에 참여하여 새로운 사회망을 만들고 있으나 아직은 불안함	클라이언트는 20ㅇㅇ년 3월부터 복지관 인문학 동아리에 참여하여 친구 ㅇㅇ를 사귀었으며, ㅇㅇ에게 힘들 때마다 속마음을 이야기한다고 함 20ㅇㅇ년 3월부터는 복지관 기초재활훈련에도 참여하고 있음(프로그램을 통해 새 친구를 사귀고 싶지만 어떻게 사귀어야 하는지 모르겠다고 함)

(3) 상황묘사와 사례관리자의 전문적 견해는 분리해서 기술한다

사정을 위해서 사례관리자는 정보와 자료에 대한 해석과 평가를 해야 한다. 그러나 기록내용에 상황묘사와 사례관리자의 견해가 혼합되어 있을 경우 사정의 객관성이 저해되고, 사례회의나 서비스 결정과정에서 적절하고 공정한 판단을 하는 것에도 영향을 미칠 수 있다. 좋은 기록은 상황묘사와 사회복지사의 견해가 명확하게 분리되어 별도의 제목하에 씌여서 읽는 사람들이 사회복지사의 관찰사항과 해석을 구분하여 이해할 수 있어야 한다(Kagle, 1996). 사례관리자는 클라이언트를 관찰한 내용과 전문적인 견해를 분리하여 기록하는 것이 좋다. 사정을 위한 사례관리자의 판단은 클라이언트에 대한 관찰내용의 여러 자료를 종합하여 상황에 대한 묘사와 분리하여 기록하도록 한다.

*상황묘사와 사회복지사 견해의 혼합	
Ct는(S씨) 다른 사람을 자기 뜻대로 조작한다. 나와 상담할 때 팔짱을 끼고 앉아서 5분 이상 말을 하지 않았다. S씨가 의뢰되기 전에 이용했던 사회복지관의 사회복지사는 Ct가 자신이 원하는 것을 얻기 위해서 침묵하여 상대방의 기분을 나쁘게 만든다고 하였다. 클라이언트는 예전의 복지관에서 조작적인 행동으로 사례관리자를 조정한 것으로 보인다.	
상황묘사와 사회복지사의 견해 분리	
Ct는 팔짱을 끼고 앉아서 5분 이상 말을 하지 않았다. S씨가 의뢰되기 전에 이용했던 사회복지관의 사회복지사는 Ct가 자신이 원하는 것을 얻기 위해서 침묵을 하여 상대방의 기분을 나쁘게 만들어서 다른 사람들이 자신에게 관심을 갖게 만든다고 설명하였다.	좀 더 관찰이 필요하나, 클라이언트는 자신이 원하는 것을 얻기 위해서 타인을 조작하는 경향이 있다. 예전의 사회복지관에서도 사회복지사를 조작하여 자신이 원하는 것을 획득한 성공경험이 있어 강화된 것으로 판단된다.

출처: Kagle & Kopels(2010)의 내용 재구성.

상황묘사와 견해의 혼재	상황묘사와 사례관리자의 견해의 분리
어르신은 냄새가 많이 나며 자기관리를 잘하지 못하는 편이다.	어르신은 씻지 않아서 옷과 몸에서 냄새가 남(상황묘사) 클라이언트는 위생과 청결 부분에서 관리를 못하고 있음(사회복지사의 견해)

(4) 시간, 빈도 등은 정확하게 기록한다

사례관리기록에서 많이 볼 수 있는 시간을 나타내는 단어는 '과거에', '한동안', '오랜(장) 기간' 등의 단어이다. 시간을 나타내는 단어는 보통 클라이언트가 겪고 있는 어려움과 관련되기 때문에 중요한 정보가 될 수 있다. 확인할 수 없는 상황을 제외하고는 가능한 특정시간이나 기간으로 기록해야 한다.

빈도를 나타내는 경우에도 모호한 단어보다는 구체적인 단어를 사용하도록 한다. 수차례, 몇 차례, 여러 번, 다수, 수시 등의 단어보다는 일주일에 1회, 한 달에 한 번 등 정확하게 기록한다.

바람직하지 않은 예	바람직한 예
① 클라이언트는 장기간 관리비가 체납되어 심리적으로 매우 고통스럽다고 함	① 클라이언트는 6개월분의 관리비가 체납되어 심리적으로 매우 고통스럽다고 함
② ○○○씨는 학창시절 학교폭력의 피해로~~	② ○○○씨는 중학교 재학시절 학교폭력의 피해로~~
③ 클라이언트는 과거에는 잘 살았으나 현재는 기초수급을 받고 있다고 함	③ 클라이언트는 1998년 IMF로 사업이 망하기 전까지는 잘 살았다고 함. 20○○년부터 국민기초수급을 받고 있다고 함
④ 클라이언트의 모는 수차례 입원을 하였음	④ 클라이언트의 모는 다섯 차례 입원을 하였음
⑤ 클라이언트의 아들은 수시로 클라이언트의 집을 방문함	⑤ 클라이언트의 아들은 일주일에 1회 이상 클라이언트의 집을 방문함

(5) 기술적인 오류가 없도록 기록한다

기록 내용에 오탈자가 있다면 아무리 좋은 사정기록이라하더라도 기록의 정확성에 대해 신뢰받기 어려울 수 있다. 특히, 새로운 사례에 관해 기록하기 위해 저장된 기록파일을 활용할 경우, 기존의 기록 내용을 완전히 삭제하고 새롭게 기록을 하지 않으면 기존 내용이 남을 수 있어 기록에 오류가 발생하게 된다. 맞춤법이나 띄어쓰기의 오류, 정확하지 않은 단어의 사용 및 시제의 부적절한 사용이 발생하지 않도록 사례관리자는 기록 내용을 면밀하게 검토하여 기록의 신뢰도를 확보할 뿐 아니라 가독성을 높여야 한다.

3) 논리적이고 체계적인 기록

(1) 한 문장이 너무 길지 않도록 한다

한 문장에 모든 상황을 다 담을 수도 없으며 담아서도 안 된다. 기록은 간결하고 명료한 것이 좋다. 한 문장이 너무 길지 않도록 사례관리자는 사고를 조직화해야 한다.

바람직하지 않은 예	바람직한 예
클라이언트는 학교가 중부권에 있어 대중교통을 이용하여 다니자니 하루에 4시간을 거리에서 보내야 하고, 그러다 보니 몸도 마음도 지쳐서 1학년 때처럼 학교 기숙사 생활을 하자니 공부에 전념할 수가 없어 결국 학교 근처에서 자취를 하고자 계획하였다.	• 클라이언트는 왕복 4시간 거리의 학교를 통학하고 있어 몸과 마음이 지친다고 함 • 1학년 때는 기숙사 생활을 하였으나 공부에 전념을 할 수 없어 학교 인근에서 자취를 하고자 함

(2) 각기 다른 문제의 상황은 분리하여 기록한다

한 문장에 여러 문제를 복합적으로 기술하는 것은 바람직하지 않은 기록의 예이다.

바람직하지 않은 예	바람직한 예
클라이언트는 학교가 중부권에 있어 대중교통을 이용하여 다니자니 하루에 4시간을 거리에서 보내야 하고, 그러다 보니 몸도 마음도 지쳐서 1학년 때처럼 학교 기숙사 생활을 하자니 공부에 전념할 수가 없어 결국 학교 근처에서 자취를 하고자 계획하여 마침 LH 주택공사에서 지원하는 대학생 전세자금 대출을 지원받을 수 있게 되었으나 당장 계약금이 없어 기회를 놓칠 위기에 있다.	• 클라이언트는 1학년 때는 기숙사 생활을 하였으나 지금은 왕복 4시간 거리를 통학하고 있어 몸과 마음이 지친다고 함(과거와 현재의 통학상황). • 공부에 전념을 할 수 없어 학교 인근에서 자취를 하고자 LH공사의 대학생 전세대출을 지원받고자 함(자취자금 방안). • 전세대출이 계약금을 내는 시기보다 늦어져서 자췻집 계약을 놓칠 위기에 있다고 함(계약에 관한 문제).

(3) 욕구 범주별로 조직화하여 기록한다

다음의 '바람직하지 않은 예'는 클라이언트와의 면담내용을 나열한 것이기 때문에 정보를 쉽게 확인하기 어렵다. 건강상황이나 가족상황, 경제상황을 혼합하여 기록할 경우 범주별 내용 탐색이 쉽지 않다. 좋은 기록은 구조화되어 있어서 정보를 효과적으로 문서화할 수 있고, 쉽게 검색할 수 있어야 한다(Kagle, 1996). 기록할 때, 클라이언트의 문제상황을 조직화하여 범주별로 기록하면 어떠한 문제상황인지 쉽게 검색할 수 있다.

욕구 범주별로 내용을 분리하여 기록할 경우, 각 범주에 내용이 중복될 수도 있기 때문에 정보가 배치되는 범주에 너무 집착하지 않을 것을 권한다. 삶의 각 영역은 다른 영역과 분리된 것이 아니기 때문에 중복되는 것은 일반적일 수 있다. 중요한 것은 정보를 포함하는 것이다. 클라이언트를 위해 가장 적합한 위치에 기록하면 된다(Rapp & Goscha, 2006).

바람직하지 않은 예	바람직한 예
• Ct는 2019년 2월 4일 처와 결혼하여 1남 1녀를 두었음 • Ct의 부모는 대상자가 학생시절 경제적 어려움을 겪게 되면서 별거를 하셨고, 처의 부모 또한 이혼한 상태였다고 함 • Ct는 2020년 6월 15일 제지공업 관련 회사에 취직하였다가 2020년 9월 15일 우측 상지 산업재해를 입어 2021년 11월 30일까지 치료 및 요양을 받았다고 하며, 당시 아내가 옆에서 병간호와 불안증 및 우울증세로 힘들어하던 것까지 모두 함께 견뎌 주었다고 함 • 2022년 5월 15일 지체(상기기능)3급 판정을 받았으며, 2022년 9월 7일부터 우울성 에피소드, 불안장애로 인해 신경외과 약물치료도 병행하였음 • 현재는 전부터 모아 둔 돈을 조금씩 쓰며 생계를 이어 나가고 있으며, 통장님의 소개로 동에 거주하는 혼자 지내는 할머니의 집에 무료 임차 중으로, 할머니가 ㅇㅇ에서 장사를 하셔서 집을 비운 동안 청소를 해주고 Ct의 이름으로 공과금을 경감받아 납부하는 것으로 생활비를 내고 있다고 함 • 현재 남아 있는 잔액이 130만 원 정도이며, 이 돈이 떨어지면 어떻게 지내야 할지 걱정이 된다며 이곳저곳 근로할 곳을 알아보았지만 장애가 있고, 오른쪽 손을 쓰지 못하는 본인에게 일을 주겠냐며 한탄하심	■ **경제상황** • Ct는 2019년 6월 15일 제지공업 관련 회사에 취직하였다가 2020년 9월 15일 우측 상지 산업재해로 현재는 근로활동을 하고 있지 않아 소득이 없음 • 모아 둔 돈을 쓰며 생계를 이어 나가고 있으며, 현재 통장 잔액이 130만 원이라 함 ■ **건강상황** • Ct는 2020년 9월 10일 우측 상지 산업재해로 2022년 11월 30일까지 치료 및 요양을 받았음 • 2022년 5월 15일 지체3급 판정을 받았으며, 2017년 9월 7일부터 우울성 에피소드, 불안장애로 인해 신경외과 약물치료도 병행하였음 ■ **가족력/ 가족관계** • Ct는 2019년 2월 4일 결혼하여 1남 1녀를 두었음 • Ct의 부모는 경제적 어려움으로 Ct 학생시절 때 별거를 하였으며, 처의 부모는 이혼한 상태라고 함 • Ct가 불안증 및 우울증세로 힘들어하던 시기에 Ct의 아내가 함께 견뎌 주었다고 함 ■ **주거상황** • 무료 임차: 통장 소개로 지역의 독거할머니 집에 무상으로 기거하고 있음(생활비는 주인할머니가 ㅇㅇ에서 장사를 하여 집을 비운 동안 청소를 해 주고 있는 것, 그리고 Ct의 이름으로 공과금을 경감받게 하는 것으로 대신하고 있다고 함)

(4) 반복적으로 기술하지 않는다

클라이언트의 상황을 강조하기 위해 내용을 반복적으로 기록하거나 같은 의미의 수식어를 반복적으로 기술하는 것은 적절하지 않다.

바람직하지 않은 예	바람직한 예
Ct는 아내의 암수술로 인해 경제적, 정서적 부담을 매우 크게 느끼고 있음. 소생 가능성이 희박한 아내의 병원 입원에 대한 양가감정이 있는 상황임. 아내의 병원 입원으로 드는 비용에 대해 아주 크게 부담감을 느끼고 있으나 퇴원을 결정할 수 없는 상황으로 정서적으로 매우 괴로워하고 있음. 딸 또한 엄마의 입원으로 인한 간병 및 경제적 어려움으로 매우 많이 지쳐 있는 상황임	• Ct는 아내의 암수술 비용과 입원비가 경제적으로 많이 부담된다고 함 • 소생 가능성이 희박한 아내의 병원 입원에 대한 양가감정이 있는 상황임. 퇴원을 결정할 수 없어 정서적으로 괴롭다고 함 • Ct의 딸은 엄마를 간병하느라 많이 지쳐 있다고 함

4) 가치중립적 기록

(1) 통제된 정서관여의 방식으로 기록한다

클라이언트의 상황에 대해 사례관리자의 주관적인 느낌이나 감정은 배제하고 사실 중심으로 기록해야 한다. 클라이언트의 상황에 대한 공감은 상담과정에서 신뢰관계 형성에 중요한 요인이지만 안타까움, 아쉬움 등의 사례관리자가 느끼는 개인적인 감정을 사실과 함께 기록하는 것은 클라이언트의 상황에 대해서 정서적으로 관여되고 있는 징후들이다.

바람직하지 않은 예	바람직한 예
건강이 안 좋음에도 손자녀를 양육하기 위해 평소 폐지를 주어 팔고 계시는 것은 안타까운 일이다. 무엇보다도 어르신이 하루빨리 회복되어야 할 것이다.	클라이언트는 건강이 좋지 않다고 함. 손자녀를 양육하기 위해서 폐지 수집을 하고 있다고 함
학교에 무단결석하고 방황하던 A가 학교생활에 적응을 할 수 있던 효과적인 프로그램이었다고 생각하나 두 번을 결석하여 아쉬움이 있었다.	• A는 프로그램 참여 이후 무단결석을 하지 않게 되었고 학교 친구들과도 관계를 개선하였다. • 전체 프로그램 일정 중 두 번 결석하였다.

(2) 가치중립적으로 기록한다(비심판적으로 기록한다)

클라이언트의 상황에 대해서 기록할 때 사례관리자의 개인적인 가치가 반영되어서는 안 된다.

바람직하지 않은 예	바람직한 예
아들은 어르신에게 용돈을 주고 있으나 딸은 전혀 용돈을 주고 있지 않았음	■ 부모에게 자녀 모두가 효도해야 한다는 것이 반영되고 있다. 딸이 어떤 상황인지 모르는 상황에서 아들은 용돈을 주는 효자인데, 딸은 그렇지 않다는 사례관리자 사고의 반영은 적절하지 않다. • 클라이언트에게 아들은 용돈을 주고 있으나 딸은 용돈을 주고 있지 않음
수급자인 클라이언트가 한 달 생활비가 적어도 70만 원 이상은 필요하다고 생각하고 있는 것으로 보아 자신의 상황에 맞는 소비생활을 하고 있지 않은 것으로 보임	■ 수입과 지출에 균형이 있어야 하지만, 단지 한 달 생활비가 국민기초생활수급비보다 많기 때문에 Ct의 상황에 맞지 않다고 판단하는 것은 명확한 근거가 없다면 적절하지 않다. • 클라이언트는 수급비로 생활을 하고 있으나 생활비로 한 달에 70만 원이 필요하다고 함

(3) 사례관리자의 수식어를 포함하지 않는다

'전혀', '매우', '아주', '많이' 등의 수식어나 단정적인 표현은 클라이언트가 자신의 상황을 묘사하기 위해 사용한 경우가 아니면 사용해서는 안 된다. 이 또한 사례관리자의 생각이 반영된 기록으로, 수식어로 인해서 클라이언트의 상황이 왜곡될 수 있다.

• A는 자녀를 양육하는 문제로 소득활동을 **전혀** 못하는 상태임 • 국민기초수급비로 생활을 하다 보니 **단돈** 1,000원도 저금을 할 수 없는 환경 • 아내의 지병으로 인해 경제적 · 정서적 부담을 **매우 크게** 느끼고 있음	• 클라이언트 A씨는 자녀를 양육하고 있어 소득활동을 하고 있지 못함 • 국민기초생활수급비로 생활을 하고 있어 저금은 못하고 있음 • 클라이언트는 아내의 ㅇㅇ병 치료비와 간병으로 경제적으로 심리적으로 부담이 된다고 함

4. 사례관리기록 양식

사례관리의 전 과정은 적시에 체계적으로 기록되어야 한다. 공공영역의 사례관리에서 활용되는 기록의 양식은 표준화되어 있으나 민간사례관리는 각 시설 유형에 따라서 각기 다른 양식을 활용하고 있다. 〈표 5-2〉는 사례관리의 과정별 기록의 요소와 관련 서식을 제시한 것이다. 각 양식에 대한 소개는 제2부의 사례관리과정에서 다룰 것이다.

〈표 5-2〉 사례관리기록의 요소

구분	기록해야 할 요소들		관련 기록(서식)의 예
	클라이언트-상황에 대한 정보	서비스 전달에 대한 정보	
초기 단계	클라이언트의 특성, 신청 경로, 주요 문제에 대한 정보	서비스를 개시하는 방법과 사유(기관 내부규정상 서비스 대상 여부에 대한 검토, 이후 절차에 대한 기록)	초기상담기록지(기초조사서), 의뢰기록지, 개인정보활용 동의서, 사례관리 서비스 계약서
사정	• 클라이언트 사회력, 가계도, 생태도 등 • 클라이언트의 욕구와 위기 • 클라이언트의 서비스 이력 • 클라이언트의 자원(내·외부 강점) • 클라이언트의 장애(내·외부 제약요인) • 욕구의 우선순위	• 기관 및 지역사회 자원에 대한 사정(기관 내부에서 동원할 수 있는 유무형의 자원에 대한 검토) • 기관 및 지역사회 장애에 대한 사정(기관 외부에서 동원할 수 있는 유무형의 자원에 대한 검토)	욕구조사표, 위기도 조사지, 사정기록지, 가계도, 생태도, 사회력, 사례노트(진행일지)
계획	• 목표의 우선순위 • 클라이언트의 참여 범위 • 클라이언트의 달성기한	• 서비스에 영향을 주는 결정을 위한 서비스 목표, 서비스 계획, 특성 확인 • 의사결정과 관련한 기록	사례회의 자료, 서비스 동의서, 서비스 계획서, 사례노트(진행일지)
실행	• 클라이언트 자료의 보강과 수정(자원연계와 관련한 수급자격에 해당되는지 여부를 확인하여 필요한 자료를 보완) • 중간 노트(과정진행)	• 기관 내·외부 자원확보 및 유지를 위한 협조/의뢰/보고를 위한 문서 • 중간 노트(과정진행)	서비스 의뢰 공문, 후원 결과보고서, 사례노트(진행일지)

<table>
<tr><th rowspan="2">구분</th><th colspan="2">기록해야 할 요소들</th><th rowspan="2">관련 기록(서식)의 예</th></tr>
<tr><th>클라이언트-상황에 대한 정보</th><th>서비스 전달에 대한 정보</th></tr>
<tr><td></td><td>클라이언트-상황의 변화에 대한 정보</td><td>• 사례조정 관련 정보
• 재계약 서류(필요시)</td><td>중간점검보고서,
계약서(필요시),
서비스 동의서(필요시),
사례노트(진행일지),
재사정기록지</td></tr>
<tr><td>종결
(분리)</td><td>클라이언트 상황에 대한 평가</td><td>서비스 종결방법과 사유,
서비스 활동에 대한 요약,
사후지도 및 서비스 제안</td><td>종결평가서,
종결보고서,
만족도 조사지,
사례노트(진행일지)</td></tr>
</table>

생각해 보기

1. 실습이나 실천과정에서 수행했던 기록을 검토하여 좋은 기록의 요소를 포함하고 있는지, 아니면 어떤 면에서 보완이 필요한지 토론해 보자.
2. 사례관리자가 사례관리기록 역량을 향상하기 위해서 어떠한 노력을 해야 하는지 논해 보자.
3. 사례관리의 기록이 어떤 면에서 필요하고 중요한지 토론해 보자.

Chapter 06

사례관리의 위험관리

사회복지의 업무환경은 동태적이며 비일상적인 기술을 사용하기 때문에 불확정적인 특성을 갖는다(Hasenfeld, 1992). 이는 사회복지사가 대응해야 할 요소가 많다는 것을 의미하며 그만큼 위험에 노출될 가능성이 크다는 것을 말한다. 위험은 '해를 입을 가능성'을 의미하며(Beckett, 2010), 적절한 예방과 대응 조치가 없을 경우 클라이언트나 클라이언트의 가족, 사례관리자, 사례관리기관 모두에게 상해와 손실을 끼치게 된다. 따라서 사례관리자는 위험요소를 사전에 확인하고 위험에 노출되는 상황을 가능한 최소화하기 위한 조치를 강구해야 한다.

사례관리의 위험은 크게 업무환경, 클라이언트, 그리고 사례관리자의 측면에서 살펴볼 수 있다. 업무환경의 위험은 사례관리업무가 수행되는 물리적 환경과 기관의 안전관리와 관련하여 야기된다. 사례관리기관의 업무공간은 돌발상황 시 위험요소를 최소화할 수 있도록 안전한 사무공간으로 조성되어야 하며, 청결하게 유지되어야 한다. 그러나 사례관리자의 업무공간은 사무실만이 아니다. 사례관리자가 클라이언트 가정을 방문하여 업무를 하는 경우에는 사무실보다 위험에 더 노출될 가능성이 있기 때문에 위기상황이나 돌발상황에 적절하게 대응하기 위한 안전지침을 구비하고 준수해야 한다.

클라이언트와 관련된 위험은 클라이언트의 특성이나 문제로 인해 야기되는 위험이다. 클라이언트가 폭력적 성향이거나 정신적인 문제 혹은 알코올 중독, 분노조절장애 등의 문제를 가지고 있을 경우는 사례관리자의 업무 위험도가 높을 수 있다. 사회복지시설 종사자는 특정 클라이언트 집단을 대상으로 업무를 수행할 때 유사한 폭력을 빈번하게 경험할 수 있으며, 폭력이 클라이언트 증상의 일부이기 때문에 이를 일상 업무의 한 부분으로 받아들여야 하는 고충을 겪는다(서울복지재단, 2005). 또한, 사례관리자 측면의 위험은 사례관리자의 전문적 역량의 부족이나 정신적 · 심리적인 문제로 인해 야기될 수 있는 실천상의 오류와 관련된 위험이다. 〈표 6-1〉은 사례관리 위험의 유형과 내용이다.

〈표 6-1〉 사례관리 위험 유형

위험 유형	내용	대응방안
업무(근무)환경의 위험	• 업무장소 및 공간 등의 물리적 환경의 안전과 관련된 위험 • 야간 근무나 육체적 및 정신적으로 강도 있는 업무와 관련된 위험 • 전염병이나 식중독 등과 같이 위생과 관련된 위험	• 안전한 업무환경 구성 • 위험관리 절차 및 정책 구비
클라이언트(가족)로 인한 위험	• 클라이언트(가족)의 폭력으로 인한 문제: 폭력/성범죄 등의 경력, 폭력적 성향의 클라이언트로 인한 위험 • 충동 및 분노조절장애, 망상 혹은 환청, 약물 중독 및 알코올 중독 등의 클라이언트(가족)의 특이한 상황으로 야기되는 위험	• 위험대응을 위한 직원 교육 • 직원의 역량을 고려한 사례 배정
사례관리자로 인한 위험	• 사례관리자의 전문적 역량의 부족, 직무스트레스, 소진으로 인한 실천오류 및 업무태만 등	• 직원 역량강화를 위한 조직의 지원 • 업무배치의 적합성

1. 업무환경의 위험

1) 물리적 환경

사례관리자는 사무실뿐 아니라 가정방문을 통해 클라이언트와 가족을 만나기 때문에 업무환경에서 야기될 수 있는 위험의 요소를 사전에 파악하고 적절한 안전조치를 강구해야 한다.

(1) 사무실 및 기관의 안전조치(서울복지재단, 2005; 보건복지부, 2018a)

사례관리기관은 누구나 쉽게 접근을 할 수 있는 공간이기 때문에 기관의 모든 사무기기와 집기 및 시설의 환경에 위험요소가 없도록 해야 한다.

- 흉기가 될 수 있는 물건(예: 가위, 커터 칼, 화병 등)은 클라이언트가 쉽게 접근하지 못하도록 한다.
- 사무실에 혼자 근무하지 않도록 한다.
- 폐쇄된 공간에서 사례관리자는 문 쪽에 앉으며 위험상황 시에는 외부에서 쉽게 접근할 수 있도록 해야 한다.
- 사례관리기관의 모든 곳에는 사각지대가 없도록 한다.
- 안내데스크, 화장실, 후미진 곳 등에 비상벨을 설치한다.
- 난간이나 옥상에 위험한 요소가 없도록 한다.
- CCTV 등 보안장비를 설치한다.

(2) 가정방문 상담 시 안전지침

사례관리자는 아파트, 다가구주택이나 개인주택, 오피스텔, 심지어 주거취약장소에 해당되는 쪽방촌이나 고시원의 클라이언트를 방문한다. 클라이언트의 주거공간은 사례관리자에게 익숙한 장소가 아니기 때문에 문제 발생 시 적절한 대응이 어려울 수 있다. 농촌지역의 사례관리자는 산간지역이나 인적이 드문 지역에 가정방문을 하는 경우도 있는데, 산간지역이나 농촌지역은 접근성의 문제도 있지만 위험상황에 직면했을 때 외부도움을 신속하게 받을 수 없다는 이중의 위험이 있다.

가정방문 시, 사례관리자는 반드시 방문 일정(귀가 예정시간 포함)을 상사 및 동료에게 알려야 하며, 두 명 이상(직원, 실습생 등)이 함께 방문하도록 한다. 다음은 안전한 가정방문을 위한 지침이다(서울복지재단, 2005; 양옥경 외, 2007, 희망복지지원단, 2017).

- 가정방문 전에 클라이언트(가족)에게서 위험요소가 감지되었다면 그 위험요소의 여부와 정도를 사전에 확인하도록 한다. 만일 가정방문이 위험하거나 사례관리자가 방문에 불안을 느낀다면 방문일정을 재조정하든가 사무실에서 상담을 진행하든가 해야 한다.

위험요소

- 클라이언트(가족)가 술에 취해 있는 상황
- 싸움, 다툼 등이 진행되고 있는 상황
- 클라이언트(가족)가 분노, 흥분한 상태
- 클라이언트(가족)가 사례관리자의 방문에 적대적인 경우
- 클라이언트가 폭력 관련 전과를 가진 경우
- 클라이언트의 정신장애로 인한 증상이 조절이 안 되는 경우
- 클라이언트(가족) 이외에 다른 사람들이 가정에 있는 경우

출처: 보건복지부(2018a).

- 가정방문 상황에서 통제하기 어려운 위험요소가 감지되었거나 발생하였다면 즉시 현장을 벗어나도록 한다.
- 가정방문 상담 시에 주방 근처나 문이 닫힌 방안과 같이 위험요인이 많은 장소는 피하며 출입문이 가까운 곳이나 현관에 인접한 곳에서 상담을 한다.
- 위험한 상황임에도 가정방문을 꼭 해야 하는 경우라면(예: 아동학대나 가정폭력이 심각하게 의심되는 경우), 경찰 등 지역의 관련자를 대동하여 방문한다.
- 가정방문 후에는 기관에 복귀하여 상사와 동료가 안전을 확인할 수 있도록 한다.
- 접근성이 떨어진 곳은, 특히 늦은 시간의 방문은 피하도록 한다.

2) 근무환경: 업무시간과 노동 강도

야간이나 주말과 같이 공식적인 지도감독을 받을 수 없는 시간대에 클라이언트를 만나는 것은 자제해야 한다. 가능한 여러 동료들이 있는 업무시간대에 업무를 수행함으로써 응급 시에 적절한 조치가 신속히 이루어질 수 있도록 해야 한다. 업무 이외의 시간에는 클라이언트를 만나지 않도록 하며, 부득이 늦은 시간에 클라이언트나 가족을 만나야 한다면 다른 직원이 근무하는 시간에 상담을 하여 기관에 혼자 있지 않도록 해야 한다.

신체적으로 취약한 클라이언트를 부축하거나 이동을 지원하는 과정에서 사례관리자가 신체적으로 부상을 당하는 경우도 있기 때문에 혼자 감당하기 어려운 강도 높은 신체적인 업무는 숙련된 자원봉사자나 돌봄 서비스 제공자 등 전문가의 도움을 받도록 한다.

3) 위생환경: 전염병, 식중독 등

클라이언트에 따라서 무료급식, 반찬배달, 목욕, 이 · 미용서비스 등의 다양한 서비스를 이용하게 되는데, 이 경우 위생을 철저히 해야 한다. 음식을 전달하는 경우 기관 차원에서 위생관리 절차를 준수하여 식중독을 예방해야 한다. 클라이언트와 밀접 접촉을 통해 진행되는 서비스의 경우 감염병에 취약한 클라이언트와 서비스 전달자가 상호간 피해가 되지 않도록 대응 매뉴얼에 따라서 진행해야 한다.

4) 기관의 위험관리 절차 및 정책

사례관리기관은 위험이나 사고의 예방과 관리를 위해 매뉴얼을 구비하고 있어야 한다. 위험은 예방이 우선되어야 하지만 위험 발생 시에 어떻게 조치하고 대응하는가도 매우 중요하다. 예방수칙과 대응수칙을 포함한 매뉴얼을 구비하는 것이 필요하고 직원, 실습생, 자원봉사자 등 사례관리에 참여하는 모든 사람들이 기관의 위험관리 표준을 준수해야 한다.

2. 폭력적인 클라이언트

사회복지실천현장에서 클라이언트의 폭력은 새로운 것이 아니다. 클라이언트의 폭력은 클라이언트가 사회복지사에게 위해를 가하려는 의도가 있는 모든 행위(서울복지재단, 2006)로 정의된다. 이 행위는 언어적 · 신체적 · 성적 폭력과 기물이나 재산상의 파손까지 포함한다. 폭력의 빈도는 줄지 않고 있으며 유형과 강도도 심각해지고 있다. 혹자는 우리 사회에 이미 폭력이 난무하기 때문에 클라이언트의 폭력은 폭력적 사회를 보여 주는 것이라고 말하고 있다(Dillion, 1992). 뿐만 아니라 심각한 불평등으로 인해 실업, 차별, 억압 등의 좌절을 경험한 클라이언트는 분노를 느끼며 더욱 격해질 가능성이 있어 폭력적이 될 수 있다는 의견도 있다(Newhill, 2003). 사례관리자는 폭력적인 클라이언트와 함께 일할 수 있으며 폭력적인 상황에 노출될 위험이 있다.

사람은 타고난 기질, 사회적 학습, 좌절, 폭력적인 사회구조로 인해 폭력적이 될 수 있다(Weinger, 2001). 선천적으로 폭력적인 기질을 갖고 태어난 경우가 있으며, 미디어나 가정, 혹은 학교 등에서 폭력이 학습되는 경우가 있다. 또한, 좌절로 인해서 공격적으로 되며, 폭력적인 사회적 구조나 조건이 폭력의 표출을 야기하기도 한다. 어떠한 원인이든 간에 클라이언트의 폭력은 폭력을 촉발하는 요소를 최소화하고 폭력의 징후를 감지하여 발생을 예방할 수 있다면 더욱 효과적이다. 그러나 폭력은 많은 경우 통제가 안 되는 상황에서 우발적으로 혹은 순간적으로 발생하기 때문에 더욱 위험한 것이다.

1) 폭력의 징후

클라이언트의 폭력의 징후를 감지하는 것은 폭력을 촉발하지 않도록 사례관리자가 대응하는 단서가 될 수 있다. 〈표 6-2〉는 폭력의 위험징후 유형과 단서들이다(Weinger, 2001).

〈표 6-2〉 위험을 사정할 때 고려해야 할 클라이언트의 징후

위험징후 유형	예	출처
몸동작	과도한 활동, 과장된 움직임, 서성거림, 사지근육의 긴장, 위치 이동, 흔들거림, 팔을 휘두름, 경련적 비유동성 동작, 위협적인 몸짓, 주먹 움켜쥠, 양손을 쥐어짜기, 책상 주먹으로 치기	Flannery & Penk, 1996; McNiel, 1998
말투	시끄럽고, 날카롭고, 압박감을 받는 말투	Flannery & Penk, 1996; McNiel, 1998
얼굴단서	얼굴근육의 긴장감, 이를 악물기, 동공의 확대, 얼굴 찡그림, 뚫어지게 보기, 노려보기, 얼굴 붉힘, 부적절한 감정, 창백함	Hart, Broad & Timborn, 1984
신체변화	땀 흘림, 흔들림, 떨림, 몸 떨림, 거친 숨소리	Flannery & Penk, 1996; McNiel, 1998
감정적 동요	쉽게 흥분되고, 자극에 빠르게 반응하고, 극도로 활동적이고, 긴장되거나 안절부절못하고, 지나치게 불안해하고, 일이 잘못되었을 때 쉽게 당황하고, 지나치게 경계하고, 걱정이 많음	Flannery & Penk, 1996; McNiel, 1998
분노의 표현	빈정대고, 불평하고, 도발적이고, 모욕하고, 욕설하고, 충동적이고, 위협적인 진술	Flannery & Penk, 1996; McNiel, 1998

위험징후 유형	예	출처
감정적 고통	행복하지 않고, 고통스러워 보이고, 짜증내고, 감정적으로 불안정하고, 부정적이고, 거짓말하고, 의심스럽고, 비협조적이고, 적대적임	
사고의 어려움	체계적이지 않고, 혼란스럽고, 방향 감각을 잃고, 피해망상적 생각과 착각	
중독의 징후	조정 능력의 상실, 불명료한 말, 불안한 걸음걸이, 불안정한 의식수준, 동공의 확장, 얼굴 붉어짐, 떨림	

출처: Weinger(2001: 16)의 내용을 참고하여 재구성.

2) 폭력 대처방안

클라이언트의 폭력에 효과적으로 대응하는 우선적인 방법은 폭력적인 상황에의 노출을 최소화하는 것이다. 이는 도움이 필요한 클라이언트가 폭력적인 경우 최소한의 소극적인 개입을 한다는 의미가 아니다. 클라이언트와 주변 환경의 위험을 사전에 감지하여 민감성을 갖고 적절하게 대응을 함으로써 폭력적인 상황에 노출되는 것을 최소화함을 의미한다. 사례관리자는 가정방문 전에 아래 〈표 6-3〉의 상황을 점검함으로써 클라이언트의 폭력에 노출되거나 위험한 상황에 직면하는 것을 최소화해야 한다.

〈표 6-3〉 가정방문 시 위험요인 점검 사항

	그렇다	아니다
클라이언트(가족)가 폭력적인 요소를 가지고 있는지 (정신질환, 자살시도, 알코올 중독, 가정폭력, 범죄경력 등) 여부를 확인하였는가?		
면담 시 클라이언트(가족)의 다른 동거인(혹은 가족 구성원)이 함께 하는지 여부를 확인하였는가?		
클라이언트(가족)의 주거지역이 고립지역인지 확인하였는가?		
클라이언트(가족)의 거주지역이 우범지역인인지 확인하였는가?		
클라이언트(가족)가 감염성 질환이 있는지 여부를 확인하였는가?		
클라이언트(가족)에게 위협적인 반려동물이 있는지 확인하였는가?		

	그렇다	아니다
방문 시 동료의 동행이 필요한지 여부를 확인하였는가?		
위의 전반적인 상황을 고려하였을 때 가정방문 시 위험이 관리 가능한 수준인가?		

폭력적인 상황을 최소화했어도 사례관리자는 예상하지 못한 클라이언트의 폭력이나 위험 상황에 직면할 수 있으며, 그 상황에서 사례관리자는 당황하거나 적절하게 대응하기 어려울 수 있다. 보건복지부(2022)는 클라이언트의 폭력적인 상황에서 아래와 같이 대응할 것을 권하고 있다.

- 폭력이 발생하면 즉시 그 장소와 상황에서 벗어난다.
- 벗어날 수 없을 경우 최대한 도움을 요청한다.
- 머리를 부상으로부터 최대한 보호해야 한다: 베개, 클립보드, 책, 수첩 등의 주변 도구와 팔 등의 신체 부분을 이용하여 최대한 머리를 보호한다.
- 클라이언트가 머리를 잡아당기려 하면, 순간적인 힘으로 빠져나와야 한다. 그렇지 않으면 클라이언트가 잡은 손을 잡아 손가락을 느슨하게 만들어 들어올리도록 한다. 그것도 실패하면 클라이언트의 엄지손가락을 뒤로 젖혀 손가락 꺾기를 한다.
- 목을 졸리고 있는 상황이라면 양팔을 곧게 들어올려 재빠르게 돌아선다.
  그러면 팔과 어깨로 붙잡고 있는 손을 풀 수 있다.
- 넘어졌다면, 발과 다리로 공격을 막는다.
- 물렸다면, 물린 부분을 빼려고 하지 말고 물고 있는 안쪽으로 밀어넣도록 한다.
- 가해자가 절대로 무기에 다가가지 못하게 해야 한다. 가해자가 이야기하도록 독려하고, 가해자에게 집중하며, 가해자와의 거리를 유지한다.

3. 사례관리자에 의한 위험

1) 사례관리자의 전문적 역량

사례관리자의 잘못된 사정, 적절하지 않은 개입 계획, 그리고 미흡한 실천행위와 같은 전문성의 결여는 클라이언트에게는 매우 위험한 실천이 된다. 한국사회복지사 윤리강령에 "사회복지사는 클라이언트에게 최상의 서비스를 제공하기 위해, 지식과 기술을 개발하는 데 최선을 다하며 이를 활용하고 전파할 책임이 있다"고 명시하고 있다. 또한 미국사회복지사협회 윤리강령은 전문적 역량을 구비한 사회복지사가 자신의 전문적 역량의 범위에서 실천을 하며, 책임 있는 실천을 위해 슈퍼비전과 자문의 안전조치를 강구할 것을 촉구하고 있다(NASW Code of Ethics. 1.04 능력).

1.04 능력

ⓐ 사회복지사는 자기가 받은 교육, 훈련, 면허, 자격, 자문을 받은 경험, 슈퍼비전을 받은 경험 또는 다른 관련된 전문직 경험의 범위 안에서만 서비스를 제공하고 자신이 전문성을 가지고 있다고 말할 수 있다.
ⓑ 사회복지사가 새로운 개입기술이나 접근법을 이용하여 서비스를 제공하기 위해서는 개입이나 기술에 전문성을 가진 사람들로부터 적절한 교육, 훈련, 자문, 슈퍼비전을 받은 후에만 실질적인 영역에서 서비스를 제공할 수 있다.
ⓒ 새로운 실천영역에서 일반적으로 인정되는 기준이 존재하지 않을 경우 사회복지사는 신중한 판단을 내려야 하며 업무 능력을 확보하고 클라이언트를 위험으로부터 보호하기 위한 책임 있는 조치(적절한 교육, 연구, 훈련, 자문, 슈퍼비전)를 취해야 한다.

커즈만(Kurzman, 1995)은 사회복지사에게 존재할 수 있는 위험요인으로

- 잘못된 진단과 처우
- 부정행위: 자격 없는 사회복지사에 의한 서비스 제공과 부당비용 청구

- 사회복지사의 기능적 손상에 의한 실천행위
- 성적 부정행위
- 보호의무의 태만이나 소홀
- 비밀보장에 대한 위험을 제시하였다.

사례관리자의 역량부족이 위험한 것은 실천오류로 연결될 수 있기 때문이다. 사례관리 서비스 전달의 중추적인 역할자인 사례관리자의 전문적 기술의 보유, 전문성 향상을 위한 지속적인 교육과 훈련, 실천을 위한 자격구비 그리고 불완전한 실천을 위한 슈퍼비전의 제공은 적어도 위험한 실천을 예방할 수 있는 조치들이다.

리머(2001)는 윤리적 위험을 확인하기 위한 지침을 제시하였는데, 서비스 전달과 관련된 다음의 내용에 대해 자가점검하여 클라이언트가 안전한 서비스를 받을 수 있도록 할 필요가 있다.

〈표 6-4〉 사례관리자의 자가점검 체크리스트

- 1점: 위험이 없는 상태로, 현재의 실천이 적절하여 수정이 필요하지 않은 것을 말함
- 2점: 약간의 위기상태로, 현재의 실천은 그럭저럭 적절하지만, 약간의 수정이 필요한 상태를 말함
- 3점: 중간 정도의 위기가 있는 상태로, 현재의 실천이 문제가 있어서 위기를 최소화하기 위한 수정이 필요한 것을 말함
- 4점: 높은 위기상태로 현재의 실천은 심각한 결점이 있으며 상당한 수정이 매우 필요한 상태를 말함

항목		내용	1	2	3	4
서비스 전달	직원의 능력과 자격	사례관리를 위한 전문적인 기술을 보유하고 있다.				
		사례관리를 위한 전문적인 교육과 훈련을 받고 있다.				
		사례관리를 수행하기 위한 자격증을 가지고 있다.				
		사례관리실천과정에서 자문을 받고 있다.				
		사례관리를 위해 슈퍼비전을 받고 있다.				
		사례관리를 수행하기 위한 전문적인 경험이 있다.				

항목		내용	1	2	3	4
	비전통적 혹은 실험적 개입의 활용	비전통적 혹은 실험적 개입을 적절하게 사용한다.				
		전문문헌(연구문헌 포함)에 대해서 적절한 자문을 받는다.				
		적절한 훈련을 받는다.				
		전문지식을 가진 동료로부터 적절한 자문을 받는다.				
		슈퍼비전을 적절하게 활용한다.				

출처: Reamer(2001)의 내용을 사례관리에 맞게 재구성.

2) 사례관리자의 직무스트레스와 소진

(1) 직무스트레스

직무스트레스는 개인의 능력, 자원, 욕구와 일치하지 않는 직무요구에 대한 개인의 신체적 · 정서적인 반응으로 정의된다(National Institute for Occupational Safety and Health No9: 99~101). 한국산업안전보건공단(2012)은 '직무스트레스요인(Job stressor)'이라 함은 작업과 관련하여 생체에 가해지는 정신적 · 육체적 자극에 대하여 체내에서 일어나는 생물학적 · 심리적 · 행동적 반응을 유발하는 요인을 말한다고 정의하고 있다(최소연, 2013 재인용).

사례관리자는 클라이언트, 조직의 지원, 업무특성으로 인해 스트레스를 느끼며, 이러한 스트레스는 신체적, 행동적, 정서적인 증상으로 나타난다.

[그림 6-1]은 스트레스의 요인과 그로 인한 결과를 제시한 것이다. 사례관리자의 업무역량의 부족과 업무역량을 벗어난 고난도 클라이언트의 담당, 과도한 업무분담뿐 아니라 슈퍼비전을 비롯한 기관의 지지결여는 사례관리자의 스트레스원으로 작용하며, 그로 인해 사례관리자는 신체적, 행동적, 정서적인 면에서 부정적인 경험을 하게 된다(Norman, 2013: 51). 따라서 사례관리기관에서는 사례관리자가 질적으로 사례관리를 수행할 수 있도록 적정한 사례담당, 정기적인 슈퍼비전 제공, 기관의 지원과 지지 등을

제공하여 직무관련 스트레스의 유발을 예방하고 관리해야 한다.

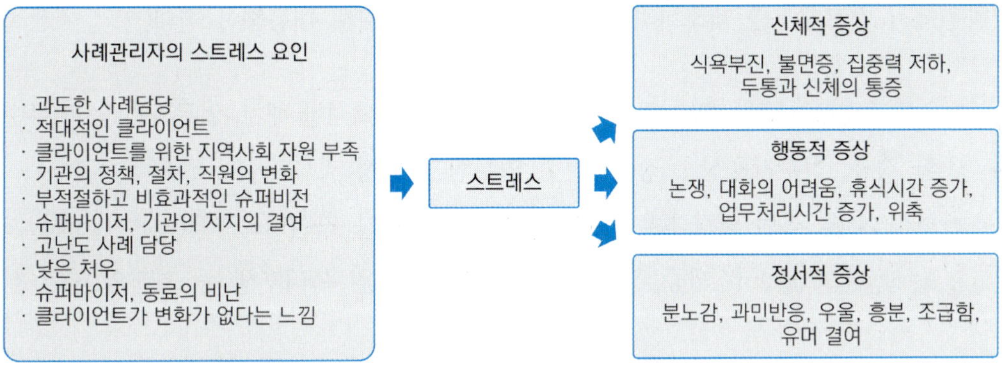

[그림 6-1] **사례관리자의 스트레스 요인과 결과**

(2) 소진

소진(burnout)은 원조전문직의 업무효과성에 해를 끼치며 심각한 스트레스를 야기하는 부정적인 정서와 태도로 조직관리의 대응요소로 고려되어 왔다(Maslach, Schaufeli & Leiter, 2001). 소진은 직무과정에서 계속되는 정서적 압박과 동기부여 기제의 결핍으로 인한 정서적 탈진, 비인간화, 개인적 성취감의 결여로 구성된 부정적 현상을 의미한다(Maslach & Jackson, 1981).

정서적 탈진의 상황이 되면 업무몰입도가 낮아지기 때문에 사회복지사 윤리강령의 성실성(integrity)을 준수하기 어렵게 된다. 소진의 또 다른 증상으로 비인간화는 클라이언트를 존엄성을 갖는 인격체로 보기보다는 업무 수행을 위한 대상으로 간주하기 때문에 사례관리자의 소진은 클라이언트의 변화와 질적 서비스 제공에는 매우 위험한 증상이다.

(3) 직무스트레스와 소진 대처방법

사례관리자의 스트레스는 클라이언트에게 직간접으로 영향을 미치기 때문에 스트레스의 요인을 파악하여 스트레스와 소진을 최소화하도록 해야 한다. 업무와 관련하여 야기되는 스트레스와 소진 등은 개인적인 차원의 대응으로는 한계가 있기 때문에 조직 차원에서 스트레스를 최소화하고 소진을 예방하기 위해 대응해야 한다.

- 업무 차원: 업무량 관리, 업무와 개인의 적합도를 고려한 배치, 업무확충 및 업무순환 적용, 업무자율성 보장, 안전한 업무환경 조성
- 조직 차원: 직원 역량개발 지원, 슈퍼비전, 근로자 지원프로그램(EAP: Employee Assistant Program) 제공, 일-가정 양립 지원, 직원 복리후생 등 조직의 지지

4. 위험관리

위험에 대한 판단은 유해한 결과의 가능성에 대한 판단이다(Beckett, 2010). 사회복지사들이 '위험의 가능성이 높다 혹은 낮다' 등을 말할지라도, 실제 그것의 발생 가능성에 대해서는 명확하지 않다. 예를 들어, 임대아파트 지역의 가정방문을 위해 운전을 하는 것은 저소득 밀집 일반 주거지역 가정방문을 위해 차량을 운전하는 것보다 위험의 가능성이 낮을 수 있지만, 임대아파트의 승강기를 이용할 경우 실제 승강기 사고의 확률은 낮음에도 사고 발생 시 심각한 부상을 입을 수 있기 때문에 우리가 고위험과 저위험의 가능성에 대해서 명확하게 평가하고 판단하는 것은 쉽지가 않다. 그럼에도 불구하고 사례관리기관과 사례관리자는 위험을 예측하고 관리하여 클라이언트와 사례관리자가 모두 안전한 환경에서 업무를 수행하고 서비스를 이용할 수 있도록 해야 한다.

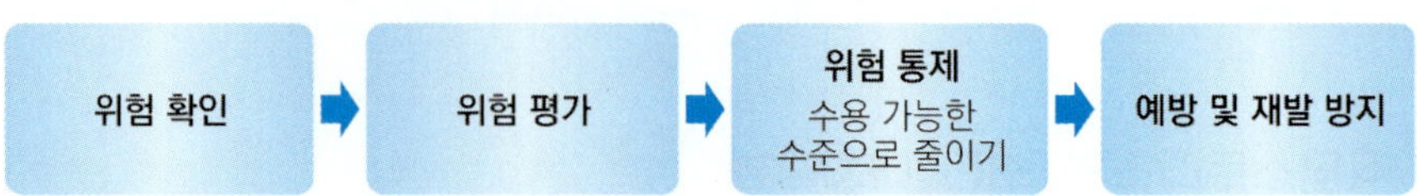

[그림 6-2] 위험관리 단계

[그림 6-2]는 위험관리를 위한 단계이다. 위험관리는 무엇이 위험이고 그 위험이 실제 위협적인지, 이를 어떻게 통제하고 관리하여 대응을 하는 것이 적절한지, 예방과 재발 방지를 위해서 기관에서는 무엇을 해야 하는지의 단계로 구성된다(Herman, et al., 1994; Martin, 2001; 서울복지재단, 2006).

1) 위험의 확인

위험을 확인하는 것은 위험에 대한 민감성과 관련된다. 업무환경에 익숙해지면 위험에 대한 민감성이 저하될 수 있기 때문에 사례관리자는 업무와 관련하여 어떠한 부분이 위험한지를 정기적으로 확인하여 위험의 실체가 무엇인지 알아야 한다. 위험의 확인은 사례관리자와 슈퍼바이저뿐 아니라 사례관리와 관련된 다양한 관련자들로부터의 피드백을 통해서도 가능하다. 〈표 6-3〉이나 〈표 6-4〉의 내용은 사례관리자의 업무환경과 역량과 관련된 위험을 파악하기 위한 도구로 활용될 수 있다.

2) 위험에 대한 평가

위험의 사정은 주관적이다. 위험을 평가하는 가장 최선의 방법은 위험 확인과정에서 파악을 못하였거나 누락된 부분을 확인하는 것이다. 대부분의 기관에서는 위험에 대한 가중을 부여하는 엄격한 사정을 거치지 않는 경우가 많다. 예를 들어, 다양한 클라이언트가 이용을 하는 기관의 경우 난간의 높이나 대리석 바닥과 계단, 옥상의 공원 등은 일상적이고 평범한 시설이지만 어떠한 경우에는 매우 위험하고 치명적인 사고의 원인이 될 수 있다. 마찬가지로 가정방문이 잦은 사례관리업무의 경우 클라이언트의 특성, 주거환경, 지역적 특성, 그리고 사례관리자의 상황을 종합적으로 고려하여 가정방문 인원을 결정하는 경우도 있으나 기관 인력의 제약으로 위험에 대한 민감성을 충분하게 반영하지 못하는 경우도 발생을 할 수 있다.

위험을 사정하는 것은 위험의 예방과 대응에도 중요하기 때문에 기관에서는 기관의 상황이라는 제한된 틀에서 위험의 실체를 고려하기보다는 위험 자체에 초점을 두고 위험에 대해 평가를 해야 한다.

〈직원 외 인력의 단독 가정방문에 대한 위험평가〉

- 기관에 따라서 준사례관리자로, 사회복지전공 4학년 학생으로 현장실습을 이수하고 사례관리수강 이력이 있는 예비사회복지사들이 봉사하는 경우가 있다. 이 경우, 준사례관리자가 단독으로 클라이언트 가정에 정기적으로 방문하여 클라이언트를 모니터링하는 것에 대해서 여러분은 어떠한 의견을 갖고 있는가?
- 실습생이나 준사례관리자와 같이 기관의 정식 직원이 아니며, 전문 자격도 보유하지 않은 인력이 가정방문을 단독으로 수행하는 것은 위험에 관해 낙관적인 견해를 갖기 때문이다. 직원 이외 인력의 단독 가정방문을 허락하지 않는 기관도 있지만, 그렇지 않은 기관도 있다. 위험은 어떤 형태의 해로움과 해로움이 발생할 가능성의 두 요소를 포함하고 있기 때문에 단독 가정방문은 위험이 발생할 가능성이 그렇지 않은 경우보다 높다고 볼 수 있다. 기관의 인력제약으로 직원의 단독 가정방문이 불가피할 수 있지만, 직원 외 인력은 단독 가정방문을 하지 않도록 하는 것이 보다 엄격한 위험 평가가 될 것이다.

3) 위험에 대한 통제

위험을 인식했다면, 수용 가능한 수준으로 위험을 줄여야 한다. 위험이 발생하지 않도록 위험의 상황을 피하며, 안전지침과 절차를 명시하고, 안전교육 실시, 법적 기준 준수 등 위험을 최대한 통제해야 한다. 대부분 기관에서 영업배상보험, 운전자보험, 화재보험과 같이 보험을 가입하고 있는 것은 위험발생 시에 위험에 대응하기 위한 것이다. 그보다 먼저 위험에 대해 인지하고 안전수칙의 준수 및 위험을 예방하기 위한 노력이 선행되어야 한다.

4) 예방 및 재발방지

불특정 다수가 사회복지시설을 이용하는 경우 시설의 상황이나 클라이언트의 성향에 의해 항상 위험이 존재할 수 있다. 위험관리는 일회성으로 진행해서는 안 되며 매일상의 업무 가운데 지속적으로 진행되어야 한다. 잠재적인 위험을 확인하고 위험을 줄이기 위해 노력하며 위험관리전략을 시의적절하게 수정해야 한다.

생각해 보기

1. 봉사, 실습, 실무경험 중 위험하다고 인지된 경험이 있다면 어떤 것이었는지 이야기 나누어 보자.
2. 폭력적인 클라이언트를 대상으로 상담을 하기 위해서 사례관리자가 숙지해야 하는 부분이 무엇인지 학습한 내용을 가지고 토의해 보자.
3. 사례관리자(혹은 예비 사례관리자)인 여러분이 다양한 클라이언트를 만나기 위해서 어떤 전문성이 보완되어야 하는가?

PART 2

사례관리실천과정

사례관리는 초기단계로 사례발굴과 접수상담, 사례 스크리닝(사례 선정), 서비스 계약의 과정을 거친다. 다음으로 클라이언트에 대한 욕구사정과 사례회의, 서비스 계획 수립과 동의, 서비스 실행(전달 및 조정), 서비스 평가 및 종결, 사후지도의 과정으로 진행되는 것이 일반적이다. 본 교재는 클라이언트의 협력적 참여를 전제로 하면서 각 과정의 특성과 기능을 소개하였다. 또한 이론과 개념의 소개에 그치지 않기 위해서 사례관리 실천과정에서 활용되는 양식을 중심으로 실제 적용할 수 있는 구체성을 제시하고자 하였다.

Chapter 07

초기단계

사례관리실천의 첫 과업은 잠재적 클라이언트를 발굴하고 인테이크(접수상담)를 하는 것에서 시작한다. 사례발굴(case finding)은 클라이언트의 자발적 방문, 사례관리자의 발굴(out reach), 타 기관으로부터의 의뢰, 지역주민의 소개 등 여러 경로를 통해서 가능하다. 발굴된 사례의 적격 여부를 판단하기 위해 접수상담(intake interview)을 진행한다. 서비스 적격자로 판정이 된 경우, 서비스 계약을 진행하고 사정을 진행한다. [그림 7-1]은 사례발굴에서 서비스 계약에 이르는 사례관리 초기과정을 도식한 것이다.

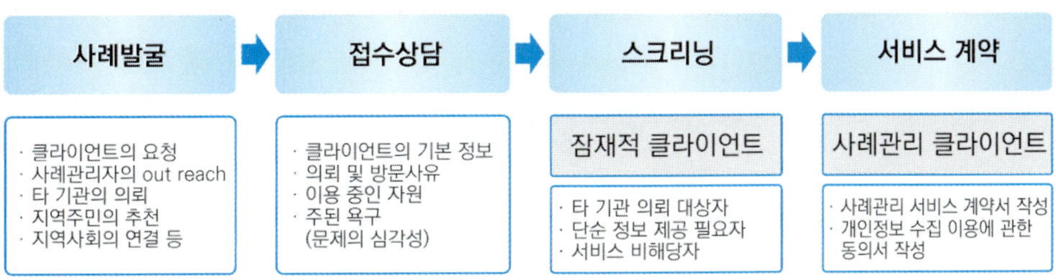

[그림 7-1] 사례발굴 과정

1. 사례발굴

사회복지사는 도움이 필요한 사람에게 서비스를 제공해야 하는 윤리적 책임이 있다(NASW, 2017). 따라서 사례관리자는 기관에 자발적으로 찾아온 클라이언트는 물론 복지 사각지대의 주민을 위해 사례발굴에 적극적이어야 한다. 사례발굴은 클라이언트의 자발적 요청에서부터 사례관리자의 발굴까지 여러 경로로 가능하다.

1) 사례발굴 방법

- 타 기관 및 전문가의 의뢰: 지역사회 내의 공공 및 민간기관 혹은 전문가로부터 의뢰받는 경우
- 클라이언트의 요청: 도움을 받기 위해 자발적으로 기관을 방문하거나 전화나 온라인 등을 통해 도움을 요청하는 경우
- 지역주민 혹은 기관 이용자의 추천: 지역주민 혹은 서비스 이용경험이 있는 사람이 이웃을 추천하는 경우
- 지역사회로부터의 연결: 지역사회의 다양한 사례관리 연합체로부터(통합사례관리, 솔루션회의, 연합사례회의 등) 연결되는 경우
- 사례관리자의 발굴: 지역사회의 여러 기관, 지역주민, 단체들을 통해 복지 사각지대를 최소화하기 위한 사례관리자의 적극적인 사례 발굴

2. 접수상담

사례발굴 후에 사례관리자는 발굴 사례를 대상으로 접수상담을 진행한다. 접수상담(Intake)은 원조자와 서비스 지원자 간 최초의 접촉이다. 접수상담은 일반적으로 사례관리자와 잠재적 클라이언트 사이에 면대면 만남을 통해 행해진다(Woodside &

McClam, 2006). 경우에 따라서는 의뢰자나 보호자가 사례관리자와 우선적으로 접촉하기도 하며, 전화나 전자메일을 통해 접수상담이 이루어질 수도 있다. 그러나 가능한 면대면(face to face) 접수상담을 하는 것을 원칙으로 한다. 접촉방법으로 클라이언트의 동의하에 보호자나 성직자, 간호사 등 클라이언트와 관련된 사람을 만나는 방법(collateral contact), 내방상담, 전화상담, 클라이언트가 소속된 집단방문, 가정방문 등 다양한 방법이 있다(Summers, 2016).

접수상담은 사례관리의 적격 여부를 파악하기 위해 기본정보를 수집하는 과정이다. 접수상담자는 서비스 지원자가 사례관리 적격자인지, 아니면 타 기관으로 의뢰가 필요한지를 검토하는 역할을 한다. 접수상담은 사례관리자가 담당하기도 하지만 기관에 따라서는 접수상담 전담인력을 배치하기도 한다.

접수상담 시 수집하는 내용은 〈표 7-1〉과 같다. 접수상담과정에서 〈표 7-2〉의 인테이크 양식을 활용하여 잠정적 클라이언트의 일반적 사항, 인구학적 특성, 의뢰경로 및 신청사유, 현재의 생활상황 및 자원활용 상황을 문서화한다. 그리고 〈표 7-3〉은 사례판정을 위한 문제 유형들로 인테이크 양식의 '주요 문제'의 칸에 적기 위한 문제의 범주를 제시한 것이다.

〈표 7-1〉 접수상담 내용

일반사항	접수상담자 명, 면담일시, 서비스 신청자 명
인구학적 자료	이름, 연령, 주소, 성별, 전화번호, 생년월일
신청경로/신청이유	• 본인신청, 의뢰의 경우 타 기관 사례관리자, 의뢰자(추천자) 등 • 신청자가 호소하는 주된 문제
클라이언트의 상황 (의뢰 또는 원조요청 이유를 중심으로)	가족상황, 주거상황, 경제상황, 건강상황(병력, 장애), 일상생활, 개인력 및 가족력, 사회력, 사회·심리적 상황 등
자원활용 상황	이용 중인 공식 및 비공식자원
적격 여부 관련 사항	• 즉각적인 조치 필요 여부(위기개입 혹은 보호 서비스) • 자격 여부(집중, 일반, 단순 등) • 의뢰 여부 • 상담가의 판정 견해

〈표 7-2〉 인테이크 기록지(예시)

접수일자: 년 월 일	상담자: ○○○(방문상담, 가정방문, 전화 등의 상담방법도 명시)

<table>
<tr><td>서비스 희망자</td><td colspan="2">사례관리 대상자</td><td colspan="2">성별</td><td colspan="2"></td><td colspan="2">생년월일</td><td></td></tr>
<tr><td>주소</td><td colspan="6"></td><td colspan="2">연락처</td><td>연락 가능한
복수의 연락처</td></tr>
<tr><td>신청 경로</td><td colspan="9">□ 본인신청 □ 가족신청( ) □ 타인 추천( ) □ 사례관리자 발굴
□ 지역사회 의뢰( ) □ 타 기관의뢰(기관명:) □ 기타( )</td></tr>
<tr><td>신청이유</td><td colspan="9">사례관리 서비스 희망자 혹은 신청자가 초기상담을 하는 이유</td></tr>
<tr><td rowspan="5">가족사항</td><td>관계</td><td>성명</td><td>생년월일</td><td>학력</td><td>직업</td><td>결혼</td><td>동거 여부</td><td colspan="2">비고</td></tr>
<tr><td></td><td></td><td></td><td></td><td></td><td></td><td></td><td colspan="2">특이사항 기재</td></tr>
<tr><td></td><td></td><td></td><td></td><td></td><td></td><td></td><td colspan="2"></td></tr>
<tr><td></td><td></td><td></td><td></td><td></td><td></td><td></td><td colspan="2"></td></tr>
<tr><td></td><td></td><td></td><td></td><td></td><td></td><td></td><td colspan="2"></td></tr>
<tr><td rowspan="7">경제상황</td><td rowspan="5">월평균 가구 수입/ 지출</td><td rowspan="2">근로소득</td><td colspan="3" rowspan="2">(정기적/비정기적)
원</td><td colspan="2">생활비</td><td colspan="2"></td></tr>
<tr><td colspan="2">의료비</td><td colspan="2"></td></tr>
<tr><td>정부보조금</td><td colspan="3">원</td><td colspan="2">교육비</td><td colspan="2"></td></tr>
<tr><td rowspan="2">후원금/ 자녀지원</td><td colspan="3" rowspan="2">원
(후원처:)</td><td colspan="2">주거비</td><td colspan="2"></td></tr>
<tr><td colspan="2">기타</td><td colspan="2"></td></tr>
<tr><td colspan="2">월 수입액</td><td colspan="3"></td><td colspan="2">월 지출액</td><td colspan="2"></td></tr>
<tr><td colspan="9">기타 경제적 상황 기술</td></tr>
<tr><td rowspan="2">주거상황</td><td colspan="9">□ 자가 (만 원) □ 전세(보증금: 만 원) □ 월세(보증금: 만 원, 월 원)
□ 무료임대(소유자관계:) □ 임대아파트 □기타( )</td></tr>
<tr><td colspan="9">주거 상황 기술</td></tr>
<tr><td rowspan="2">건강상황</td><td colspan="9">장애: □ 유 □ 무 ( )
병력: □ 유 □ 무 진단 및 치료 여부 등: ( )</td></tr>
<tr><td colspan="9">건강 및 일상생활 수행 능력 기술</td></tr>
<tr><td>사회 심리적 상황</td><td colspan="9"></td></tr>
<tr><td rowspan="2">자원활용 상황</td><td colspan="4">공식적 자원</td><td colspan="5">비공식적 자원</td></tr>
<tr><td colspan="4"></td><td colspan="5"></td></tr>
<tr><td>주요 문제</td><td colspan="9">〈표 7-3〉의 내용을 참고하여 기재</td></tr>
<tr><td>판정사유</td><td colspan="9">면접내용을 종합하여 상담가가 적격 여부의 근거를 제시</td></tr>
<tr><td>판정결과</td><td colspan="9">( )사례관리대상자, ( )의뢰대상자, ( )정보제공대상자, ( )비대상자</td></tr>
<tr><td>관리 유형</td><td colspan="5">집중( ) 일반( ) 단순( )</td><td colspan="2">위기사례여부</td><td colspan="2">위기 및 긴급사례 여부 명시</td></tr>
</table>

참고: 인테이크 기록을 위한 지침

- 접수일자: 서비스 희망자가 접수된 날짜를 기록한다.
- 상담자: 누가 접수상담을 했는지를 명시하고 상담방법을 명시한다(기관에서 상담, 가정방문 상담, 전화 상담, 의뢰기관에서의 상담, 서비스 희망자가 있는 곳(학교, 병원, 시설 등)에서 상담 등)
- 서비스 희망자: 잠재적 클라이언트의 이름을 적는다.
- 신청경로: 서비스 희망자가 직접 신청했는지, 가족이 신청했는지(가족관계 기입), 타인이 추천했는지(추천인 구체적 명시), 기관의 사례관리자가 발굴을 한 것인지(직원명), 지역사회의 통합사례관리대상자인지, 타 기관 의뢰인지(기관명 기입), 기타 경로인지 표기한다.
- 신청사유: 신청자나 추천자의 관점에서 호소하고 있는 주된 문제를 기술한다.
- 가족사항: 서비스 신청자를 기준으로 가족관계를 기록한다.
- 경제상황: 월 평균액으로 기록하며, 특이사항은 별도의 공란에 기록한다.
- 주거상황: 공란에는 주거의 위생, 안전, 주거공간 등에 관해서 기록한다.
- 건강상황: 장애, 질병이 있을 경우 세부사항은 하단의 공란에 별도로 기록한다.
- 사회심리적 상황: 파악되거나 관찰된 사회활동, 소속단체, 심리상황을 기록한다.
- 자원활용: 정부의 지원, 이용 중인 사회복지 서비스, 민간단체의 후원, 친인척의 지원 등을 기록한다.
- 주요 문제: 접수과정에서 확인된 주된 욕구를 〈표 7-3〉의 내용을 참고하여 기록한다.
- 판정사유: 접수상담에서 제시된 신청자의 호소내용과 주된 문제를 종합하여 사례관리대상의 적격 여부에 관한 근거를 기술한다.
- 판정결과와 관리 유형: 판정사유의 내용에 근거하여 해당란에 표기한다.
- 위기사례 여부: 사례관리대상자 혹은 의뢰대상자가 위기사례로 관리되어야 할 경우는 위기사례 여부에 표기하여 신속하게 서비스를 제공받을 수 있도록 한다.

〈표 7-3〉 사례관리대상자 판정을 위한 문제 유형*

문제영역	문제내용
안전	• 학대, 방임, 기타 안전의 문제(가족구성원 또는 외부인과의 관계에서 야기되는 기초적 신변보호상의 문제) - 생명의 위협을 받거나 받을 가능성이 있는 경우 - 가족 내 폭력 및 학대, 방임이 있는 경우 - 기타 가족 내외로부터의 안전의 위협이 있는 경우
신체 및 정신건강	• 대상자 및 가족구성원의 신체적·정신적 건강문제로 인한 생활상의 문제 - 심각한 건강문제가 진행 중이거나 진행될 가능성이 있는 경우 - 심각한 정신적 문제가 있는 경우 - 정신건강, 자살 등의 문제가 있는 경우

문제영역	문제내용
	- 술 혹은 약물 관련 문제가 있는 경우 - 인터넷 · 게임 중독, 도박 등의 문제가 있는 경우
일상생활 유지	• 기능적 및 수단적 일상생활 유지상의 문제 - 일상(식사, 용변처리, 옷 입기, 세탁, 몸 씻기, 시장보기 등) 활동에 어려움이 있는 경우 - 신변관리나 일상생활 유지기능(전화 걸기, 교통수단 이용, 복약관리)의 어려움이 있는 경우 - 도보 등 외출에 어려움이 있는 경우 - 취미 및 여가활동의 부족 및 활동 시 어려움이 있는 경우
가족관계	• 가족관계, 보육, 간병의 문제 - 부부 · 부모-자녀 간 갈등이 있거나 관계가 단절된 경우 - 자녀양육 및 보육 관련 문제가 있는 경우 - 가족구성원의 돌봄 및 간병 관련 보호부담의 문제가 있는 경우
사회적 관계	• 친인척, 이웃, 동료관계 등 문제(친지, 이웃 및 소속집단 내에서의 관계 형성 및 유지상의 문제) - 친척, 친구, 이웃과의 관계 형성에 문제가 있거나 갈등이 있는 경우 - 비공식적 지지망이나 지역사회 지지체계 활용에 문제가 있는 경우
경제	• 기본적인 생활에 필요한 경제적 문제 및 자산관리상의 문제 - 기초적 욕구(의식주)의 충족에 필요한 자원부족의 문제가 있는 경우 - 자산취득 및 관리(저축, 부채 등) 등의 문제가 있는 경우
교육	일상생활 유지에 필요한 기초교육 습득상의 문제
직업	• 취업 · 창업상의 문제 및 직업기능 수행상의 문제 - 기술, 경력, 능력부족 등으로 취(창)업에 부담이 있는 경우 - 자녀양육, 돌봄, 건강문제 등으로 취(창)업이 어려운 경우 - 구직 및 직업활동의 불안정, 비정규성 등의 관련 문제가 있는 경우
생활환경	• 거주지의 내 · 외부적 환경 및 권익보장상의 문제 - 주거 및 주거환경의 문제가 있는 경우 - 누수, 가스누출 등 거주지에 안전상의 문제가 있는 경우
법률 및 권익보장	• 가족구성원의 권익보장상의 문제 - 법, 옹호, 인권 등과 관련하여 권리보장에 어려움이 있는 경우

출처: 보건복지부(2022).

접수상담 시 서비스 신청자의 욕구의 시급성을 확인해야 한다. 〈표 7-4〉의 위기사례의 기준을 참고하여, 기준항목에 해당되는 경우 후속조치가 신속하고 적절하게 진행될 수 있도록 위기사례 여부에 표기한다. 뿐만 아니라 사회보장급여가 필요한 위기사례를 발견하였다면 〈표 7-5〉와 같이 사례관리자는 즉시 지자체에 알리고 위기사례가 사회보장급여를 받을 수 있도록 의무를 이행해야 한다.

〈표 7-4〉 위기사례 예시

- 정신질환(알코올 중독 포함)으로 가족과의 분리가 필요한 경우
- 학대 및 가정폭력으로 인해 긴급 분리조치가 필요한 경우
- 긴급 주거지원이 필요한 경우
- 위기상황(예: 사고, 실종, 실직 등의 상황적 위기와 지진, 태풍 등의 환경적인 위기)으로 긴급 지원이 요구되는 경우
- 기타 긴급하다고 판단한 경우

〈표 7-5〉 사회보장급여가 필요한 위기사례 발견 시 신고의무자 범위

「사회보장급여법」 제13조제2항에 따라 위기에 처한 지원대상자를 발견한 경우 아래 각 호에 해당되는 인력은 지자체(보장기관)에 알리고 신속한 지원을 받을 수 있도록 노력해야 함

1. 「사회복지사업법」 제35조 및 제35조의2에 따른 사회복지시설의 장과 그 종사자
2. 「장애인활동 지원에 관한 법률」 제20조에 따른 활동지원기관의 장 및 그 종사자와 같은 법제16조에 따른 활동지원인력
3. 「의료법」 제2조 및 제3조의 의료인과 의료기관의 장
4. 「의료기사 등에 관한 법률」 제1조의2의 의료기사
5. 「응급의료에 관한 법률」 제36조의 응급구조사
6. 「소방기본법」 제34조에 따른 구조대 및 구급대의 대원
7. 「국가공무원법」 제2조 제2항 제2호에 따른 경찰공무원
8. 「지방공무원법」 제2조 제2항 제2호에 따른 자치경찰공무원
9. 「정신건강증진 및 정신질환자 복지서비스 지원에 관한 법률」 제3조 제3호에 따른 정신건강복지센터의 장과 그 종사자
10. 「영유아보육법」 제10조에 따른 어린이집의 원장 등 보육교직원
11. 「유아교육법」 제20조에 따른 교직원 및 같은 법 제23조에 따른 강사 등
12. 「초·중등교육법」 제19조에 따른 교직원, 같은 법 제19조의2에 따른 전문상담교사 및 같은 법 제22조에 따른 산학겸임교사 등
13. 「학원의 설립·운영 및 과외교습에 관한 법률」 제6조에 따른 학원의 운영자·강사·직원 및 같은 법 제14조에 따른 교습소의 교습자·직원

14. 「성폭력방지 및 피해자보호 등에 관한 법률」 제10조에 따른 성폭력피해상담소의 장과 그 종사자 및 같은 법 제12조에 따른 성폭력피해자보호시설의 장과 그 종사자
15. 「성매매방지 및 피해자보호 등에 관한 법률」 제10조에 따른 지원시설의 장과 그 종사자 및 같은 법 제17조에 따른 성매매피해상담소의 장과 그 종사자
16. 「가정폭력방지 및 피해자보호 등에 관한 법률」 제5조에 따른 가정폭력 관련 상담소의 장과 그 종사자 및 같은 법 제7조에 따른 가정폭력피해자 보호시설의 장과 그 종사자
17. 「건강가정기본법」 제35조에 따른 건강가정지원센터의 장과 그 종사자
18. 「노인장기요양보험법」 제31조에 따른 장기요양기관의 장과 그 종사자
19. 「지역보건법」 제11조 제1항 제5호 사목에 따른 보건소의 방문간호 업무 종사자
20. 「다문화가족지원법」 제12조에 따른 다문화가족지원센터의 장과 그 종사자
21. 「지방자치법」 제7조 제4항에 따른 행정리의 이장 및 같은 조 제5항에 따른 행정동의 하부조직으로 두는 통의 통장
22. 「공동주택관리법」 제2조 제1항 제10호에 따른 관리주체

효과적인 면접을 위한 Tip

❍ 비언어적 의사소통

	바람직하지 않은 방법	바람직한 방법
얼굴표정	무표정, 찡그린 표정	웃는 표정, 밝은 표정
눈 마주침	차가운 눈초리, 다른 곳 주시	따뜻한 눈 마주침
몸동작	굳은 자세	고개 끄덕임
물리적 거리	지나치게 멀거나 가까운 거리	공간 활용을 통한 의사소통

❍ 언어적 의사소통

- 경청: 상대방이 보내는 소통의 내용에 주의를 기울이고 이해를 위해 노력하는 행동

경청의 7가지 방법(Giblin, 2013)

- 상대방을 주시하라.
- 상대방의 말에 깊은 관심을 가지고 있다는 것을 태도로써 나타내라.
- 상체를 상대방 쪽으로 내밀어라.
- 질문을 하라.
- 상대방의 말을 중간에 가로막지 말아라.
- 상대방의 화제에 충실하라.
- 당신의 의견을 말할 때 상대방의 표현을 이용하라.

- 질문: 상대방에게 추가적인 정보를 요청하고 상대방의 태도, 감정, 의견을 확인하는 행동, 질문의 적시성이 중요
- 반영하기와 공감하기: 상대방의 표현내용에 대해서 자신의 이해 정도를 전달하며 서로 상황과 감정을 이해하고 있음을 공감
- 설명: 자신이 가지고 있는 정보를 상대방에게 제공하는 기술
- 강화: 타인에 대한 인정, 긍정, 칭찬, 격려, 지지를 전달하는 것
- 자기공개: 자신을 노출함으로써 상대방으로 하여금 경계심과 두려움을 완화시키는 기술
- 자기주장: 자신의 개인적 권리를 옹호하고 행사시키기 위해서 타인의 권리를 존중하면서 동시에 자신의 사고, 감정, 신념을 솔직하게 표현하는 행동
- 유머: 인간관계의 긴장을 해소하는 기술

❍ 준언어와 메타 메시지

- 준언어: 음조, 성량, 분절, 속도, 크기, 리듬 등의 적절한 활용
- 메타 메시지: 메시지는 단어에 의해 전달되는 기본정보뿐 아니라 화자의 태도와 감정을 나타내는 메타 메세지가 있음. 메타 메시지는 수식어구, 리듬과 음의 고저 등으로 그 의미를 파악해야 함

※ 독거어르신이 자녀에게 "바쁘면 오지 마"라고 말하는 경우
- 바쁘니까 안가도 된다고 해석할 수도 있지만, 바쁘지 않으면 오라는 것으로 이해할 수도 있음: 이 경우는 대부분 "아니야, 바빠도 당연히 가야지"라는 답을 기대하는 경우임
- 메타 메시지는 직접적으로 말하기 어려운 것을 은밀히 말하는 것이므로 잘 해석해야 함

출처: Mckay et al. (1999); 김진숙 외(2014); 이경우 외(2006).

3. 스크리닝

스크리닝(screening)은 접수상담 정보에 기초하여 서비스 신청자의 사례관리 적격 여부를 판정하는 과정이다. 스크리닝을 통해 기관의 잠재적 사례관리대상자인지 아니면 타 기관 의뢰대상자인지, 단지 정보 제공이 필요한 경우인지, 아니면 사례관리 서비

스에 해당되지 않는 경우인지를 판정한다. 사례관리 서비스 적격자로 판정이 되면 우선 잠재적 사례관리 클라이언트가 되며 서비스 동의 혹은 계약을 한 후에 사례관리 클라이언트가 된다.

사례관리 적격자는 아니지만 다른 기관의 서비스 연결이 필요한 경우는 의뢰를 한다. 서비스와 관련된 정보 제공으로 신청자가 스스로 서비스를 이용할 수 있는 경우는 정보 제공대상자이며, 사례관리 서비스나 타 기관의 의뢰가 필요하지 않거나 서비스를 거부하는 경우는 비해당자로 판정한다. 〈표 7-6〉은 사례관리 클라이언트 판정기준이다.

〈표 7-6〉 사례관리 클라이언트 스크리닝 기준 예시

구분	기준
잠재적 클라이언트 (동의 → 클라이언트)	① 경제적 위기에 처해 있는 자(가구) ② 질병 및 외적 요인에 의해 역할 상실 및 위기가 진행되고 있는 자(가구) ③ 적절한 보호가 필요한 노인, 아동, 청소년이 방치되어 있는 자(가구) ④ 독립적으로 생활하는 데 어려움이 있는 자(가구) ⑤ 외부의 지원 없이는 일상생활이 곤란한 자(가구) ⑥ 퇴원 혹은 퇴소 후 사회복귀를 준비하는 장애인 ⑦ 공공 및 민간의 타 기관에서 우리 기관의 서비스 적격자로 의뢰된 자(가구)
의뢰대상자	① 클라이언트의 문제가 우리 기관의 자원과 시스템의 범위를 벗어난 경우 ② 잠재적 사례관리대상자에 해당되나 우리 기관을 이용함에 있어 접근성(지리적, 심리적, 시간적)에 문제가 있는 경우(클라이언트가 접근 가능한 기관으로 의뢰) ③ 클라이언트가 접수상담 후에 (상담자가 제공한 정보의 내용에 근거하여) 다른 기관의 연결을 요청하는 경우 ④ 기타 클라이언트를 위해 의뢰가 필요한 경우
정보 제공 클라이언트	① 클라이언트가 스스로 관리할 능력이 있으나 서비스의 존재를 모르는 경우(정보를 제공하면 스스로 정보를 이용할 수 있는 경우) ② 서비스의 적격대상자는 아니지만 의뢰보다는 정보 제공으로 도움이 되는 경우 ③ 정보 제공만으로 문제해결이 가능한 경우
서비스 비해당자	① 클라이언트의 거부로 접수상담이 불가능한 경우 ② 클라이언트가 잠재적 사례관리대상자의 자격요건을 갖추지 못한 경우(자원을 보유하고 있거나 스스로 관리할 능력이 있는 경우 등) ③ 기타 서비스를 거절하는 경우

☞ 접수상담 사례: 접수상담 시 직면할 수 있는 문제점을 논의해 보자.

통장이 부자녀가족의 자녀들이 방치되어 있다고 의뢰한 사례

■ 접수상담과정 개요

통장 소개로 방실이네 집을 방문하게 되었다. 방실이는 초등학교 3학년 여학생이고 ㅇㅇ역 근처 무허가 판자촌에서 아버지와 1학년인 남동생과 살고 있다고 통장은 알려 주었다. 또한, 방실이 엄마는 방실이가 3살 때 가출하여 소식을 모르는 상태이며, 방실이 아빠가 허리를 다쳐 막노동을 못하고 있는 상황이라고 하였다. 통장은 기관의 사회복지사가 오후에 방문할 것이라고 방실이 아빠에게 전해 주었다. 이러한 기본적인 의뢰정보를 가지고 박사랑 사회복지사는 방실이네를 방문하였다.

■ 상담 및 관찰내용

박사랑 사회복지사가 방문하자 방실이는 문을 열어 주었다. 집안에 들어서자 곰팡이 냄새가 심했으며 주방에는 설거지가 쌓여 있고 집 안은 청소를 오랫동안 하지 않은 것처럼 불결하였다. 방실이 아빠는 벽에 기대 앉아 있었고 방실이 동생은 TV를 보고 있었다. 방 안은 술병과 과자 봉지, 밥상, 이부자리 등으로 어질러져 있었다.

박사랑 사회복지사는 통장 소개로 왔다고 말하고 상담을 시작하였다. 접수용지를 보면서 가족구성원의 이름과 연령, 건강, 학력, 수입, 그리고 어떤 도움이 필요한지를 물어보았다. 방실이 아빠는 기본적인 내용을 이야기하고, 현재 허리가 너무 아파 일을 할 수 없어 보름째 막노동을 못 나가고 있어 살길이 막막하다고 하였다. 아이들은 방과 후에 주로 집에서 있는데, 마땅히 방과 후에 어디를 보내야 할지도 모르겠다고 하였다. 생계와 자녀를 돌보는 것이 앞으로 걱정이라고 하였다. 한숨을 쉬고서 방실이 아빠의 침묵이 지속되었다. 박사랑 사회복지사는 걱정을 하지 말라며 아이들은 지역아동센터에 보내면 되고, 허리가 좋아지면 다시 일을 시작할 수 있다고 말한 후 술병을 치워 주고 아이들에게 좋지 않으므로 술을 삼가면 좋겠다고 말하고 왔다.

위의 접수상담 사례에서 고려해야 하는 부분은 무엇인가 생각해 보자

① 면접을 어디에서 하는 것이 효과적인가: 클라이언트가 거동이 불편한 경우 클라이언트가 있는 곳에서의 상담이 효과적일 수 있다. 그러나 사전에 클라이언트와 연결하여 어느 곳에서 하는 것이 좋은지를 물어보는 것도 가능하다. 가정방문하여 클라이언트의 상황을 직접 확인하는 것이 필요하다면 기관에서 상담 후에 함께 가정방문을 하든가 아니면 이후 사정과정에서 가정방문을 하는 방법도 있다. 접수상담 시에 어떠한 방법이 더 효과적일 수 있는지 고려해 보는 것도 좋을 것이다.

② 누가 클라이언트인가: 방실이 아버지와 상담을 하고 아버지의 요구사항에 초점을 두고 있는데, 함께 있는 자녀들이 무엇을 원하는지에 대해서도 함께 경청할 수 있을 것이다.

③ 침묵의 의미를 확인하였는가: 침묵이 어떠한 의미인지를 파악할 필요가 있다. 침묵은 아

무것도 발생하지 않는 것이 아니다. 침묵 자체가 중요한 의미를 가질 수 있다. 숙련된 상담가는 침묵을 경청하는 학습을 해야 한다.

④ 시기상조의 개입은 아닌가: 면접자는 클라이언트의 고통과 불편을 빨리 해결해 주고자 하는 열망에서 문제가 충분히 탐색되고 확인되기 전에 변화, 전략, 혹은 해결책을 제시하기도 한다. 아직 서비스 동의 절차를 거치지 않았으며 사정과정도 진행되지 않은 상황이기 때문에 이후 사정을 통해 그동안 어떠한 자원을 이용하였으며 현재 가용자원이 있는지에 대해 확인한 후 클라이언트가 스스로 대안을 모색하도록 해야 한다.

⑤ 클라이언트의 역량을 고려하고 있는가: 클라이언트가 자신의 문제해결을 위한 답을 찾아가도록 지원해야 한다. 문제해결의 대안과 관련하여 클라이언트의 견해를 확인하지 않고 사회복지사가 시기상조의 대안을 제시하는 것은 클라이언트의 능력을 제한하는 것이다.

4. 계약

사례관리를 진행하기 위해서는 서비스에 참여한다는 잠재적 클라이언트의 동의가 있어야 한다. 서비스 동의는 클라이언트의 자기결정권을 최대한 보장하는 것을 전제로 진행해야 하며, 서비스와 관련된 정보를 클라이언트에게 충분하게 제공해야 한다. 사례관리 서비스와 관련된 클라이언트의 알 권리를 보장한 고지된 동의(informed consent)를 통해 계약이 진행되어야 한다.

1) 고지된 동의

우리나라 사회복지사 윤리강령에서 "사회복지사는 클라이언트가 받는 서비스의 범위와 내용에 대해, 정확하고 충분한 정보를 제공함으로써 알 권리를 인정하고 존중해야 한다"고 규정하고 있다. 클라이언트의 알 권리는 서비스 내용, 과정, 절차, 예상되는 결과, 기관의 사례관리 규정, 클라이언트의 책임과 권리 등 사례관리 진행과 관련된 상세한 설명과 정보 제공을 말한다. 사례관리자는 클라이언트가 이해할 수 있는 언어와 방법으로 서비스와 관련된 제반사항을 클라이언트에게 충분히 설명한 후에 동의를 진행해야 한다.

클라이언트에게 충분한 정보의 제공을 통해서 알 권리가 확보된 상태에서 자발적으로 동의하는 것이 고지된 동의(informed consent)이다. 고지된 동의를 보장하기 위해서는 충분한 정보의 제공, 클라이언트의 자기결정, 고지된 동의를 위한 클라이언트의 능력이 전제되어야 한다(Summers, 2016). 클라이언트가 인지 능력의 손상이나 정신적인 문제 등으로 자기결정권을 행사하는 것에 제약이 있는 경우에는 보호자나 후견인이 클라이언트를 위해 최선의 결정을 할 수 있도록 해야 한다.

2) 서비스를 거부할 권리

자기결정권을 보장하는 것은 서비스를 거부할 권리도 인정하는 것이다. 클라이언트가 서비스를 거부할 경우 사례관리자는 서비스를 강요할 수 없다. 그러나 클라이언트의 자기결정권의 존중이 클라이언트의 삶의 질을 침해한다는 전문가의 판단에 근거하여, 사회복지사는 온정적인 개입을 통해 클라이언트를 도와야 한다.

사례관리자는 클라이언트의 서비스 거부로 인해서 클라이언트 본인이나 제3자에게 위해가 되거나, 직접적인 위해가 아니더라도 장기적으로 부정적인 영향이 있다고 판단되는 경우에 부정적인 영향에 대해 알리고 클라이언트가 최선의 선택을 할 수 있도록 최대한 지원을 해야 한다.

3) 사례관리 동의서와 개인정보 제공 동의

동의는 서면으로 작성하는 것이 일반적이다. 그러나 클라이언트의 특수한 상황에 따라서 녹음이나 다른 적법한 방법을 활용할 수 있다. 사례관리 동의서를 작성할 때 개인정보 제공 동의서를 함께 작성한다.

(1) 사례관리 동의서에 포함되는 내용

- 사례관리와 관련된 기관의 정책과 규정
- 사례관리 서비스의 절차와 내용
- 사례관리 서비스 참여자의 역할, 책임, 권리
- 사례관리기관의 역할, 책임
- 사례관리 서비스와 관련하여 야기될 수 있는 결과(긍정적 · 부정적 결과)
- 작성일자, 계약기간, 계약자

(2) 개인정보이용 동의서에 포함되는 내용

- 수집하는 개인정보 항목(일반개인정보, 고유식별정보, 민감정보): 성명, 생년월일, 성별, 연령, 전화번호(자택, 휴대폰, 비상연락), 주소, 보호구분(수급, 차상위 등), 소득 및 재산정보, 건강상태, 장애 유무, 제공 서비스, 경제상황, 가족관계 및 혼인관계 정보, 가구 구성정보 등 사례관리에 필요한 개인정보 및 민감정보
- 개인정보의 수집 및 이용목적
  - 개인정보의 수집: ① 본인 확인, ② 상담 및 정보 전달, ③ 동일 서비스 중복수혜 확인
  - 이용목적: ① 서비스 지원 관리, ② 서비스 지원 필요성에 대한 평가
- 개인정보의 보유 및 이용기간
- 개인정보 제3자 제공: 정보를 제공받는 자, 개인정보를 제공받는 자의 개인정보 이용목적, 제공되는 개인정보 항목, 개인정보의 보유 및 이용기간
- 개인정보 제공에 대한 동의를 거부할 권리 및 거부로 인한 제약사항
- 법정대리인의 동의가 필요한 경우 법정대리인의 동의

〈표 7-7〉 서비스 계약서(사례관리 신청서) 예시

<table>
<tr><td>성명</td><td></td><td>생년월일</td><td></td></tr>
<tr><td>주소</td><td></td><td>전화번호</td><td></td></tr>
<tr><td>서비스
기관의 의무</td><td colspan="3">• 사례관리는 기관의 절차와 규정, 서비스 계획에 준해 기간과 내용이 결정됩니다.
• 사례관리기관은 참여자에게 최선의 사례관리 서비스를 제공하도록 노력합니다.
• 사례관리 서비스 이용과 관련된 기관의 정책의 변화는 즉각 고지합니다.
• 서비스 진행과정에서 참여자의 인권을 보호하기 위해 윤리적 실천을 합니다.</td></tr>
<tr><td>참여자
의무와 권리</td><td colspan="3">• 서비스 참여자는 경제적 · 신체적인 사항을 비롯하여 신상에 변화가 있을 경우 즉각 사례관리자에게 알려야 합니다.
• 서비스 참여자는 서비스의 목표달성을 위해 노력해야 합니다.
• 서비스 참여자는 사례관리자와 협력적인 관계를 유지해야 합니다.
• 서비스 참여자는 본 기관의 서비스 규정을 준수해야 합니다.
• 참여자는 서비스를 거부할 권리가 있습니다.</td></tr>
<tr><td>계약변경
사유</td><td colspan="3">• 아래와 같은 경우는 서비스의 조정 및 변경, 종결의 사유가 됩니다.
: 서비스 참여자가 서비스 중단의 의사가 있을 경우
: 다른 지역으로 이주를 하였을 경우
: 3개월 이상 연락이 끊겼을 경우
: 타 기관과 서비스가 중복되었을 경우
: 사망하였을 경우
: 상황이 호전되어 더 이상 서비스 제공이 필요하지 않다고 판단될 경우
: 서비스 이용과 관련된 의무를 충실히 이행하지 않았을 경우</td></tr>
<tr><td colspan="4">본인 ＿＿＿＿＿는 사례관리자인 ＿＿＿＿＿로부터 사례관리사업과 관련된 기관의 규정에 대해 설명을 들었으며, 참여자의 의무와 권리, 서비스 종결사유, 서비스를 거부할 권리에 대해서 설명을 들었음을 확인하며, 이 서비스에 참여할 것을 자발적 의사에 의해 동의합니다.

서명일: 20○○년 ○○월 ○○일   서명일: 20○○년 ○○월 ○○일

신청자: (서명)   사회복지사(사례관리자):   (서명)</td></tr>
</table>

〈표 7-8〉 개인정보 수집 · 이용에 관한 동의서 예시

□ 개인정보 수집 · 이용 내역(일반개인정보)

항목		수집목적	보유기간
필수	– 대상자 정보(성명)	사례관리 서비스 제공	사례관리 서비스 종결 후 ○○년
선택	– 대상자 정보(성별, 나이, 연락처, 보장내역, 자격, 가족관계 및 혼인관계 정보, 소득 · 재산소계 등) – 가구구성 정보(성명, 주소, 직업, 보장내역, 연락처 등)		

※ 위의 개인정보 수집 · 이용에 대한 동의를 거부할 권리가 있습니다. 동의를 거부할 경우 서비스 제공에 제한을 받을 수 있습니다.

☞ 위와 같이 개인정보를 수집 · 이용하는 데 동의하십니까? □ 동의함 □ 동의하지 않음

□ 개인정보 수집 및 이용 내역(고유식별정보)

항목	수집목적	보유기간
(대상자) 주민등록번호*(외국인등록번호) (가족구성원) 주민등록번호*(외국인등록번호)	사례관리 서비스 제공	사례관리 서비스 종결 후 00년

☞ 위와 같이 고유식별정보를 수집 · 이용하는 데 동의하십니까? □ 동의함 □ 동의하지 않음

□ 개인정보 수집 및 이용 내역(민감정보)

항목	수집목적	보유기간
–「개인정보보호법」 제23조 제1항 각 호와 동법 시행령 제18조 각 호에서 정하고 있는 민감정보* (예: 건강상태/주거사항/경제상황/가구 구성 등 생활 실태)	사례관리 서비스 제공	사례관리 서비스 종결 후 ○○년

* 민감정보는 「사회보장급여의 이용 · 제공 및 수급권자 발굴에 관한 법률」 시행령 제27조에 따라 수집 · 이용

☞ 위와 같이 민감정보를 수집 · 이용하는 데 동의하십니까? □ 동의함 □ 동의하지 않음

❑ 개인정보 제3자 제공 내역

제공받는 기관	제공목적	제공하는 항목	보유기간
– 사례관리 담당자 – 사례회의 참석자(기관) – 서비스 제공기관(기관명:) •「사회보장급여의 이용 · 제공 및 수급권자 발굴에 관한 법률」 제2조에 따른 보장기관 및 제51조 제1항에 따라 보장기관의 장으로부터 권한 또는 업무의 일부를 위임받은 공공기관 • 동법 제16조 제2항에 따른 관계 기관 · 법인 · 단체 · 시설	사례관리 서비스 제공	– 대상자 정보(성명, 주민등록번호*, 연락처, 주소) – 가족구성원 정보(성명, 연령, 동거여부, 연락처) – 사례관리 정보(가족력, 개인력, 서비스 제공이력 등)	사례관리 서비스 종결 후 ○○년

* 주민등록번호는 「사회보장급여의 이용 · 제공 및 수급권자 발굴에 관한 법률」 시행령 제27조에 따라 수집 · 이용

※ 위의 개인정보 수집 · 이용에 대한 동의를 거부할 권리가 있습니다. 동의를 거부할 경우 서비스 제공에 제한을 받을 수 있습니다.

☞ 위와 같이 개인정보를 제3자에게 제공하는 데 동의하십니까? □ 동의함 □ 동의하지 않음

년 월 일

본인 성명 (서명 또는 인)

※ 법정대리인의 동의가 필요한 경우
(정보주체가 만 14세 미만 아동, 피성년후견인, 피한정후견인 등(「민법」 제5 · 10 · 13조))

☞ 위와 같이 개인정보를 수집 · 이용하는 데 동의하십니까? □ 예 □ 아니오
☞ 위와 같이 고유식별정보를 수집 · 이용하는 데 동의하십니까? □ 예 □ 아니오
☞ 위와 같이 민감정보를 수집 · 이용하는 데 동의하십니까? □ 예 □ 아니오
☞ 위와 같이 개인정보를 제3자에게 제공하는 데 동의하십니까? □ 예 □ 아니오

년 월 일

본인 성명 (서명 또는 인)
법정대리인 성명 (서명 또는 인)

○○○기관장 귀하

※ 각 항목에 동의여부를 작성하여 자필서명을 득해야 함

생각해 보기

❍ 조별 토론활동: 인테이크 면접과정에서 아래의 상황에 어떻게 대처하는 것이 효과적인지 상황 중 1개를 선택하여 효과적인 대응 방안을 조별로 토론해 보자.

① 클라이언트의 선택적인 정보제공: 특정 서비스의 지원만을 받기를 희망하여 다른 정보 제공에 불성실한 경우
② 클라이언트정보의 신뢰도: 클라이언트가 하는 말이 의심될 경우
③ 클라이언트의 정서적인 호소: 클라이언트가 눈물을 보일 경우
④ 클라이언트가 음주상태인 경우: 인테이크 면접 시 클라이언트가 음주상태인 경우
⑤ 클라이언트가 폭력적인 경우: 클라이언트가 언어폭력을 하며 신체적 폭력의 징후를 보일 경우
⑥ 클라이언트가 과도하게 요구하는 경우: 클라이언트가 초기상담에서 과도하게 서비스를 요구하는 경우

Chapter 08

사정

사정은 클라이언트의 문제와 강점을 확인하고, 클라이언트와 함께 정보를 모으고 이를 판단하는 전반적인 과정을 의미한다. 사정(assessment: 査定)의 사전적 정의는 '조사하거나 심사하여 결정한다'이다. 사정은 사실에 대해 조사하여 단지 사실이 무엇인지를 확인하는 것에 머무르는 것이 아니라 그 사실에 대한 해석과 문서화 그리고 평가까지를 포함한다(Beckett, 2010). 사정이 클라이언트의 욕구와 관련된 정보 수집은 물론, 그 정보에 대한 해석을 통해 문제해결을 위한 실행의 기초자료가 되기 때문에, 사례관리자는 사정과정에서 가치판단으로부터 자유로울 수 없다. 이는 사정이 무작위적으로 행해지는 것이 아니고 중요한 이슈와 관련하여 심도 있게 진행되는 것이기 때문이다. 클라이언트의 욕구와 관련하여 어떠한 정보를, 어떤 체계로부터 획득하는 것이 좋은지, 그리고 클라이언트의 상황을 개선하기 위해 가장 시급한 것은 무엇인지의 결정은 전문적인 판단에 근거해야 한다. 사례관리자는 자신의 전문적 판단이 자칫 개인적인 가치가 반영된 판단이나 차별 혹은 낙인이 되지 않도록 유의해야 한다. 동시에 사정의 전 과정에 클라이언트의 적극적인 참여를 위해 클라이언트와 협력적 파트너십을 유지해야 한다.

1. 사정모델과 유형

1) 사정모델

사정은 사례관리자가 일방적으로 클라이언트의 욕구를 파악하는 것이 아니다. 사례관리자와 사례관리 서비스 참여자 간 상호작용의 산물이다. 사정모델은 기본적으로 절차모델, 질문모델, 상호교환모델로 소개되고 있다(Smale et al., 1993). 초임사례관리자의 경우 절차모델 혹은 질문모델을 활용하는 것이 익숙할 수 있다. 그러나 효과적인 사정면접은 전형적으로 3가지 모델의 적절한 조합이다.

(1) 절차모델(The Procedural Model)

절차모델은 기관의 양식에 초점을 두고 진행되는 사정이다. 사회복지사와 서비스이용자가 사정 양식에 있는 항목들을 완성하는 것에 초점을 둔 사정방식이기 때문에 이 모델을 적용할 경우 심도 있는 사정은 제한될 수 있다. 이 모델은 사례관리 양식에 기초하기 때문에 사례관리자의 전문적인 자율성이 제한될 뿐만 아니라 정해진 틀을 채우기 위해 컴퓨터에서 서식을 작성하는 관리주의적인 성향을 갖게 될 우려가 있다. 반면에, 이 모델은 기관의 자원분배에 있어서는 클라이언트에게 동일한 기준으로 분배를 할 수 있는 장점이 있으며, 정해진 틀을 적용하기 때문에 사회복지사가 일관성 있는 서비스를 제공할 수 있는 이점이 있다. 절차모델은 자율성의 활용에 따른 전문가의 책임을 줄일 수 있어서 사회복지사의 불안을 최소화하는 이점이 있다.

(2) 질문모델(The Questioning Model)

질문모델은 사회복지사가 전문성을 가지고 필요한 질문을 이끄는 방식의 사정모델이다. 이 모델은 사례관리자가 질문을 하고 서비스 참여자는 대답을 하는 방식이기 때문에, 클라이언트와 보호자(가족)는 심문을 받고 있다고 느낄 수 있다. 질문모델은 대화방식이기보다는 문답방식이어서 클라이언트는 자신이 도움을 받을지에 대해 확신을 갖지 못할 수 있다.

(3) 상호교환모델(The Exchange Model)

상호교환모델의 사정은 전문가가 서비스 이용자와 공유하는 방식이다. 사회복지사는 자신의 이론적 모델을 적용하거나 우선순위를 부여하지 않고 서비스 이용자가 자신의 문제를 충분히 생각하도록 지원하는 데 전문성을 사용한다. 상호교환모델에서 사회복지사는 앞에서 이끄는 것이 아니라 클라이언트와 협력하여 진행하는 역할을 한다. 이 모델은 사례관리대상자의 삶의 고유한 숙련성에 무게를 두는 모델이다. 상호작용의 사정모델은 매우 적절하고 유용한 모델이지만, 클라이언트가 자기결정에 제한이 있을 경우 혹은 수집된 정보가 클라이언트의 욕구에만 국한되어 있어 클라이언트가 타인에게 위해를 미치는 경우에는 적용이 어렵다.

2) 사정 유형

(1) 욕구 중심 사정과 자원 중심 사정

영국 건강보험 및 지역사회보호법(1990)은 욕구 중심 사정과 자원 중심 사정을 구분하여 소개하고 있다. 욕구 중심 사정은 클라이언트의 욕구에 초점을 둔 것이며 자원 중심 사정은 활용 가능한 자원에 초점을 두고 사정하는 것이다.

- 욕구 중심의 사정: 제공된 서비스를 전제하지 않고 클라이언트의 실제 욕구가 무엇인지를 확인하는 사정
- 자원 중심의 사정: 기관이 통제 가능한 다양한 서비스에 초점을 두고 진행하는 사정

사정은 클라이언트의 욕구에 기반을 두는 것이 원칙이지만, 기관과 지역사회의 가용자원의 범위에서 자원 중심으로 사정을 하는 경우도 있다. 사례관리자는 지역사회에 현존하는 자원만으로는 해결이 어려운 클라이언트를 위해서 적극적인 대변자와 옹호자의 역할을 수행해야 하는 것에 부담을 느껴 자원 중심의 사정으로 편향될 수 있음을 인식해야 한다.

(2) 강점 중심 사정과 문제 중심 사정

강점관점의 사례관리는 클라이언트가 지닌 강점을 중심으로 사정하는 것이다. 강점 중심의 사정은 클라이언트가 문제가 없다는 것이 아니다. 문제에만 초점을 둘 경우 클라이언트가 지닌 강점이 간과될 수 있기 때문에 클라이언트에 대해 병리적 관점이 아니라 강점의 시각으로 사정을 하는 것이 강점사정이다. 〈표 8-1〉은 강점 중심의 사정과 문제 중심의 사정을 비교한 것이다.

〈표 8-1〉 강점 중심 사정과 문제 중심 사정

강점사정	문제사정
• 사람의 재능과 기술, 지식에 대해 포괄적으로 기술한다(서비스 참여자가 필요로 하는 것과 바라는 것이 무엇인지, 열망이 무엇인지, 꿈이 무엇인지).	• 문제로 진단을 규정한다.
• 참여자가 자신의 상황에 대해 어떠한 관점을 가지고 있는지가 정보 확인의 시작이다.	• 질문은 문제에 초점을 두고 한다(욕구, 결함, 증상).
• 클라이언트로부터의 관점을 탐색한다: 문화인류학적(민족지학적)	• 문제사정은 전문가의 관점으로부터 클라이언트의 문제의 본질을 탐색하는 것이다.
• 대화지향 및 목적적인 질문을 한다.	• 의문문의 질문을 한다.

강점사정	문제사정
• 미래와 과거에 관한(어떻게 그들이 지금까지 대응해 왔는지) 질문을 이끌면서 지금-여기에 초점을 둔다.	• 기능수준을 결정하기 위해 진단사정절차에 초점을 둔다.
• 사람은 자신이 원하는 것을 환경 속에서 스스로 결정할 수 있는 독특한 개인임을 인정한다.	• 클라이언트는 행동에 대한 통찰력이 부족하거나 문제나 질병의 범위와 관련하여 받아들이지 못하는 것으로 간주된다.
• 서비스 과정에서 관계를 우선시한다.	• 서비스 제공자가 직접적으로 의사결정을 하므로 클라이언트는 개입에 수동적으로 참여한다.
• 클라이언트가 주인의식을 갖는다.	• 전문가가 통제한다.
• 전문가는 질문한다: "당신에게서 내가 무엇을 배울 수 있을까요?"	• 전문가는 지시한다: 내 생각에 당신은 배워야 할 필요가 있다.

출처: Rapp & Goscha(2006) 제5장의 내용 재구성.

2. 사정의 원칙과 절차

1) 사정의 원칙

효과적인 사정의 원칙은 다음과 같다(Moxley, 1989).

- 욕구 중심의 사정: 사정은 가용자원의 범위 내에서 하는 것이 아니라 클라이언트의 욕구에 기초해 수행해야 한다.
- 포괄적 사정: 사정은 클라이언트의 두드러진 문제의 영역에 국한해서 하는 것이 아니라 클라이언트의 욕구와 강점, 자원과 한계, 클라이언트 개인과 환경 등 총체적 관점에서 포괄적으로 수행해야 한다. 클라이언트에 대한 사례관리자의 전반적인 느낌과 인상도 중요한 정보가 될 수 있다.
- 다전문가의 협력적 과업: 사정은 다전문직 분야와 협동적으로 수행하는 과정이다. 클라이언트의 복합적인 문제에 대한 사정을 위해서는 다양한 분야의 전문가와 협

력해야 한다.

- 클라이언트-사례관리자의 공동과업: 사정은 사례관리자의 단독 과업이 아니라 클라이언트와 사례관리자의 공동생산물이다. 이 부분은 강점관점 사정에서 매우 중요하다. 전문가가 일방적으로 진행하는 것이 아니라 클라이언트와 협력적인 동맹관계를 통해 클라이언트에 관한 상황을 상호적으로 이해하고 함께 강점을 확인하며 다양한 자원의 가능성을 조명한다.
- 과정적인 과업: 사정은 사례관리 초기단계에만 수행되는 과업이 아니라 과정적인 과업이다. 클라이언트의 상황이나 환경에 변화가 있을 경우 필요시 사정이 수행되어야 한다.
- 과학적이고 체계적인 과업: 사정을 위해서는 사정내용, 사정방법, 사정도구 등이 적절해야 하며 사정내용에 대한 신뢰도와 타당도가 확보되어야 한다.
- 정확한 기록: 사정내용은 객관적이고 정확하게 문서화되어야 한다.
- 전문가의 책임: 사정은 숙련된 사례관리자가 수행해야 한다. 비숙련자 혹은 준전문가 수행해서는 안 된다.
- 강점관점의 사정: 클라이언트의 문제에만 초점을 둔 문제 중심의 사정이 아니라 강점관점의 사정을 해야 한다.

사정의 시기(사정은 주기적 작업으로 아래의 시기에 수행될 수 있다.)

① 접수시점
② 사례관리 서비스 적격자로 판정되어 서비스에 동의하였을 때
③ 클라이언트의 상황, 기능수준과 환경에 변화가 있거나 생애의 전환 시기(시설입 · 퇴소, 퇴직, 사별 등)
④ 클라이언트 혹은 보호 제공자의 요청이 있을 때
⑤ 클라이언트의 프로그램 지위상에 변화가 있을 경우(예: 무료이용자에서 유료이용자가 될 경우/서비스 철회의 경우)
⑥ 기관의 정책이나 공식적 지침에 의해 주기적으로 요구될 때

2) 사정 절차

사정은 일련의 과정을 통해 수행된다.

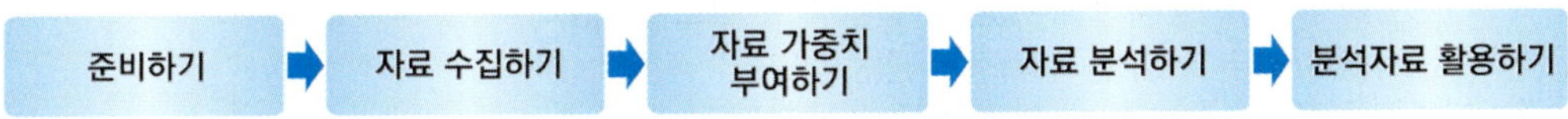

[그림 8-1] 사정 절차

- 준비단계: 준비단계는 클라이언트에 관한 기존 정보를 확인하는 단계이다. 의뢰나 인테이크 상담을 통해 수집된 클라이언트의 정보가 있다면 사전에 이를 검토한다. 사정을 진행하는 사례관리자는 인테이크 면담자료, 의뢰서류 혹은 추천인과의 상담내용을 통해 확인된 클라이언트에 관한 정보를 사전에 검토하여 동일한 내용을 클라이언트에게 반복해서 질문하지 않도록 해야 한다.
- 자료 수집단계: 자료 수집단계는 클라이언트의 욕구를 확인하는 단계이다. 이 과정에서는 클라이언트의 가족관계, 사회력, 경제상황, 주거상황, 심리 및 정서, 직업력, 건강, 일상생활 수행 능력에 관한 자료뿐 아니라 클라이언트의 강점과 자원에 대한 포괄적인 내용을 파악한다. 클라이언트뿐 아니라 보호자(후견인)를 포함한 의미 있는 타인과 타 전문가를 통해 확인된 내용이 포함된다. 사정은 클라이언트가 주체가 되어 적극적으로 참여하는 것이 효과적이다(Beckett, 2010).
- 자료의 중요도 고려단계: 자료의 중요도 고려단계는 어떠한 정보가 시급하며 중요한지를 결정하는 단계이다. 자료 수집과정에서 획득한 다양한 정보 중에 무엇을 강조해서 기록할 것인가를 판단하는 과정이기도 하다. 모든 대화내용을 다 기록하는 것이 아니기 때문에 사례관리자는 중요하고 시급한 욕구와 관련하여 클라이언트의 평가를 확인하는 것이 필요하다.

문제상황에 대한 클라이언트의 평가를 확인하기 위해 유용한 질문들

- 어떤 문제를 주된 문제로 보고 있는지요?
- 지금 가장 중요한 것이 무엇이라고 생각하는지요?
- 그 문제를 어떻게 생각하고 있는지 말씀해 주세요?
- 우리 기관에서 받고 싶은 서비스가 있는지요?
- 우리가 어떻게 도와드리는 것이 가장 좋은지요?

출처: Summers(2016).

- 자료 분석단계: 자료 분석단계는 수집된 정보에 근거하여 사례관리자의 기관에서 다룰 수 있는 주된 이슈가 무엇인지를 확인하는 과정이다. 클라이언트의 욕구의 어떠한 부분에 기관의 책임이 있는지를 판단하게 된다.
- 분석 활용하기: 분석된 내용은 사례관리 계획을 위한 자료로 활용된다.

3. 사정의 범위와 영역

사정은 클라이언트의 욕구에만 초점을 두는 것이 아니다. 사정의 범위는 클라이언트의 상황을 개선하는 데 유용한 자원과 클라이언트와 환경의 결함 혹은 장애까지 포괄한다. 사정의 영역과 범위는 [그림 8-2]와 같다. 표 안의 참고내용은 미국사회복지사협회 사례관리 표준 매뉴얼에 제시된 사정영역이다.

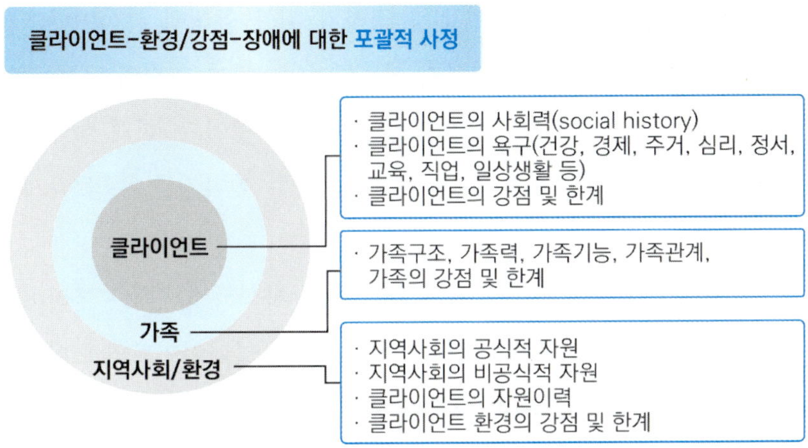

[그림 8-2] 사정의 범위 및 영역

미국사회복지사협회 사례관리 표준에 제시된 사정영역

사례관리 서비스를 찾는 클라이언트의 동기요인 혹은 사례관리자에게 의뢰된 이유, 주거환경, 직업력, 언어수준, 의사소통수단, 문맹 여부, 재정상황, 건강상황, 문화적 가치 및 신념, 클라이언트에게 영향을 미치는 문화적인 요소, 심리사회적 강점, 보호요인, 탄력성, 가족의 구성 · 구조 · 역할 · 의사소통 유형, 지역사회기관과의 관계 및 사회적 지지, 사회적 역할 수행에 영향을 미치는 신체적 · 인지적 · 심리사회적 기능, 독립에 대한 가능성 및 열망, 가족성원의 지원에 대한 바람, 경제적 · 심리사회적 지원 · 자원에 대한 욕구, 관련 서비스 체계를 찾는 능력, 자원활용 및 이용에 대한 장애, 행동상의 건강상태, 위기 대응 능력, 약물복용 · 자살 · 타살 이력, 클라이언트에 대한 혹은 의한 학대 및 방임의 위험, 생활주기 계획, 과거 문제해결 전략, 변화에 대한 클라이언트의 인식, 사례관리과정에서의 클라이언트의 참여 및 의사결정에 있어 클라이언트의 참여, 사정 서비스 계획에 대한 합의, 과다 혹은 과소 서비스의 유형

출처: NASW(2013).

1) 욕구사정

욕구는 현 상태와(what is) 바라는 상태(what should be) 사이의 차이이며(Watkin, 1984), 욕구사정은 현재의 상태와 바람직한 결과 사이의 차이(gap)를 확인하고 문서화

하며 해결되어야 하는 욕구의 우선순위를 정하기 위한 공식적 분석이다(Kaufman & English, 1979). 욕구사정을 위해 사회복지사는 클라이언트가 자신의 문제를 어떻게 인식하고 있고, 우선적으로 해결되기를 바라는 문제가 무엇이고, 현재 상태에서 앞으로 어떻게 되기를 원하는지에 대해서 클라이언트가 하는 이야기를 주의 깊게 경청해야 한다.

사회복지가 전문직으로 정착한 이래 한국의 많은 사회복지사들은 클라이언트의 현 상태를 확인한 후, 바라는 상태가 무엇인지에 대해서는 클라이언트의 이야기로부터 도출하기보다는 사회복지사가 주도적으로 판단하여 결정하였다. 욕구사정의 핵심은 사례관리자의 욕구가 아니라 클라이언트의 욕구를 사정하는 것이다. 욕구를 사정하기 위해서 사례관리자는 클라이언트가 자신의 문제를 가장 잘 알고 있다고 인정하는 자세가 필요하다.

주의사항: 클라이언트가 하는 말을 경청하기

학교 부적응으로 무단결석을 하며 전학을 원하고 있는 청소년(K)의 부모와 상담을 한 후에 사회복지사가 학교 무단결석의 문제해결을 위해 클라이언트가 바라는 상태를 '학교생활적응'으로 하였다면 이는 K의 욕구라기보다는 사회복지사가 클라이언트가 그렇게 되기를 희망하여 설정한 욕구이다.

K에게 '학교에 결석을 하고 있는데 앞으로 어떻게 하고 싶은가?'를 묻는다면 클라이언트가 바라는 여러 상황을 들을 수 있을 것이다. '현재 학교에 다니기 힘들어서 전학을 하고 싶어요', '공부는 지속하고 싶은데 지금의 학교에 다니는 것은 너무 힘들어요', '진로를 바꿔서 직업훈련학교로 전학을 하고 싶어요' 등. 사례관리자는 클라이언트가 하는 말을 경청하고 그 내용을 통해서 클라이언트의 욕구를 사정해야 한다.

(1) 욕구영역

욕구는 경제, 주거, 건강, 직업, 교육, 일상생활, 가족 및 사회관계 등 범위가 포괄적이다. 또한, 클라이언트의 현 상황을 확인하기 위해 역사(history), 즉 가족력, 직업력 등과 같은 배경정보와 문제에 대해 클라이언트가 어떻게 인식하고 있는지를 확인할 필요가 있다(Summers, 2016). 〈표 8-2〉는 욕구영역에 대한 학자들의 분류와 희망복지지원단 매뉴얼에 제시된 내용이다. 희망복지지원단의 욕구영역은 공공사례관리에서 활용되고 있는 것으로 안전, 건강, 일상생활 유지, 가족관계, 사회적 관계, 경제, 교육, 직업, 생활환경, 법률 및 권익보장의 영역으로 구분하고 있다.

〈표 8-2〉 **사례관리 욕구사정의 영역**

목슬레이(1989)의 욕구사정	강점사정(Rapp & Goscha, 2006)	개인의 사회력사정 Summers(2016)	보건복지부 희망복지지원단(2022)
① 소득 ② 주택/보호처 ③ 고용/직업 ④ 건강/보호 ⑤ 정신건강 ⑥ 사회적/상호인간 관계 ⑦ 여가선용 ⑧ 일상활동 ⑨ 이동수단 ⑩ 법적욕구 ⑪ 교육 ⑫ 기타	① 일상생활상황 ② 재정적/보험 ③ 직업적/교육적 ④ 사회적 지지 ⑤ 건강 ⑥ 여가/레크리에이션 ⑦ 영적/문화	1. 문제의 개요와 역사 현 문제(의뢰 사유, 클라이언트의 요청사항, 문제에 대한 클라이언트의 인식) 2. 개인 삶의 배경정보 원가족, 출생과 아동기, 결혼생활과 가족관계, 현거주지 및 동거가족, 교육, 군복무, 직업력, 병(의료)력, 행동건강, 법적 역사, 사회 및 여가활동, 종교활동, 성공, 강점 및 자원	① 안전 ② 건강 ③ 일상생활 유지 ④ 가족관계 ⑤ 사회적 관계 ⑥ 경제 ⑦ 교육 ⑧ 직업 ⑨ 생활환경 ⑩ 법률 및 권익보장

희망복지지원단 욕구영역의 점검항목의 예시는 〈표 8-3〉과 같다. 각 영역의 욕구는 클라이언트와 사례관리자의 면담, 검사도구 활용, 관찰, 표준화된 척도 등 여러 방법과 도구를 활용하여 파악할 수 있다.

〈표 8-3〉 희망복지지원단 욕구영역 및 주요 점검 항목*

욕구영역	주요 점검 항목 예시
안전	• 가족(동거 및 비동거 가족), 이웃, 친구, 사회(학교, 직장)로부터 안전을 위협받고 있는지 • 클라이언트가 타인의 안전을 위협하고 있는지 • 응급 시 도움을 요청할 체계가 있는지
건강	• 클라이언트(가족)가 신체적 질환 혹은 정신적 질환(중독*, 우울, 조현증 등)으로 복약 중인지 * 술, 담배, 약물, 의약품, 인터넷, 스마트폰, 게임, 도박, 쇼핑, 성 중독 등을 포함 • 클라이언트(가족)가 신체적 질환 또는 정신적 질환으로 일상생활, 사회생활 등에 어려움이 있는지 • 클라이언트(가족)가 지난 6개월 동안 자살을 시도한 적이 있는지
일상생활 유지	• 클라이언트(가족)가 일상생활*에 어려움이 있는지 * 식사, 용변처리, 옷 입기, 세탁, 몸 씻기, 청소, 정리정돈, 수면, 그 외 가사활동 • 외출 시 이동이 어려운지
가족관계	• 가족구성원 간 갈등이나 단절된 상황인지 • 영유아, 아동, 노인, 장애인 등을 양육하거나 돌보는 데 어려움이 있는지
사회적 관계	• 도움을 받을 만한 친인척, 이웃, 동료관계, 단체나 기관이 있는지 • 클라이언트(가족)가 방에서 거의 나오지 않으면서 외부와 관계가 단절된 상황인지 • 클라이언트(가족)가 이웃과 갈등을 유발하고 있는지
경제	• 기초생활(의식주, 교육비, 의료비, 집세, 퇴거위험, 난방, 공과금 등)에 어려움이 있는지 • 금전관리(수입과 지출)나 빚 때문에 어려움이 있는지
교육	• 클라이언트나 자녀가 기초 학습 능력(읽기, 쓰기, 말하기, 듣기, 타인 이해하기, 계산하기 등)이 부족하여 사회생활이 어려운지 • 클라이언트나 자녀가 학교생활이나 학업 유지에 어려움이 있는지
직업	• 클라이언트(가족)가 근로 능력, 가족돌봄, 자녀양육, 일자리 발굴, 대인관계기술, 신용, 신체 및 정신건강 등에 어려움이 있어서 일하기 어려운지
생활환경	• 주거나 주거환경이 본인이나 가족의 안전과 건강에 해를 끼치는지 • 주거환경문제로 본인이나 동거가족이 이웃과 갈등을 유발하고 있는지
법률 및 권익보장	• 본인이나 동거가족이 법적 문제로 일상생활이나 사회생활에 어려움이 있는지 • 본인이나 동거가족이 차별대우나 불이익을 받고 있는지

출처: 보건복지부(2022). 희망복지지원단 업무매뉴얼, 욕구영역의 내용 재구성.

(2) 위기사정

클라이언트와 가족의 욕구의 심각성을 확인하기 위해서 욕구영역별 위기도 사정지를 활용하거나(〈부록 1〉의 위기도 조사지(Risk Assessment) 참조) 위험의 상황이나 징후를 사례관리자가 관찰 혹은 파악하여 위기가 어느 정도 심각한지 확인해야 한다.

① 위험요인 지표들

위기가구 사례관리 업무매뉴얼(보건복지부 · 한국보건복지인력개발원, 2016)에 제시된 위험요인의 지표는 다음과 같다.

- 자살 시도 및 생각
- 가정폭력
- 다른 사람이나 물건을 위협하는 것
- 동물을 죽이거나 의도적으로 해를 입히는 것
- 아동학대/성학대 가해 · 피해경험 모두
- 섭식장애(eating disorder)
- 이중진단(dual diagnosis)의 유무(예: 알코올문제와 다른 정신질환(예: 성격장애, 우울증, 정신분열증 등)이 함께 나타나는 경우)
- 심각한 의료질환의 유무(약물과 관련성 여부)
- 정신과 입원경력

② 위기수준 조사

클라이언트와 가족에게서 위험의 징후가 의심되거나 감지될 경우 사례관리자는 어떤 영역에서 어느 정도의 심각성이 있는지를 구체적으로 확인해야 한다. 위기의 정도를 확인할 수 있는 조사지를 활용하여 클라이언트와 가족의 위기를 파악할 수 있다.

위기사정 조사지는 희망복지지원단의 안전, 건강, 일상생활 유지, 가족관계, 사회적 관계, 경제, 교육, 직업, 생활환경, 법률 및 권익보장의 10개 욕구영역의 위험과 관련된 내용을 포함하고 있다(〈부록 1〉 참조).

위기도 조사지를 활용할 경우, 일정 점수 이상인 클라이언트(가정)를 위기로 판단하게 되는데, 사례관리자는 점수에만 의존하여 지원 여부를 결정해서는 안 된다. 위기도 점수는 전반적인 경향을 확인하기 위해서는 유용하지만 점수가 위기사례의 기준보다 낮다고 안전하다고 판단하거나 1점 혹은 2점 더 높다고 더 위험하다고 단정지을 수 없기 때문이다. 사례관리자는 수치로 확인될 수 없는 클라이언트와 가족의 전반적인 상황을 종합적으로 판단할 필요가 있다.

2) 자원사정

자원은 클라이언트와 가족의 강점들이며 클라이언트의 삶을 유지하고 개선하는 데 유용한 재화와 서비스를 제공하는 사람이나 조직을 말한다. 자원은 클라이언트의 문제를 완충하는 보호요인으로 기능하며 반대로 자원의 결핍은 클라이언트를 더 취약하게 만드는 위험요인이 된다(Greene, 2002).

자원은 내부자원과 클라이언트를 둘러싼 외부환경의 자원, 공식적 자원과 비공식적 자원으로 분류할 수 있다. 자원의 유형에 포함되는 세부내용을 종합하여 [그림 8-3]으로 정리하였다(Ballew & Mink, 1999; Greene, 2001; Miley, et al., 2007; Rapp & Goscha, 2006).

구분		내용
내부자원	개 인	· 개인적 특성: 용모, 신체적 건강, 인지(지적 능력, 문제해결 능력 등), 정서(긍정적 성향, 정직, 자상, 낙관적, 인내, 친절 등), 영성, 문화적 정체성 · 기술/재능: 다재다능, 개인적인 기술과 재능들 · 열정/흥미: 목표를 달성하고자 하는 열망과 의지 등(예: 되고 싶다, 하고 싶다, 배우고 싶다 등)
	가 족	· 가족의 신념체계: 가족문화, 가족의 신념, 민족적 유산, 충성심, 응집력, 헌신, 위기 대처 능력, 영적 안녕 · 가족의 구조: 구성원 간 지지, 역할의 유연성, 정서적 유대관계, 가족 간 협력 · 가족의 의사소통 유형: 명료한 의사소통, 일관된 의사소통 등
외부자원	공 식	· 기관, 조직, 전문가, 정책과 규정에 의해 제공되는 원조 · 법과 행정적 규칙에 의해 통제받을 수 있음 · 공적 자원: 세금에 의해 운영되고 법에 의해 통제되는 현물, 현금, 서비스 등 · 민간 자원: 기부금이나 서비스 이용료로 운영되는 사회복지시설이나 기관의 자원
	비공식	· 친척, 친구, 이웃, 개인적 모임 등 · 서비스 이용이나 지원에 있어 대부분 공식적인 계약관계가 아님

[그림 8-3] 사례관리 자원 분류

(1) 강점사정

사례관리에서 강점을 강조하는 가장 중요한 이유는 강점이 사례관리의 목적달성을 가능하게 하는 명확한 자원이기 때문이다(Miely, et al., 2007). 클라이언트의 강점을 사정하기 위해서 사례관리자는 강점관점을 가지고 클라이언트를 만나야 하며, 클라이언트의 상황을 맥락적으로 이해하는 능력이 있어야 한다. 강점관점과 대조되는 병리적 관점으로 클라이언트를 사정할 경우, 클라이언트에 대해서 진단적 낙인을 하며 클라이언트의 변화에 대해서 냉소적이고 상황에 대한 맥락적인 이해를 하지 못하며 클라이언트의 문화적인 강점도 간과하는 오류를 범한다(Saleebey, 1996). 병리적 관점의 사정은 클라이언트의 문제에 대해서 전문가가 사정과 진단을 하지만, 강점관점의 사정에서 사례관리자는 클라이언트의 강점을 동원하여 클라이언트의 언어에 기반하여 상황을 이해하고, 클라이언트가 자신의 삶을 주도적으로 변화하도록 돕는 역할을 한다(3장 [그림 3-1] 참조).

〈표 8-4〉 강점사정의 특성과 지침

구분	내용	
강점사정의 특성	• 강점사정은 삶의 영역 전반에 있어 구체적이고 세부적이다. • 강점사정은 지속적인 과정으로 정보가 주기적으로 갱신되어야 한다. • 강점사정은 클라이언트와의 대화를 통해서 함께 확인하는 것이다. • 강점사정에서 사용되는 언어는 클라이언트의 관점에서 나온 것이고 그 개인의 고유 언어로 작성된 것이다. • 강점관점의 사정은 클라이언트의 보조에 맞추어 발전되어야 한다. • 강점관점의 사정은 지역사회 내의 영역에서 사정되어야 한다.	
강점사정의 지침	• 클라이언트의 사실 이해에 탁월함을 주어라(클라이언트가 말하는 것에서 시작하여 스스로 상황에 대한 이해를 도출하도록 하는 것을 말함). • 클라이언트를 믿어라. • 클라이언트가 원하는 것을 발견하라. • 클라이언트와 환경에 대해서 강점의 방향으로 사정하라. • 다양한 측면의 강점을 사정해라. • 독특성을 발견하라. • 클라이언트의 단어를 사용하라. • 사례관리자와 클라이언트 사이에 연합 활동으로 사정하라. • 사정내용에 대해서 상호합의를 이루어라. • 비난하기를 피하라. • 원인-결과의 사고를 지양하라. • 사정: 진단하지 말아라.	
무엇이 강점인가?	• 사람들이 배워 왔던 것 • 주변 세상에 대해 사람들이 알고 있는 것 • 문화적이고 개별적인 이야기와 지식 • 영성	• 개인의 성격, 특성, 가치 • 재능 • 자신감 • 지역사회

참고: Saleebey(2005).

① 클라이언트의 강점

클라이언트는 사례관리의 목표달성을 위한 주요 자원이다. 클라이언트의 긍정적이고 낙천적인 성향, 목표달성의 동기와 의지는 비관적이고 부정적인 성향의 클라이언트에 비해서 사례관리 목표달성을 용이하게 한다. 클라이언트의 강점은 열망(aspirations), 능력(competence), 자신감(confidence)을(Rapp & Goscha, 2006) 비롯하여 개인의 특성과 타고난 재능이 해당된다. 〈표 8-5〉는 개인 강점의 예이다. 사례관리자는 클라이언트의 개인력(personal history), 클라이언트가 속한 환경에서 개인의 특성의 혼합, 자신의 경험에 대해 클라이언트가 갖는 의미 속에서 강점을 확인할 수 있다(Miely et al., 2007).

〈표 8-5〉 클라이언트의 강점 예

구분	내용
개인적 특성	외모, 건강, 긍정적 태도와 자세(정직, 자상함, 희망적, 낙관적, 근면, 친절, 인내 등), 민감성, 개인의 영성, 문화 등
개인적 배경	클라이언트의 개인력(personal history), 교육, 직업, 재정 능력 등
기술/재능	개인의 능력—수리 능력, 자동차 정비, 꽃꽂이, 컴퓨터 활용 능력, 클래식음악 섭렵, 기억력, 언변 등
관심과 열망	예: K-pop스타가 되고자 하는 열망, 만들고 고치는 것에 대한 취미, 영화감상, 학업과 일에 대한 열정, 삶에 대한 의지, 기대 등

강점사정을 위해서 사례관리자는 클라이언트의 상황을 맥락적으로 이해해야 한다. 강점은 강점이 표출되는 상황으로부터 분리되어 이해할 수 없기 때문에(Miely, et al., 2007), 클라이언트가 보이는 현재 상황의 맥락적인 특성을 이해해야만 강점을 사정할 수 있다. 아래 사례는 병리적 관점과 강점관점 사정을 비교한 예이다. 사례관리자가 클라이언트의 의지, 열정, 현재 상황에 대한 맥락적인 이해가 부족한 경우에는 진단적 낙인의 과오를 범할 수 있다.

Y어르신에 대한 진단적 낙인의 사례

Y어르신은 편마비로 인해 신체적인 제약이 있는 상황이지만, 시간이 날 때마다 침상에서 뜨개질을 계속하고 있다. Y어르신이 과거에 어떻게 살아왔고, 현재 왜 뜨개질을 하고 있는지에 대해서 공감이 안 된 상황에서 사례관리자는 어르신이 뜨개질을 하는 것에 대해서 진단적 낙인의 사정을 하였다(A의 내용). B의 내용은 Y어르신이 어떻게 살아왔고, 지금 어떠한 마음으로 지내고 있으며, 왜 뜨개질을 하고 있는지에 대해서 맥락적으로 파악한 내용에 대해서 사실을 중심으로 기록한 것이다.

문제 중심 사정(A)	강점사정(B)
침상에서 잘하지 못하는 뜨개질을 계속하고 있음	Y어르신은 침상에서도 계속 무엇인가를 하고자 함. 한 손이 불편하여 뜨개질이 잘 안 되는 상황에서 손자녀와 간병인에게 줄 선물로 발병 이전에 해 왔던 뜨개질을 계속하고 있음

② 가족의 강점

가족 유형은 가족구성원, 가족구조, 가족의 문화적 전통 및 민족적인 유산에 따라서 다양하다. 가족 유형과 배경은 각기 다를 수 있지만, 각 가족에게서 볼 수 있는 공통적인 가족탄력성(family resilience)의 요소가 있다. 탄력성(resilience)은 역경을 통해 더 강해지고 더 많은 자원을 보유할 수 있게 되는 능력 혹은 고위험의 상황에서도 역경을 극복하고 성공적으로 되는 것(Greene, 2002)을 의미한다. 가족탄력성은 부정적인 스트레스 요인을 피하고 역경에 직면하기 위한 가족의 강점, 인내력, 생존기술을 구축하는 하나의 과정으로, 탄력성이 높은 가족은 도전을 넘어서는 능력을 가지고 있다고 본다(Walsh, 1998).

가족 간 정서적 유대, 헌신, 긍정적 의사소통, 시간 공유, 영적 안녕, 스트레스 및 위기 대응 능력은 가족탄력성의 공통요소이다(Olsen & DeFrain, 2006). 월시(Walsh, 1998)는 위기에 직면한 모든 가족들이 자기복구와 성장을 위한 잠재력을 가지고 있다고 믿었는데, 이러한 가족의 탄력성을 세 가지 영역에서의 기능으로 귀착시켰다. 즉, 가족의 신념체계, 조직 유형, 의사소통 패턴이다. 가족의 신념체계는 긍정적 시각, 영성, 역경에 대한 의미부여로 일반적으로 어떻게 행동할 것인지에 대한 가족의 생각을 수립하는 가치와 태도들을 포함한다. 가족의 조직 유형은 스트레스를 다루기 위해 함께 결집하는 능력과 같이 과제 수행을 위해 가족이 어떻게 구조화되는가를 포함한다. 구조의 유연성, 가족 간의 유대, 가족이 지닌 사회경제적 자원이 해당된다. 의사소통 패턴은 명료한 의사소통, 개방적인 감정표현 그리고 협력적인 문제해결로 가족관계 내에서 정보의 교환을 포함한다. 〈표 8-6〉은 월시(1998)의 저서 『Strengthening Family

Resilience』에 제시된 가족탄력성의 요소와 핵심과정이다.

〈표 8-6〉 가족탄력성의 핵심 과정들

<table>
<tr><td rowspan="3">가족의 신념체계
(family belief system)</td><td>역경에 대한 의미부여
(making meaning of adversity)</td><td>• 협력의 가치: 관계에 기초한 탄력성
• 가족생활주기의 방향: 역경과 디스트레스의 정상화, 맥락화
• 결속감: 의미 있고, 이해할 수 있고, 관리할 만한 도전으로서의 위기
• 위기, 디스트레스(스트레스요인), 회복의 평가: 신념의 촉진대 강요</td></tr>
<tr><td>긍정적 시각
(positive outlook)</td><td>• 적극적인 주도성과 인내
• 용기와 격려하기
• 희망과 낙관적 관점을 유지하기: 불평등을 극복하는 자신감
• 강점과 잠재력에 초점 두기
• 가능한 것의 정복과 변화될 수 없는 것의 수용</td></tr>
<tr><td>초월과 영성
(transcendence and spirituality)</td><td>• 보다 큰 가치들과 목적
• 영성: 믿음, 친교, 의식들
• 영감: 새로운 가능성, 창조성, 영웅들을 마음에 그리기
• 변화: 역경으로부터의 학습과 성장</td></tr>
<tr><td rowspan="3">조직 유형
(organizational patterns)</td><td>유연성
(flexibility)</td><td>• 변화 능력: 시간 경과에 따른 도전에 적합하도록 복귀, 재조직, 적응
• 안정성에 의한 균형: 혼란을 통과하는 지속성, 의존성</td></tr>
<tr><td>유대
(connectedness)</td><td>• 상호 지지, 협력, 책임
• 개인적 욕구, 차이, 경계에 대한 존중
• 강력한 리더십: 아동과 상처입기 쉬운 가족구성원에 대한 양육, 보호, 안내
• 다양한 가족형태: 협동적 양육/보호 제공 팀들
• 부부/공동부모관계: 동등한 파트너
• 어려움이 있는 관계의 재결합, 화해 탐색하기</td></tr>
<tr><td>사회경제적 자원
(social and economic resources)</td><td>• 확대된 친지와 사회적 지지의 동원: 지역사회 네트워크
• 재정적 안전 구축: 일과 가족 긴장의 조화</td></tr>
<tr><td rowspan="2">의사소통과정
(communication process)</td><td>명료성
(clarity)</td><td>• 명확하고 일관된 메시지(말과 행동들)
• 애매한 상황의 명료화: 진실 찾기/진실 말하기</td></tr>
<tr><td>개방적인 정서 표현
(open emotional</td><td>• 광범위한 감정공유(기쁨과 고통, 희망과 공포)
• 상호적 감정이입: 차이에 대한 용인</td></tr>
</table>

	expression)	• 자신의 감정, 행동에 대한 책임: 비난 피하기 • 유쾌한 상호작용: 유머
	협력적인 문제해결 (collaborative problem solving)	• 창조적인 브레인스토밍: 풍부한 자원 • 공유된 의사결정: 협상, 공정성, 상호관계 • 갈등해결 • 목적에 초점 두기: 구체적인 단계 밟기, 성공 위에 구축하기, 실패로부터 배우기 • 선제적 자세: 문제와 위기 예방, 미래의 도전에 대비하기

출처: Walsh(1998), 3~5장의 내용을 축약.

(2) 지역사회자원

지역사회는 다양한 구성원, 조직, 서비스가 있는 자원의 보고(寶庫)이다(Saleebey, 1996). 지역사회에 존재하는 전문가와 자원봉사자의 인적자원과 다양한 전문기관, 종교기관, 사회단체는 클라이언트에게 유용한 자원이다. 지역사회의 자원은 공식자원과 비공식자원으로 구분된다.

① 공식자원과 비공식자원

- 공식자원: 기관, 조직, 전문가가 정책과 규정에 의해 원조를 제공하는 것으로 법과 행정적 규칙에 의해 통제받을 수 있다. 공공과 민간의 두 유형의 공식자원이 있다. 공공자원은 세금에 의해 운영되고 법으로 통제되며, 민간자원은 자선적 기부에 의해 혹은 서비스 이용료에 의해 운영된다(권진숙 외, 2009; 경기복지재단, 2010).

〈표 8-7〉 공식자원의 범위

구분	내용
공공기관	저소득층을 중심으로 서비스를 제공하는 구청, 동주민센터, 국·공립병원, 보건소 및 지역사회정신건강복지센터, 지자체의 자원봉사센터, 지자체가 설립한 복지재단, 학교, 적십자 등
민간기관	사회복지기관·시설, 병원, 교회, 공동모금회, 기업복지재단 등
사회단체	YMCA, YWCA, 여성단체, 자원봉사단체, 청소년단체 등 시민사회단체

구분	내용
공식협의체	사회복지협의회, 각 직능단체협회(사회복지관협회, 장애인복지관협회, 노인복지관협회 등), 여성단체협의회, 장애인재활협회, 지역사회보장협의회
회원조직	사회복지사협회, 의사회, 약사회, 변호사협회, 공제회, 노인회, 부녀회, 노동조합 등

출처: 경기복지재단(2010: 28)의 내용 재구성.

- 비공식자원: 비공식적 자원은 비조직적이고 자발적·상호부조적 특성을 지니며 서비스의 지속성이나 안정성 등의 신뢰성이나 전문성은 공식적 서비스에 비해 부족한 것이 특징이다. 친척, 친구, 이웃, 자원봉사자가 해당된다. 클라이언트와 비공식자원 사이의 교환은 대개의 경우 분명한 계약으로 행해지지 않는다. 계약관계 없이 지원되는 종교단체, 동호회, 친목단체 등의 자원도 비공식자원이다(최은희 외, 2013; 강흥구, 2016).

〈표 8-8〉 비공식자원의 범위

구분	내용
가족	정서적 지지와 관심, 경제적 지원과 보호 등 제공
친구나 이웃	관심과 정서적 지지, 격려, 정보 제공, 충고 및 상담, 물적 지지 등 제공
지역사회조직	종교조직, 민간기동순찰대, 청소년지킴이, 녹색어머니회 등
자조집단	장애인부모회, 결혼이주여성모임, 알코올 또는 약물남용자 가족모임, 부모모임, 동호회 등
자원봉사자	말벗, 상담, 조언, 정서적 지지와 격려, 보호 및 다양한 지원

출처: 경기복지재단(2010: 29)의 내용 재구성.

② 자원사정의 준거 틀

지역사회의 모든 자원이 클라이언트에게 적절한 것은 아니다. 클라이언트의 욕구와 자원이 부합되어야 하며, 실제로 클라이언트가 그 자원을 활용할 수 있어야 한다. 자원을 전략적으로 활용하기 위해서는 다음의 내용을 준거로 자원을 사정할 필요가 있다

(Miley, et al., 2007).

- 관련성: 자원이 클라이언트체계의 욕구와 일치하는가?
- 유용성: 클라이언트가 필요할 때 이용할 수 있는가? 대기자가 있는가?
- 접근성: 위치, 설비, 언어 등에 있어 클라이언트가 접근 가능한가?
- 적격성: 경제상황, 거주지, 연령 등의 자격기준에 부합하는가?
- 신청 절차: 공식적 절차, 신청기간, 신청서 작성, 신청서류 등을 요구하는가?
- 비용: 클라이언트가 비용부담이 가능한가?
- 실행 가능성: 위의 모든 요소들을 고려하였을 때, 이 자원이 활용 가능한가?

3) 장애사정

클라이언트가 적절한 원조를 얻는 데 부정적인 영향을 미치는 장애는 크게 외부장애와 내부장애로 구분된다[그림 8-4]. 외부장애는 클라이언트의 환경상의 결함으로 자원이 부족하거나 불충분하거나 부적절한 경우이다. 예를 들면, 장애가 있는 클라이언트가 이동수단이 없어서 직업훈련 프로그램을 받지 못하거나(자원의 부재), 조손가정의 아동이 지역아동센터의 대기자로 있어 방과 후에 방치되는 경우(자원의 불충분), 결혼이민여성이 효과적인 부모교육 프로그램에 참가하고 있으나 한국어를 이해하지 못하는 경우(자원의 부적절) 등이다.

내부장애는 사례관리 서비스를 효과적으로 이용하는 데 어려움을 야기하는 클라이언트의 능력의 제한이나 통제가 어려운 상황, 그리고 클라이언트의 부정적인 신념 · 정서 · 태도 등이 해당된다. 예를 들어, 지적장애, 심각한 정신질환, 노인성치매, 뇌졸중과 같은 상황이나 중독과 같은 정신건강의 문제로 인한 판단능력의 제한 등이 해당된다. 또한, 클라이언트의 비관주의, 비판주의, 운명주의, 냉소주의와 같이 부정적인 신념 · 정서 · 태도가 해당된다(Ballew & Mink, 1996; Summers, 2016).

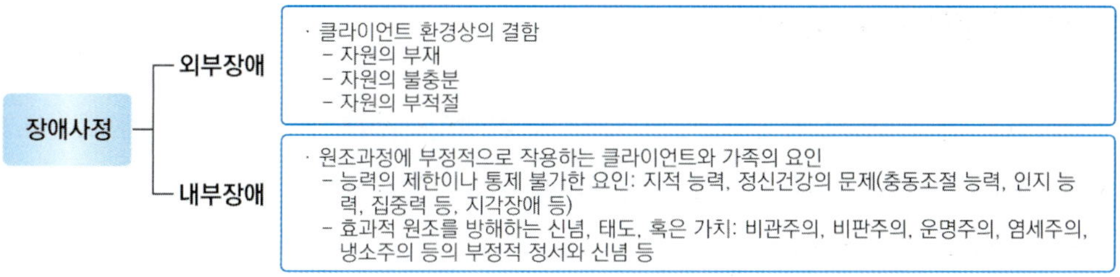

[그림 8-4] 장애사정의 영역

4. 사정방법과 도구

개인의 욕구에 대한 인식은 주관적이지만, 클라이언트에 대한 욕구사정은 객관적이고 과학적인 방법으로 진행해야 한다. 클라이언트의 욕구사정은 단일의 방법보다는 다양한 방법을 활용하는 것이 타당하다. 따라서 클라이언트의 욕구를 사정하기 위해 자료의 출처를 클라이언트와의 면담에 국한하지 말고 다양한 방법을 통해 정보를 획득하도록 한다. 사정을 위한 정보의 출처는 클라이언트 자신은 물론이고 가족, 전문가(의사, 교사, 상담가 등), 기존의 기록, 관련된 인력 등 다양할 수 있다(Powell & Ignatavicius, 2001).

클라이언트의 욕구가 다양하기 때문에 사정도구를 일률적으로 적용할 수 없으며 클라이언트의 상황을 정확하게 파악하기 위한 적절한 사정도구를 활용해야 한다. 클라이언트의 상황이 각기 다르기 때문에 어떠한 사정방법과 도구가 적합한지는 각 클라이언트체계의 특성을 고려하여 개별적으로 적용해야 한다(Miley, et al., 2007). 클라이언트에 대한 관찰, 설문지, 표준화된 검사도구, 시각적 도표(가계도, 생태도 등), 행동목록표, 지역사회자원사정도구 등 다양한 도구 중에 가장 적합한 방법으로 사정을 할 것을 권한다.

1) 클라이언트의 사회력

사회력은 클라이언트(가족 포함)의 과거 및 현재의 사회적 기능에 관한 정보를 조직한 것이다. 사회력은 보통 사정양식 앞부분에 기록하거나 체크하도록 되어 있다. 사회력은 클라이언트를 확인할 수 있는 개인적 정보와 클라이언트의 교육, 의료, 직업력 등의 배경과 현재의 상황, 그리고 가족과 관련된 정보들을 포함한다. 경우에 따라서는 사정기록지에 클라이언트와 개인을 구분하여 클라이언트의 개인력과 가족력을 구분하여 작성하기도 한다.

사정에서 중요한 것은 어떤 양식을 활용하여 어떻게 정보를 구분하여 기록하는가보다는 필요한 정보를 사정과정에서 다루고 있는가이다. 따라서 각 기관에서 활용하고 있는 사정 양식지에 국한하기보다는 클라이언트의 욕구를 사정하기 위해 어떠한 내용을 확인해야 하는가에 초점을 두고 사정을 해야 할 것이다.

좋은 사회력은 간략하고 유용하며 조직화되어 있고 사생활을 보장하며 객관적이어야 한다(Sheafor & Horejsi, 2006). 클라이언트의 사회력과 관련하여 다루는 정보는 다음과 같다(Miely et al., 2006).

- 개인을 확인할 수 있는 정보: 이름, 주소, 연락처, 생년월일, 성별 등
- 개인의 기능: 생애주기의 발달상태, 신체적 · 인지적 · 정서적 · 심리적 및 상호대인적 능력, 욕구영역
- 문화적 기능: 인종, 민족, 언어, 문화정체성, 문화적 강점, 차별경험
- 가족 정보: 가족성원의 이름, 동거 여부, 클라이언트와의 관계, 가족 간의 상호관계, 가구 유형[1)]

---

1) 보건복지부 희망복지지원단 사정기록 시에 제시된 가구 유형의 예
 ㅇ 현 거주 상황에 대한 정보를 통해 가구 유형을 선택
  - (소년소녀가구) 부모나 친인척이 없이 형제자매만 살고 있거나, 소년소녀 1인만 살고 있거나, 부양 능력 없는 친인척과 형제자매가 함께 살고 있는 가구

- 비공식적 지지체계
- 물리적 환경: 주거환경, 재정상황, 거주지의 환경, 교통상황
- 삶의 중요한 사건: 의미 있는 타인의 죽음에 대한 클라이언트의 반응, 상실 혹은 트라우마, 삶에서의 중요한 성취경험 등
- 교육: 교육장소, 기간, 졸업 여부, 학위, 자격증
- 취업: 현 직업, 고용 유형, 고용기간, 직업력, 기술 및 전문훈련경험
- 의료 관련: 출생정보, 질병/사고/수술 등, 복용 중인 약, 가족의 병력, 신체적 제한, 알코올 및 약물 남용
- 종교: 종교기관 회원 여부, 소속단체, 영적 관점
- 사회활동: 흥미, 친목동호회, 선호하는 여가활동
- 미래 계획: 현 상황에 대한 클라이언트의 관점, 목적, 목적달성을 위한 개인 및 환경적 자원, 목적달성의 장애

2) 가계도

가계도는 복잡한 가족의 패턴을 명확하게 한눈에 볼 수 있도록 도식화하는 것이다. 가계도는 보웬(Bowen)을 비롯한 가족치료 및 가정의학 분야의 전문가로 구성된 가계

- (독거노인가구) 65세 이상 노인 1인이 홀로 사는 가구
- (조손가구) 부모세대 없이 조부모와 손자녀로 구성된 가구
- (한부모가구) 편부 · 편모와 자녀 등 한부모와 자녀로 구성된 가구
- (새터민가구) 탈북자 가구
- (공동체가구) 혈연이 아닌 여러 사람이 모여 공동체를 형성하는 가구
- (노인부부가구) 부부 중 1인이 65세가 넘는 노인인 가구
- (청장년 1인가구) 65세 미만 성인 단독 가구
- (부부 중심 가구) 부부 중심으로 부모 또는 자녀 등으로 모(부)-자녀로 구성된 가구
- (미혼모부가구) 법적인 혼인관계가 아닌 상태에서 모(부)-자녀로 구성된 가구
- (기타) 위 분류 이외의 가구 유형인 경우 구체적인 가구 형태를 기록
- (장애인가구) 가구 구성원 중에 장애인이 있는 경우, 타 가구 분류와 중복 체크 가능
- (다문화가구) 국제결혼 등을 통하여 외국인 가구구성원이 있는 가구 유형으로써 기본가구 유형과 별도로 체크

도작성위원회에서 만들어졌고, 맥골드릭과 거슨(McGoldrick & Gerson, 1985)의 책『가계도: 평가와 조정(Genograms: Assessment and Intervention)』을 통해서 세계적으로 확산되었다(McGoldrick, et al., 2011). 가계도는 적어도 3세대에 걸친 가족원과 가족관계에 대한 정보들이 기록되지만, 사례관리 클라이언트를 대상으로 하는 가계도는 3세대에 걸쳐 작성하는 것이 때로는 어려울 수 있어 클라이언트를 중심으로 직계가족 혹은 동거가족을 중심으로 작성을 하는 경우도 있다. 가계도는 가족의 구조, 가족의 역사, 가족 간의 관계와 정서, 삶의 중요한 사건 등 가족을 이해할 수 있는 여러 정보들을 하나의 도식으로 문서화하는 장점이 있다.

〈표 8-9〉 가계도에서 활용되는 도식

구분	내용
구성원 표시	: 남성 : 여성 : 애완동물 : 여성에서 남성으로(성전환) : 남성에서 여성으로(성전환)
클라이언트	: 남성 클라이언트 : 여성 클라이언트
사망	
연령	53 17 : 성별의 네모 혹은 동그라미 안에 숫자로 나이를 표기
배우자와의 관계	: 결혼 : 동거(성적 관계) : 안정된 동거 : 외도 : 별거 : 이혼 : 이혼 후 재결합
자녀	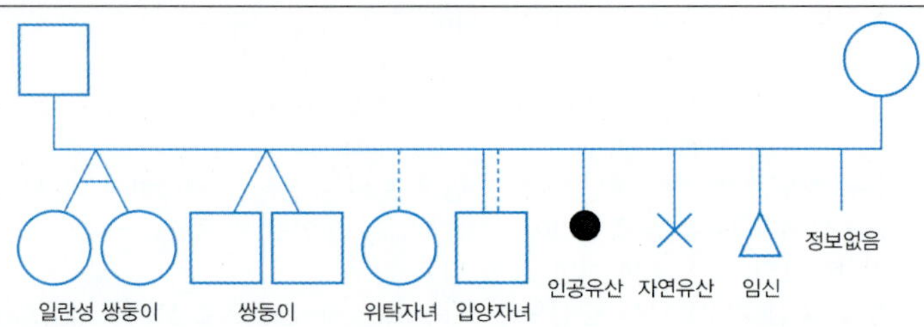

구분	내용
가족의 생성, 가구 경계	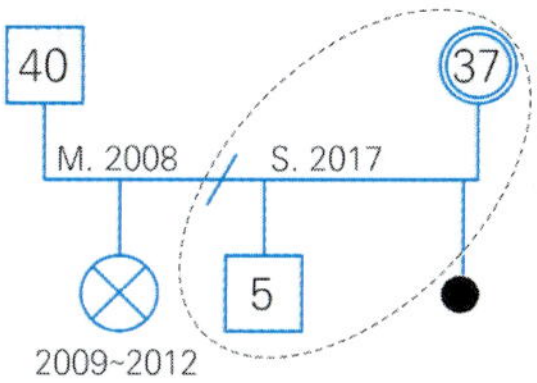 • M은 결혼연도, S는 별거연도, D는 이혼연도 • 0000~0000는 출생연도와 사망연도의 표시 • 자녀는 출생순서대로 표시 • 가구경계는 동거 가족(37세 클라이언트와 5세 아들)을 점선으로 묶어 표기
관계표시	긍정적 관계 / 친밀관계 / 융합관계 소원한 관계 / 단절된 관계 / 적대관계 정서적 학대 / 신체적 학대 / 성적 학대 : 관계의 방향 / 보호양육자
중독/질병 등	신체적 · 심리적 질병 / 약물/알코올 남용 / 약물/알코올 의심 정신적 · 신체적 문제와 약물/알코올 남용

출처: McGoldrick, et al.(2011) 내용을 참고로 구성함

(1) 가계도 해석

가계도를 이용하여 클라이언트의 가족에 대해서 확인해 보자.

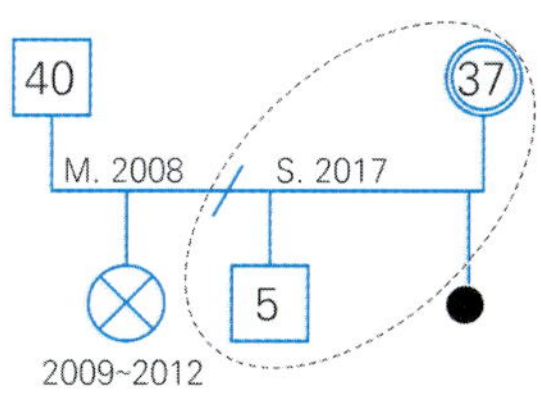

- Ct는 37세 여성이며 Ct의 남편은 40세이다.
- Ct는 2008년에 결혼하였으며, 2015년부터 남편과는 별거 중이다.
- Ct의 첫째 자녀인 딸은 사망하였으며 (사망 시기는 확인 못함) 둘째인 아들은 현재 5살로 Ct와 함께 살고 있다.
- Ct는 셋째를 임신했었으나 유산하였다.

(2) 가계도 작성

다음 사례의 가계도를 〈표 8-9〉를 참고해서 작성해 보자.

Ct는 1934년생으로 독거어르신이다. 1954년에 3살 많은 남편과 결혼하였으나 남편은 위암으로 2013년 별세하였다.
Ct는 2명의 자녀가 있는데, 아들은 62세이고 딸은 59세이다. Ct의 아들은 동갑과 1984년 결혼하였는데, 2014년에 이혼하였다가 2017년 재결합하였다. Ct의 아들에게는 28세 아들과 25세의 일란성 쌍둥이 딸이 있다. 쌍둥이 손녀는 둘이 서로 융합된 관계이다. Ct의 아들 내외는 자신의 아들과 소원한 관계이다.
Ct의 딸은 1986년 결혼하였는데, 두 번의 자연유산을 겪은 후에도 임신이 안 되어 2013년에 여자아이를 입양하였으며, 입양한 외손녀는 현재 13살이다. Ct의 딸은 남편과 입양한 딸과 함께 살고 있다. Ct의 사위는 알코올 남용과 정신적인 문제가 있으며, 입양한 딸에게 집착하고 있다.
Ct는 외손녀와 친밀한 관계이고 사위와는 단절된 관계이다.

조금 어려운 작업일 수 있으나 클라이언트를 중심으로 가족구성원을 작성한 후에 가족원 간의 관계의 선을 작성하면 어렵지 않게 작성할 수 있다.

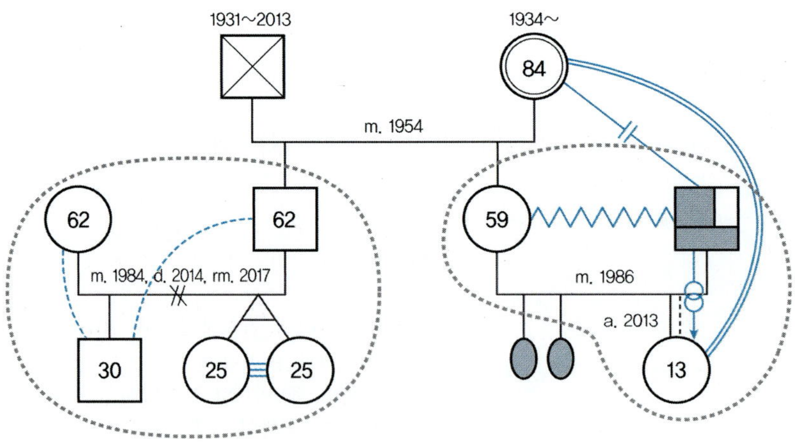

3) 생태도

생태도(eco-map)는 다양한 체계와 클라이언트(가족)의 관계를 파악하기 위한 것이다. 클라이언트(가족)가 지역사회의 어떤 공식적 및 비공식적인 자원과 연결되어 있으며, 연결된 방향과 강도가 어떠한지를 도식으로 문서화한 것이 생태도이다. 사각형 혹은 원 안에 일차적인 클라이언트(가족)를 배치하고 클라이언트(가족)와 관계를 갖고 있는 공식 및 비공식자원 및 체계를 각각의 원에 배치하여 클라이언트(가족)와 선으로 연결하는 방법이다. 이때 연결선은 에너지의 방향이 투입되는 쪽으로 화살표가 향하도록 하며(→), 양방향으로 교류가 되는 경우는 양방향의 화살표(↔)로 연결한다. 클라이언트 체계와 환경 내의 체계의 긍정적인 관계는 실선으로(—), 관계가 약하면 점선으로(---), 스트레스나 갈등의 상황이면 해치모양(⇸) 혹은 지그재그로(⟿) 표시한다.

생태도의 주요한 가치는 대상자와 사회복지사로 하여금 대상자 가족을 체계적이고 생태학적인 관점으로 바라보게 한다는 것이다.

생태도의 예

클라이언트는 조울증으로 정신과 치료를 받은 후 2022년 3월 퇴원하였다. 현재 일주일에 한 번 샛별정신병원에서 진료받고 있다. 퇴원 후에는 가족과 거주하지 않고 소망그룹홈에서 지내고 있다. 자립을 위해 사랑사회복귀시설의 바리스타 직업재활훈련을 받고 있으며, 햇살카페에서 아르바이트를 하고 있다. 클라이언트는 주 1회 사회복귀시설 자조집단에 참여하고 있으나 그곳의 성원과 갈등이 있다. 교회 청년부는 열심히 다니고 있다.

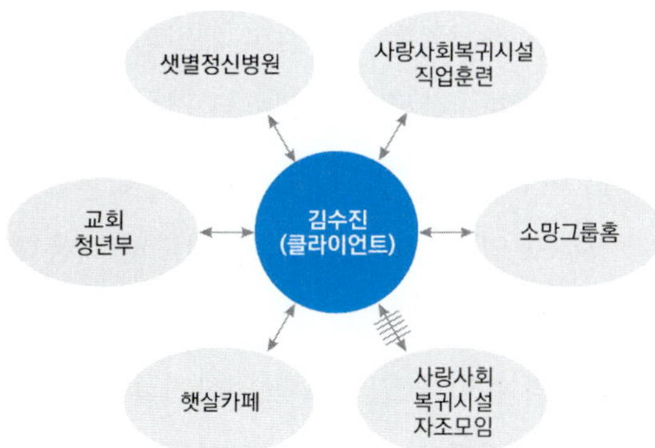

4) 검사도구의 활용

(1) 표준화된 척도

① 척도활용의 유의사항

표준화된 척도는 클라이언트의 느낌, 태도, 지각을 측정하기 위한 도구이다. 척도는 클라이언트(가족)의 상황을 점수화하고 객관화할 수 있는 장점이 있으나, 적합한 척도의 사용을 위해서는 엄격한 선별과정이 필요하다(반포종합사회복지관, 2007; 사회복지공동모금회, 2018).

- 척도는 꼭 필요한 경우에 활용한다. 욕구사정을 위한 다양한 방법과 도구가 있으므로 클라이언트(가족)의 상황을 파악하기 위해 척도를 활용할 필요가 있다고 판단될 때 사용한다.
- 타 문화권에서 개발된 척도를 활용하는 경우, 하위 개념과 문항들을 확인하여 클라이언트에게 적용하는 것이 적절한지 확인한다. 예를 들어, 가족 간 의사소통 명료화와 관련된 척도는 서구의 의사소통 명료화가 한국 가족의 의사소통 명료화의 측정을 위한 지표로 적절하지 않을 가능성도 있기 때문이다.
- 척도의 적용대상이 적합한지를 확인하고 활용해야 한다. 예를 들어, 부모 자녀로 구성된 핵가족을 대상으로 개발된 가족관계 척도일 경우, 우리나라의 조손가족이나 한부모가족에게 적용하는 것이 적합하지 않을 수 있다. 또한, 아동이나 청소년을 대상으로 개발된 자아효능감 척도를 노인에게 적용하는 것이 적합하지 않은 경우도 있다. 사례관리자는 척도의 적용대상을 확인하고 그 척도가 클라이언트에게 적용 가능한지를 판단하고 활용해야 한다.
- 척도의 문항을 임의로 제외하거나 변경해서는 안 된다. 척도는 복수로 구성된 문항들에 대해 타당도를 거쳐서 제시된 것이기 때문에 일부지표를 임의로 제외하고 활용해서는 안 된다. 그리고 척도의 문항을 임의로 변형해서도 안 된다. 척도는 제시된 것을 그대로 활용해야 한다.
- 척도의 측정값에 전적으로 의존해서는 안 된다. 사람의 상황을 점수화하여 3.7점은 괜찮은 상황이고, 2.7점은 위기상황으로 개입이 필요하다는 등의 판단은 클라이언트가 실제 느끼는 것과 괴리가 있을 수 있다. 척도의 활용에 있어 클라이언트가 자신의 언어로 표현하는 상황의 의미를 함께 고려하는 것이 적절하다.

② 활용 가능한 표준화된 척도

〈표 8-10〉은 척도집에 소개된 표준화된 척도를 범주별로 구분하여 제시한 것이다.

〈표 8-10〉 표준화된 척도

구분	내용
안전	공격성, 충동성, 분노행동, 분노특성, 자제심 등급, 자살생각, 음주심각성
건강 관련	자기효능, 자아정체, 자아존중, 회복탄력성, 임파워먼트, 강인성, 내외 통제성, 불안감, 스트레스, 우울, 정서적 고립, 스마트폰 중독, 도박중독, 무망감, 신체건강행동, 병원 두려움, 질병태도, 치료동기, 섭식태도, 사건충격, 비만공포, 가면현상
직업 관련 척도	직업적성검사, 직업흥미도검사, 직무만족도, 직무스트레스, QWL(Quality of Work Life), 구직기술관련, 업무환경
경제상황 척도	경제적 스트레스, 삶의 만족도(경제 부분)
일상생활	• 기능검사: 일상생활동작(ADL), 도구적 일상생활동작(IADL) • 생활사건, 일상생활수행평가, 삶의 만족, 수용성, 장애수용도박태도 및 신념, 생활만족도, 약물중독생각, 사회적 행동, 사회불안
가족 관련 척도	가족의사소통, 가정환경, 가족관계, 가족기능, 가족 응집성, 부모 양육태도, 부모 애착 정도, 부모 유대 정도, 부모 스트레스, 부부적응, 양육 스트레스, 양육태도, 방임, 부양부담, 부부친밀감, 결혼만족도, 가족자원, 갈등전술
사회적 기능 및 관계	사회기능, 공격성, 대인관계 변화 노력, 대처기제, 또래 애착, 문제해결, 사회성, 사회행동, 사회적 문제해결, 학교 적응 유연성, 학교생활 적응, 사회불안, 자기조절, 자기관리기술, 자기통제기술, 사회적 걱정, 권위행동, 대인관계 변화, 다차원 지지, 사회적 갈등, 사회적 지지, 사회참여, 사회적 차별, 대인관계 유능성, 또래 괴롭힘, 학교폭력가해행동, 청소년 외로움
생태체계 측면	사회자본, 지역사회문제해결 능력, 지역공동체의식, 동네애착, 네트워크 필요성, 동네응집력, 사회통합
그 밖의 대상별 척도	문화적응 스트레스, 학교다문화분위기, 청소년 다문화 인식, 성공적 노화, 노인의 사회적 가치, 지각된 노인 낙인, 노인학대, 장애정체감, 장애 수용, 정신장애인 사회기능, 자활의지, 고용희망 등

출처: 반포종합사회복지관(2007); 김승원 · 김연우 편저(2012); 사회복지공동모금회(2018)에 수록된 척도내용을 참고하여 구성.

(2) 정신건강상태검사

클라이언트의 상황을 정확하게 파악하기 위해서 사례관리자는 검사도구를 활용하거나, 타 기관에서 이미 행한 검사결과를 참고할 수 있다. 다양한 심리검사를 비롯하여, 알코올문제 선별도구를 활용한 검사, DSM-5(Diagnostic and Statistical Manual of Mental Disorders-5)를 활용한 정신장애검사와 인지능력(치매)검사는 각 해당분야 전문가가 진행하며, 사례관리자는 검사결과에 대한 전문가의 견해를 수렴하도록 한다.

사례관리의 등장배경에 정신장애인의 탈시설화와 지역사회보호가 있다는 것은 사례관리자가 정신병력이 있거나 정신건강상 어려움을 겪는 클라이언트와 가족을 위해 지속적으로 헌신해야 함을 의미한다. 이는 사례관리자가 정신건강 혹은 정신의료사회복지에 대한 기본적인 지식이 있어야 함을 의미하는 것이기도 하다.

클라이언트(가족)의 정신의학적인 상황을 확인하기 위한 것으로 '정신건강상태검사(MSE: Mental Status Examination)'가 있다. 정신건강상태검사는 클라이언트의 정신건강상태의 사실을 확인하기 위한 것이라기보다는 클라이언트가 행동하고 말하는 방식과 사례관리자 앞에서 보이는 것에 대한 사례관리자의 관찰을 조직화한 것이다(Summers, 2016). 사례관리자가 정신의료분야의 전문가는 아니지만, 정신건강과 관련된 기본 지식을 갖고 클라이언트(가족)의 정신건강상태를 파악하여 필요시 해당분야의 전문가의 도움을 받을 수 있도록 해야 한다.

〈표 8-11〉 정신건강상태 사정을 위한 범주 및 내용

범주		내용
일반적인 상황 기술	외모	옷차림, 몸의 청결, 표정, 자세
	태도와 상호대인관계 스타일	사례관리자에 대한 태도, 면접과정의 태도와 관계 유형
	행동	반응속도, 움직임, 제스처
	말과 언어	빈도, 명료성, 음고, 음량, 어조, 언어의 질(중언부언, 자신만의 신조어 사용 등), 대화의 반복 등
정서	기분	정서적인 분위기
	정동	정서적인 반응
	우울의 조짐	정서적으로 위축되어 있거나 우울한 정서

<table>
<tr><td rowspan="5">인지 기능</td><td>지남력과 의식수준</td><td>공간, 시간, 상대방에 대한 인식/의식의 명료성</td></tr>
<tr><td>관심과 집중력</td><td>대화의 이해 및 몰입수준</td></tr>
<tr><td>기억력</td><td>최단, 단기, 장기의 기억수준, 기억력 장애에 대한 클라이언트의 주관적인 보고</td></tr>
<tr><td>추상화 및 일반화 능력</td><td>개념적 이해수준, 추론 능력, 대화 능력의 적용수준</td></tr>
<tr><td>정보 및 지능</td><td>지식수준, 지능검사</td></tr>
<tr><td rowspan="4">사고 및 지각</td><td>지각장애</td><td>환각, 환상, 이인화 및 비현실감</td></tr>
<tr><td>사고내용</td><td>왜곡, 망상, 생각의 준거, 비현실적 사고</td></tr>
<tr><td>사고과정</td><td>생각의 흐름, 연상의 질</td></tr>
<tr><td>강박</td><td>신체화, 강박관념</td></tr>
<tr><td colspan="2">자살/타살/충동조절</td><td>자살 가능성, 타살 가능성, 충동조절 능력</td></tr>
<tr><td colspan="2">통찰력(병식)과 판단력</td><td>자신의 상황에 대한 이해의 정확성/상황에 대한 판단력</td></tr>
<tr><td colspan="2">신빙성</td><td>면담내용의 전반적인 신빙성</td></tr>
<tr><td colspan="2">환경</td><td>클라이언트 주변 환경, 쓰레기 등 청결과 정돈</td></tr>
</table>

출처: Summers(2016)에 소개된 내용을 표로 재구성.

5. 사정기록

기록은 사정단계뿐 아니라 사회복지실천 전반에 걸쳐 수행해야 하는 사회복지사의 역할 중 하나이다. 기록을 잘 하기 위한 구체적인 지침은 제1부 5장에서 이미 학습하였기 때문에 여기에서는 사정기록지에 대한 소개와 사정기록지 작성을 위한 지침을 제시하고자 한다.

사정기록지는 각 기관에 따라 다양하기 때문에 사례관리자는 양식의 틀에 구애받지 말고 클라이언트의 현재 상황을 가장 잘 제시할 수 있도록 내용에 충실하도록 한다. 다시 말해, 클라이언트에 관해 파악한 내용을 표시하거나 기록할 항목이 없다면 별도의 공란을 활용하여 중요한 내용이 누락되지 않도록 해야 한다.

사정기록지의 예로 제시된 〈표 8-12〉는 클라이언트와 가족의 일반적 사항, 경제 · 주거 · 건강 · 사회적 사항, 가계도/생태도, 욕구사정, 강점 및 장애사정, 사례관리자의 의견의 범주로 구성되어 있다. 클라이언트에 관한 기본적인 사항, 가족관계, 주거 및 경제사항 등의 내용을 접수상담에서 이미 확인하였다면, 중복질문은 피하고 추가적인 내용이나 다른 내용이 있는지를 확인하는 수준에서 정보를 얻도록 한다. 서비스 이력은 클라이언트와 가족이 이용한 지역사회의 공식적 · 비공식적 자원을 기입한다. 가계도와 생태도는 가족의 구조 및 관계의 유형, 지역사회 자원과의 연계를 한눈에 파악할 수 있도록 작성한다.

욕구영역의 1~10까지의 내용은 클라이언트가 제시한 것, 가족과 중요한 정보원으로부터의 자료, 사례관리자의 관찰 등을 종합하여 기록한다. 강점과 장애의 경우도 클라이언트가 말한 내용을 우선으로 하되 가족, 병원, 학교, 소속단체, 타 전문가 등 다양한 정보원으로부터의 자료도 취합하도록 한다.

전체 사정내용을 종합하여 '사례관리자의 의견'난에는 클라이언트가 우선적으로 바라는 욕구의 우선순위와 이에 대한 사례관리자의 종합적인 견해를 기록한다.

〈표 8-12〉 사정기록지 예시

면담 일시: 년 월 일

담당 사례관리자: (인)

담당	팀장	부장	관장

1. 대상자와 가족의 사항

<table>
<tr><td>대상자명</td><td></td><td>종 교</td><td></td><td>생년월일</td><td></td></tr>
<tr><td>주소</td><td colspan="5"></td></tr>
<tr><td>전화번호</td><td colspan="2"></td><td>의뢰경위</td><td colspan="2"></td></tr>
<tr><td rowspan="3">대상자 분류</td><td colspan="5">아동 · 청소년( ), 노인( ), 장애인( ) 가족구성형태( )</td></tr>
<tr><td colspan="5">일반수급( ), 조건부수급( ), 자활특례( ), 차상위( ), 저소득( ), 일반( )</td></tr>
<tr><td>의료보장</td><td colspan="4">의료보호1종( ), 2종( ), 직장의료보험( ), 지역의료보험( )</td></tr>
</table>

<table>
<tr><td rowspan="2">서비스 이력</td><td>참여자</td><td>개시일–종료일</td><td>급여 · 서비스명</td><td>서비스유형</td><td>제공주기</td><td>제공 기관</td><td>서비스 상태</td></tr>
<tr><td></td><td></td><td></td><td></td><td></td><td></td><td></td></tr>
</table>

가족사항	관계	성명	생년월일	직업	종교	동거 여부	비고

2. 경제 및 사회적 상황

경제상황	월가구소득	근로소득	(정기적 / 비정기적) 원	재산(부동산)	
		정부보조금	원	차량소유	
		후원금/자녀지원	원 (후원처:)	부 채	원
	지출액			지출내역	
	※기타: 체납 및 기타 경제적 상황 기술				
주거형태	□ 자가 (만 원: □ 공시지가 □ 싯가) □ 전세 (보증금: 만 원) □ 월세 (보증금: 만 원, 월 원) ※임대차 확정일자서류 원본 혹은 전월세계약서 참조 □ 무료임대(소유자관계:) □ 임대아파트				
	주거형태: □ 지상 □ 지하 / 방: ____ 개 ______ 평 / 개별화장실 □ 유 □ 무 난방종류: □ 연탄 □ 보일러 / 채광: □ 양호 □ 불량 /환기: □ 양호 □ 불량				
건강	장애: □ 유 □ 무 병력: □ 유 □ 무 진단 및 치료 여부 등: ( )				
사회심리적	(생활상태/사회적 관계망/심리 · 정서적인 상태/양육태도 등)				

3. 가계도/생태도

가 계 도	생 태 도

4. 욕구사정

사정영역	현재상황	Ct의 욕구
1. 가족 내 안전유지		
2. 신체적 · 정신적 · 심리적 건강 영역		
3. 일상생활 활동영역		

4. 가족관계		
5. 사회적 관계		
6. 경제		
7. 교육		
8. 직업		
9. 생활환경 및 권익보장		
10. 기타 영역		

5. 강점 및 장애사정

구분		강점(자원)	한계점(장애)
내부 자원	개인/가족		
외부 자원	비공식		
	공식		

6. 사례관리자의 의견

6. 사례회의

사례회의(case conference)는 개입의 내용과 방향을 최종적으로 결정하는 과정이다. 사례관리자는 사례회의에서 클라이언트에 대한 개입의 방향을 논의하고 검증받게 된다. 효과적인 사례회의를 위해서 누가 참석하고, 언제 진행하며, 무엇을 논의할지가 고려되어야 한다.

1) 사례회의의 참석자

사례회의는 전문가팀으로 구성하는 것이 바람직하다. 사례회의는 욕구사정 내용을 최종적으로 평가하여 방향을 설정하는 단계이기 때문에 해당 욕구영역의 전문가가 함께하는 것을 권한다. 따라서 사회복지사만으로 구성된 사례회의팀은 지양되어야 한다. 클라이언트의 욕구영역과 관련하여 전문적인 자문과 방향을 논의할 수 있는 전문가(의료인력, 상담인력, 정신보건분야 전문가, 교사 등)로 구성되는 것이 바람직하기 때문에 기관에서는 사례회의 참석자의 범위를 포괄적으로 정하여 사안에 따라서 해당분야의 전문가가 참여할 수 있도록 해야 한다. 현실적으로 사회복지기관에 모든 전문가가 근무하고 있는 것이 아니기 때문에 특정 욕구영역에 심각한 사안이 있고 그 분야의 전문가의 의견수렴이 요구될 경우는 지역사회 유관기관이 함께하는 연합사례회의에 상정하여 타 기관 전문가의 의견을 수렴하거나 아니면 기관의 사례회의에서 진행된 내용에 대해서 해당전문가의 자문을 받는 것이 안전하다.
사안에 따라서 사례회의에 클라이언트와 가족이 참여할 수 있다. 클라이언트와 가족의 견해가 대립되거나 클라이언트와 사례관리자 간에 이견이 있으나 조율이 안 될 경우, 전문가팀으로 구성된 사례회의에 클라이언트(가족)가 참여함으로써 클라이언트가 가장 최선의 사례관리의 개입 방향을 결정하는 데 도움을 받을 수 있다.

2) 사례회의 시기

사례회의는 정기적으로 진행하되 유연성을 가질 필요가 있다. 여기서 정기적이라는 의미는 기관에 따라서 주 1회, 격주 1회, 월 1회 등을 정하여 정기적으로 수행하는 것을 의미한다. 사례회의가 정기적으로 진행될지라도 긴급사례인 경우에는 클라이언트에게 개입의 적시성이 담보될 수 있도록 신속하게 사례회의를 진행해야 한다.

3) 사례회의 구성 예시

민간기관의 사례회의는 사례관리팀 중심의 회의, 기관의 전문직이 함께하는 회의, 기관을 넘어서서 지역사회의 유관기관이 연합하여 진행하는 회의가 있다. 공공영역의 사례회의는 내부회의, 통합사례회의, 솔루션회의가 있다.

〈표 8-13〉 사례회의 구성 예시

<table>
<tr><th colspan="2">형태</th><th>시기</th><th>구성원</th><th>비고</th></tr>
<tr><td rowspan="3">민간기관 사례회의 (예시)</td><td>팀 중심의 사례회의</td><td>주 1회</td><td>• 사례관리팀 전원
• 사례관리팀에서 요청한 기관의 전문직원의 참석(정신보건사회복지사, 간호사, 상담가 등)
* 슈퍼바이저: 부장 혹은 팀(과)장</td><td>사례관리팀 주관</td></tr>
<tr><td>기관 중심의 사례회의</td><td>월 1회</td><td>• 기관의 전문직원 전원 참석
* 슈퍼바이저: 부장</td><td>사례관리팀 주관</td></tr>
<tr><td>기관 간 연합 사례회의</td><td>월 1회 혹은 격월</td><td>지역사회 각 기관의 사례관리 담당자</td><td>지역사회 직능단체 연합 혹은 사회보장실무협의회 중심으로 진행</td></tr>
<tr><td rowspan="3">공공 사례회의</td><td>내부 사례회의</td><td>수시</td><td>희망복지지원단(팀장, 담당공무원, 통합사례관리사), 대상자, 대상자의 보호자</td><td>사례관리가구 선정, 서비스 제공계획 수립, 점검, 종결 등을 협의하기 위하여 희망복지지원단 내부에서 수시 개최</td></tr>
<tr><td>통합 사례회의</td><td>정기적</td><td>읍·면·동 통합사례관리 담당자, 희망복지지원단(팀장, 담당 공무원, 통합사례관리사), 서비스연계기관 담당자, 사례에 대한 해당분야 전문가(복지, 법률, 정신과 분야 등)</td><td>주요 서비스 기관과 서비스 내용을 협의하여 연계방식을 조정</td></tr>
<tr><td>솔루션회의</td><td>읍·면·동에서 솔루션</td><td>읍·면·동 통합사례관리 담당자, 희망복지지원단(팀장, 담당공무원, 통합사례관리사),</td><td>통합사례회의를 최소 1회 이상 진행해 보았으나 더 큰 범위의 자원과 전문가 개입이 필요한 사</td></tr>
</table>

형태		시기	구성원	비고
		회의 개최요청이 있을 경우	솔루션위원(해당분야 전문가 중 안건에 따라 실무자 또는 책임자 참여)	례에 대해 해결책을 제시하기 위하여 다양한 기관 및 전문가로 구성된 맞춤형 자문기구

학습활동: 영화 <나, 다니엘 블레이크>의 사정

1. 영화 〈나, 다니엘 블레이크〉를 감상하고 사례관리자가 되어 〈표 8-12〉 혹은 〈부록 2〉의 사정기록지에 주인공의 욕구와 문제를 사정해 보자.
2. 주인공인 다니엘 블레이크의 욕구를 사정하는 과정에서 야기된 문제가 무엇인지 토론해 보자.

Chapter 09

계획 수립

사회복지사는 그동안 클라이언트 문제해결을 위해 클라이언트를 위한 서비스를 주도적으로 계획하고 제공하였다. 그러나 소비자 주권주의와 강점관점의 실천이 부각되면서 클라이언트는 서비스의 단순 수혜자가 아니라 적극적 참여자라는 인식으로 전환되었다. 이러한 인식의 변화는 사회복지사가 서비스 계획을 주도적으로 수립하던 것으로부터 사회복지사와 클라이언트가 협력적으로 서비스 계획을 수립하는 것으로 변화를 이끌었다. 현재 사례관리기관은 서비스 계획 수립에 클라이언트의 참여를 보장하고자 노력하고 있다. 「사회복지사업법」에 의한 사회복지시설평가에서도 사회복지관 사례관리 실행체계의 지표에 '사례관리과정에 이용자 참여가 이루어지고 있다'의 해당 여부를 확인하고 있다.

사례관리 서비스 계획의 주체는 클라이언트이며, 클라이언트가 개선하고자 하는 것을 목표로 수립하는 것이기 때문에 사례관리자는 계획을 주도적 혹은 일방적으로 수립해서는 안 된다. 사례관리 계획은 욕구사정-사례회의-서비스 계획의 일련의 과정을 거치면서 클라이언트(보호자 혹은 대리인)와 사례관리자가 공동으로 욕구의 우선순위를 도출하고, 욕구를 해결하기 위한 목표를 설정하며, 목표를 달성하기 위한 구체적인 활동을 수립하는 협력적인 과정이다.

강점관점의 측면에서 볼 경우 계획은,

- 클라이언트와 사례관리자가
- 협력적인 동반자로서
- 사례관리의 목표를 설정하고
- 해결방안을 함께 구상하는 과정이라고 할 수 있다.

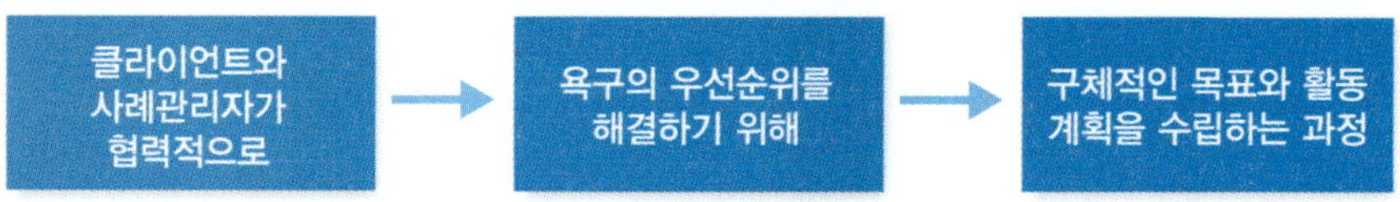

[그림 9-1] **사례관리 계획**

1. 사례관리 계획의 원칙

좋은 계획은 클라이언트가 서비스 전 과정에서 적극적인 참여자가 되도록 동기화하는 것이다. 클라이언트의 동기화를 위해서는 사례관리자가 주도적으로 계획을 수립해서는 안 된다. 사례관리 계획 수립에 사례관리자는 클라이언트와 협력적인 상호관계를 유지해야 하며, 클라이언트의 참여를 최대한 보장하고 존중해야 한다. 사례관리 계획의 목표는 클라이언트-중심으로 클라이언트가 바라는 결과를 다루어야 한다.

사례관리 계획을 효과적으로 수립하기 위한 원칙은 다음과 같다.

1) 클라이언트-환경의 이중 초점

사례관리는 클라이언트와 클라이언트가 속한 환경에 대한 이중의 초점을 갖는다. 클라이언트의 변화를 위해 클라이언트 수준에서의 실천 계획뿐 아니라 환경자원의 확충을 위해 헌신하는 실천 계획 수립의 이중초점을 갖는다[그림 9-2].

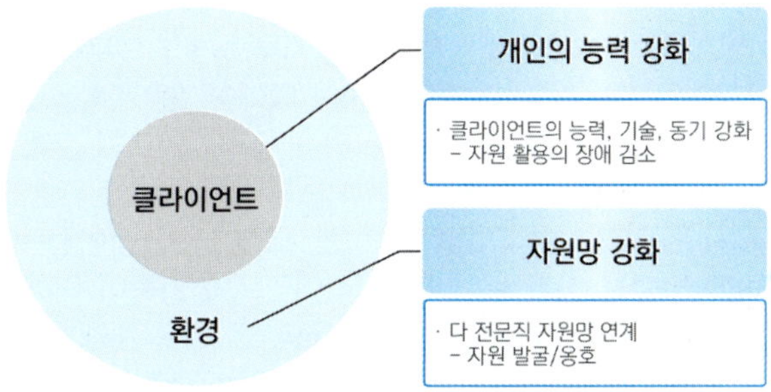

[그림 9-2] 계획 수립의 이중초점

2) 클라이언트-사례관리자의 협력

사례관리 계획은 클라이언트를 위한 계획이며, 목표의 달성도 클라이언트가 하는 것이다. 사례관리자는 클라이언트의 삶의 질 향상을 위해 다양한 역할을 수행하지만, 사례관리의 목표달성의 우선적인 주체는 클라이언트임을 잊지 말아야 한다. 비자발적인 클라이언트나 서비스에 부정적이거나 참여 동기가 결여된 경우는 목표달성이 쉽지 않을 수 있다. 클라이언트가 현 상황의 어떤 부분의 변화를 원하는지, 그리고 현 상황의 개선을 위해 무엇을 해야 하는지에 대해서 주체가 되도록 계획을 수립해야 한다. 사례관리 계획은 클라이언트와 사례관리자의 협력적인 과업이다.

클라이언트 - 사례관리자의 협력적 계획 수립 시 고려사항

- 클라이언트의 능력: 클라이언트의 신체적, 인지적, 정신적인 도전들로 인해 계획과정에 참여하는 것에 제한이 있는 경우는 어떻게 해야 하는가?
  - 클라이언트의 상황에 대한 사회복지사의 전문적인 판단, 사례회의와 전문가 자문 등에 기초한 윤리적 판단에 기초하여 클라이언트에게 최대의 이익이 되는 것을 선택하도록 함
  - 가족이나 친지 등 클라이언트의 삶에 의미 있는 타인이 동참하여 협력적으로 계획을 수립하도록 함
- 비자발적 클라이언트와의 계획 수립: 서비스를 거부하거나 의무적으로 서비스를 이용하는 경우, 먼저 클라이언트와 라포 형성의 과정이 있어야 함. 계획을 함께 수립한 경우 클라이언트의 참여가 촉진될 수 있는데, 사례관리자-클라이언트의 관계 형성이 클라이언트 참여의 촉매제가 될 수 있음
- 의미 있는 타인에 대한 고려: 클라이언트가 속한 체계에서 클라이언트에게 영향을 미치는 타인이 계획 수립에 영향을 미칠 수 있음. 클라이언트와 가족이 이해상충 혹은 갈등상황에 있을 경우, 먼저 갈등을 중재하는 역할이 필요함. 이 경우 사례회의에 클라이언트와 가족이 함께 참여하여 욕구의 우선순위와 전략의 선택에 대해서 전문가와 가족이 함께 생각할 수 있는 기회를 제공하여 계획의 방향을 설정하는 기회를 갖도록 하는 것이 좋음

3) 역량강화를 위한 단계적 계획 수립

클라이언트가 자기-관리를 할 수 있도록 클라이언트의 역량을 개발하고 성장하는 방향으로 계획을 수립해야 한다. 계획 수립은 클라이언트의 기능과 역량이 긍정적인 방향으로 향상할 수 있도록 클라이언트가 성취하기 용이한 목표에서 점차 도전적인 목표를 달성하는 방향으로 단계적으로 수립하는 것이 바람직하다.

- 의존에서 독립으로
- 자신의 삶에서 환경에 대한 통제 범위의 확장으로
- 부정적으로 평가되었던 행동으로부터 긍정적으로 평가되는 행동으로
- 단순한 행동에서 어려운 행동으로

4) 개별화된 체계적인 계획

사례관리 계획은 각 클라이언트의 욕구해결을 위한 맞춤형 계획이어야 하며, 목표의 성과를 확인하기 위한 성과평가의 시기와 방법을 포괄하는 체계적인 계획이어야 한다. 사례관리 계획은 사정단계에서 확인된 다양한 정보를 유용한 서비스로 전환하는 지적 과정이다(Ballew & Mink, 1996). 또한, 사례관리 계획은 클라이언트의 고유한 상황과 특성을 고려하여 수립하는 과학적이고 체계적인 과정이다. 따라서 사례관리자의 전문적인 지식과 기술을 동원하여 클라이언트에게 가장 적절한 개별화된 계획(ISP: Individualised Service Plan)을 수립해야 한다.

사례관리 계획은 아래의 내용을 포함한다(Ballew & Mink, 1996; Raiff & Shore, 1993).

- 클라이언트의 가치와 강점과 병행하는 장기 및 단기목표 설정
- 긍정적으로 기술되고, 달성 가능하며, 측정 가능한 목표 수립
- 목표의 우선순위 기술
- 목표달성을 위한 방법 선택
- 구체적 역할기능의 책임자 지정(직원, 클라이언트, 타인)
- 명료한 성공기준 설정(예: 어떤 행동과 활동이 발생할 것인가)
- 변화상태를 평가하기 위한 시기와 절차의 구체화

5) 강점 활용

클라이언트와 사회복지사의 강점을 최대한 활용하여 계획을 수립한다. 클라이언트가 자신의 상황에 대해 가장 잘 알고 있으며, 변화를 위한 동기가 있고, 문제해결의

역량을 가지고 있음을(비록, 제한적일 수 있지만) 신뢰하며 클라이언트의 동기와 역량을 계획과정에 반영하도록 한다.

내용	동기	기술
클라이언트는 ──		
자신이 무엇이 필요한지 알고 있다.	무엇을 하고자 하는지 알고 있다.	자신의 능력을 알고 있다.

계획 수립 시, 사례관리자의 숙련성을 활용해야 한다. 사례관리자는 클라이언트를 위해 다양한 기술과 지식을 활용하는 변화매개인이다. 사례관리자는 자신이 지역사회의 자원목록의 하나라는 사실을 인식함과 동시에 클라이언트를 위해 적극적으로 자원망을 동원하고 연결하는 역할을 수행하는 자원전문가임을 인식해야 한다.

2. 사례관리 서비스 계획 수립과정

사례관리 서비스 계획 수립과정에서 요구되는 단계별 활동은 다음과 같다.

- 1단계: 욕구 우선순위 확인(변화를 위한 기초선 확인)
- 2단계: 변화를 위한 목표 설정
- 3단계: 목표달성을 위한 활동 계획 수립
  - 목표달성을 위한 세부전략
  - 목표달성의 기한
  - 각 활동의 책임자 지정
  - 성과 측정 시기와 방법 확인

- 4단계: 계획 수립내용의 타당성 점검
- 5단계: 계획에 대한 상호동의

1) 욕구 우선순위 확인(기초선 확인하기)

사정 및 사례회의를 통해 파악한 욕구의 우선순위를 클라이언트와 다시 확인한다. 이는 클라이언트의 상황개선을 위한 기초선을 확인하는 과정이기도 하다. 예를 들어, 독거어르신이 '집에서 혼자 지내고 대화할 사람이 없어서 외롭다', '겨울에는 난방이 안 되어서 매우 춥다'고 이야기하고 있으며, 실제 그러한 상황임을 사례관리자가 확인하였고 우울검사 결과 위험도가 확인이 되어 이 사례의 욕구의 우선순위를, ① 겨울에 난방이 되어야 함, ② 나와 대화할 사람이 있어야 함, ③ 집에만 있지 않고 재미있게 지냈으면 좋겠음으로 정하였다면, 바로 이러한 욕구의 우선순위가 사례관리의 실행을 위한 기초선이 된다.

2) 변화 목표 수립

실천가와 클라이언트가 목표를 함께 설정하는 과정 자체가 개입의 결과에 긍정인 영향을 미친다(Evans, 1981). 사례관리를 통해 나타나는 변화는 사례관리자의 것이 아니라 클라이언트의 변화이기 때문에 클라이언트와 사례관리자가 상호협력적으로 사례관리의 목표를 수립해야 한다. 만일, 클라이언트가 아동이거나 인지적 혹은 정신적인 제약으로 계획을 함께 수립하는 것이 제한될 경우는 클라이언트의 보호자나 법정대리인 혹은 클라이언트의 삶에 영향을 미치는 의미 있는 타인이 계획과정에 참여하도록 한다. 클라이언트가 자신의 변화목표를 주도적으로 수립하는 방법의 하나로 목표달성척도(Goal Attainment Scale)를 활용할 수 있다(목표달성척도의 방법은 11장 사례관리 평가 부분에 제시되어 있다).

사례관리 목표는 다음의 원칙에 따라서 설정한다.

(1) 클라이언트 중심의 목표를 설정한다

목표는 클라이언트에게 초점을 두고 수립한다. 기관 서비스나 사례관리자가 수행하는 과업이 초점이 되어서는 안 된다. 서비스를 '제공하고(급식 서비스를 주 1회 제공한다)', '연결하는(말벗 봉사자 연결)' 등의 사례관리자의 역할과업이 목표로 기술되기 보다는 클라이언트가 주체가 되어 달성하는 목표로 기술하도록 한다. 클라이언트에게 초점을 둔 목표는 클라이언트가 '서비스를 제공받는 것', 혹은 '사례관리자가 서비스는 제공하는 것'이 아니라 클라이언트가 '활동에 참여'하거나 '서비스를 이용'하는 것이다.

클라이언트-중심의 목표	서비스-중심의 목표
강○○은 (자녀와 효과적인 의사소통을 위해) 주 1회 부모역할 프로그램(PET)에 참여한다.	강○○에게 효과적 부모역할 프로그램(PET)을 제공한다.
조○○은 (우울감 감소를 위해) 주 1회 30분씩 가정방문 말벗서비스를 이용한다.	말벗 자원봉사자가 조○○가정에 주 1회 방문한다.

(2) 능동형으로 목표를 수립한다

클라이언트에게 초점을 둔 목표는 능동형의 목표가 되지만, 그렇지 않은 경우에는 수동형의 목표가 된다. 기관이나 사례관리자가 제공하는 '프로그램에 참여시킨다'거나, '프로그램을 받도록 한다' 등의 목표는 클라이언트를 서비스의 능동적인 참여자가 아니라 수동적인 수혜자로 간주하는 목표가 될 수 있다. 수동형으로 목표를 설정하는 것은 클라이언트를 사례관리의 협력적인 파트너로 인정하지 않는 것이 된다. 이와 반대로, 능동형 목표는 클라이언트가 목표를 달성하도록 동기화하는 것이다.

능동형의 목표 (바람직한 예)	수동형의 목표 (바람직하지 않은 예)
김○○는 사회재활훈련 프로그램을 정기적으로 이용한다.	김○○을 사회재활프로그램에 참여시킨다.
유○○은 (청결 유지를 위해) 이동 목욕서비스를 이용한다.	유○○가 (청결 유지를 위해) 이동목욕 서비스를 제공받는다.

(3) 긍정적인 결과에 초점을 둔다

목표는 클라이언트에게서 기대되는 긍정적인 결과에 초점을 두어야 한다. 부정적인 태도나 행동의 감소 자체도 사례관리의 목표가 될 수 있으나, 이는 목표달성을 위한 과정이다. 사례관리 목표는 결과적으로는 부정적인 태도와 행동 감소로 인해 달성하고자 하는 클라이언트의 긍정적인 변화이다. 예를 들어, '학교에 결석하지 않는다', '친구에게 욕을 하지 않는다' 보다는 '학교에 빠지지 않고 참석한다/출석한다', '친구를 칭찬한다'가 보다 바람직한 목표기술이다.

긍정적 형태의 목표 (바람직한 예)	부정적 형태의 목표 (바람직하지 않은 예)
최○○는 옷을 깨끗하게 입는다.	최○○는 더러운 옷을 입지 않는다.
박○○은 매일 한 가지씩 자녀를 칭찬한다.	박○○는 자녀에게 욕하지 않는다.

(4) 한 목표에 하나의 결과를 제시한다

한 문장에 하나의 목표를 기술한다. "강○○은 올해 취업을 하고 임대주택에 입주한다"와 같이 서로 전략이 다른 두 개의 목표를 한 문장에 기술하지 않는다. 한 목표는 하나의 결과로 연결되도록 작성하는 것이 성과 측정뿐 아니라 클라이언트와 사례관리자의 활동 계획 수립에도 용이하다. 따라서 '강○○은 20○○년 6월까지 취업한다'와 '20○○년까지 청년 임대주택에 입주한다'로 분리하여 수립하는 것이 좋다.

(5) 목표는 관리 가능해야 한다

목표는 달성 가능하도록 구체적으로 수립해야 한다. 무직상태인 클라이언트의 경제적 자립이 사례관리의 목적이라면, 이를 달성하기 위해서는 선행되는 여러 단계의 목표가 구체화되어야 하며, 단계적 혹은 순차적인 활동으로 제시되어야 한다. 만일 경제적 자립을 위해 '클라이언트의 취업'을 목표로 한다면 이 목표는 클라이언트가 단기간에 달성하는 것이 쉽지 않을 수 있으며, 사례관리자 또한 이 목표달성을 위한 활동을 관리하는 것이 어려울 수 있다. 따라서 단계적으로 목표를 구분하여 달성 가능한 목표를 수립하도록 한다.

구체적 목표 (바람직한 예)	과도한 목표 (바람직하지 않은 예)
목적 1: 20☆☆년에 직업훈련에 참여한다. 목표 1: 직업흥미검사로 직업적성을 확인한다. 목표 2: 무료 직업훈련기관을 알아본다. 목표 3: 직업훈련기관에 지원한다. 목표 4: 직업훈련과정을 이수한다.	목적 1: 3년 이내(20○○년까지)에 경제적으로 자립한다. 목표 1: 1년간 직업훈련에 참여한다. 목표 2: 직업훈련 참여 후 인턴을 한다. 목표 3: 취업을 한다.

(6) 클라이언트-사례관리자의 노력의 결과(개입의 결과)를 목표로 설정한다

사례관리 목표를 설정할 경우, 사례관리자와 클라이언트가 노력한 결과를 제시해야 한다. 때로는 사례관리에서 달성하고자 하는 결과보다는 그 결과를 위한 노력을 목표로 설정하는 경우가 있다. 목표는 개입이나 활동의 결과로 발생하는 성과에 초점을 두어야 하며 단지 노력의 과정에 머물러서는 안 된다. 즉, '사례관리자가 노력할 것이다', '클라이언트가 시도할 것이다' 등은 결과를 얻기 위한 수단 혹은 과정목표이다. '클라이언트가 노력할 것이다'라는 것으로 목표를 수립하였다면 구체적인 성과가 없어도 노력한 그 자체만으로 사례관리의 목표가 달성되었다고 보고할 수 있다. 따라서 '자격증을 취득할 것이다'와 같이 노력의 결과로 목표를 기술하도록 한다.

개입(노력) 결과의 목표 (바람직한 예)	노력(개입) 자체의 목표 (바람직하지 않은 예)
단주(AA)집단활동에 정기적으로 참여한다. 9월 말까지 직업상담사 자격증을 취득한다.	음주를 위해 노력할 것이다. 취업을 위해 노력할 것이다.

3) 활동 계획 수립

목표달성을 위해 어떠한 세부적인 활동을 누가 언제까지 할 것인지 실행전략을 수립한다. 사례관리자는 클라이언트가 어떤 방법으로 목표를 달성하고자 하는지를 경청하고 협력적으로 활동 계획을 수립해야 한다. 클라이언트가 무엇을 주도적으로 할지, 사례관리자를 비롯하여 기관이 무엇을 도울지, 지역사회의 어떠한 자원이 연결되어야 하는지를 클라이언트와 함께 구체화하는 과정이다.

활동 계획 수립에는 다음과 같은 내용이 포함된다.

- 목표달성을 위해 단계적으로 추진해야 하는 활동(과정목표)과 빈도
- 목표달성을 위해 요구되는 자원
- 목표달성 기한
- 각 활동의 역할 수행자 및 책임자
- 목표달성의 성과평가 시기 및 방법

활동 계획의 과정에서 클라이언트의 자기결정권을 최대한 보장해야 한다. 〈표 9-1〉은 사례관리자의 결정과 클라이언트의 결정권의 연속선에서 결정권한의 소재에 따라 구분한 것이다. 사례관리자의 절대적인 결정권과 클라이언트의 자기주도적인 보호의 중간에서 클라이언트와 사례관리자가 협력적으로 결정하는 것이 연합행동이다.

〈표 9-1〉 결정의 연속선

절대적 권한 (absolute authority)	강요하기 (imposing)	연합 행동 (joint action)	제한된 제약 (limited constraints)	자기 주도적 보호 (self-directed care)
• 사례관리자는 클라이언트의 참여 없이 문제나 해결책을 결정 • 사례관리자가 결정에 절대적인 권한을 지님	• 클라이언트의 선호를 고려하지만, 문제를 정의하고 바람직한 해결책의 선택은 사례관리자가 함	• 사례관리자와 클라이언트가 연합하여(브레인스토밍) 해결방안 모색 • 사례관리자와 클라이언트가 계획실행에 공동 책임 • 상호 간 계약	• 클라이언트의 선호도(서비스 유형, 역할, 수준 등)에 기초하여 클라이언트가 결정하도록 사례관리자가 도움 • 클라이언트의 결정에 사례관리자가 제한된 범위 내에서 영향을 미침	• 클라이언트의 선택과 결정을 최대한 보증하여 클라이언트가 서비스 일정과 빈도 등을 선택함 • 사례관리자는 소비자가 실행 가능한 계획을 수립하도록 자원을 제공하고 자문가 역할을 함
사례관리자 지향적인 결정	←	협력적인 결정	→	소비자 지향적인 결정

출처: Fast & Chapin in Saleebey(2005), Ch. 9.

※ 사례관리 계획 수립과정 연습

<u>아래 사례의 욕구의 우선순위, 목표, 활동 계획을 수립해 보자.</u>

나(영미)는 지난 1년간 ㅇㅇ지역사회복지관에서 도움을 받고 있다. 이혼한 남편을 만나서 결혼을 한 것이 클라이언트가 된 이유였다. 고아였던 나는 생활시설에서 퇴소하여 자력으로 대학을 다니다가 같은 과 복학생이었던 남편을 만나서 학교를 휴학하고 결혼을 하였다. 졸업 후 직장생활을 하던 남편은 도박을 하게 되었고 그 후 알코올 중독이 되었고 나를 학대하기 시작했다. 나는 이혼을 하게 되었고, ㅇㅇ복지관 사회복지사의 도움으로 모부자가정을 위한 일시주거지에 2살 된 딸과 임시로 거주하고 있다. 생계는 후원금과 정부의 위기지원금에 의존하고 있고, 가끔 인근 교회에서 생필품을 제공해 주고 있다. 남편과 시댁과도 연락을 안 하고 있다. 나는 앞으로 어떻게 해야 할지 매우 막막하다. 학교를 다시 가고 싶기도 하고, 생계를 위해 일을 해야 한다는 생각도 있고 뒤죽박죽이다. 또 아이를 잘 키우고 싶은데 어떻게 해야 할지도 모르겠다. 이 임시주거공간에서 나가게 되면, 어디로 가야 하는지도 모르겠다. 딸아이의 기저귀와 분유를 대는 것도 매우 벅찬 상태이고 아이가 아프면 병원비를 낼 형편도 안 되어 걱정이다.

※ 상황을 강점관점에서 분석해 보기

① 위의 사례를 통해서 영미 씨의 욕구를 나열해 보자.
② 직면하고 있는 상황을 해결하기 위한 영미 씨의 동기는 무엇인가?
③ 사례관리과정을 지지할 영미 씨의 관심과 강점은 무엇인가?
④ 상황을 개선하기 위한 영미 씨의 노력에 영향을 줄 수 있는 장애는 무엇인가?

※상황 이해를 위한 worksheet 활용

클라이언트명: 김영미 ……　　　　일시: 20**년 *월 *일

정보 출처	관련 사실	결과	미확인된 정보	클라이언트의 동기	강점	클라이언트의 관심
Ct/ 쉼터 의뢰서	• 모자가정 • 무직: 경제적 어려움 • 대학 휴학 • 이혼 • 일시거주지	• 복학 • 취업 • 안정된 주거 • 효과적 자녀양육 • 경제적 자립	• 건강 • 대학전공 • 잔여 복학기한 • 저축 등 자산 • 다른 비공식 자원 • 서비스 이력	• 상황이 나아지기를 바라고 있음 • 복학하여 취업하고자 함 • 자녀를 잘 양육하고자 함	• 전공 관련 취업 가능 • 자녀양육 의지 • 지역사회 자원: 교회, 복지관, 쉼터	• 자녀 양육 • 복학 • 생활비 • 안정된 주거지

※ 클라이언트와 함께 우선순위를 정하기

클라이언트인 영미 씨와 사례관리자가 논의를 통해 욕구의 우선순위를 정하여 목표를 다음과 같이 정하였다고 가정하자.

① 안정된 주거공간으로 이주하기
② 복학하여 졸업한 후, 직업을 갖기
③ 자녀를 잘 양육하기

위의 목표를 달성하기 위해서는 구체적인 세부목표(행동전략)를 설정하고 달성기한과 각 활동의 역할 수행자를 지정해야 한다. 장기적으로는 영미 씨의 취업과 경제적 자립이 목표이지만, 장기적인 목표를 달성하기 위해서는 그 이전에 영미 씨가 복학하여 졸업을 하는 과정이 필요하다. 이 사례의 경우, 취업까지는 적어도 2년 이상이 소요될 수 있기 때문에 취업과 관련된 목표는 대학을 졸업하고서 다시 설정을 하는 것이 실효성 있는 목표 수립이 될 것이다.

사례관리의 계획은 욕구의 우선순위에 기초하여 단계적이면서 구체적으로 수립하는 것이 바람직하다.

제시된 욕구	합의된 목표	세부목표(구체적 행동전략)	빈도	담당자		개입 기간	평가방법
				내부	외부		
안정된 곳에서 살고 싶어요	① 안정된 주거 공간으로 이주한다.	• 공공임대주택 정보를 확인한다. • 공공임대주택 입주 보증금을 준비한다. • 공공임대주택에 신청한다. • 입주까지 임시거주지를 이용한다.	1회 1회 1회 한 달간	영미 씨 영미 씨/사례관리자 영미 씨	○○쉼터 담당자	2***년 *월*일 ~ *월*일	• 입주 여부
대학 졸업하면 취업할 수 있겠죠	② 복학하여 학업을 한다.	• 복학절차를 알아본다. • 장학금 혜택을 확인하고 국가장학금을 신청한다. • B⁺학점 이상을 취득한다.	1회 매 학기 상시	영미 씨 영미 씨 영미 씨	○○대학 교무처	2***년 *월*일 ~ *월*일	• 장학금 수혜 여부 • 학점
자녀를 잘 키우고 싶어요	③ 자녀를 잘 양육한다.	• 한부모가정 지원 프로그램에 참여한다. • 자녀를 어린이집에 보낸다.	주 1회 상시	영미 씨	○○○사회복지사 ○○어린이집	2***년 *월*일 ~ *월*일	• 프로그램 이수 • 어린이집 이용

4) 계획의 타당성 점검

사례관리 계획이 타당하고 실현 가능한지, 클라이언트의 역량을 강화하고 권리를 보장하고 있는지, 계획으로 인해 제3자에게 미치는 부정적인 영향은 없는지를 점검한다. 계획의 타당성을 점검하는 단계는 사례관리 계획을 기관에서 승인하는 절차이다. 슈퍼바이저의 검토 혹은 기관의 공식적인 절차를 통해 사례관리 서비스 계획의 타당성을 확인한다.

5) 동의

목표달성을 위해서는 클라이언트가 의지를 갖고 적극적으로 참여해야 한다. 수립된 계획에 동의하는 것은 사례관리자와 클라이언트가 상호 협력적으로 계획의 이행을 위해 노력할 것을 명확하게 하는 절차이며 목표달성을 위해 상호 의무와 책임을 성실히 수행할 것을 합의하는 과정이다. 서비스에 대한 계약은 클라이언트의 참여를 강조하고 의사소통을 촉진하며, 서비스 과정에 몰입하도록 할 뿐 아니라 자율성과 자기결정을 촉진하여 결과에 긍정적인 영향을 미치는 틀을 제공한다는 점에서 의미 있는 과정이다(Miely, et al., 2007). 〈표 9-2〉는 서비스 계획서 및 동의서의 예시이다.

참고: 사례관리 목표가 달성되지 않는 이유

- 작성된 목표가 클라이언트의 목표가 아닌 경우
- 목표달성에 필요한 자원이 가능하지 않는 경우
- 필요한 자원 접근이 차단된 경우
- 자원을 보유한 자가 사람들의 특별한 욕구를 돌보지 않는 경우
- 목표달성을 위해 필요한 기술이 부족한 경우
- 클라이언트가 목표를 달성하는 데 필요한 정보가 부족하거나 부정확한 경우
- 클라이언트가 느끼는 실패에 대한 두려움/성공에 대한 두려움
- 클라이언트가 많은 목표를 한번에 달성하고자 하는 경우
- 클라이언트가 활용할 수 있는 시간이 충분하지 않은 경우
- 목표가 너무 높게 혹은 너무 낮게 설정된 경우
- 클라이언트가 목표에 흥미가 없는 경우
- 클라이언트에게 어떤 긍정적 강화/보상이 없는 경우
- 환경이 변화되어 목표가 더 이상 바람직하거나 실행 가능하지 않는 경우
- 목표를 지지하지 않는 중요한 타인의 영향이 명백한 경우
- 클라이언트의 마음이 바뀐 경우
- 피로과중/질병 발생으로 목표를 포기한 경우
- 클라이언트가 목표에 대해 잊은 경우
- 목표가 관리 가능한 단계로 분리되지 않는 경우: 너무 추상적인 경우
- 목표가 (관계적 목표라서) 혼자 달성이 불가능한 경우

출처: Rapp & Goacha(2006).

〈표 9-2〉 서비스 계획서 및 동의서 - 예시

참여자:
작성일시:
담당사회복지사:

담 당	과 장	부 장	관 장

성과목표	1. 2.
합의된 목표의 우선순위	1
	2
	3

Ct의 욕구	합의된 목표	세부목표	실행방법	담당자		달성 기한	점검 계획	평가 방법
				내부	외부			

__________는 계획에 동의하며 서비스 목적을 달성하기 위해 사례관리자와 함께 노력할 것을 약속합니다.

사례관리자_____는 참여자 _____를 도와 목표를 달성하도록 최선을 다하겠습니다.

서명일: 20○○년 ○○월 ○○일 서명일: 20○○년 ○○월 ○○일
참여자: (서명) 사례관리자: (서명)

팀별 혹은 개인별 심화학습 과제: 사례 계획서 작성하기

〈사례에 대한 계획 수립〉: **〈표 9-2〉**의 양식을 이용하여 사례에 대해 세부 계획을 수립해 보자. 적절한 사례가 없다면 8장의 '생각해 보기'에서 작업을 한 다니엘 블레이크에 대한 계획을(영화 중반까지의 내용으로) 수립하여도 좋다.

계획은 클라이언트가 주도적으로 수립해야 하나, 학습과정에서는 클라이언트의 욕구와 합의된 욕구를 소집단 팀에서 결정하도록 한다. 결정한 우선순위에 따라서 세부목표와 실행방법 등 구체적인 사항을 수립하도록 한다.

Chapter 10 실행

실행은 클라이언트의 적극적인 참여와 사례관리자의 전문적 역할이 구체적으로 진행되는 단계이다. 클라이언트의 문제가 해결되도록 지원하며 전달된 서비스에 대해서 모니터링하는 단계이기도 하다(Woodside & McClam, 2006). 사례관리자는 클라이언트 문제의 해결사가 아니라, 클라이언트가 자신의 목표를 스스로 달성하도록 원조한다는 생각으로 사례관리를 진행해야 한다. 사례관리자는 클라이언트에 대한 주도적인 태도에서 벗어나서 클라이언트와 상호협력을 통해 클라이언트의 잠재력을 극대화하도록 지원을 해야 하며(Rapp, et al., 1994), 사례관리 목표달성을 위해서 서비스 전 과정에서 클라이언트의 참여를 우선시해야 한다. 사례관리자가 다양한 역할을 수행할지라도 클라이언트가 수동적이고 소극적이라면 사례관리의 목표달성은 어려울 수 있기 때문이다.

사례관리를 효과적으로 수행하기 위해서 사례관리자는 다음의 지침을 참고하면 유용하다(Summer, 2016).

- 미리 계획한다: 사정과정에서 확인된 내용과 클라이언트의 해결되지 않은 문제로 인해 야기될 수 있는 것이 무엇인지를 고려하여 계획을 수립하므로 위기를 예방하고 위기 유발상황을 완화한다.
- 책임진다: 클라이언트에게 하겠다고 말한 것은 즉시 실행하고 수행한 내용을 신중하게 기록하는 등 클라이언트와 지역사회에 대해 책임을 진다.
- 긍정적이다: 클라이언트에 대해서 낙관적 시각을 갖는다. 클라이언트가 바라는 문제가 개선될 것이며 일정수준의 독립이 가능할 것이라는 기대를 갖는 것이 필요하다. 성공을 강화하고 긍정적 피드백 제공의 기회를 절대로 놓쳐서는 안 된다. 복잡미묘한 상황보다는 클라이언트가 달성하고자 하는 상황을 설정하도록 한다.
- 클라이언트가 참여한다: 모든 단계와 계획에 클라이언트가 관여해야 한다. 자신의 삶에서 우선적으로 다루고자 하는 문제들과 이슈들을 클라이언트가 결정하게 하고 서비스와 계획에 대한 클라이언트의 의견과 피드백을 듣는다.
- 클라이언트가 있는 곳으로 간다: 사무실에만 있지 말고 클라이언트가 있는 장소에서 타인과 그들의 상호작용을 관찰하고 필요한 새로운 기술들을 클라이언트에게 가르친다.
- 독립성을 촉진한다: 클라이언트가 보이는 독립성에 대해서 그것이 아주 미미할지라도 자부심을 갖도록 한다. 독립을 모방하고, 독려하고, 독립심을 유지하기 위한 기술을 가능한 자주 가르친다.
- 자원을 개발한다: 다양한 자원을 개발하고 클라이언트를 위한 좋은 자원을 발굴하는 방법을 알려 준다. 지역사회 내에 어떠한 공식기관들이 있으며 그 기관들이 무슨 사업을 하는지를 알려 주어야 한다. 좋은 사회적 지원 시스템을 찾아 개발하고 지역사회를 찾아다니면서 목록에 추가할 새로운 자원을 찾는다.

사례관리자의 다양한 역할에 관해서는 이미 2장에서 논의한 바 있다. 사례관리자는 임상가의 역할과 행정가의 동시적인 역할, 그리고 직접실천과 간접실천의 역할을 수행한다. 실제로 사례관리자는 클라이언트를 돕기 위하여 다양하고 광범위한 활동을 한다. 〈표 10-1〉은 NASW의 사례관리 표준지침에 제시된 사례관리자의 역할이다. 본 장에서는 사례관리의 간접실천과 직접실천의 다양한 활동 중 중추적인 역할을 중심으로 소개하고자 한다.

〈표 10-1〉 **사례관리 목표달성을 위한 사례관리자의 활동**

- 개인, 가족, 지역사회를 위한 생활기술의 교육 및 코칭(예: 복지촉진, 양육기술, 급성 또는 만성상황 관리, 서비스 제공자의 대응력 향상을 위한 구직전략 혹은 현직훈련)
- 영속적, 생애전반 및 사전보호 계획
- 인지-행동 혹은 해결-중심 접근과 같이 다양한 방식의 개인상담 및 심리치료
- 커플 및 가족상담
- 가족-팀 컨퍼런스
- 집단 개입(예: 심리치료집단, 전문적으로 촉진된 심리교육집단 혹은 동료-주도 지지집단)
- 가족 간병 지원개입
- 중재 및 갈등해결
- 위기개입
- 재난 계획 및 준비
- 클라이언트를 대신한 옹호 혹은 클라이언트와 상호협력한 옹호
- 팀, 조직, 조직 간 서비스 계획 및 상호협력
- 자원정보 및 의뢰(예: 재정, 주거, 법적, 의료적, 혹은 행동건강 자원)
- 특별히 보호의 전환이나 중대한 삶의 과도기 동안의 체계 운영 및 서비스 조정
- 지속적인 모니터링과 서비스 계획의 평가
- 서비스 이송 혹은 종결 계획

출처: NASW(2013: 36-37).

1. 직접실천

직접실천이란 사례관리자가 클라이언트의 내적 장애물에 대한 상담, 위기상황에의 개입, 교육, 정보 제공 및 지지의 역할을 수행함으로써 클라이언트의 문제해결 역량을 강화하는 것이다. 직접실천은 클라이언트와 사례관리자의 상호작용 속에서 진행되는데, 이때 사례관리자는 클라이언트의 변화를 돕는 다양한 변화매개의 기능을 수행한다(Cowger & Snively, 1996; Beckett, 2010).

강점관점에서 사례관리자는 클라이언트를 변화시키는 사람이 아니고(수동적 클라이언트), 클라이언트가 변화를 할 수 있도록(능동적 클라이언트) 돕는 역할을 한다. 사례관리자는 클라이언트가 스스로 변화하도록 동기를 부여하고 클라이언트가 자신의 강점을 발견하여 문제해결 능력을 향상하도록 하는 다양한 역할을 수행하게 된다. 사례관리자는 클라이언트의 상황에 가장 적합한 도움을 주기 위해서 상담가, 치료자, 교사, 정보 제공자, 촉진자, 격려자, 위기개입가 등 직접실천의 역할을 한다.

직접실천의 활동 중에서 본 교재는 클라이언트(가족)의 변화를 위한 동기부여, 문제해결 능력 향상, 그리고 위기상황에 대한 대응 능력에 초점을 두고 설명하고자 한다. 〈표 10-2〉는 직접실천에서 사례관리자가 초점을 두는 영역과 사례관리자의 역할이다.

〈표 10-2〉 직접실천의 초점과 사례관리자의 역할

직접실천의 초점	사례관리자의 역할
1) 클라이언트의 변화 동기부여 2) 클라이언트의 문제해결 능력 강화 3) 클라이언트의 위기대응 능력 향상	상담가, 치료자, 교사, 촉진자, 격려자, 정보 제공자, 위기개입가

1) 변화 동기부여

클라이언트가 자발적이고 적극적으로 사례관리에 참여하는 경우, 자발성과 적극성은 변화를 위한 동인으로 작용한다. 그러나 장기간 지속된 클라이언트의 삶의 방식과 행동방식을 바꾸는 것은 쉬운 것은 아니다. 이는 관성(inertia)의 법칙에 의해서 지금까지 해 오던 것을 고수하는 것이 편하고 익숙하기 때문이다. 그리고 변화는 아직 발생하지 않은 미래의 미지(未知)의 상황이기 때문에 변화 이후에 야기되는 불확실한 상황에 대한 두려움과 변화된 삶에 새롭게 적응해야 하는 위험부담이 따를 수 있다.

사실, 클라이언트가 변화에 대해서 양가감정을 갖거나 갈등을 하는 경우가 있다. 그러나 양가감정이나 갈등은 변화과정의 정상적인 부분이다(Miller & Rollnick, 2002). 사례관리자는 변화에 대한 클라이언트의 부정적 감정에 민감하게 반응하거나 이를 부인하기보다는 클라이언트가 자신의 양가감정을 표현하고 자신을 위해서 가장 바람직한 선택을 하도록 도와야 한다. 변화에 대한 클라이언트의 양가감정을 최소화하는 것은 클라이언트가 자신의 삶에서 중요하게 생각하는 것은 무엇인지, 그리고 가치를 두고 있는 것이 무엇인지를 클라이언트가 확인하는 것에서 시작한다(Summers, 2016). 예를 들어, 매우 불결한 집에서 항상 술을 마시면서 자녀를 양육하는 것과 아동을 안전하게 양육하기 위해서 청결을 유지하고 술을 마시지 않는 것 중에서 무엇이 더 중요하다고 생각하는지, 청년이 은둔상태로 집에서 게임에 몰입하는 것과 일을 해서 경제활동을 하는 것 중에서 무엇이 더 가치 있다고 생각하는지와 같이 현재 자신의 삶에서 가장 가치가 있고 중요한 것이 무엇인지를 클라이언트가 생각하도록 하는 것에서 시작한다.

클라이언트가 변화에 대한 동기를 갖고 사례관리에 참여한다면, 사례관리 목표달성은 그렇지 않은 경우에 비해서 수월하다. 클라이언트가 변화에 대해 가질 수 있는 저항의 감정을 해소하고 참여를 촉진하기 위한 효과적인 개입방법으로 동기면담(motivational interviewing)이 있다. 〈참고 1〉은 동기면담을 간략하게 소개한 것으로, 사례관리자는 클라이언트의 변화에 대한 양가감정을 해소하고 변화에 대한 내적 동기를 촉진하기 위해서 이 방법을 적용할 수 있다.

참고 1: 동기면담

- 개념: 동기면담은 클라이언트의 양가감정을 탐색하고 해결함으로써 변화에 대한 내적 동기를 증진시키는 클라이언트 중심적인 방법이다. 따라서 클라이언트가 변화를 생각하고 계획하도록 격려하고 공감을 전달하기 위한 기술을 활용한다.
- 핵심적 특성: 상호협력(collaboration), 유발(evocation), 자율성지지(autonomy support)
  - 상호협력: 사례관리자는 클라이언트의 행동 변화와 관련한 양가감정을 이해하고 클라이언트 행동 변화의 전문가가 아니라 안내자의 역할을 수행하며 클라이언트와 협력적인 파트너로 함께한다.
  - 동기유발: 변화 목표와 방법은 사례관리자의 생각이 아니라 클라이언트의 생각에서 이끌어 내는 것이다. 변화에 대한 양가감정을 이해하고 긍정적인 요인을 이끌어 내서 변화 동기를 유발하는 것이다.
  - 자율성지지: 클라이언트가 스스로 자신을 위해 최선의 것을 선택하고 결정을 할 수 있다는 것이다.
- 동기면담의 원칙
  - 공감 표현(empathy express): 클라이언트에 대한 비심판적 태도와 공감의 표현을 통해 수용되고 있다고 느끼게 한다.
  - 불일치 조성(develope discrepancy): 변화를 하고자 하는 마음과 현재에 머무르고자 하는 양가감정이 불일치하는 것임을 클라이언트가 인식하게 한다.
  - 저항에 유연한 대처(roll with resistance): 클라이언트가 변화에 저항할 경우 변화를 하지 말아야 하거나 변화가 필요 없는 이유의 이야기를 하도록 한다. 사례관리자는 변화에 대한 클라이언트의 저항에 맞서는 것이 아니라 저항을 자연스럽게 수용한다.
  - 자기효능 감지지(support self-efficacy): 클라이언트의 강점, 과거의 성공경험 등을 인정하고 클라이언트가 할 수 있다는 자신감과 희망을 제공해야 한다.
- 동기면담 기술(OARS)
  - 개방형 질문하기(Open-ended questions): 개방형 질문으로 클라이언트의 대답과 이야기를 제한하지 않음
  - 인정하기(Affirmations): 클라이언트의 변화를 지지하고 태도, 특성, 과거행동에 대해서 인정
  - 반영하기(Reflections): 클라이언트의 이야기를 사례관리자가 반복하고, 고쳐서 말하고, 바꾸어 말함 → 클라이언트의 양가감정 해결에 도움이 됨
  - 요약하기(Summaries): 클라이언트가 이야기한 다양한 진술을 활용하여 클라이언트의 이야기를 잘 들었음을 알려 주며, 클라이언트와 치료관계를 형성할 수 있음 → 요약하기를 통해 변화를 위한 대화를 이끌어 낼 수 있음
- 동기면담의 한계
  - 클라이언트가 이미 변화하기로 마음먹었을 경우에 동기부여 면담은 적절하지 않을 수 있음
  - 이 방법은 환경 속의 관점을 적용하지 않아 환경에 대한 개입은 제한적임. 클라이언트의 동기부여에 초점을 둔 직접실천에는 유용하지만, 체계에 대한 개입에는 실효성이 적을 수 있음

출처: Hohman(2014: 19-59).

2) 문제해결 능력 강화

클라이언트가 직면하고 있는 문제에 대처하기 위해서 다양한 사회적 자원의 연결이 필요하지만, 그 전에 스스로 할 수 있다는 클라이언트의 신념이 전제되어야 한다. 장기간 의존적 생활로 사회적 기능이 약화되었거나 학습된 무능력으로 인해서 대처 능력이 부족한 클라이언트, 압도하는 절망적인 상황으로 희망을 잃어버린 클라이언트에게 사례관리자는 긍정적인 격려를 제공하고, 절망적인 상황에서도 클라이언트는 충분히 가치 있고, 또 변화가 가능하다는 희망을 북돋는 전략을 활용해야 한다. 그리고 무엇보다도 클라이언트가 이미 가지고 있는 강점을 발견하고 이를 문제해결의 자원으로 활용함으로써 클라이언트가 자신의 문제를 해결하는 성공의 경험을 갖도록 해야 한다.

(1) 클라이언트의 효능감

문제해결에 부정적으로 작용하는 것은 '할 수 없고', '해도 안 된다'는 식의 비관주의, 패배주의와 같은 클라이언트의 부정적인 신념이다. 부정적인 신념과 상반되는 클라이언트의 자신감을 의미하는 것이 '자기효능(self-efficacy)'이다. 자기효능은 과업을 잘 수행할 것이라는 데 대한 개인의 신념으로(Wood & Bandura, 1989), 결과를 획득하기 위해 필요한 행동과정을 조직하고 실행하는 능력을 의미한다. 자기효능은 개인이 어떤 상황에서 특정기술을 수행할 수 있다는 확신을 의미하기 때문에 성공적인 문제해결의 전조로 조명된다(O'Leary, 1985; Zimmerman, 1995).

효능감은 한국의 사회복지실천현장에서 아동에서부터 노인에 이르기까지 취약한 대상의 클라이언트를 위한 프로그램의 목표로 자주 등장한다. 이는 효능감이 문제해결의 주요 대처 자원이기 때문이다(Masten, 1994). 압도적인 문제상황과 역경에 처한 클라이언트가 현재의 상황이 개선될 것이고 자신이 그 변화를 만들 수 있을 것이라는 자신감은 사례관리의 목표를 달성하기 위한 주요 자산이 되기 때문에 사례관리자는 클라이언트의 자신감을 촉진하기 위한 역할을 수행해야 한다.

클라이언트가 자신의 능력에 대해 갖는 부정적인 신념보다 더 경계를 해야 하는 것이 있는데, 그것은 사례관리자가 클라이언트의 능력을 불신하는 것이다. '과연 클라이언트가 할 수 있을까?', '그렇게 오랫동안 무기력한 상황이었는데, 변화가 가능할까?'와 같은 클라이언트의 역량에 대한 사례관리자의 불신은 결과적으로 클라이언트의 변화 가능성을 제한하게 된다. 이는 피그말리온 효과(pygmalion effect)를 통해서도 설명되고 있다. 피그말리온 효과는 한 개인의 기대가 다른 사람의 행동에 영향을 미친다는 것을 기본가정으로 한다. 교사가 학생에게 갖는 기대, 상사가 부하 직원에게 갖는 기대는 학생의 학업성취와 부하직원의 업무 성과로 연결되고 있다는 것이 이미 여러 실증연구를 통해 확인되고 있다(Rosenthal & Jacobson, 1968; Livingston, 1988; 최소연, 2014). 마찬가지로 사회복지사가 클라이언트에게 갖는 기대 또한 클라이언트의 긍정적 변화로 연결되는 것이다.

사회복지사가 클라이언트에게 갖는 기대와 신념은 클라이언트의 변화에 주요 동인이다. 샐리비(Saleebey, 2005)는 클라이언트의 가능성과 역량에 대해 갖는 회의주의적인 시각과 의심, 그리고 냉소주의의 병리관점에서 사회복지사가 탈피할 것과 클라이언트의 성장과 변화 역량의 상한선을 설정하지 말고 개인, 집단, 지역사회의 변화의 열망을 신중하게 받아들일 것을 권하고 있다. 사례관리자는 압도적인 상황의 클라이언트에 대한('과연 변화가 가능할 것인가'라는) 회의적인 태도와 시각을 배제하고, 클라이언트의 변화에 대한 열망을 존중하며 클라이언트가 자신의 변화를 향해 전진할 수 있도록 도와야 한다. 〈표 10-3〉은 클라이언트의 자신감을 촉진하기 위해 사례관리자에게 요구되는 관점과 전략이다.

〈표 10-3〉 클라이언트의 자신감을 촉진하기 위한 사례관리자의 역할

사례관리자 - 격려자
• 클라이언트에게 '할 수 있을까요?'가 아니라 '**할 수 있습니다**'라고 말함 • 사례관리자가 있는 곳이 아니라 **클라이언트가 있는 곳에**서 시작함 • 사례관리자의 속도가 아니라 **클라이언트의 보조**에 맞춰 일함 • 클라이언트가 성취하기를 원하는 것보다 클라이언트가 **최선을 다하도록** 도움 • 사례관리자가 클라이언트보다 더 능력이 있다는 것이 아니라 **클라이언트가 능력을 갖고 있음**을 믿음 • 클라이언트에게 비판적이 아니라 **지지적**임 • 클라이언트가 할 수 없는 비현실적인 기대가 아니라 클라이언트의 **잠재력에 열성**적임 • 사례관리자가 기준을 설정하는 것이 아니라 클라이언트가 자신의 **개인적 기준을 개발**하게 함 • 클라이언트의 약점과 능력 부족에 초점을 두는 것이 아니라 **클라이언트의 자원과 강점**을 봄 • 클라이언트의 사소한 결함에 관심을 두는 것이 아니라 **가장 작은 성취에 관심**이 있음 • 클라이언트의 변화에 회의적이 아니라 **변화할 수 있다고 믿음**

출처: Summers(2016)의 12장 [그림 12.1] Encouragement vs. discouragement의 내용을 재구성.

(2) 클라이언트의 희망

생존을 위협하는 압도적인 상황이나 말기질환과 같이 삶을 근본적으로 위협하는 도전에 직면한 클라이언트에게 희망(hope)은 역경을 재해석하고 이에 긍정적으로 대처할 수 있도록 하는 내적 자산이다. 희망은 다차원적인 개념이고 역동적인 과정이다. 그리고 삶의 위협과 개인적 도전을 견딜 수 있게 하는 힘의 원천으로 인간의 존귀한 반응이다(Morse & Dodermeck, 1995). 무엇보다도 희망은 말기질환과 같이 출구가 없는 상황의 클라이언트에게 그 상황을 새롭게 인식하고 풍요로움을 지향하도록 하는 대처기제가 되며(Herth, 1990), 정신질환의 클라이언트에게는 회복(recovery)을 위한 핵심요소이기도 하다(Rapp & Goacha, 2006).

희망과 절망

사례관리자가 만나는 사선(死線)을 넘어 온 난민이나 가족을 위해 언어와 문화의 장벽을 감수한 외국인 근로자들은 희망을 갖고 변화를 위해 전진한 사례들이다. 우리는 역경 속에서 자신의 삶을 개척한 사례를 통해 희망의 힘을 알 수 있다. 만일 클라이언트에게 희망이 없다면 어떠할지 생각해 보자. 지속적으로 취업을 위해 노력을 하지만, 편견과 차별 속에서 취업이 어려운 출소자는 더 이상 취업이 어렵다는 절망으로 재범을 하거나 은둔을 할 것이다. 노력해도 빈곤을 벗어날 수 없다는 절망적인 생각은 구직을 포기하게 만들 것이다. 정신건강의 문제에서 벗어날 수 없다고 생각을 한다면 회복은 불가능할 것이며, 치료가 소용없다고 생각하는 말기환자는 자포자기의 삶을 살 것이다. 희망을 추상적이고 비과학적인 개념으로 생각할 수 있지만, 희망은 클라이언트의 정신적 의지력이며 목표를 위한 추진력이다.

희망은 클라이언트의 강점이며 탄력적인 요소이다(Greene, 2002; Rapp & Goacha, 2006; Summers, 2016). 사례관리자는 클라이언트가 이미 갖고 있었거나 클라이언트 환경에 있었던 특성들을 활용하여 클라이언트가 희망을 가질 수 있도록 도와야 한다. 〈표 10-4〉는 절망상황에 있는 클라이언트에게 희망을 주는 사례관리자의 전략이다.

〈표 10-4〉 클라이언트의 희망을 북돋우는 전략 범주와 사례관리자의 역할

범주	사례관리자의 역할
연계성: 타인에게 의미 있는 존재	• 클라이언트와 가족, 또는 지지집단들 사이의 보호관계를 촉진한다. • 혼자가 아니라는 환경을 조성한다. • 신체적 · 정서적 안정을 위한 정보를 제공한다.
긍정적 마음: 기쁨, 활기 등	• 전문적 관계에서 적절하게 유머를 활용한다. • 클라이언트가 우울하지 않도록 물리적 · 정서적 환경을 조성한다.
개인적 속성: 결단력, 용기, 침착함	• 클라이언트의 용기, 결단력과 같은 특성들을 지지하고 격려한다. • 클라이언트가 자신의 긍정적 특성들을 인식하고 이를 강화하도록 가치명료화, 생활인식(life-awareness)활동과 같은 기법들을 사용한다.
달성 가능한 목표: 현실적 목표	• 클라이언트와 가족들이 그들의 상황에 맞는 현실적인 목표를 수립하도록 돕는다. • 수립한 목표가 실제 달성되도록 단계적으로 추진하도록 지원한다.
영적 신념과 실행	• 초월적인 힘 등 영적 신념과 실천을 지지하는 환경과 자원을 제공한다.

범주	사례관리자의 역할
긍정적 추억	• 클라이언트(가족)가 긍정적인 기억을 상기하고 공유하도록 지지하고 격려한다. • 클라이언트의 추억을 문서화(자서전, 일대기 등)하여 가치를 부여한다.
수용과 가치감	• 클라이언트가 질병이나 압도적 상황에도 불구하고 개인으로서 소중하고 가치 있다고 느낄 수 있는 환경을 조성한다. • 가족과 주변에서 클라이언트의 변화를 수용하도록 한다. • 클라이언트가 여전히 소중하다는 것을 가족이나 주변에서 표현하도록 지지한다.

출처: Herth, K(1990: 1250-1259); Greene(2001: Ch 8); 양옥경 외 공역(2006: 229)를 참고하여 재구성함

(3) 강점 활용

클라이언트의 강점을 확인하고 활용하기 위해서는 무엇이 강점인지를 알아야 하며, 강점을 어떻게 발견해야 하는지를 알아야 한다. 8장의 강점사정〈표 8-4〉에서 무엇이 강점인지 학습을 하였다. 사례관리자는 클라이언트의 강점을 발견하고 이를 활용하여 클라이언트의 문제해결 능력을 강화해야 한다. 〈표 10-5〉는 클라이언트의 강점을 확인하기 위한 유용한 질문들이다(Saleebey, 2005).

무엇이 강점인가?(<표 8-4>의 내용)

배워 왔던 경험(사람들은 성공을 통해서만 배우는 것이 아니라 어려움과 실망을 통해서 배움), 개별적 자질 · 특성 · 가치(유머, 보호, 창의성, 충실함, 통찰, 독립, 영성, 도덕적 상상력, 인내 등), 주변 세상에 대해 알고 있는 것, 재능, 문화적이고 개별적인 이야기와 지식, 자신감, 지역사회, 영성

〈표 10-5〉 강점을 찾기 위한 질문들

생존 질문	• 당신이 맞서야만 했던 도전들로부터 지금까지 살아남기 위해 어떻게 했습니까? • 당신이 직면한 도전들을 어떻게 이겨 낼 수 있었습니까? • 어려움에 직면했을 때 당신은 어떤 방식으로 생각했습니까? • 당신이 역경에 맞서는 동안에 자신과 세상에 대해 무엇을 배웠습니까? • 어려움을 겪는 중에 당신은 어떤 특별한 힘, 통찰, 기술을 얻었습니까?
지지 질문	• 누가 당신의 상황을 이해해 주었고 지지와 지도를 해 주었습니까? • 당신이 특별히 의지할 만한 사람이 누구입니까? 그리고 그 사람이 어떤 특별함을 주었습니까? • 당신에게 도움을 준 사람들을 어떻게 알게 되었습니까? • 어떤 단체, 조직, 집단이 당신에게 특별히 도움이 되었나요?
예외 질문	• 당신의 삶에서 어떤 해결해야 할 것을 잘 대응했을 때, 무엇이 달랐나요? • 당신의 삶에서 좋았거나, 즐거웠거나, 혹은 평안했을 때 뭔가 특별하거나 다른 것이 있었나요? • 당신의 삶에서 어떤 부분이 다시 회복되고, 새롭게 되었으면 합니까? • 당신의 삶에서 교훈을 주고, 당신을 더 강인하게 한 순간은 언제였나요?
가능성 질문	• 인생에서 당신이 지금 원하는 것은 무엇입니까? • 당신의 희망, 비전, 열망은 무엇입니까? 그것을 달성하기 위해 어느 정도 노력을 하였습니까? • 당신의 어떤 부분이나 주변의 어떤 사람들이 당신이 성취하고 싶은 것에 도움이 되는지요? • 당신은 무엇을 하고 싶습니까? • 당신의 특별한 재능과 능력은 무엇입니까?
자긍심 질문	• 사람들이 말하는 당신의 장점은 무엇입니까? • 당신은 삶의 어떤 부분에 자부심을 갖는지요? • 당신 인생이 잘되고 있다는 것을 어떻게 알 수 있나요? • 당신은 무엇을 하고 있고, 당신은 누구와 함께 있으며, 당신은 어떻게 느끼고, 생각하고 행동하나요? • 무엇이 당신 인생에서 진정한 기쁨을 주나요? • 당신은 언제 본인이 원했던 것을 달성했다고 확신하는가요?

출처: Saleebey(2005)의 내용을 참고하여 재구성.

(4) 사회적 기능학습

클라이언트의 문제해결 능력을 강화하기 위해 사례관리자는 교육적인 전략을 활용한다. 클라이언트가 새로운 대처기법을 학습할 수 있도록 가르치는 교사의 역할과 역할연기(role play), 모방학습(modeling)의 방법을 적용할 수 있다. 사례관리자가 역할연기와 모방을 직접 수행하기 어려운 경우는 역할연기와 모방의 기회를 연결 혹은 제공한다. 또한, 클라이언트의 기능 향상을 위해 교육이 필요할 경우 교육과정을 개발 · 진행 · 평가할 수 있다.

사회적 기능학습

- 사회적으로 고립되어 있는 어르신에게 자녀와 소통할 수 있는 SNS 활용법의 교육
- 경청을 하지 않아 의사소통을 왜곡하는 클라이언트의 경우 의사사통기법의 학습을 위해 역할연기를 하거나 사례관리자의 대화기법을 관찰하여 모방하도록 함
- 요리하는 방법을 몰라서 끼니를 거르는 독거 어르신을 위해서 요리교실 연결
- 발달장애 청소년의 사회적응 능력 증진을 위한 학습 활동(지역사회 공공시설이용, 교통시설이용, 장보기, 등)

3) 위기개입

위기(crisis)는 클라이언트가 어떠한 상황에 직면하였을 때 기존의 문제해결방법으로는 극복할 수 없는 혼란상태를 의미한다. 위기는 상황 자체로 인해 발생하기보다는 그 상황에 대처하는 방식을 모르기 때문에 나타나는 공포와 충격, 고통이 사람을 통제불가능하게 만들기 때문에 야기된다(James & Gilliland, 2005). 갑작스러운 가족의 죽음, 자연재해로 인한 지역사회와 거주지의 파괴, 폭행피해 등과 같이 예기치 못한 상황을 위기상황이라고 한다. 위기는 그 상황에 당면한 개인에 따라서 대응방식이 다르기 때문에 단순하게 설명되거나 보편적인 방식으로 해결할 수 없다. 그러나 위기(危機)는 '위기'의 한자에서 볼 수 있듯이, 위험(危)과 기회(機)가 공존하는 것이기 때문에 위기를 잘 극복하게 된다면, 삶에 있어 위기 이전과는 다른 탄력성과 임파워먼트를 경험하는 기회가 된다.

위기상황의 클라이언트를 효과적으로 돕기 위해서 위기개입(crisis intervention)의 방

법을 적용한다. 위기개입의 목적은 클라이언트(가족)가 위기상황 이전으로 복원하는 것이다. 위기상황의 클라이언트를 돕기 위해서 사례관리자는 위기의 특성, 유형, 위기개입의 방법을 알아야 한다. 위기의 특성, 위기의 유형과 위기개입모델에 대해 학자들의 논의와 기존의 연구내용을 기초로 하여 다음과 같이 정리하여 제시하였다(Roberts, 1990; James & Gilliland, 2005; 보건복지부, 2016).

(1) 위기의 특성

- 위기는 위험과 기회의 공존이다. 위기에 대처하는 경험을 통해서 더 강해질 수 있기도 하지만, 위기가 발생했을 때 심리적 붕괴가 발생하며 즉각적이고도 집중적인 원조가 없이는 생활이 불가능한 상황이 되기도 한다. 경우에 따라서는 지속적으로 이러한 상황에 머무를 수도 있게 된다.
- 위기는 단순하게 설명되거나 해결될 수 없는 복잡한 증상이다. 위기는 삶에서 다양한 형태로 체험되고 해소된다.
- 위기는 무능과 무력감을 초래하기도 하지만, 성장과 변화의 씨앗이 될 수 있다.
- 위기에 대한 지각은 개인마다 다르기 때문에 위기를 해결하기 위한 만병통치나 빠른 해결책은 없다.
- 위기는 보편성과 고유성이 있다. 위기에 대해 면역력을 가질 수 없다는 점에서 위기는 보편적인 반면, 누구는 위기를 극복하고 누구는 그렇지 못한 측면에서는 고유성이 있다.

(2) 위기의 유형

위기는 발달적 위기, 상황적 위기, 실존적 위기, 환경적 위기로 구분된다(James & Gilliland, 2005; Summers, 2016).

① 발달적 위기

인간이 성장하고 발달하며 성숙하는 과정(청소년기 진입, 결혼, 자녀 출생, 노화 등)에서 발생하는 극적인 변화나 전환 때문에 새로운 대처 자원이 필요한 위기이다. 이는 정상적인 것으로 볼 수 있으나 개인은 독특하기 때문에 개인의 모든 발달적 위기는 독특한 방식으로 다루어져야 한다.

② 상황적 위기

사람이 예견하거나 통제할 수 없는 이례적인 사건들에 의한 위기로 자동차 사고, 유괴, 질병, 사별, 자연재해, 폭력범죄(강간, 강도 등) 등으로 초래된 위기이다. 상황적 위기는 예견할 수 없고, 갑작스럽고 충격적이며 맹렬하고, 많은 경우 비극적이라는 점에서 다른 위기와 차이가 있다.

③ 실존적 위기

내적 갈등이나 불안을 포함하는 것으로 삶의 목표, 책임, 독립성, 자유, 헌신과 같이 인간에게 중요한 이슈들을 동반하는 위기이다. 예를 들어, 고위직 간부가 자신의 조직에서 큰 영향을 주고 있지 못함에 대한 불안이나 60대에 인생이 덧없다고 느끼는 허무감과 같은 위기 등이 이에 해당한다.

④ 환경적 위기

일반적으로 자연이나 인간이 일으킨 재해가 개인이나 집단구성원들에게 갑작스럽게 닥칠 때 발생한다. 태풍, 홍수, 지진, 화산 폭발, 토네이도, 눈보라, 산불, 해일, 산사태 등과 같은 자연재앙 및 전염병과 같은 생물학적인 문제 등이 여기에 해당한다. 같은 환경에 사는 사람 모두에게 부정적인 영향을 준다는 면에서 상황적 · 발달적 · 실존적 위기와 다르다.

(3) 위기의 단계

- 일상적인 대처기제로 처리할 수 있는지 결정해야 하는 위험한 상황이 발생하는 단계
- 개인의 대처 능력을 넘어서 긴장과 혼란이 증폭되는 단계
- 그 사건을 해결하기 위해서 특별한 자원이 필요한 단계
- 혼란을 해결하기 위해 의뢰가 필요한 단계

(4) 위기개입모델

위기를 효과적으로 대응하기 위해서는 무엇보다도 사례관리자는 위기에 대한 개입을 지체해서는 안 되며, 즉각적으로 대응해야 한다. 〈표 10-6〉은 위기개입의 모델이다.

〈표 10-6〉 위기개입모델

구분	내용
평형모델	• 위기에 처한 사람이 위기 전의 평형상태로 회복될 수 있도록 돕는 것을 목적으로 함 • 초기 개입에 가장 적절한 모델
인지모델	• 위기가 위기사건이나 상황에 대한 잘못된 생각에 근원을 둔다고 전제(위기에 처한 사람은 스스로에게 매우 부정적이고 왜곡된 메시지를 보냄): 엘리스(Ellis)의 합리-정서치료와 마이켄바움(Meichenbaum)의 인지체계에 기본을 둠
심리사회 전환모델	• 인간을 유전자의 산물이자 특정한 사회환경의 학습된 산물로 간주 • 인간은 지속해서 변화하기 때문에 위기는 내적/외적 어려움과 관련 • 클라이언트가 자율적으로 자신의 생활을 통제하기 위해 내적 대처기제와 사회적 지지 및 환경적 자원을 함께 활용
절충적 위기개입	• 위의 여러 위기개입 중 모든 가능한 접근의 혼합물

(5) 강점관점의 위기개입모델(Roberts, 1990)

강점관점의 위기개입모델은 위기 촉발요인을 가능한 조기에 발견하는 것에서 시작

한다. 구체적인 단계는 다음과 같다.

촉발요인 조기발견 → 관계 형성 → 문제 확인 → 감정 다루기 → 대안적 대처방법 탐색 → 활동 계획 수립 → 종결 및 사후관리

[그림 10-1] 강점관점 위기개입과정

- 첫 번째 단계: 촉발요인의 조기발견(치명성과 정신건강상태 사정)—이 단계에서는 생리적 · 심리적 · 사회적 측면에 대해 포괄적이고 철저한 사정과 위기 사건에 대한 사정이 이루어진다.
- 두 번째 단계: 관계 형성하기—클라이언트와 신속하게 라포를 형성하고 치료적 관계를 형성한다.
- 세 번째 단계: 주요 문제 확인하기—내담자의 주요 이슈가 무엇인지, 위기 촉발요인이 무엇인지를 개방형 질문을 통해 표현하도록 한다.
- 네 번째 단계: 감정 다루기—적극적 경청이 효과적으로 사용되며 위기개입 전문가는 적절히 반응하고 지지 격려함으로써 경청하고 있음을 보여 준다.
- 다섯 번째 단계: 대안적 대처방법 탐색—내담자가 위기 이전에 가지고 있었던 성공적 대처기술을 찾아보고 현재 내담자의 강점을 찾는다.
- 여섯 번째 단계: 활동 계획 수립—이 단계에서는 이전 단계에서 탐색한 대처방안으로 실행할 수 있는 구체적인 활동 계획을 세운다.
- 일곱 번째 단계: 종결 및 사후관리—위기가 해결되었을지라도 이후 위기가 또 나타나거나 내담자의 대처 능력이 약화될 가능성을 고려하여 지속적인 사후 관리를 한다.

2. 간접실천

간접실천이란 클라이언트의 자원 접근성을 높이고 자원과 클라이언트 간의 상호작용이 원활하도록 사례관리자가 중개 · 의뢰 · 조정 · 옹호 · 점검의 역할을 수행하며, 자원을 지원하는 것을 말한다(한국사회복지사협회, 2014). 〈표 10-7〉은 사례관리의 간접실천의 초점과 사례관리자의 역할을 정리한 것이다.

〈표 10-7〉 간접실천의 초점과 사례관리자의 역할

간접실천의 초점	사례관리자의 역할
• 자원접근성 향상 • 자원과 클라이언트의 상호작용 촉진하기 • 지역사회자원 확충을 위해 옹호하기	조정, 연계, 중개, 자원동원, 옹호 등

1) 자원접근성 향상: 연계와 조정

사례관리에서 연계(linkage)란 클라이언트가 가용자원을 찾게 되거나 서비스를 이용할 수 있게 되는 과정을 말한다. 연계는 사례관리자가 클라이언트를 의뢰하고 실제 클라이언트가 적절한 자원을 활용하고 있는지를 의미하는 것이다(정순둘, 2005). 조정(coordination)은 두 개 이상의 조직들이 과업을 수행하기 위해 규칙을 공유하고 활동방식을 만들어 가는 과정이다(김영종 외, 2008).

(1) 의뢰

의뢰(referral)는 클라이언트를 기관체계 내 혹은 다른 기관의 자원과 연결하는 것을 말한다(Summers, 2016). 넓은 의미에서 의뢰는 기관 내부 의뢰와 타 기관 의뢰로 구분된다. 클라이언트를 타 부서와 다른 팀의 자원으로 연계하는 것은 기관 내부 의뢰이며,

기관의 서비스 범위를 넘어서 다른 기관의 서비스와 연결하는 것은 타 기관 의뢰이다. 사례관리에서 의뢰를 말할 때는 일반적으로 기관의 자원의 범위를 넘어선 타 기관 의뢰를 의미한다. 사례관리자가 의뢰를 위해 수행하는 대표적인 역할이 중개자 역할이다. 클라이언트에게 필요한 지역사회자원과 클라이언트를 잇는 가교역할을 하기 때문이다.

의뢰는 기관 중심이 아니라 클라이언트 중심으로 진행되어야 한다. 또한, 클라이언트의 문제를 해결하기 위해서 다른 자원을 연결하는 것이 필요할 경우에 수행되어야 한다. 사례관리자가 다루기 어렵거나 성과달성이 어려운 이유로 인해 클라이언트에 대한 서비스 거부나 기피의 방편으로 의뢰가 행해져서는 안 된다.

- 의뢰는 클라이언트가 필요한 서비스를 획득하기 위해 다른 원조전문가 혹은 기관과 클라이언트를 연결하는 것이다.
- 의뢰는 클라이언트와 클라이언트가 필요로 하는 자원을 화합하는 과정이다.
- 의뢰는 기관의 구조 내에서 혹은 다른 기관의 자원과 연결하는 것이다.
- 의뢰에서 사회복지사는 중개인의 역할을 수행한다.

① 의뢰가 요구되는 경우

- 사례관리기관의 자원에 한계가 있는 경우
- 사례관리기관에 클라이언트가 필요로 하는 서비스가 없는 경우
- 클라이언트의 자격요건이 사례관리기관에 부합하지 않게 된 경우
- 클라이언트의 새로운 욕구로 인해 부가적인 서비스가 요구되거나 다른 전문가의 연결이 필요한 경우

② 효과적인 의뢰의 전제조건

- 사례관리자는 지역사회에 어떠한 자원이 존재하고 있는지를 알고 있어야 한다.
- 어떠한 자원의 연계가 클라이언트에게 필요한지에 대한 판단이 선행되어야 한다.

☞클라이언트에게 적절하지 않은 자원에 연결할 경우 의뢰는 실패하게 된다.

- 클라이언트의 의뢰 절차를 수행하는 능력에 대한 판단이 전제되어야 한다. ☞ 의뢰 절차와 단계를 클라이언트가 따르는 것이 어렵다면 의뢰는 실패할 수 있다.
- 의뢰내용을 명확히 기술해야 한다. ☞불필요한 조사과정이 반복되거나 대상가구의 욕구와 다른 서비스가 제공되지 않도록 해야 한다.

③ 의뢰 시기

- 초기: 접수 면접과정에서 타 기관의 서비스 연결이 필요한 단순 정보 제공자와 기관 서비스 부적격자를 대상으로 의뢰를 한다.
- 진행과정: 서비스 수행과정에서 다른 자원의 연결이 필요한 경우 의뢰를 한다.
- 종결시점: 변화된 지위를 유지하거나 향상이 필요할 경우(예: 생활시설 퇴소아동의 지역사회 연결), 혹은 종결시점에서 확인된 새로운 욕구에 대해 기관의 자원이 부적절하여 다른 기관의 자원 연결이 요구되어 의뢰한다.

(2) 조정

사례관리자는 클라이언트는 물론이고 클라이언트의 보호자와 지역사회의 여러 기관 및 전문가와 상호 협력해야 한다. 조정(coordination)은 사례관리 목적달성을 위해 여러 관련자와 관련 기관이 함께 일을 할 때, 각자의 전문성과 자율성을 존중하면서 상호적인 노력을 촉진하기 위해 요구된다. 사례관리자는 여러 전문가 및 기관과의 협력과정에서 전문적인 자율성을 제한받는 경우가 있다. 이는 여러 관련자 및 기관이 각자의 역할을 수행하는 과정에서 역할과 전략이 중복되거나 충돌되기 때문이다. 따라서 각 서비스 제공자의 자율성을 만족시키면서 최대한의 협력을 촉진해야 하며 이를 위해 조정이 요구된다.

조정은 단지 기관 간, 혹은 전문가 간의 협력을 말하는 것이 아니다. 협력

(cooperation)은 여러 전문가와 기관들이 서로 갈등 없이 정보를 공유하면서 독립적으로 일을 할 때 가능하다. 그러나 조정(coordination)은 여러 전문가와 기관들이 각자의 역할과 기능의 중복을 피하면서 서로의 영역을 존중하고 갈등 없이 함께 일을 하기 위해 필요한 방법이다. 따라서 조정은 협력 이상의 실천이다(김만두, 2004; 정순둘, 2005; 권진숙 · 박지영, 2015).

① 서비스 조정의 이점

여러 전문가가 서비스 조정에 관여하는 것은 다음과 같은 이점이 있기 때문이다.

- 클라이언트가 일련의 서비스에 접근할 수 있다. 어떤 단일기관도 모든 클라이언트의 모든 욕구를 충족할 수 없다.
- 효과적이고 효율적인 서비스 전달을 촉진한다. 자원을 긴축해야 하고 책무성을 이행하는 상황에서 비용효과적인 서비스 제공에 기능적일 수 있다.
- 고객의 만족에 기여한다. 클라이언트는 공급자 간의 상치되거나 혼동되는 상황에 직면하지 않고 필요한 서비스들을 제공받을 권리가 있는데, 서비스 조정이 이를 가능하게 한다.

② 서비스 조정이 안 되는 경우

조정을 위해서는 여러 관련자들 간 협력이 요구된다. 사례관리과정에서 함께하는 관련 기관 혹은 전문가들의 협력 없이 조정을 하는 것은 어렵다. 전문가들이 클라이언트의 목표의 우선순위에 합의가 취약한 경우나 타 전문가와 팀워크보다 혼자 일을 하는 것을 선호하는 경우는 조정이 어려울 수 있다. 그리고 전문가들이 정책규칙이나 정부의 규제를 어길 때 혹은 비윤리적으로 행동할 때도 조정은 실효성을 거두기 어렵다.

③ 서비스 조정을 잘하려면

질적인 서비스 조정을 보장하기 위해서는 조정을 위한 충분한 시간이 확보되어야 하며, 서비스 조정을 위한 역량을 구비해야 한다. 공동지식 기반 개발을 위한 교차교육이나 연계검토 및 의사결정을 위한 방법의 개발, 갈등해결을 위한 절차, 공동 양식의 활용(예: 클라이언트가 어느 체계에 진입을 하든 무관하게 단일 접점을 위한 연계의뢰 양식)은 조정에 도움이 된다. 기관 간 공식적 업무 협약을 맺는 것도 조정을 쉽게 할 수 있는 방법이다. 클라이언트에 대한 경쟁, 비밀보장과 관련된 이슈로 전문가들이 팀으로 일하는 과정에서 장애가 있을 수 있다. 서비스 조정을 위해 전문가들이 팀으로 일을 할 때 필요한 것이 바로 소통이다. 다른 원조자와 의사소통을 증진하기 위해서는 타 전문영역의 고유성과 특성에 대한 존중과 이해가 전제되어야 한다.

2) 자원-클라이언트의 상호작용 촉진: 자원망 개발, 점검

(1) 자원망 개발

무엇이 자원인가라는 질문에 사례관리자 대부분은 지역사회 내에 존재하는 다양한 공식 및 비공식 자원을 생각할 것이다. 그러나 보다 근원적으로 사례관리의 최우선의 자원은 클라이언트 자신과 사례관리자이다. 지역사회의 다양한 자원뿐 아니라 클라이언트의 내적 자원과 사례관리자의 역량은 사례관리 목적달성에 없어서는 안 될 중요한 자산이기 때문이다.

① 클라이언트의 내적 자원 활성화

사례관리 전 과정에서 클라이언트의 참여는 중요한 자원이다. 클라이언트의 변화에 대한 동기는 사례관리 계획과정뿐 아니라 서비스 실행에 클라이언트를 적극적으로 참여하게 하는 동인이다. 사례관리는 장기간의 시간이 소요될 수 있고, 문제가 복합적일 수 있어 실행과정에서 사례관리자와 클라이언트가 좌절을 경험하거나 때로는 무력감을 느낄 수도 있다. 사례관리자는 클라이언트가 변화에 대한 희망과 사례관리에 적극적으로 참여하고자 하는 동기를 갖도록 내적인 자원을 활성화해야 한다. 클라이언트의 변화 동기, 의지, 열망 등의 내적 자원을 활성화하기 위해서는 클라이언트의 선택권을 최대한 보장해야 한다.

서비스 참여와 선택을 통한 클라이언트의 내적 자원 활성화

자원의 부족으로 대안 없이 한 가지 사업을 제공하는 것과 여러 가지 서비스 중, 클라이언트가 선택을 하는 것은 유용하고 가용한 자원이 있어야 가능하다. 클라이언트의 선택권을 보장하는 것은 클라이언트의 서비스 참여를 확장하는 것과 맥을 같이 하는 것이다. 따라서 클라이언트의 내적 자원(동기, 서비스 참여 등)을 활성화하는 것과 연결된다. 아래의 두 사례에서 클라이언트가 느끼게 되는 내적인 동기와 임파워는 차이가 날 수 있다.

예) 독거어르신 식생활 지원 서비스의 예: A 기관은 한 가지 사업을 이용할 것인지의 여부를 묻는 반면, B 기관은 다양한 사업 중 3가지를 선택하여 이용할 수 있다고 할 경우.
A기관: 반찬배달 실시
B기관: 반찬배달, 특식배달, 급식 서비스, 김치배달, 건강음료 지원, 기업연계를 통한 명절 음식 지원, Food bank 등

② 클라이언트와 사회복지사와의 전문적 원조관계

사례관리자와 클라이언트의 좋은 관계(good relationship)는 사례관리에 있어 강점의 자원이다. 클라이언트와 사례관리자의 관계는 전문적인 원조관계이다. 전문적 원조관계란 사회복지사와 클라이언트가 상호신뢰와 친밀감을 기본으로 정서적인 유대를 맺고, 목표를 함께 합의하며, 목표달성을 위한 다양한 서비스를 협력하여 진행하는 과정에서 형성된 대인관계를 말한다(권자영, 2012). 좋은 원조관계는 사례관리자와 클라이언트가 지식과 가치를 공유하도록 하며 관계를 통해서 상호대인기술을 향상하도록 하는 자원이다.

③ 사례관리자의 전문성

모든 클라이언트에게 공통의 중요한 자원은 바로 사례관리자이다. 사례관리자는 자신을 클라이언트체계와 클라이언트 환경 내의 다른 체계(표적체계, 행동체계 등)에 영향을 미치는 도구로 활성화해야 한다. 자원이 될 수 있는 사례관리자의 중요한 특성은, 숙련성(expertise), 신뢰(trustworthiness), 호감(likability), 법적 권위, 평판, 자원의 통제, 서비스, 정보 등이다. 클라이언트에게 필요한 자원을 연결하기 위해서는 적절한 자원을 찾고 연결하기 위한 사례관리자의 숙련성이 있어야 하며, 클라이언트는 사례관리자의 전문성을 신뢰해야 한다.

가용자원에 접근하기 위해서는 사회복지사의 숙련성, 클라이언트의 동기와 신뢰, 자원에 접근하기 위한 사례관리자의 전략과 역할의 조화가 필요하다.

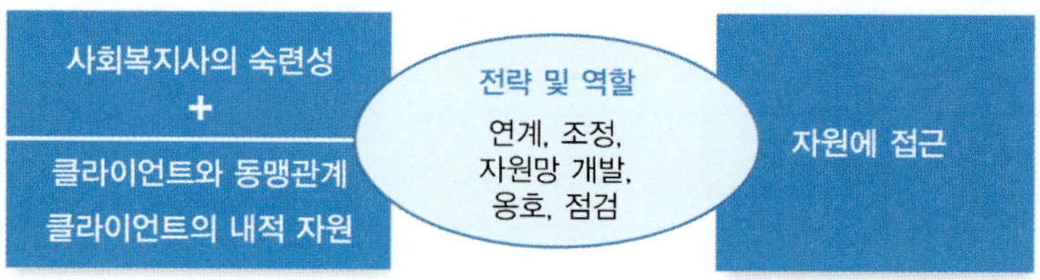

[그림 10-2] 자원에 접근하기

④ 지역사회자원 극대화

지역사회 가용자원을 확인하기 위해서는 지역사회자원을 사정해야 한다.

- 자원개발을 위한 환경 분석: 사례관리자는 클라이언트에게 요구되는 자원이 적시에 연결될 수 있도록 지역사회 자원을 파악하고 확보해야 한다. 사례관리자는 아직 확보되지 못한 지역사회자원이 무엇인지, 확보가 되었지만 지속적으로 관리와 유지를 해야 하는 자원은 무엇인지, 그리고 지역사회에 존재하고 있지만 자원으로

서 큰 가치가 없는 것은 무엇인지에 대해서 인식하고 있어야 한다. 〈표 10-8〉은 지역사회의 자원을 분석하기 위한 도구이다.

〈표 10-8〉 **사례별 자원리스트와 동원방안**

1. 클라이언트를 위해 동원하고 확보해야 하는 자원이 무엇인지 A칸에 나열한다(예: 청소년을 위한 대학생 멘토, 독거어르신 방문봉사자, 저소득가정의 후원자, 정신장애인의 재활훈련기관, 위기가족의 심리치료센터 등).
2. A에 나열된 자원목록의 중요도와 필요도에 따라서 B의 ①, ②, ③, ④에 배열한다.
   ① 이미 확보된 자원
   ② 클라이언트(가족)를 위해 신속하게 동원이 필요한 자원
   ③ 클라이언트(가족)를 위해 사례관리과정 중에 동원되어야 하는 자원
   ④ 꼭 필요하지는 않으나 동원하면 유용한 자원
3. 2의 ②, ③, ④칸에 배열된 자원을 누가 어떤 방법으로 확보할지 활동 계획을 정한다.

<table>
<tr><td>A.
자원리스트</td><td colspan="3">사례에 필요한 모든 자원의 목록을 나열한다.</td></tr>
<tr><td rowspan="5">B.
자원동원방안</td><td></td><td>자원리스트</td><td>동원방법/기한</td></tr>
<tr><td>①</td><td></td><td></td></tr>
<tr><td>②</td><td></td><td></td></tr>
<tr><td>③</td><td></td><td></td></tr>
<tr><td>④</td><td></td><td></td></tr>
</table>

- 지역사회자원 사정: 지역사회자원에 대해서 분석을 하였다면, 자원이 실제 이용 가능하고 가치가 있는지 평가를 해야 한다. 지역사회자원 분석이 자원에 대한 조사였다면, 지역사회자원 사정은 조사한 자원에 대한 평가를 의미한다. 8장 사정에서 이미 살펴보았던 자원사정 틀을 적용하여 클라이언트에게 필요한 자원에 대해

서 평가하고, 필요한 자원이 연결될 수 있도록 해야 한다. 〈표 10-9〉의 ① ~⑥의 적합성 여부를 평가하여 맨 하단의 활용 가능성에 자원의 적격 여부로 최종 판단을 한다.

자원이 클라이언트에게 꼭 필요하나 현재 활용 가능하지 않다고 판정되었을 경우 사례관리자는 옹호전략을 통해 현 자원이 갖는 한계를 개선하여 클라이언트가 필요한 자원과 연결될 수 있도록 해야 한다.

〈표 10-9〉 지역사회자원 활용 가능성 사정지

기준	내용	자원 적격 여부	
		적합	부적합
① 관련성	자원이 클라이언트체계의 욕구와 부합하는가?		
② 유용성	현재 이용이 가능한가?		
③ 접근성	자원에 접근 가능한가? (위치, 언어, 시설, 시간)		
④ 적격성	경제상황, 거주지, 연령 등의 자격기준에 부합하는가?		
⑤ 신청 절차	공식적 절차, 신청기간, 신청서 작성, 신청서류 등을 요구하는가?		
⑥ 비용	클라이언트가 비용부담이 가능한가?		
활용 가능성	위의 모든 요소를 고려하였을 때, 이 자원이 활용 가능한가?		

(2) 점검(monitoring)

점검은 사례관리대상자에게 서비스가 적절히 제공되고 있는지를 확인하고, 대상자의 환경 및 욕구의 변화가 발생하였는지의 여부와 서비스 제공기관의 활동이 적절했는지를 고찰하는 진행적인 활동이다. 점검은 진행된 서비스에 대한 검토, 사례관리에 참여한 클라이언트의 변화상황에 대한 검토, 그리고 사례관리를 통한 기관과 클라이언트의 성과에 대한 평가를 포함한다.

점검은 사례관리 계획을 중심으로 해야 하며, 일회성이 아니라 진행적으로 적절한 시기에 이루어져야 한다. 무엇보다도 정확한 정보에 근거하여 점검이 진행되어야 한다.

① 점검사항

점검은 제공된 서비스와 관련하여 사례관리가구와 사례관리기관에 대해서 수행을 한다. 희망복지지원단(2022)의 업무 매뉴얼에 제시된 점검사항은 다음과 같다.

- 사례관리가구에 대한 점검사항
  - 사례관리 서비스를 통한 대상자의 변화 정도(수립된 성과목표 일치성, 대상자의 삶의 변화)
  - 대상자가 연계된 서비스에 실제로 참여하는 정도, 서비스 내용의 적절성, 서비스 양의 충분성, 서비스의 품질과 이에 대한 대상자의 만족도, 서비스 제공방법의 적절성 등
  - 대상자 욕구 및 환경 변화에 따라 욕구 재조사 또는 서비스 제공 계획 수정 필요 여부

- 서비스 제공기관에 대한 점검사항
  - 서비스 제공 계획, 서비스 제공기간, 횟수, 내용 일치성
  - 서비스 제공여건, 서비스 제공자의 변화 여부
  - 서비스 제공기관 사이의 연계 및 협력의 원활성 등

② 점검방법

점검은 일반적으로 회고적인 방법이다. 무엇이 누구에게 어떠한 방법으로 진행되었는지를 확인하고 그것이 적절하고 타당했는지에 대해 고찰을 하는 것이다. 점검은 다양한 방법으로 진행될 수 있다. 클라이언트에 대한 면담, 설문조사, 관찰, 문서검토,

관련 기관 혹은 전문가 의견 청취 등 여러 방법을 통해 행해질 수 있는데, 점검내용의 신뢰도와 타당도를 확보하기 위해서는 단일의 방법보다는 다양한 방법을 활용하는 것이 좋다.

- 문서검토: 점검을 위해 쉬운 방법은 사례관리 서비스 진행과정에 관한 문서들을 검토하는 방법이다. 인테이크 기록지, 사정기록지, 서비스 계획서, 동의서, 진행일지 혹은 과정기록지, 의뢰기록지, 상담일지, 종결기록지, 재사정 기록지 등의 다양한 문서들을 검토하여 서비스의 적시성과 적절성 등을 확인할 수 있다.
- 면담조사: 사례관리 서비스의 적절성에 대해서 클라이언트나 가족을 대상으로 개별면담 혹은 포커스집단 면담의 기법을 통해 확인할 수 있다.
- 설문조사: 클라이언트 만족도조사 혹은 사례관리의 수행내용에 관한 설문조사 등을 활용하여 사례관리실천의 적절성을 모니터링할 수 있다.
- 관찰: 사례관리가 수행되는 현장에서 직접관찰을 통해 모니터링을 할 수 있다.
- 의견청취: 사례관리과정에 직간접으로 관련된 전문가의 의견을 청취할 수 있다. 예를 들면, 자원봉사자나 독거어르신 관리사, 요양보호사, 치료사, 교사, 의사 등 다양한 전문가의 의견을 참고할 수 있다.

③ 점검결과에 대한 조치

점검을 통해서 서비스가 클라이언트 상황의 호전이나 서비스의 원활한 수행을 확인할 수 있지만 반대로 클라이언트의 상황이 더 심각해지거나 계획과 다른 서비스의 실행을 확인할 수도 있다. 〈표 10-10〉은 서비스 점검표의 예시이다. 사례관리목표의 달성수준을 파악하고 사례관리자의 점검 의견을 기록하도록 되어 있다. 이 점검내용의 결과에 따라서 서비스를 개선할지, 지속할지, 종결할지를 판단하게 된다. 〈표 10-11〉은 점검결과에 따른 조치방안을 정리한 것이다.

〈표 10-10〉 **서비스 점검표 - 예시**

클라이언트 명:
일 시:
담당사례관리자:

담 당	과 장	부 장	관 장

계획목표	서비스 실행내용	서비스 이행 및 목표 성취 정도	사례관리자 의견
		1 2 3 4	
		1 2 3 4	
		1 2 3 4	
		1 2 3 4	
		1 2 3 4	

욕구 변화		
환경 변화		
사례관리자 의견		□ 재사정 □ 유 지

〈표 10-11〉 **점검결과에 대한 후속조치**

점검결과	후속조치
• 대상가구를 둘러싼 환경의 변화가 발생하여 재검토가 필요한 경우 • 서비스가 진행되면서 심각한 신규 욕구 또는 문제가 발생한 경우	욕구 재조사
• 서비스의 양 또는 횟수에 대해 대상자가 변경 요청 시 • 주 사례관리자의 판단 결과 서비스의 양 또는 횟수의 변경이 필요한 경우 • 욕구 재조사 결과 서비스의 종류 변경이 필요한 경우 • 서비스 제공자의 여건 변화로 서비스 제공이 어려운 경우	서비스 제공계획 재수립
• 대상가구의 상황이 사례관리 서비스가 필요하지 않을 정도로 호전된 경우 • 대상가구의 이사, 연락 두절 등으로 사례관리 진행이 어려운 경우 • 대상가구가 1개월 이상 지속적인 사례관리 서비스를 거절 또는 포기하는 경우	종결을 위한 사례관리 평가

출처: 보건복지부(2022).

3) 지역사회자원 확충: 옹호하기

옹호(advocacy)는 사회정의 실현과 클라이언트의 삶의 질 향상이라는 사회복지의 목적을 지향하기 위한 방편이다. 옹호는 환경자원의 한계에 봉착하였을 때 적극적인 행동을 통해 환경자원의 한계와 장벽을 극복하기 위해 사용되는 전략이다. 사회 서비스 전달체계가 클라이언트의 미충족 욕구에 보다 반응하도록 영향을 사용하는 것이 옹호이다.

옹호는 모든 상황에 적용되는 것은 아니다. 환경이 클라이언트의 권한에 부정적인 영향을 미치는 상황에서 클라이언트가 자신의 권리를 적절하게 주장 혹은 확보하지 못하는 경우에 사례관리자가 수행하는 역할이다. 사회적 약자 혹은 취약계층의 경우에 자원 확보와 권익보장에 취약할 수 있기 때문에 옹호는 불평등의 이슈에 대응하고 권익을 증진하기 위한 사례관리자의 역할이다.

(1) 옹호가 필요한 상황

옹호는 다음과 같은 상황에서 필요하다(Woodside & McClam, 2006).

- 클라이언트가 서비스에서 거부되거나 서비스의 제한을 받은 경우
- 클라이언트가 관심을 표명한 방법과 치료가 제공되지 않았을 때
- 클라이언트에 대한 결정을 클라이언트의 가족이 했을 때
- 클라이언트가 자신에 대한 사정내용이나 결정사항에 관한 정보를 거의 모를 때
- 클라이언트가 인종, 성, 혹은 종교의 이유로 서비스를 거부받았을 때
- 클라이언트가 자신의 문화적 규범과 상충되는 개입을 받았을 때
- 클라이언트가 휴먼 서비스 전문가에 의해 무례한 처우를 받았을 때
- 클라이언트가 두 기관 혹은 전문가들 간의 갈등상황에 갇혀 있는 경우
- 클라이언트가 안전하지 않거나 무관심한 보호를 받는 경우

• 클라이언트가 자신의 권리가 무엇인지 모르는 경우
• 규칙과 규정이 클라이언트의 욕구에 대응하지 못하는 경우

옹호는 그 결과가 사회정의 실현에 긍정적이어야 한다. 만일 환경자원이 클라이언트의 권익을 충분히 보장하고 있는 경우에 옹호전략을 활용하게 된다면, 오히려 정의롭지 못한 결과를 초래하게 된다. 따라서 옹호는 환경이 클라이언트의 권익을 침해하는 경우에 합법적인 범위 안에서 수행해야 한다. 또한, 옹호를 통해서 클라이언트가 자신의 능력을 개선하고 결과적으로 임파워되도록 해야 한다.

효과적인 옹호를 위해서 사례관리자는 클라이언트의 권리에 대해 알고 있어야 하며 클라이언트를 위해 동원할 수 있는 자원에 대한 지식과 옹호활동에 가장 효과적으로 적용할 수 있는 전략 및 전술을 습득해야 한다(Schneider & Lester, 2001). 옹호는 현재의 시스템이나 자원에 대한 문제점을 촉구하는 측면이 있기 때문에 옹호과정에서 여러 이해당사자들로부터의 압박이 야기될 수 있는 위험의 범위를 예측해야 하며, 옹호를 위한 힘의 집결을 위해 지역사회의 다양한 집단과 연대를 형성하기 위한 기술이 있어야 한다.

(2) 옹호의 실천전술

옹호를 위한 전략으로 설득(persuasion), 공청회(fair hearing), 변화표적을 당황시키기(embarrassing the target of change), 정치적 압력(political pressure), 미디어 활용(using media), 그리고 탄원서(petitioning) 등이 있다(Kirst-Ashman & Hull, Jr., 2001; 강철희 · 정무성, 2001 재인용). 클라이언트의 권익을 옹호하기 위해 합법적인 로비활동을 하는 것도 효과적인 옹호전략 중 하나이다. 옹호를 위해서는 다양한 전술이 필요하지만 공적 영역 혹은 정부로부터 재정 지원을 받는 기관에서 사례관리자가 정책적인 과정에 관여하거나 현 체계에 대항하는 옹호전략을 선택하는 것은 위험이 따를 수 있

기 때문에 합법적이고 수용 가능한 옹호전략을 활용해야 한다.

옹호활동은 서비스에 배제되었거나 서비스 이용에 장애가 있는 클라이언트가 적절한 서비스를 받을 수 있도록 미시체계뿐 아니라 중범위 및 거시체계수준에서 수행한다. 체계수준에 따른 사례관리자의 다양한 옹호활동은 〈표 10-12〉와 같다.

〈표 10-12〉 체계수준에 따른 사례관리자의 옹호활동(NASW, 2013)

미시체계	• 옹호 노력 및 프로그램 설계, 기획, 평가에 클라이언트를 포함 • 동료 간 또는 다른 조직과의 관계에 있어서 클라이언트의 강점, 욕구, 목적을 촉진 • 클라이언트에게 자원, 지원, 서비스를 증진하기 위해 다른 서비스 제공자와 기관과의 의사소통 강화
중범위/거시체계	• 사례관리 클라이언트가 사례관리 서비스를 받기 위한 재정 지원(보조금, 제3자 배상 등)을 확보하는 데 영향을 미치는 서비스 격차, 분열, 차별, 기타 장애를 줄이기 위한 전략과 자원의 확인 및 개발 • 클라이언트에게 수준 높은 서비스를 제공하기 위한 조직의 정책, 절차, 그리고 자원의 검토, 수정, 및 개발 • 지역사회 욕구사정 및 지역 조직화 • 클라이언트 장점을 지지하는 환경을 조성하기 위한 사회적·정치적 행동 • 사례관리 클라이언트(특히, 소외되고 지원이 취약한 인구집단)에 영향을 미치는 과거와 현재의 지방정부, 주정부, 국가정책의 분석 • 시민, 미디어, 기업, 정책결정자(입법활동 포함)를 대상으로 한 클라이언트의 장점, 욕구, 관심사에 관한 교육 • 옹호(지지)의 목표달성을 위해 문서자료, 구두발표, 컴퓨터 기술 등 다양한 미디어 활용 • 클라이언트의 비밀 유지와 사생활보호에 대한 존중과 함께 조직적·인구학적 차원의 사례관리 데이터의 옹호활동 활용

출처: NASW(2013).

효과적으로 클라이언트를 옹호하기 위한 기준은 다음과 같다(Woodside & McClam, 2006).

- 전문가팀과 클라이언트(혹은 가능하다면 클라이언트 가족성원도)가 참여하는 질적 서비스 제공하기

- 클라이언트의 가치와 문화적 성향과 부합하는 치료 계획을 위해 클라이언트와 상호작용하기
- 전문적 보호의 질적 기준에 기초하여 사례와 설정목표 및 성과를 점검하기
- 클라이언트의 권리와 관련된 이슈에 대해서 다른 전문가들과 지속적으로 소통하기
- 클라이언트의 선호, 강점, 한계를 고려하여 치료를 계획하고 클라이언트의 어려움이 예상될 경우 부가적인 지지를 제공하기
- 클라이언트의 수락이 있을 때에 한해서 클라이언트를 대신하여 말하기
- 기관의 정책과 절차에 대해 클라이언트를 교육하기
- 클라이언트가 결정하도록 촉진하는 환경을 조성하기
- 치료 선택과 치료 계획 수립과정을 위해 클라이언트를 교육하며 실행단계에서 직면할 수 있는 장애물에 관해 논의하기
- 지지, 개정, 그리고 정책창출을 위해 체계 안에서 일하기: 이 일에 관여된 전문가들을 파악하여 그들과 당신의 의견을 논의하라. 정책이슈와 관련된 위원회에 참여하라.
- 정책적 과정에 관여되기: 공공정책 제안자와 접촉하라.

(3) 옹호과정의 문제

옹호가 억압되거나 취약한 클라이언트와 함께 일하는 사례관리자의 주요 역할이지만 옹호를 효과적으로 하는 것은 쉽지 않을 수 있다. 이는 특히 정부의 지원을 받고 있는 사회복지시설 종사자에게서 더욱 그러할 수 있다. 옹호의 문제로, 첫째, 지역사회 자원의 총량이 증대되지 않는다면, 옹호로 인한 자원 획득은 결과적으로 제로섬(zero-sum)이 될 수 있다. 즉, 취약계층의 클라이언트를 위한 자원 확충이 덜 취약한 클라이언트의 자원의 감소 결과일 수 있기 때문이다. 이 과정에서 대립되는 이해관계

자들 간 갈등이 발생할 수 있으며 이해관계자들이 각각 옹호활동을 전개할 수도 있다. 뿐만 아니라 양립되는 욕구를 가진 클라이언트에게는 결과적으로 해를 입히는 문제가 야기될 수 있다.

둘째, 시간의 제약으로 옹호를 충분히 수행할 수 없는 경우도 있다. 옹호는 장기적으로 진행되는 경우가 있으나 사례관리 클라이언트를 위한 옹호의 이슈는 시급성을 요하는 경우가 있다. 이 경우 옹호가 충분히 진행되지 못할 수도 있으며, 진행되더라도 그 결과의 이득은 현재의 클라이언트가 아니라 미래의 클라이언트의 것이 될 수 있다.

셋째, 옹호활동의 결과로 주요 이해관계자와의 관계가 분절될 수 있는 문제이다. 사례관리자를 포함하여 한국의 대부분의 사회복지사들은 정부의 예산 지원을 받는 기관에 종사하고 있다. 사례관리자가 지역사회자원의 한계를 이슈화하고 정책의 문제를 공론화하며 자원 확충을 위해 클라이언트를 동원하는 것은 그것이 사회정의를 실현하기 위한 과정이라 할지라도 현 정책이나 상황에 대한 대항으로 인식될 가능성이 있다. 결과적으로 재원기금과 행정부의 재가를 상실할 수도 있다. 이러한 문제점을 고려한다면 사례관리자는 합법적인 로비를 통해 클라이언트를 옹호하는 것이 보다 전략적일 수 있다.

사례관리자는 실행내용을 다양한 방법으로 기록하는데, 〈표 10-13〉은 사례노트를 활용한 서비스 진행일지이다. 사례노트는 일자별로 사례관리 진행내용을 요약해서 기록할 수 있는 이점이 있다.

〈표 10-13〉 서비스 진행일지: 사례노트 - 예시

일자	소요시간(분)	면접대상			면접방법				Service Code	Recoding	비고
		Ct	Ct 가족	기타	대면		전화	기타			
					가정방문	기관					
1/22	10	✓					✓		D	명절음식 지원, 김치 지원 관련 정보 제공 연락함. 현재 살고 있는 집이 재건축에 들어가는 것 때문에 이사를 해야 한다고 함. 이사할 수 있도록 도움을 요청하였음. 의존적인 성향이 있는 것으로 확인되어 본인이 할 수 있도록 지지하였음	
2/18	10	✓					✓		D	**의 쌀 나누기, ㅇㅇ의 멸치 지원 관련 정보 제공 및 안부전화 실시. 집 구하는 일을 도와주시는 분이 있어서 알아보고 있다고 함. 이전에 가사도우미로 일했던 집 주인이 알아봐 주시기로 함. 비용에 대해서 걱정하고 있음. 스스로 할 수 있도록 지켜보는 것이 필요하다고 판단됨	
3/17	30	✓					✓		B	18일 이사를 위해 자원연결 요청함. 이사를 위한 이삿짐 센터와 자원봉사자 요청함. 확인해 보고 연락해 주기로 함	
				✓				✓	E	이삿짐센터(**익스프레스)와 00봉사자연합에 의뢰하였으나 관할지역이 아니라서 어려움이 있다고 함 **구자원봉사센터에 의뢰하였으나 조치가 어렵다고 함	
		✓					✓		B	다른 해결방안이 있는지 확인하고 안 되면 이삿짐 센터를 불러서 하겠다고 함. 이전에 이사할 때 복지관에 도움을 청하였던 기억 때문에 연락을 한 것이라고 함. 본인이 스스로 자원을 활용하여 해결한다고 함. Ct가 자원을 잘 활용할 수 있도록 하는 것이 필요하므로 요청할 때 요구와 욕구를 구분할 필요가 있음	
4/24	50	✓			✓				A	케이스컨퍼런스 진행: 어르신 결연사업 대상자로 선정됨. 독거어르신으로 기초생활보장 수급권자임. 자원활용능력은 뛰어나나 경제적 어려움 때문에 지원이 필요함	
4/25	10	✓					✓		A	서비스 통보: 서비스결정에 대해 통보하고 5월부터 서비스가 진행될 것에 대한 결정내용 통보함. 세부내용으로 월 5만 원씩 후원금 지급, 쌀(2개월 10kg)과 야쿠르트 지원을 통해 생활의 안전을 주기적으로 점검할 수 있도록 함	

일자	소요시간(분)	면접대상			면접방법				Service Code	Recoding	비고
		Ct	Ct 가족	기타	대면		전화	기타			
					가정방문	기관					
5/30	50	✓	✓			✓			B	5월 20일 어르신 야유회 참가한 것에 좋은 시간이었다고 감사 표시함. 돋보기와 백내장수술 필요 여부 확인했으나 필요 없다고 함. 응급벨 설치 확인하였음	
6/29	50	✓				✓			B	서비스 진행과정 모니터링을 위한 방문: 후원금(월/5만 원) 지급, 쌀(2개월 10kg) 등 순조롭게 전달되고 있음. 머리가 무겁고 심장이 떨린다고 함. MRI를 찍어 보고 싶다고 함. **병원에 의뢰하여 무료로 진료받을 수 있도록 요청함	

Service Code	
A. 사정 · 컨퍼런스 · 통보	D. 서비스 전달 및 자원 연결
B. 모니터링	E. 의뢰(병 · 의원 및 보건소, 타 기관)
C. 심리 · 사회적 상담 (정서적 지지, 조언 및 정보 제공 포함)	F. 기타 ( )

생각해 보기

1. 9장에서 사례에 대한 계획을 수립했다면, 사례의 목표달성을 위해 요구되는 자원의 목록을 작성하고 중요도와 필요도에 따라서 〈표 10-8〉에 자원을 나열하고 자원동원 방안을 구상해 보자.
2. 사례관리자 혹은 예비사례관리자로서 교재에 제시되어 있는 직접실천과 간접실천의 어떤 역할에 강점이 있으며, 어떤 역할의 부분이 보완되어야 하는지 생각해 보자.
3. 의뢰를 성공적으로 하기 위해서는 어떠한 부분을 고려해야 하는지 논의해 보자.
4. 사례관리에 있어 타 전문가와 효과적으로 협력하기 위해서 어떠한 요소가 고려되어야 하는지 토의해 보자.

Chapter 11

평가와 종결

평가는 사례관리 개입의 적절성과 효과를 확인하는 과정이다. 평가결과에 따라서 사례를 종결할지, 다른 기관으로 의뢰할지, 재사정을 통해 기관에서 서비스를 연장하여 제공할지를 판단하게 된다. 평가의 결과는 사례관리 서비스 질을 개선하기 위한 기초자료로도 활용이 된다.

종결은 클라이언트가 사례관리 목표를 달성하고 삶에 변화를 보여 더 이상 사례관리자의 개입 없이도 스스로 삶을 유지할 수 있다고 판단될 때 진행되는 것이 바람직하다. 그러나 클라이언트에게 다른 기관이나 전문가의 원조가 요구되어 의뢰를 하면서 종결하는 경우도 있으며, 클라이언트가 서비스를 거부하거나, 이주 · 사망 등의 이유로 종결이 진행되기도 한다.

종결은 사례관리 서비스의 책임성을 완수하는 단계이기 때문에 종결 이후에도 클라이언트가 변화된 삶을 유지하고 있는지 아니면 다른 도움이 필요한지를 확인하여 사례관리의 성과 유지를 지원하는 사후관리(follow up) 계획도 함께 진행해야 한다.

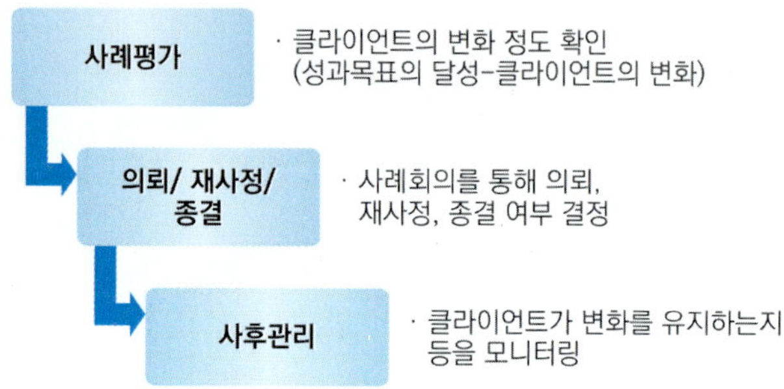

[그림 11-1] 종결과정

1. 평가

사회복지실천에서 평가는 인과적 결론을 위한 것이라기보다는 사회복지사의 실천이 가치 있었다는 것을 입증하는 절차이다(Sheafer & Horejsi, 2006). 사례관리평가도 사례관리자의 입장에서는 사례관리 서비스가 클라이언트에게 의미 있고 가치가 있음을 입증하는 것이며, 클라이언트의 입장에서는 실제로 사례관리를 통해 의미 있는 변화가 있었다는 것을 확인하는 과정이다.

평가를 효과적으로 수행하기 위해서는 사례관리 계획단계에서부터 사례관리자와 클라이언트가 함께 평가 계획을 수립해야 한다. 바람직한 사례관리 계획서는 사례관리의 목표와 활동들뿐 아니라 사례관리를 통해 어떤 문제가 어느 수준까지 개선될 것인지, 그리고 변화는 언제 어떠한 방법으로 확인할 것인지의 평가 계획까지 포함한 것이다.

사례관리평가의 당위성은 미국사회복지사 윤리강령에서 확인 가능하다. 윤리강령 전문에 "사회복지 전문직의 근본적인 사명은 인간의 행복을 향상시키고 모든 사람들의 기본적인 욕구를 충족하도록 지원하는 데 있으며, 특히 취약하고, 억압받고, 가난한 사람들의 욕구와 임파워먼트에 관심을 둔다"고 명시하고 있다(NASW, 2017). 이는 사회복지사가 클라이언트의 변화를 촉진하는 책임성을 이행해야 함을 의미한다. 따라서 사례관리의 성과를 평가하는 것은 사회복지사의 전문적 활동의 책임성을 입증하기 위한 기능으로 필요불가결한 과정이다.

본 교재에서는 사례관리의 평가를 사례관리의 효과성과 적합성을 포함하는 성과평가, 사례관리 수행과정의 적절성에 대한 과정평가, 그리고 사례관리 서비스의 질과 만족도에 대한 평가로 구분하여 살펴보고자 한다.

평가의 영역 중에서 개별 클라이언트의 변화를 보고하는 성과평가는 다른 영역의 평가보다 더욱 중요한 의미를 갖는다. 물론 서비스 진행과정의 적절성과 서비스의 질과 만족도에 대한 평가도 중요하지만, 사례관리는 다른 사회복지 프로그램과 달리 기관의 사례관리 운영체계하에서 개별 클라이언트에 대한 맞춤형의 목표 설정과 개입계획에 의해 진행되기 때문에 클라이언트가 사례관리를 통해서 삶에 어떤 변화가 있었는지를 확인하는 개별사례의 변화에 대한 평가는 사례관리자와 클라이언트 모두에게 사례관리의 가치를 부여하는 중요한 의미를 갖는다.

사례관리 평가는 다음 영역에서 수행된다.

- 사례관리 목표달성에 대한 성과평가
- 사례관리 목표달성을 위한 활동에 대한 과정평가
- 사례관리 서비스에 대한 참여자의 서비스 질(또는 만족도) 평가

1) 사례관리 성과평가

(1) 사례관리 성과평가의 의미

성과(performance)는 행동, 기술, 지식, 태도, 가치, 조건, 지위 등과 관련된 것으로 프로그램 전에 비해 이러한 요소들이 프로그램 과정과 이후에 변화된 것을 의미한다(김통원, 2003). 평가(evaluation)는 사회복지 프로그램 혹은 기관의 계획, 수행, 성과

등 제반활동을 체계적으로 판단하는 것을 의미한다(정무성, 2007). 따라서 사례관리 성과평가란, 사례관리에 참여한 클라이언트가 사례관리 서비스를 통해 행동, 지식, 가치, 태도, 조건 등이 긍정적으로 변화(유지)된 것을 과학적이며 체계적으로 판단하는 것을 의미한다.

평가는 사례관리자와 클라이언트가 중심이 되어 수행되나 클라이언트의 가족(후견인)과 관련 전문가로부터 획득한 자료도 성과평가에 유용한 정보가 된다〈표 11-1〉.

〈표 11-1〉 사례관리 성과평가

구분	사례관리 성과평가
평가의 초점	사례관리 서비스 참여자(클라이언트)의 변화
평가 관련자	클라이언트, 클라이언트의 가족(후견인), 사례관리자, 관련 전문가
평가의 목적	클라이언트와 사례관리자가 함께 설정한 목적과 목표의 달성 정도에 대한 확인(클라이언트의 변화수준 확인)
평가방법과 도구	• 양적 평가방법: 단일사례연구방법(기능수준척도, 표준화된 척도, 관찰치 등을 활용), 목표달성척도 • 질적 평가방법: 전문가의 관찰, 심층면접 등
평가의 시기	• 계획 수립 시에 지정한 시기 혹은 서비스의 종결을 앞둔 시점

(2) 성과평가방법

① 양적 평가와 질적 평가

사례관리의 성과평가는 양적인 방법과 질적인 방법을 병행해서 진행한다. 양적 방법을 활용한 성과평가는 성과를 객관화할 수 있는 장점이 있지만, 클라이언트만의 고유한 성과를 묘사하는 것은 어렵다. 역으로, 질적인 방법으로 성과를 평가할 경우는 클라이언트가 묘사하는 고유한 언어로 성과의 의미를 확인할 수 있으나 성과의 결과를 객관화하기는 어렵다.

그동안 사례관리의 성과는 사례관리기관이나 사례관리자의 관점에서 클라이언트의 변화를 객관적인 수치로 보고하는 것에 초점을 두고 진행되었다. 그러나 양적 평가에서 흔히 '최종결과'로 제시되는 수치로는 실제로 어떤 상황이 벌어지고 있으며 클라이언트가 개입과정에서 구체적으로 어떠한 변화를 만들어 냈는지는 확인할 수 없다는 자성이 제기되었다. 무엇보다도 변화과정에서 클라이언트가 느끼는 상호작용적이고 주관적인 경험은 평가척도나 측정으로는 확인이 불가능하기 때문에 클라이언트의 이야기(narrative) 또는 대화(discourse)를 통해 분석하는 질적 평가방법에 의미를 두게 되었다(최종혁, 2002; Sherman & Reid, 2003).

사례관리 성과평가를 과학적으로 수행하기 위해서는 개입 전-후의 변화가 실제 개입의 결과로 발생한 것인지를 확인하는 단일사례연구방법을 적용할 수 있다. 이때 척도의 사전-사후점수 비교나 관찰을 통해 측정한 사전-사후 변화치를 평가정보로 활용한다. 양적 방법을 활용한 성과평가를 위해서 기존에 제시되고 있는 표준화된 척도, 기능수준척도를 활용할 수 있으며, 개별화된 맞춤형 성과평가의 방법으로 목표달성척도(goal attainment scale)를 활용할 수 있다.

질적 방법을 활용한 성과평가는 클라이언트를 대상으로 한 심층면접을 통해 가능하다. 다양한 질적 연구방법들이 있으나(전기연구, 민속지학, 현상학 등), 사례관리의 성과를 평가하는 것은 질적 연구를 위한 것이 아니기 때문에 연구방법론의 적용에 구애받기보다는 사례관리를 통해 획득한 클라이언트의 삶의 변화와 새롭게 확인된 클라이언트만의 강점의 이야기에 초점을 두고 진행하도록 한다. 심층면접을 통해 도출된 클라이언트의 주관적 경험은 양적인 방법으로는 획득할 수 없는 내용을 제공하기 때문에, 개별 클라이언트의 성과를 평가하는 데 유용한 정보가 된다. 심층면접뿐 아니라 사례관리과정 기록물에 대한 내용 분석도 성과평가의 근거자료로 활용 가능하다.

〈표 11-2〉 사례관리 성과평가방법과 도구

평가방법		용도	사례관리 성과의 예시
양적 방법	표준화된 척도	일반적으로 클라이언트의 느낌, 태도, 지각을 측정하기 위하여 사용	• 척도로 사전-사후검토하였을 때 - 목표한 수준만큼 점수의 향상
	기능수준척도	일반적으로 클라이언트 또는 클라이언트 가족의 기능적인 면을 측정하기 위해 사용	• 기능수준척도로 사전-사후검토하였을 때 - 목표한 수준만큼 기능수준 점수의 향상 *예: 대인관계의 사회화 1~5점 수준 1: 위축, 혼자 지냄, 친구와 상호작용 전혀 없음 수준 3: 친구관계에서 최소한의 관심을 나타냄 수준 5: 친구와 관계를 형성함에 사교적이고 기술적
	목표달성척도	클라이언트가 주도적으로 정한 목표달성수준을 측정하기 위해 사용	목표의 우선순위에 가중치를 부여하고, 목표달성수준을 검토하여, 사전-사후 결과치를 비교하여 변화의 성취 정도를 확인함. 5점 척도임(0 = 개입 성과가 가장 나쁜 수준/1= 개입성과가 기대한 것보다 나쁜 수준/2 = 기대한 개입 성과/3 = 기대보다 좋은 개입 성과 /4 = 기대 이상의 좋은 성과)
질적 방법	심층면접	일반적으로 클라이언트가 자신의 언어로 이야기하는 변화를 확인하기 위해 사용	사례관리가 구체적으로 어떻게 도움이 되었으며, 사례관리 전과 비교했을 때 어떤 변화가 있었으며, 가장 좋았던 점은 무엇인지, 앞으로 자신의 삶에 어떤 희망이 있는지 등 심층면접을 통해 표현한 클라이언트의 언어

(3) 목표달성척도

목표달성척도(GAS)는 맞춤형 성과측정을 위한 유용한 방법이다. 목표달성척도는 사회복지사와 클라이언트가 목표를 설정하는 단계에서 목표의 우선순위를 정하고 각 우선순위에 가중치를 부여하여 목표의 달성수준이 어떠할 것인지 검토하여, 사례관리 전과 후의 결과치를 비교하여 프로그램을 통한 변화의 성취 정도를 확인하는 방법이다. 이 방법은 표준화된 척도처럼 측정을 위한 범주가 정해져 있지 않기 때문에 사회복지실천에 적합하며(Cournoyer, 2012), 특히 다양한 욕구를 지닌 클라이언트를 위해 맞춤형 성과를 측정하는 데 더욱 유용하다.

목표달성척도가 사례관리 성과측정을 위해 유용한 점은 개별 클라이언트가 진술한 목표를 평가 측정의 준거로 활용한다는 점이다. 목표달성척도는 각 클라이언트 체계에 개별화되고 맞춤형의 서비스를 제공할 수 있도록 하며, 클라이언트가 주체가 되어 실천과정에 적극적으로 참여하도록 하여(Mieley, et al., 2007; 이현주, 2011) 사례관리의 성과를 촉진하는 이점이 있다.

목표달성척도의 적용절차는 [그림 11-2]와 같다.

첫째, 클라이언트의 주요 목표의 영역을 도출한다.

둘째, 목표의 중요도와 난이도에 따라 가중치가 적용된다.

셋째, 클라이언트의 달성 가능한 수준을 결정한다. 목표 달성척도는 5점 척도로 단계별로 목표를 정의한다.

넷째, 클라이언트의 현재 상태를 나타내는 기초선의 점수를 정한다.

다섯째, 정해진 시기 혹은 프로그램 종결시기에 목표점수를 산출한다(Turner-Stokes, 2009).

목표달성척도로 성과를 평가하기 위해서는 사례관리 계획단계에서 이 방법으로 성과를 평가할 것을 계획해야 가능하다.

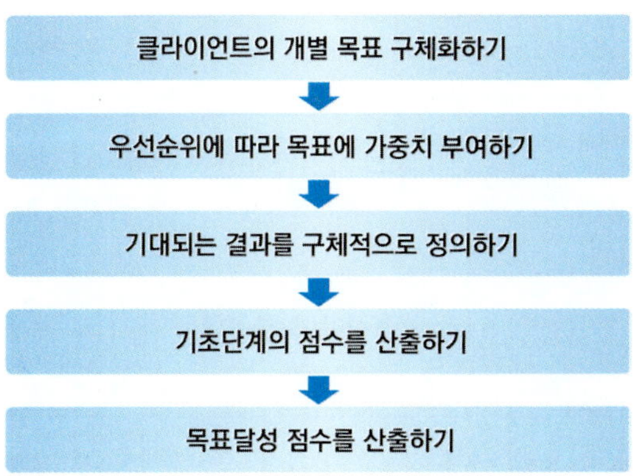

[그림 11-2] 목표달성척도 적용절차

〈표 11-3〉은 목표달성척도를 적용하여 클라이언트의 변화를 측정한 것이다. 시작수준(V)은 사례관리 욕구사정에서 확인한 클라이언트의 상황으로 기초선으로 활용된다. 종결수준(X)은 종결시점에 달성하기를 원하는 목표가 된다. 목표를 학교에 출석, 체육과목에 대한 자신감, 진로에 대한 정체성으로 설정을 하고 각각 20, 40, 40의 가중치를 부여했다. 괄호 안의 점수(0~4)에서 0과 1은 기초선의 점수에 해당되며, 2는 기대되는 결과수준이다. 이 사례의 기대되는 결과는 학교 출석률 50~80% 수준 달성, 체육에 대한 약간의 자신감, 그리고 앞으로 무엇을 할지 고민해 보는 수준이다. 3, 4점은 기대목표 이상을 달성했을 경우이다. 사례 종결시점에서 관찰한 값은 출석률은 기대 이상의 80~90% 수준을 달성했으나 체육 과목은 오히려 더 나쁜 결과를 보였고, 진로에 대해서는 당초 기대했던 수준을 달성하였다. 각각의 목표의 변화점수를 가중치에 곱한 것이 '가중변화점수'이며, '가능한 가중변화점수'는 가장 높은 점수에서 기초선인 시작점수를 뺀 것을 가중치에 곱한 점수이다. '목표달성백분율'은 가중변화점수를 가능한 가중변화점수로 나눈 것이다.

〈표 11-3〉 목표달성척도의 예(장기 결석한 청소년 사례에 대한 예)

시작수준: V 종결수준: X	목표 1: 학교에 출석	목표 2: 체육에 대한 자신감	목표 3: 진로에 대한 정체성 확립	전체
달성수준	가중치 = 20	가중치 = 40	가중치 = 40	가중치 =100
(0) 개입성과가 생각한 것보다 매우 나쁨 (최악의 결과)	전혀 출석하지 않음 V	전혀 자신감이 없음 X	앞으로 무엇을 할지 생각을 하지 않음	
(1) 개입성과가 기대한 것보다 못함	약 50% 미만 출석	자신감이 부족함 V	앞으로 무엇을 할지 모르겠음 V	
(2) 개입성과가 기대한 정도 (기대되는 결과)	약 50~80% 이상 출석	약간의 자신감	앞으로 무엇을 할지 고민 X	

시작수준: V 종결수준: X	목표 1: 학교에 출석	목표 2: 체육에 대한 자신감	목표 3: 진로에 대한 정체성 확립	전체
(3) 개입성과가 기대보다 더 좋음	약 80~90% 미만 출석 X	자신감을 어느 정도 가짐	앞으로 무엇을 할지 대략 방향을 잡음	
(4) 예상했던 최고의 개입 효과	90% 이상 출석	매우 자신감을 가짐	앞으로 무엇을 할지 결정함	
가중치	20	40	40	100
변화점수 X-V	3 (3-0)	-1(0-1)	1(2-1)	
가중변화점수	60(20×3)	-40(40×(-1))	40(40×1)	60 (60-40+40)
가능한 가중변화 점수	80(20×4)	120(40×3)	120(40×3)	320 (80+120+120)
목표달성백분율	75%(60/80)	-33%(-40/120)	33%(40/120)	19% (60/320)

* V(처음 점수 → 기초선) / X(나중 점수 → 종결 시 달성한 수준)

〈표 11-4〉 사례관리 목표달성척도 점수 기준*

0 = 발생할 수 있는 결과 중에서 가장 좋지 않은 수준(최악의 결과)
1 = 변화가 없거나 예측되는 성공 이하 수준
2 = 어느 정도의 좋은 방향의 변화 혹은 예측되는 성공수준(기대되는 결과)
3 = 상당한 수준의 변화 혹은 예측되는 성공 이상 수준
4 = 가능한 범위 내에서 가장 좋은 수준(최상의 결과)

*목표달성척도 점수기준은 5점 척도로 -2, -1, 0, 1, 2로 설정하기도 함

〈표 11-5〉 사례관리 목표달성 평가단계 및 순서

1. 목표를 비교, 해당영역의 중요성을 나타내는 가중치 점수를 부여한다.
2. 개입이 시작될 때 클라이언트의 상태를 가장 잘 나타내는 란에 체크(V)한다.
3. 개입이나 서비스가 종결되었을 때, 클라이언트의 상태를 가장 잘 묘사한 란에 X 표시한다.
4. 가중변화점수를 결정한다.
   가중변화점수 = [나중 점수(X) - 처음점수(v)] × 가중치
5. 각 척도의 가능한 변화의 백분율을 계산한다.
   가능한 변화점수 = [가장 높은 점수 - 처음점수(v)] × 가중치
6. 목표달성백분율을 계산한다.
   목표달성백분율 = 가중변화점수/가능한 변화점수
7. 전체적인 목적달성점수를 계산한다.
   Σ가중변화점수/Σ가능한 변화점수

(4) 단일사례설계

개별 클라이언트에 대한 개입 효과를 파악하는 방법으로 가장 잘 알려진 것이 단일사례설계(SSD: Single-Subject Design)이다. 단일사례평가 설계는 시간의 흐름에 따라 복합적이고 반복적인 측정을 적용하여 특정 문제나 클라이언트의 목표에서의 변화를 관찰하기 위한 일련의 경험적 절차다. 단일사례설계는 개입 이전의 상황에 대한 기초선을 확인하고, 개입이 진행됨에 따라 변화를 확인하는 절차로 이루어진다. 여기서 측정하게 되는 점수는 클라이언트의 행동, 감정, 태도 등일 수 있다. 이를 측정하기 위해서 표준화된 척도, 기능수준척도 등을 활용하는데, 평가설계 시 측정간격, 측정방법들을 결정해야 한다.

이러한 단일사례설계의 가정은 개입을 시작하기 전의 클라이언트의 상황은 동일하거나 더 나쁘다는 것이다. 이를 기초선이라고 한다. 이러한 전제조건이 성립된 후, 개입을 시작하여 변화가 있고 그 변화에 대한 반대의 증거가 없다면 그 변화는 개입의 효과라고 판단할 수 있다. 실험설계와 비교한다면 기초선에 해당하는 부분을 통제집단(혹은 비교집단)이라고 할 수 있고, 개입한 이후를 실험집단이라고 할 수 있다. 여기서 집단이라는 표현을 쓰는 이유는 기초선 확인을 위하여 다수의 측정을 하고, 개입 이후에도 다수의 측정을 하기 때문이다(Rubin & Babbie, 2001; Rubin & Babbie, 2016).

① 단일사례설계의 방법

과학적인 연구조사방법으로 제시되고 있는 단일사례설계의 방법은 〈표 11-6〉과 같이 다양하나, 사례관리의 일차적인 목적은 연구의 성과가 아니고 클라이언트의 변화와 문제의 개선이기 때문에 AB 혹은 B설계 방법의 활용이 우세하다. 만일 재사정 이후에 추가적인 개입의 경우는 ABAB(사정-개입-재사정-재개입)설계의 적용이 가능할 것이다.

〈표 11-6〉 단일사례설계방법

- ✔ AB설계: 보편적으로 적용 가능한 유용한 설계이다. 사례관리자의 관찰(A: 기초선)과 개입(B: 개입 결과)으로 구성된 설계이다.
- ✔ B설계: 의뢰와 같이 다른 전문가나 기관에서 개입이 진행된 이후에 사례관리자가 정확한 기초선에 대한 정보 없이 개입을 하는 경우이다. 그러나 사례관리자는 기록이나 의뢰상황 등을 종합하여 기초선을 추정할 수 있다.
- ✔ ABC 설계: AB설계에 수정된 혹은 다른 개입(C)을 추가하여 실제 개입인 B의 효과를 확인하기 위해서 수행되는 설계이다.
- ✔ ABAB설계: AB설계를 중복해서 적용하는 경우이다. 관찰-개입 이후에 다시 관찰-개입을 하여 개입의 효과를 확인하는 설계이다.
- ✔ BAB설계: 관찰 없이 즉각 개입을 한 후에 관찰의 기간을 갖고 다시 개입을 하는 설계이다.

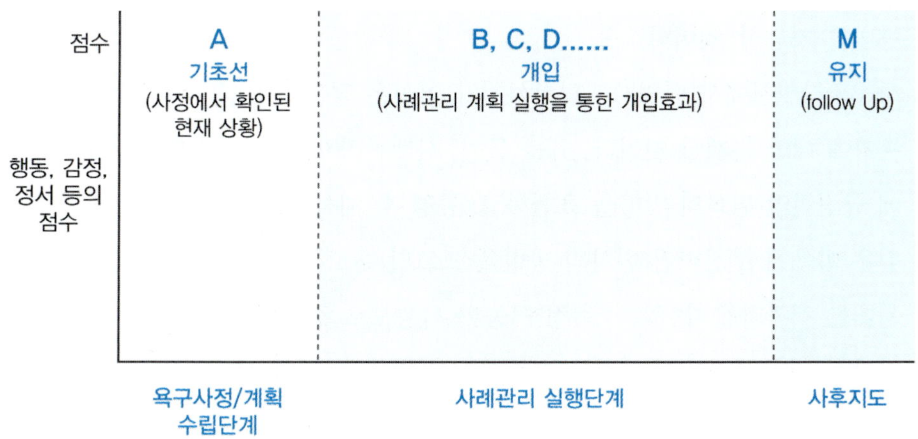

[그림 11-3] 단일사례평가의 예

② 단일사례설계 적용의 유의점 및 한계(Rubin & Barbie, 2016 ; Mieley et al., 2007; 서울시사회복지사협회, 2009)

- 단일사례설계는 사례에 대한 개입 전후의 변화를 과학적으로 입증하는 유용한 도구이나 클라이언트의 행동이나 변화목표가 모두 측정 가능한 것이 아니다. 따라서 단일사례설계는 클라이언트의 측정 가능한 행동 변화의 영역에 적용 가능하다.
- 기초선을 둘 때도 윤리적 고려가 우선되어야 한다. 개입의 효과를 확인하기 위하여 기초선을 두는 것은 중요하지만 사례관리실천현장에서 만나는 클라이언트에게 기초선을 설정하기 위하여 개입 전에 잠깐 기다리라고 하는 것은 클라이언트의 상황에 따라서 적절하지 않을 수도 있다.
- 다중 기초선을 둘 수 있는지 검토해야 한다. 개입을 진행할 때 여러 가지 서비스를 동시에 진행할 수도 있고, 순차적으로 진행할 수 있다. 이때 순차적으로 진행할 경우에 각 서비스 요소가 추가될 때마다 변화를 볼 수 있기 때문에 다중기초선을 두게 되어 각 서비스 요소의 효과를 구별하여 볼 수 있다는 장점이 있다.
- 사례관리실천 후에 재사정을 하는 것은 개입 이후 점수를 측정하는 것이라 할 수 있다. 재사정결과 효과가 유지되지 않을 경우에 다른 개입방법을 모색하여야 할 것이다. 이때는 ABAC(사정-개입-재사정-수정된 개입)의 변형된 단일사례설계의 방법이 가능할 것이다.
- 사례관리실천에서 단일사례평가설계가 어려운 점은 점수를 누가, 어떻게 확인하는가에 대한 문제일 것이다. 예를 들어, 사례관리가 진행될 경우에는 고마운 마음에 긍정적인 변화의 방향을 표현하고, 종결 후 재사정을 진행할 때는 도움을 받고 싶은 마음에 부정적인 변화의 방향을 보고할 수도 있다. 그러므로 점수의 측정은 최대한 객관화될 수 있는, 측정 가능한 사항으로 정하고 다양한 사람이 참여하는 다각적 평가일수록 좋다. 이때 문제는 시간과 비용의 문제일 수 있다.

2) 사례관리 과정평가

과정평가는 목표달성을 위한 제반 요소와 활동의 적절성을 평가하는 것이다. 개별 사례에 대한 서비스지원 체계와 계획의 적합성에 대한 평가가 이에 해당된다. 제2장의 사례관리 구성요소에의 〈표 2-7〉에 제시된 사례관리 지원체계와 운영체계의 내용을 중심으로 사례관리를 위한 기관 지원체계의 적절성과 사례의 목표를 지원하기 위해서 수립된 계획의 적절성, 활동의 적절성, 자원의 적합성을 확인하게 된다. 사례관리과정 평가를 위한 근거자료는 사례관리의 제반 기록물에 대한 검토와 사례관리에 참여하였던 클라이언트, 가족, 전문가, 봉사자들에 대한 면담을 통해 확인할 수 있다.

사례관리 과정평가에서는 다음의 내용에 비중을 두고 자료검토와 면담을 통해 〈표 11-7〉에 제시되고 있는 사례관리의 지원체계와 실행체계의 적절성 여부를 확인한다.

- 클라이언트와 사례관리자가 전문적인 원조관계를 유지하였는지
- 사례관리 전 과정에 클라이언트의 참여를 최대한 보장하였는지
- 모든 기록이 적시에 정확하게 문서화되었는지
- 사례관리의 각 과정이 유기적으로 연결되어 수행되었는지
- 클라이언트의 자율성과 역량을 강화하였는지
- 사례관리과정에서 비윤리적인 실천은 없었는지

〈표 11-7〉 사례관리 과정평가의 영역과 평가근거

구분	사례관리 과정평가 영역	평가근거
사례관리 지원체계	① 사례관리규정 구비(기관 내부 인력 간 표준화) ② 사례관리과정별 업무 분석(업무기술, 업무명세, 업무평가서) ③ 사례관리팀 구성 및 사례관리자 배치(업무특성에 따른 적합도 고려) ④ 교육훈련(사례관리를 위한 역량강화) ⑤ 다학제적 접근(타 전문직과의 협력)	사례관리지침 업무분석표 교육훈련 계획 및 보고서 교육참가보고서 자원사정표

구분	사례관리 과정평가 영역	평가근거
	⑥ 팀접근 협력(타 팀과의 협력) ⑦ 슈퍼비전 및 자문(질적 사례관리를 위한 슈퍼비전 및 자문) ⑧ 사례관리 프로그램의 정기적 평가 ⑨ 지역사회와의 네트워크 체계 구축 ⑩ 지역자원목록의 정기적 업데이트	슈퍼비전 및 자문회의록 팀회의록 지역사회활동서류 등
사례관리 실행체계	① 초기 스크리닝, 인테이크 등을 통해 사례관리 대상자에 대한 기초자료 수집 ② 클라이언트의 동의와 계약 ③ 클라이언트의 욕구에 기반한 사정 ④ 정기적 사례회의를 통한 개입방향 논의 ⑤ 클라이언트와의 협력적인 계획 수립 ⑥ 사례관리 점검표를 통해 정기적으로 평가 및 모니터링 ⑦ 계획에 의한 실행 ⑧ 재사정의 수행/성과평가 ⑨ 종결 및 의뢰 ⑩ 사례관리과정의 체계적인 기록	인테이크 기록지, 사정기록지 서비스 계약서 서비스 계획서 서비스 동의서 사례회의일지 사례노트(진행일지) 모니터링일지 사례종결평가서 재사정 보고서 사례종결보고서 의뢰기록지 등

3) 사례관리 서비스 질과 만족도

(1) 서비스 질

서비스 질은 상대적으로 고객이 갖게 되는 조직과 그 서비스의 좋고 나쁨에 대한 전반적인 인상이다(Park et al., 2006: 362). 사회복지사는 클라이언트에게 질적 서비스를 제공해야 하는 윤리적인 책임을 갖기 때문에(NASW, 2017) 서비스의 질적 향상을 위해 노력해야 한다. 특히, 사회복지 서비스가 취약계층에게 양질의 서비스를 제공하지 못하고 있는 것과 관련하여, "가난한 사람에게 가난한 서비스를 제공"한다는(Freund, 2006: 67) 부정적인 인식을 불식시키기 위해서는 서비스 질에 대한 평가를 통해 질 제고를 위한 개선활동을 해야 한다.

서비스 질의 하위영역은 2장의 사례관리 구성요소에서 서비스 품질요소[1]를 통해 학습하였다. 이 외에 서비스 질을 측정하기 위해서 서브퀄(SERVQUAL)과 서브퍼프

(SERVPERF)라는 측정도구가 사용되고 있다. 서브퀄은 서비스 품질의 갭과 관련된 것으로 서비스에 대한 인지와 기대 간의 차이에 기초를 두고 공감성, 유형성, 대응성, 보증성, 신뢰성의 5가지의 하위 개념으로 구성되어 있다. 서브퍼프는 제공된 서비스에 대한 인식에 기초한 측정으로 22개의 문항으로 구성되어 있다(최소연 외, 2010).

참고: 서비스 질 담보를 위한 사례관리평가 차원

자격(사례관리자와 서비스 제공자의 자격),
인권(클라이언트의 존엄성 보장),
접근성(서비스 이용의 용이성),
적절성(다양한 클라이언트의 특성을 고려),
적시성(서비스 지연의 최소화),
효과성(서비스 목표의 달성),
효율성(투입 대비 산출),
공평성(공정한 서비스 이용)

출처: Clarkson & Challis(2003).

(2) 서비스 만족도

서비스 만족은 고객의 기대에 비교된 경험을 기초로 한 주관적인 판단 혹은 심리적인 상태를 의미한다(Helgesen & Nesset, 2008: 43). 서비스 만족은 특정 서비스에 직면하여 형성되는 판단이므로 서비스 실행의 책임성과 연관될 수 있다. 특히, 서비스 경험 이후의 후속행동(재구매 의사 등)에 영향을 미치는 선행요인으로도 서비스 만족은 의미를 갖는다(Park, et al., 2006: 362-363). 사례관리에 대한 만족도 평가는 희망복지지원단 업무 매뉴얼에 제시된 것을 활용할 수 있다〈표 11-8〉.

---

1) 마틴(Martin)의 서비스 질을 구성하는 하위 개념: 접근성, 확실성, 의사소통, 자격 여부, 준수성, 결핍성(−), 지속성, 감정이입, 인격성, 수행성, 일관성, 즉응성, 안정성, 가시성, 정중성

〈표 11-8〉 사례관리 서비스 만족도

문항내용		전혀 그렇지 않다	별로 그렇지 않다	보통이다	그런 편이다	매우 그렇다
서비스 내용 만족도	1. 귀하가 원하거나 필요하다고 생각되는 서비스가 제공되었습니까?					
	2. 서비스를 받은 후 귀하의 생활문제가 해결되었습니까?					
	3. 귀하가 필요로 했던 서비스가 시기적으로 적절히 제공되었습니까					
	4. 귀하가 제공받은 서비스에 만족하십니까?					
서비스 과정 만족도	5. 귀하는 서비스제공과정 및 절차에 대한 설명을 담당자에게 자세히 들으셨습니까?					
	6. 귀하가 원했던 서비스 관련 정보가 충분히 제공되었습니까?					
	7. 귀하가 원했던 서비스가 신속하게 제공되었습니까?					
	8. 귀하는 사례관리자(담당자)의 전문성에 대해 만족하십니까?					
사례 관리자 만족도	9. 귀하와 사례관리자(담당자)가 친밀한 관계였다고 생각하십니까?					
	10. 귀하의 의견에 대해 사례관리자(담당자)는 친절히 응대하였습니까?					
	11. 사례관리자(담당자)가 귀하를 존중하고 있다는 느낌을 받으셨습니까?					
	12. 귀하는 사례관리자(담당자)와의 의사소통이 원활했다고 생각하십니까?					

출처: 보건복지부(2022).

2. 종결

1) 사례 종결

종결(termination)은 클라이언트와 사례관리자가 전문적 관계로부터 분리되는 단계로 사례관리 서비스를 마무리하는 과정이다. 바람직한 종결은 클라이언트가 희망한 변화를 달성한 경우에 행해지는 것이지만 클라이언트의 사망이나 이주, 서비스의 철회, 혹은 기관과 사례관리자의 비윤리적 실천으로 종결을 하는 경우도 있다.

사회복지실천 개입의 완전한 종결은 존재하지 않는다는 견해가 있다(박미은, 2015). 이는 종결을 의미하는 사례관리의 단어를 통해서도 이해가 가능하다. 사례관리 서비스 종결을 표현하는 용어는 종결(termination), 분리(disengagement), 종료(discharge), 철회(withdrawal), 끝맺음(wrap up) 등 다양하다. 사례관리 목표달성으로 계약을 철회하고 클라이언트와 사례관리자가 분리를 하지만, 완벽한 욕구의 해결과 충족이라는 것이 사실상 불가능하기 때문에 종결은 끝이 아니라 계약 이행으로부터의 분리를 의미하는 것이다. 사례관리자는 종결 이후에 클라이언트가 도움이 필요할 경우 다시 도움을 받을 수 있도록 가능성을 열어 두어야 한다.

사례관리 종결은 서비스 제공기관이나 사례관리자의 편의에 의해 행해져서는 안 되며, 클라이언트가 서비스를 제공받을 권리를 최대한 보증하는 것에 초점을 두고 행해져야 한다. 종결이 조기에 행해지거나 지연된 종결이 되지 않도록 클라이언트 중심의 종결이 되어야 한다. 만일, 사례관리자가 새로운 클라이언트를 담당해야 하는 압박으로 종결의 시점을 앞당긴다거나, 혹은 반대로 새로운 클라이언트의 확보가 어렵거나 자신의 역량부족으로 의뢰를 해야 하는 것을 용납할 수 없어 종결시점을 지연해서도 안 된다. 뿐만 아니라 사례관리자의 퇴사로 인해 사례가 종결되거나 서비스가 중단되지 않도록 적절한 조치를 강구해야 한다.

미국사회복지사 윤리강령은 서비스 종결과 관련된 윤리적 지침을 다음과 같이 명시하고 있다(NASW Code of Ethics 1.17 서비스 종결).

ⓐ 사회복지사는 클라이언트에 대한 서비스나 관계가 더 이상 요구되지 않거나 클라이언트의 욕구나 이익에 부응하지 못할 경우, 그 클라이언트에 대한 서비스 및 전문적 관계를 종결해야 한다.
ⓑ 사회복지사는 여전히 서비스를 필요로 하는 클라이언트를 포기하는 잘못을 피하기 위해 합리적 조치를 취해야 한다. 사회복지사는 모든 상황에서 제반 요인들을 신중히 고려하고 가능한 역효과를 최소화하도록 유의하면서 예외적인 경우에만 서비스를 중단해야 한다. 그리고 사회복지사는 필요한 경우 서비스가 지속될 수 있도록 적절한 조치를 취해야 한다.
ⓒ 행위별 수가제하에서 일하는 사회복지사는 재정적 계약조건을 클라이언트에게 명확히 알렸고, 클라이언트가 현재 자신이나 타인에게 절박한 위험을 가하고 있지 않으며, 요금 미지불에 의한 임상적 및 기타 결과가 해결되고 이에 대해 클라이언트와 논의를 했다면, 미지불액을 내지 않는 클라이언트에 대한 서비스를 종결할 수 있다.
ⓓ 사회복지사는 클라이언트와 사회적, 경제적 또는 성적 관계를 추구하기 위해서 서비스를 종결해서는 안 된다.
ⓔ 클라이언트에 대한 서비스를 종결하거나 중단할 예정인 사회복지사는 신속히 클라이언트에게 통지해야 하며 그의 욕구와 선호에 맞게 서비스를 이전, 의뢰하거나 계속하도록 해야 한다.
ⓕ 직장을 떠나고자 하는 사회복지사는 클라이언트에게 서비스의 지속을 위해 적절한 대안과 그 대안의 이득과 위험을 알려야 한다.

2) 종결시점

종결은 일반적으로 목표를 달성한 경우에 발생을 하지만, 그 이외에 다양한 상황으로 인해서 종결을 하게 된다. 종결의 유형은 다음과 같이 다양하다.

- 계약의 완수로 클라이언트와 사례관리자가 종결에 동의한 경우: 사례관리 목표가 달성되어 클라이언트가 의미 있는 변화를 보여 더 이상의 사례관리 서비스가 필요없는 경우이다.
- 의뢰와 함께 종결된 경우: 클라이언트가 사례관리기관의 서비스 이외에 다른 전문적인 서비스를 필요로 하여 타 기관이나 전문가에 의뢰하면서 종결을 하는 경우이다.

- 클라이언트의 이주로 인한 종결: 서비스가 지속적으로 필요한 상황에서 클라이언트가 이주하여 다른 지역의 기관에 의뢰하면서 종결되는 경우이다.
- 클라이언트의 사망으로 인한 종결: 클라이언트가 더 이상 서비스에 참여할 수 없는 경우이다.
- 클라이언트의 서비스 철회로 인한 종결: 클라이언트가 계약의 종결을 요청하거나 사례관리 서비스를 중단하겠다는 의사를 표명하여 종결하게 되는 경우이다. 클라이언트의 서비스 철회에 대한 자기결정권은 존중되어야 하지만, 그 결정이 결과적으로 클라이언트의 삶에 부정적인 결과를 초래하게 된다면 사례관리자는 클라이언트가 서비스를 지속해서 이용할 수 있도록 온정적 개입을 해야 한다.
- 클라이언트의 지위 변화로 인한 종결: 클라이언트의 시설 입소, 병원 입원, 구금과 같이 서비스 관련 지위의 변화로 클라이언트와 접촉할 수 없는 경우에 해당된다.
- 기관의 자원 · 능력의 한계로 인한 종결: 기관재정, 인력, 정책의 문제 등으로 종결될 수 있다. 이 경우 사례관리자는 클라이언트가 지속적으로 서비스를 받을 수 있도록 적절한 조치를 강구해야 한다. 기관의 한계로 종결이 될 경우 클라이언트에게 피해가 가지 않도록 사례관리자와 사례관리기관은 지역사회의 다른 자원을 연결하여 서비스 공백을 최소화해야 한다.

3) 종결 절차

사례관리 종결은 일련의 합리적인 절차 속에서 행해져야 한다.

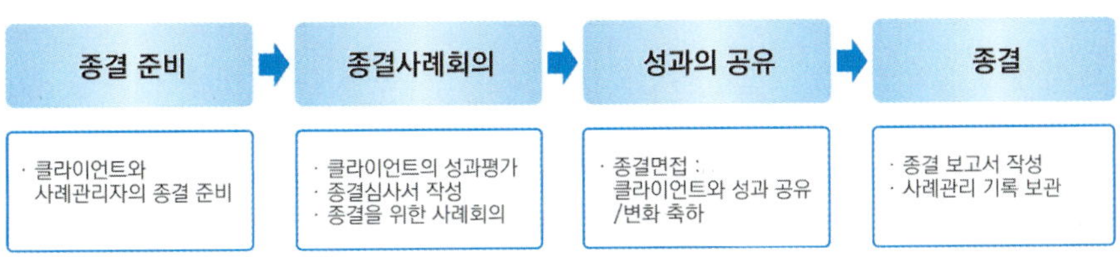

[그림 11-4] 종결 절차

(1) 종결 준비

종결은 클라이언트와 사례관리자의 전문적 관계가 종료되는 시점이기 때문에 클라이언트나 사례관리자 모두 종결을 인지하고 있어야 한다. 사례관리자는 클라이언트가 종결을 자연스럽게 수용할 수 있도록 사전에 종결의 가능성을 알리고, 클라이언트가 만든 변화와 성공을 공유하면서 클라이언트가 자발적으로 종결을 할 수 있도록 해야 한다. 특히, 비자발적인 종결로 인한 클라이언트의 양가감정의 문제나 준비 없는 갑작스러운 종결은 사례관리의 성과 유지에 부정적일 수 있기 때문에 종결을 수용할 수 있도록 일정기간 전에 종결의 가능성을 알리고 종결로 인해 발생할 수 있는 불안이나 부정적인 감정들을 토론하며 긍정적으로 종결을 수용하도록 사전작업을 해야 한다.

(2) 종결사례회의

종결을 위해 클라이언트의 변화에 대한 객관적 평가가 반영된 종결사례평가서를 작성하고, 사례회의에서 종결이 타당한지에 대해 스크리닝을 거치는 과정이 필요하다. 사례회의를 통해 현 시점의 종결이 클라이언트에게 최선인지에 대한 윤리적인 판단을 하게 된다. 이때 종결의 잠정적 위험을 평가하여 종결로 인해 클라이언트가 위험이 있을 시에는 종결을 보류해야 한다. 그리고 사례의 상황에 따라서는 재사정을 통해 개입 계획을 수정하고 사례관리를 지속적으로 유지해야 하는 경우도 있으며, 타 기관에 의뢰를 통해 다른 전문적 서비스를 연결해야 하는 경우도 있다.

(3) 성과의 공유

종결과정에서 중요한 것은 클라이언트의 변화가 지속될 수 있도록 성과를 공유하는 것이다. 성과의 공유는 클라이언트가 사례관리과정에서 달성한 변화뿐 아니라 클라이언트가 보인 열정, 동기, 노력을 공유하는 시간이다. 또한, 달성된 목표에 가치를 부여하는 과정이기도 하다. 아무리 작은 변화일지라도 그 변화가 가치가 있고 소중한 것이며 이후에 다른 변화도 충분히 가능할 수 있다는 강점관점의 종결면접이 되도록 하며, 클라이언트가 만든 변화를 확고히 하여 변화가 유지될 수 있도록 해야 한다.

목표가 달성되어 종결을 하는 경우라 해도 종결 이후에 클라이언트가 도움이 필요한 경우에는 사례관리자에게 요청할 수 있다는 것을 고지하여 사례관리기관과 사례관리자가 지역사회 안전망의 자원임을 안내하도록 한다. 또한, 사후관리를 위해 사례관리자가 클라이언트와 접촉할 것이라는 사실을 사전에 알려야 한다.

(4) 종결

종결사례에 대해 종결보고서를 작성하며, 이 종결보고서에는 사후관리 계획도 포함해야 한다. 종결은 한 사례에 대한 개입의 마무리이지만, 기관 차원에서는 사례관리 서비스의 책임성을 입증하는 근거자료이기 때문에 접수상담에서부터 종결까지의 전체 기록은 문서화되어 보관해야 한다.

종결보고서는 다음의 내용을 포함해야 한다.

- 종결심사회의일: 사례 종결을 위하여 회의한 일자
- 종결심사회의 참여자: 사례 종결을 위한 회의에 참석한 전문가들
- 클라이언트 기본사항: 성명, 성별, 연령 등
- 사례관리자: 사례관리를 직접 담당했던 사례관리자
- 사례관리기간: 사례관리를 개시한 일자와 종료한 일자
- 단기목표: 서비스 제공 계획 시 수립되었던 단기목표 및 성과내용 기록
- 장기목표: 서비스 제공 계획 시 수립되었던 장기목표 및 성과내용 기록
- 담당 사례관리자 의견: 사례관리에 대한 종결내용 및 사후관리에 대한 내용 등을 기록
- 종결심사의견: 종결과 관련하여 종합적인 의견 기록
- 종결심사결과: 타 기관 의뢰, 재사정, 종결 등 사례회의결과 명시
- 종결 유형: 목표달성, 사망, 이사, 철회, 의뢰, 입소, 거부, 연락두절, 기타 종결 등

어떠한 이유로 종결하는지 명시

- 사후관리 여부: 사후관리가 필요한지의 여부 명시

3. 사후관리

사후관리(follow-up)는 사례관리 서비스 종결 후에 클라이언트의 상황에 대해서 후속적인 점검을 하는 과정이다. 사후관리는 아래의 목적을 위해서 진행된다.

- 대상자가 변화를 유지하고 있는가?
- 새로운 욕구가 발생하여 재개입이 필요한가?

사후관리는 서비스 종결 후에 일정기간을 정하여 수행한다. 사후관리를 위한 기간은 사례의 상황에 따라서 상이할 수 있다. 사례관리 종결 후에 클라이언트의 변화가 유지되고 있는지는 클라이언트와의 대면상담이나 전화상담, 연계된 서비스 기관 전문가의 견해 등을 근거로 확인할 수 있으며, 클라이언트에게 개입을 요하는 새로운 욕구가 발생을 했는지도 확인하게 된다.

〈표 11-9〉 사례관리평가서 - 예시

<table>
<tr><td>관리번호</td><td colspan="2"></td><td>성명</td><td></td><td>생년월일</td><td></td></tr>
<tr><td>주소</td><td colspan="4"></td><td>등록일</td><td></td></tr>
<tr><td rowspan="5">평
가
내
용</td><td>서비스 내용</td><td>계획의 적합성</td><td colspan="2">결과 목표달성</td><td>효과성</td><td>만족도</td></tr>
<tr><td>서비스 1</td><td></td><td colspan="2"></td><td></td><td></td></tr>
<tr><td>서비스 2</td><td></td><td colspan="2"></td><td></td><td></td></tr>
<tr><td>서비스 3</td><td></td><td colspan="2"></td><td></td><td></td></tr>
<tr><td>서비스 4</td><td></td><td colspan="2"></td><td></td><td></td></tr>
<tr><td>평가결과 및 이유</td><td colspan="6">( ) 종결 ( ) 재사정 ( ) 의뢰 ( ) 유지</td></tr>
<tr><td colspan="2">평가일</td><td></td><td colspan="2">담당 사례관리자</td><td colspan="2"></td></tr>
</table>

〈표 11-10〉 재사정 기록지 - 예시

<table>
<tr><td>면접자</td><td colspan="2"></td><td>일시</td><td colspan="2"></td><td>조사방법</td><td colspan="2">방문/내방/기타</td></tr>
<tr><td>재사정
유형</td><td colspan="2">(　) 정기적 재사정
(　) 새로운 욕구가 발생
(　) 긴급한 상황이 발생
(　) 기타</td><td>재사정
요인</td><td colspan="5">(　) 클라이언트에 의한 요인
(　) 기관과 사회복지사에 의한 요인
(　) 자원과 환경에 의한 요인</td></tr>
<tr><td>클라이언트
변화욕구 및 상황</td><td colspan="8">(클라이언트의 재사정이 필요하게 된 욕구나 상황)</td></tr>
<tr><td rowspan="3">① 인적사항</td><td>성명</td><td></td><td>생년월일</td><td colspan="2"></td><td>종교</td><td colspan="2"></td></tr>
<tr><td>주소</td><td colspan="7">(연락 가능한 전화:)</td></tr>
<tr><td>구분</td><td colspan="3">아동 · 청소년, 장애인, 노인,
기타(　)</td><td>특이사항</td><td colspan="3"></td></tr>
<tr><td rowspan="5">② 가족사항</td><td>클라이언트와의 관계</td><td>성명</td><td colspan="2">주민등록번호</td><td>동거 여부</td><td>직업</td><td>종교</td><td>비고</td></tr>
<tr><td></td><td></td><td colspan="2"></td><td></td><td></td><td></td><td></td></tr>
<tr><td></td><td></td><td colspan="2"></td><td></td><td></td><td></td><td></td></tr>
<tr><td></td><td></td><td colspan="2"></td><td></td><td></td><td></td><td></td></tr>
<tr><td></td><td></td><td colspan="2"></td><td></td><td></td><td></td><td></td></tr>
<tr><td>③ 수급 여부</td><td colspan="8">□ 수급자(생계, 교육, 의료, 주거) □ 차상위 □ 저소득 □ 일반</td></tr>
<tr><td>④ 의료보장</td><td colspan="8">□ 의료보호 □ 직장의료보험 □ 지역의료보험
건강보험료 납부액(　원)</td></tr>
<tr><td>⑤ 가구 유형</td><td colspan="8"></td></tr>
<tr><td rowspan="5">⑥ 경제상황</td><td rowspan="3">월
가구
소득</td><td>근로소득</td><td colspan="2">(정기적 / 비정기적)
원</td><td>재산
(부동산)</td><td colspan="3"></td></tr>
<tr><td>정부보조금</td><td colspan="2">원</td><td>차량 소유</td><td colspan="3"></td></tr>
<tr><td>후원금/
자녀지원</td><td colspan="2">원
(후원처:)</td><td>부채</td><td colspan="3">원</td></tr>
<tr><td colspan="2">지출액</td><td colspan="2"></td><td>지출내역</td><td colspan="3"></td></tr>
<tr><td colspan="8">※기타: 채납 및 기타 경제적 상황 기술</td></tr>
<tr><td rowspan="2">⑦ 주거형태</td><td colspan="8">□ 자가 (　만 원: □ 공시지가 □ 싯가)
□ 전세 (보증금:　만 원) □ 월세 (보증금:　만 원, 월　원)
※임대차 확정일자서류 원본 혹은 전월세계약서 참조
□ 무료임대(소유자관계:) □ 임대아파트</td></tr>
<tr><td colspan="8">주거형태: □ 지상 □ 지하 /방: ____ 개 ______ 평 /개별화장실 □ 유 □ 무
난방종류: □ 연탄 □ 보일러 /채광: □ 양호 □ 불량 /환기: □ 양호 □ 불량</td></tr>
<tr><td>⑧ 건강상황</td><td colspan="8">장애: □ 유 □ 무
병력: □ 유 □ 무 진단 및 치료여부 등: (　)</td></tr>
<tr><td>⑨ 사회심리적 상황</td><td colspan="8">(생활상태/사회적 관계망/심리 · 정서적인 상태/양육태도 등)</td></tr>
<tr><td>⑩ 강점의 사정</td><td colspan="8"></td></tr>
<tr><td>사례관리자 의견</td><td colspan="8"></td></tr>
<tr><td>상담결과</td><td colspan="8">□ 지속 □ 서비스 재계획 □ 의뢰 □ 중단
사유:</td></tr>
<tr><td>향후 계획</td><td colspan="8"></td></tr>
</table>

〈표 11-11〉 사례관리 종결보고서 예시

<table>
<tr><td>관리번호</td><td colspan="2"></td><td>성명</td><td></td><td>생년월일</td><td></td></tr>
<tr><td>주소</td><td colspan="4"></td><td>연락처</td><td></td></tr>
<tr><td>등록일</td><td colspan="2"></td><td>종결일</td><td colspan="3"></td></tr>
<tr><td rowspan="4">종결
유형
및
사유</td><td colspan="2">유형</td><td colspan="4">사유</td></tr>
<tr><td colspan="2">(　) 클라이언트에 의한 종결</td><td colspan="4">사망(　), 시설 입소(　), 이주(　),
목표달성(　), 상황 호전(　), 타 기관 이용(　),
거절이나 포기(　), 약속 불이행(　), 기타(　)</td></tr>
<tr><td colspan="2">(　) 사회복지사에 의한 종결</td><td colspan="4">사직 · 타 업무희망(　), 본인과 부적합(　)
클라이언트의 소극적 참여(　)</td></tr>
<tr><td colspan="2">(　) 기타 이유에 의한 종결</td><td colspan="4">기관의 업무 조정(　), 기관의 사례기한 제한(　),
기관 · 법인의 교체(　), 원칙변경(　)
기관의 자원 · 능력의 한계(　)</td></tr>
<tr><td>서비스
제공 현황</td><td colspan="6"></td></tr>
<tr><td rowspan="2">클라이
언트
변화사항</td><td colspan="3">초기상황</td><td colspan="3">종결상황</td></tr>
<tr><td colspan="3"></td><td colspan="3"></td></tr>
<tr><td>사례
관리자
의견</td><td colspan="6"></td></tr>
<tr><td colspan="2">종결 결정일</td><td colspan="2"></td><td>담당 사례관리자</td><td colspan="2"></td></tr>
</table>

생각해 보기

1. 사례관리의 성과평가와 과정평가, 질적 평가와 양적 평가의 필요성과 의미를 논의해 보자.
2. 비자발적으로 종결되었을 때(예: 연령이 초과되어 혹은 프로그램 범주에 더 이상 부합하지 않은 경우 등) 종결에 따른 사례의 양가감정을 어떻게 효과적으로 다룰지 토의해 보자.
3. 목표달성척도가 사례의 변화를 측정하는 데 있어 어떤 이점이 있는지 토의해 보자.

P A R T 3

사례관리의 이슈와 전망

Chapter 12

대상별 사례관리의 이슈

1. 아동 대상 사례관리의 이슈

1) 가족기능 강화의 접근

아동의 발달에 직접적이면서 가장 강력하게 영향을 미치는 것은 가족을 비롯한 양육환경이다. 인간의 삶에 있어 성장과 발전의 기회는 아동기 가족상태로부터 영향을 받는다. 가족은 아동에게 일차적인 안전망의 기능을 수행하는 곳이며, 사회적 이익과 불이익이 전도되고 활성화되는 곳이다(Esping-Andersen et al., 2002). 아동을 지원하는 경우에, 아동과 환경을 분리해서 접근하는 것은 의미가 없다. 아동이 속한 환경, 특히 양육환경은 아동의 신체, 심리, 정서, 인지 등의 전인적인 발달에 직접적인 영향을 미치기 때문에 사례관리자는 양육환경이 최적화되도록 개입해야 한다.

아동을 위한 최우선의 양육환경은 가정이지만, 가정을 대체한 양육환경에서 성장하는 아동 또한 그 양육환경이 가정의 기능을 충분하게 대체할 수 있도록 접근해야 한다. 무엇보다도 아동은 안전한 양육환경에서 전인적으로 발달해야 한다. 아동을 대상으로 하는 사회복지실천은 아동과 아동이 속한 양육환경을 초점 대상으로 접근해야 실효성을 거둘 수 있다.

2) 사회적 투자의 관점

사회적 투자의 관점에서 아동복지를 접근하는 것은 아동에게 발달과 성장을 위한 기회를 보장하는 것과 연결된다. '성인을 교정하는 정책들은 아동기에 개입하는 것에 대한 열등한(그리고 비용이 드는) 대체물'이기 때문에(Heckman & Lochner, 2000) 최대한 일찍 아동에게 개입을 해야 한다. 다시 말해, 취약한 아동에게 가능한 일찍 의료적, 교육적인 기회를 제공하여(투자), 건강하게 성장하고 학업을 효과적으로 성취하므로 이후 성인기에 안정된 노동시장으로 진입할 수 있도록 하는 것을 의미한다.

아동에 대해 조기에 개입을 하는 대표적인 프로그램이 미국의 헤드스타트(Head Start)이다. 이 사업은 저소득 가정의 취학 전 아동(3~5세)에게 교육, 영양, 건강 등의 사회 서비스를 제공하여 아동이 초등학교에 입학하여 학업을 잘 성취할 수 있도록 지원하는 가족 중심의 접근이다. 미국 공동모금회의 SB6 프로그램(Success by 6: 6세 이전에 빈곤아동의 건강과 인지적인 능력을 제고하기 위해 조기에 아동에게 개입을 함)도 같은 맥락에서 진행된 사업이다. 우리나라의 '지역아동센터'와 '드림스타트'사업도 아동에 대한 투자의 관점을 접목한 사업이다. 이러한 맥락에서 볼 때, 아동에 대한 사례관리는 가능한 취약한 아동을 조기에 발굴하여 아동이 건강하게, 그리고 전인적으로 발달할 수 있도록 투자의 관점에서 접근할 필요가 있다.

3) 아동의 전인적 발달을 위한 지원

아동의 발달은 전인적인 측면에서 아동이 신체적, 심리적, 사회적, 인지적, 정신적인 면에서 균형 있게 발달할 수 있도록 지원해야 한다. 사례관리에 참여하는 아동과 그 가족의 자원의 결핍은 아동의 발달을 취약하게 만드는 위험요인이다. 사례관리자는 아동에게 물질적인 자원의 연결뿐 아니라 인지적인 발달, 심리적인 안정을 위한 다양한 서비스의 연결을 통해서 아동의 건전발달을 도모해야 한다.

4) 아동의 권익 옹호

아동을 중심으로 진행되는 사례의 경우 보호자의 권한과 영향은 크다. 이는 사례관리 목표의 우선순위에 보호자의 견해가 영향을 미침을 의미한다. 사례관리자와 보호자의 견해가 같다면 문제가 없지만, 의견이 대립될 경우 혹은 보호자가 아동의 권익에 반하는 견해를 피력할 경우 사례관리자는 가장 취약한 클라이언트를 우선으로 해야 하는 윤리적인 원칙을 적용해야 한다. 즉, 아동의 권익을 최대한 대변하고 보호자의 결정이 아동에게 위해가 되지 않도록, 더 나아가서는 보호자와 아동의 양육환경이 아동의 권익을 최대한 보장할 수 있도록 해야 한다.

5) 취약한 아동의 우선 보호

① 빈곤가정의 아동

아동기는 한 사람의 생애과정들이 조형되는 중대한 지점이기 때문에 가족은 아동이 건전한 양육환경에서 성장할 수 있도록 기능해야 한다. 그러나 가족의 자원 결핍이나 기능상 제약으로 아동은 건전양육을 위협받는다. 가족의 자원결핍의 대표적인 예가 빈곤이다. 빈곤가정의 아동은 빈곤한 부모가 될 가능성이 높으며 따라서 세대 간에 걸쳐 빈곤신드롬(poverty syndrome)을 재생산한다(Esping-Andersen et al., 2002). 우리는 이를 빈곤의 악순환, 혹은 빈곤의 대물림이라고 한다. 사례관리자가 빈곤가정의 아동에게 주목해야 하는 것은 빈곤은 생애주기 전반에 걸쳐 기회박탈로 연결되는 교육적 · 의료적 · 문화적 결핍을 야기하기 때문이다. 사례관리자는 기회가 박탈된 아동에게 기회를 최대한 제공하고, 아동의 인지발달을 지원하기 위해서 가능한 조기에 빈곤 가정의 아동에게 개입을 해서 빈곤의 대물림을 끊는 전략을 세워야 한다.

② 아동학대

아동의 건전 양육에 심각한 위해가 되는 것은 아동을 대상으로 하는 학대이다. 아동학대는 아동의 건강 또는 복지를 해치거나 정상적 발달을 저해할 수 있는 신체적·정신적·성적 폭력이나 가혹행위를 하는 것과 아동을 유기하거나 방임하는 것(「아동복지법」 제3조 제7호)을 말한다. 사례관리자는 아동학대의 의심 징후에 대한 민감성을 가져야 한다.

- 아동학대의 의심 징후(보건복지부, 2017)
  - 설명하기 어려운 신체적 상흔
  - 사용된 도구의 모양이 그대로 드러나는 상처나 다치기 어려운 부위의 상처
  - 부모에 대한 지나친 두려움
  - 연령에 맞지 않는 해박한 성 지식
  - 계절에 맞지 않는 옷과 비위생적인 신체상태

〈표 12-1〉 아동학대의 징후

구분	내용
신체적 학대의 징후	멍과 맞아서 부어오른 자국, 살갗이 찢어지고 벗겨짐, 복부상해, 화상, 골격상해, 두부상해
행동적 학대의 징후	어른과의 접촉을 경계함, 다른 아동이 울 때 지나치게 걱정함, 공격적이거나 위축된 것과 같은 극단적인 행동, 부모님에 대해 두려워 함, 집에 가는 것을 두려워함, 정상적인 활동에 대해 불안함을 표시(예: 낮잠 자기), 부모가 상해를 신고함
신체적 방임의 징후	적절한 영양 결여, 버려짐, 적절한 주거의 결여, 지도감독의 결여, 적절한 교육의 결여, 치과적 또는 의료적인 욕구가 무시되고 있음

구분	내용
행동적인 방임의 징후	음식을 구걸하거나 훔침, 지속적으로 잠드는 아동, 아동이 자신을 좋아하거나 돌봐 주는 사람이 아무도 없다고 말함
행동적 정서적 학대의 징후	습관장애(빨기, 깨물기, 몸 흔들기, 오줌 싸기 또는 급식장애), 행동장애(파괴적임, 잔인함, 도둑질 등과 같은 반사회적인 행동), 신경증적 특질(수면장애와 놀이의 억압), 정신신경증적 반응(히스테리, 강박적 사고 및 행동, 공포, 건강염려증), 행동의 극단(과도한 불평, 극단적인 수동성 또는 공격성, 너무 많이 요구하거나 전혀 요구하는 게 없음), 과도하게 적응된 행동(부적절하게 어른 같거나 부적절하게 유아 같은 것 중의 하나), 정서적 · 지적 발달의 지연, 자살기도
신체적인 정서적 학대 징후	언어장애, 신체적 발달의 지연, 성장의 실패

출처: 보건복지부 · 한국보건복지인력개발원(2016).

〈표 12-2〉 아동학대 점검표

번호	내용	예	아니오
1	사고로 보이기에는 미심쩍은 상흔이나 폭행으로 보이는 멍이나 상처가 발생한다.		
2	상처 및 상흔에 대한 아동 및 보호자의 설명이 불명확하다.		
3	보호자가 아동이 매를 맞고 자라야 한다는 생각을 갖고 있거나 체벌을 사용한다.		
4	아동이 보호자에게 언어적 · 정서적 위협을 당한다.		
5	아동이 보호자에게 감금, 억제, 기타 가학적인 행위를 당한다.		
6	기아, 영양실조, 적절하지 못한 영양섭취를 보인다.		
7	계절에 맞지 않는 옷, 청결하지 못한 외모를 보인다.		
8	불결한 환경이나 위험한 상태로부터 아동을 보호하지 않고 방치한다.		
9	성학대로 의심될 성 질환이 있거나 임신 등의 신체적 흔적이 있다.		
10	나이에 맞지 않는 성적 행동 및 해박하고 조숙한 성지식을 보인다.		
11	자주 결석하거나 결석에 대한 사유가 불명확하다.		
12	필요한 의료적 처치를 하지 않거나 예방접종이 필요한 아동에게 예방접종을 실시하지 않는다.		
13	보호자에 대한 거부감과 두려움을 표현하거나 집(보호기관)으로 돌아가는 것에 대해 두려워한다.		

번호	내용	예	아니오
14	아동이 히스테리, 강박, 공포 등 정신신경성 반응을 보이거나 공격적이거나 위축된 모습 등의 극단적인 행동을 한다.		
15	1~14에 해당되지는 않지만 그 외의 학대로 의심되는 경우 (학대의심사항:)		

출처: 보건복지부(2017).

③ 고위험의 아동

빈곤가정의 아동, 학대를 받는 아동을 비롯하여 부적절한 양육환경에 있는 아동은 위험에 처한 아동들이다. 아동이 직면한 여러 위험은 복합적이며 상호작용적이다. 빈곤가정의 경우 경제적인 어려움에 그치기보다는 이로 인해 파생되는 복합적인 부정적인 영향이 있을 수 있다. 극심한 빈곤으로 인한 가족성원 간의 심각한 갈등이나 폭력, 아동의 건강과 안전을 해치는 양육환경과 주거환경, 보호자의 방임적 양육태도와 같이 복합적인 양상으로 이어질 수 있다. 사례관리자는 아동이 부적절한 양육환경에 있는지, 발달상에 어려움이 있는지를 확인하여야 한다. 이를 위해 드림스타트의 아동양육과 아동발달 사정도구는 아동기의 발달과 양육상의 위험도를 확인하는 유용한 도구로 활용할 수 있다. 〈표 12-3〉은 드림스타트의 아동양육환경 사정도구와 아동발달 사정도구에 포함되어 있는 사정항목의 범주를 개괄적으로 제시한 것이다. 자세한 항목은 〈부록 3〉에 제시하였다.

〈표 12-3〉 아동양육환경 및 아동발달 사정범주

아동양육환경	아동발달
• 아동방임이나 학대가 있다. • 심각한 가족 갈등이나 배우자 학대가 있다. • 양육자에게 정신장애/신체장애 혹은 심각한 질환이 있다. • 심각한 경제적 어려움이 있다. • 양육자에게 심각한 알코올 중독, 약물 남용, 도박 등의 문제가 있다.	• 아동에게 중증의 장애 또는 질환이 있다. • 신체발달이 연령에 비해 부진하거나 건강상의 문제가 있다. • 섭식문제가 있다. • 언어 및 인지발달 지연이 의심된다. • 수리영역의 발달에 어려움이 있다

아동양육환경	아동발달
• 안전에 위협을 줄 수 있는 환경에 아이를 방치한다. • 아이의 건강 및 위생관리가 제대로 이루어지고 있지 않다. • 아이에게 발달시기에 적절한 수유 및 이유식이 진행되고 있지 않다(만 3세)/아이에게 식사 제공이 제대로 이루어지지 않고 있다(만 3세 이상). • 아이의 인지발달을 촉진하는 데 필요한 환경, 자극, 경험을 제공하지 못한다. • 양육태도가 바람직하지 못하다.	(만 3~7세)./기초학력 수준에 문제가 있다(만 7~13세). • 정서 및 행동발달상에 어려움이 있다. • 충동조절에 어려움을 보이고, 공격성, 사회적인 부적응을 보인다(만 3세 이상).

출처: 보건복지부(2018c).

2. 장애인 대상 사례관리의 이슈

장애를 지닌 클라이언트는 장애의 유형과 장애로 인한 신체적 및 정신적인 제한 정도, 그리고 발달단계(영유아~노인)에 따라서 복합적이고 독특한 욕구를 갖는다. 사례관리자는 지역사회에서 생활을 하는 장애인의 사회통합을 위해 장애인의 현존능력 및 잔존 능력을 극대화하고, 회복과 자립생활을 지원하며 정상화(사회적 역할의 가치화)를 위해 노력해야 한다.

1) 맞춤형 사정, 계획, 실행

장애 유형,[1] 장애인의 발달주기와 연령(영유아기, 아동기, 청소년기, 청년기, 장년기, 노인기 등), 장애로 인해 야기되는 제약(일상생활 수행 능력, 도구적 일상생활 수행

1) 「장애인복지법」상 장애인분류: 신체적 장애(외부 신체적 기능장애, 내부기관의 장애)와 정신적 장애로 크게 구분됨. 1) 신체적 장애-① 외부 신체적 장애: 지체장애, 뇌병변장애, 시각장애, 청각장애, 언어장애, 안면장애 ② 내부기관장애: 신장장애, 심장장애, 간장애, 호흡기장애, 장루 · 요루장애, 간질장애, 2) 정신적 장애-정신지체, 정신장애, 발달장애(자폐증)

능력, 사회적 기능 등)에 따라서 장애인과 가족의 욕구는 각기 다르기 때문에 사례관리의 사정, 계획, 실행은 개별화하여 맞춤형으로 진행해야 한다.

클라이언트의 보호를 대부분 가족이 담당하고 있기 때문에 가족의 부양부담으로 인한 스트레스를 예방하고 완충하기 위한 접근이 요구된다. 장애인을 위한 활동 지원과 자원봉사자의 연결, 가족의 부양부담 완화를 위한 서비스의 연결과 같이 부양가족에 대한 부담을 완화할 수 있는 접근도 고려해야 한다.

2) 자기결정권의 보장과 능력의 최대한 개발

일상생활 수행의 제약으로 장애인의 발달의 가능성을 제한해서는 안 된다. 사례관리자는 장애로 인해서 변화와 발달을 위한 시간이 더 필요할 수 있음을 인식해야 하고, 변화가 더디거나 변화를 보이지 않는 것에 먼저 낙담해서는 안 된다. 변화의 가능성에 대한 신뢰를 기반으로 클라이언트가 있는 그 지점에서 작은 변화를 위해 단계적으로 지원을 해야 한다. 변화와 발달의 속도가 다르다는 것을 인정하고 클라이언트가 자기결정권에 제약이 있더라도 사례관리과정에서 클라이언트의 최대한의 참여를 촉진하고 자기결정권을 보장해야 한다.

3) 사회적 역할의 가치화 지향

'정상화(normalization)'는 사회통합을 지향하는 개념으로 장애인복지의 보편적인 이념이다. 정상화는 장애인이 주거, 교육, 일 등을 포함하여 생활환경과 생활패턴에 있어 다른 시민들과 동일한 인간의 기본권을 갖도록 하고 개인의 발달에 있어서 정상적인 리듬의 경험과 자율을 존중하는 것을 말한다. 정상화의 개념을 발전시킨 것으로 '사회적 역할의 가치화(social role valorization)'가 있는데, 이는 장애인이나 노인과 같이 사회적으로 가치폄하(devaluate)될 수 있는 사람들이 사회적으로 가치 있는 사회적 역할을 수행할 수 있는 기회를 통해서 이들의 사회적 이미지를 제고하고, 결과적으로 사회에 통합하도록 하는 개념이다(Wolfensberger, 1983).

자립생활을 지원하기 위해서는 삶의 다양한 영역에서 클라이언트의 의존을 줄이고 독립적으로 생활하기 위한 클라이언트의 기능을 확장해야 한다. 사회적 역할의 가치화는 단지 경제적인 활동만을 의미하는 것이 아니기 때문에, 사례관리자는 클라이언트가 지역사회에서 할 수 있는 작은 역할에도 의미를 부여하고 가치를 인정하는 환경을 조성하며 클라이언트의 사회적인 이미지를 제고하여 장애클라이언트의 지역사회에서의 통합을 도와야 한다. 사례관리자는 클라이언트를 보호의 대상으로만 간주하지 말고 자신의 삶의 주체로 존중하고 삶의 다양한 영역에서 의미 있는 역할을 수행하는 기회를 확장해야 한다.

4) 다양한 전문가 및 기관과의 협력

장애클라이언트는 다른 클라이언트보다 복합적이고 다양한 욕구에 직면하고 있기 때문에 여러 전문가 및 지역사회의 기관들과 협력이 요구된다. 의료, 교육, 사회, 심리, 직업적인 욕구를 지원하기 위해서 의사, 물리치료사, 작업치료사, 심리치료사, 특수교사, 언어치료사, 직업재활사, 기업관계자 등의 다양한 인력과 연계해야 한다. 또한 장애인을 위한 여러 정책적 · 제도적인 자원(장애인을 위한 활동 지원제도, 수당 등)의 연결을 비롯하여 지역사회의 다양한 공식적 · 비공식적 자원과의 네트워킹이 요구된다.

5) 클라이언트의 권익 보호

장애인은 학대 혹은 방임의 위험에 노출될 가능성이 크기 때문에 사례관리자는 학대의 징후를 살펴야 한다. 장애인학대는 장애인에 대하여 신체적 · 정신적 · 정서적 · 언어적 · 성적 폭력이나 가혹행위, 경제적 착취, 유기 또는 방임을 하는 것을 말한다(「장애인복지법」 제2조 제3항).

장애인학대의 의심징후는 다음과 같다(보건복지부, 2017).

- 신체에 상처, 멍, 묶인 자국, 흉터가 있으나 보호자가 제대로 설명하지 못하는 경우
- 장애인의 신체에 손상이 발생한 신체학대
- 나이에 맞지 않는 성적 행동을 하거나 성적인 묘사를 하는 말이나 행동을 하는 경우
- 지나치게 위축되어 있거나, 타인을 회피하는 경우
- 의복이 흙이나 기름때로 오염되어 있거나 지나치게 피로해하거나 살이 빠져 말라 있을 경우
- 매월 지원되는 금액이 있는데도 형편없는 돌봄이 제공되는 경우
- 본인이 임금을 얼마나 받는지 모르거나 타인이 관리해 준다고 대답하는 경우
- 장애인의 건강이나 주거환경이 불량하고, 가정이 어려운 상황임에도 사회 서비스 연계를 거절하는 경우

3. 노인 대상 사례관리의 이슈

노인기는 생물학적 노화로 인해 신체의 변화와 신체적 기능이 저하되는 시기이다. 노화로 인해 노인은 일상생활상에 어려움을 경험하며 만성적인 질병 등 건강상의 문제에 직면하게 된다. 은퇴와 같이 사회적 역할 상실로 인한 수입의 감소로 경제적인 어려움에 직면하거나, 자녀의 출가와 배우자 사별 등으로 인한 정서적 지지체계와 사회

관계망이 축소되기도 한다. 노인기는 신체, 심리, 정서, 사회적인 측면에서 다양한 변화를 경험하는 시기이기 때문에 노인에 대한 사례관리는 노인의 복합적인 욕구에 대한 사정을 통해 포괄적이고 지속적으로 지원되어야 한다.

1) 자아통합의 지향

노인기에는 경제적, 사회적, 신체적인 여러 측면에서 보호가 필요하지만 단지 보호의 대상으로만 노인을 생각해서는 안 된다. 에릭슨(Erickson, 1982)은 성공적인 노인기를 맞는 것으로 절망과 대비되는 것으로 자아통합을 말하고 있다. 병리관점에서 볼 때 노인은 보호의 대상이지만, 강점관점의 시각은 노인기를 자아통합의 시기로 그리고 능동적노후(active ageing)의 시기로 본다. 사례관리자는 노인이 자신의 삶을 의미 있고 가치 있게 수용하도록 접근해야 한다.

2) 일상생활 수행 능력 사정

일상생활 수행 능력의 정도에 따라서 클라이언트가 필요로 하는 자원이 각기 다르기 때문에 사례관리자는 노인의 신체적 · 인지적 기능을 정확하게 평가하여 그 결과에 따라서 적합한 자원을 연결해야 한다. 클라이언트가 독립적으로 일상생활 수행이 가능한 경우는 기능 유지를 위한 개입 계획을 수립한다. 일상생활 수행을 위해 가족이나 재가서비스의 도움이 필요한 경우는 클라이언트의 잔존 능력을 최대한 유지하면서 가족과 지역사회의 돌봄 서비스를 받을 수 있도록 서비스 계획을 수립하게 된다. 클라이언트의 신체적 · 인지적 기능이 심각하게 상실된 경우는 노인장기요양보호 서비스와 연결하며, 장기간의 서비스 계획을 수립해야 한다.

일상생활 수행 능력 평가(ADL: Activities of Daily Living)

식사, 화장실 이용, 보행, 대중교통 이용, 목욕, 옷 입기와 같이 기본적인 일상생활 수행의 가능 여부를 평가

도구적 일상생활 수행 능력 평가(IADL: Instrumental Activities of Daily Living)

전화 사용, 쇼핑, 음식 조리, 청소, 대중교통 이용, 복약 가능 여부, 금전관리 등과 같이 기구 혹은 도구들을 활용할 수 있는 능력을 평가

인지장애 평가(MMSE: Mini Mental Status Exam 간이 정신상태검사)

- 단기기억력, 지남력(연월일, 현 위치 등), 주의력, 언어 능력 등 노인의 인지 능력을 평가
- 단기기억력, 지남력, 언어 능력, 회상력 등 인지기능에 장애가 나타나, 일상생활을 혼자 하기 어려울 정도로 심한 영향을 주는 경우는 지역의 치매안심센터에서 MMSE(간이 정신상태검사)를 통해 치매의 조기 발견을 할 수 있도록 해야 함

3) 독거노인의 사회적 안전망 확충

우리나라 노인빈곤율은 심각한 수준이며, 고령 독거노인의 경우 빈곤율이 더욱 심각한 것으로 보고되고 있다. 독거노인은 65세 이상 홀로 사는 노인을 지칭하는 것으로, 통계청 자료에 의하며 2019년 전체 노인 중 19%가 독거노인인 것으로 보고되고 있다. 독거노인은 사회적 관계망이 단절되어 있어 고립감과 외로움으로 인해 정서적, 심리적으로 고위험에 처할 수 있다. 독거노인은 비독거노인에 비해 우울과 자살사고의 경험 가능성이 높기 때문에 사례관리자는 독거노인에 대한 사회 관계망을 확충하는 개입 계획을 수립해야 한다. 사례관리자는 독거노인을 위해 보건복지부의 독거노인생활관리사가 방문하는 돌봄 서비스를 연결하거나, 자원봉사자나 가정방문 음료배달 서비스의 연결 등 지역사회의 다양한 민간 자원을 연결하여 독거노인의 안전을 모니터링해야 한다.

4) 고독사 예방

고독사를 예방하기 위해서 독거노인의 사회관계망을 확충하는 것은 필요한 과업이다. 경제협력개발기구(OECD) 30개 국가 중 우리나라는 죽음의 질이 거의 하위수준으로 매우 낮은 것으로 보고되고 있다. 독거노인이 죽음을 준비하고 자아통합의 관점에서 생애를 마감하기 위해 지역사회의 적극적인 대응이 필요한 부분이다. 사례관리자는 노인이 어떻게 삶을 마무리하기 원하는지를 파악하고 이를 위해 지역사회의 자원을 확충하고 연결해야 한다.

특히, 사례관리자는 독거노인의 고독사를 예방하기 위해 지역사회의 안전망을 구축해야 한다. 최근 독거노인의 고독사를 예방하기 위해서 정보통신기술(ICT)을 연계한 안전모니터링 서비스가 활용되고 있는 것은 독거노인이 지속적으로 증가하고 있는 상황에서 노인의 안전을 위한 새로운 대안이 될 수 있다. ICT를 연계한 독거노인 모니터링 서비스는 전력사용량이나 가스누출감지, 동작감지, 조도의 변화, 수도 사용량 등으로 모니터링하여 어르신의 안전을 확인하는 방식으로 고독사를 예방한다는 점에서 긍정이라 하겠다. 그러나 기술의 사용과정에서 발생되는 사생활의 노출과 침해 문제(예: 클라이언트가 장기간 부재 시 모니터링직원에게 부재상황을 알려야 하는 경우, 클라이언트의 움직임이나 전기사용량이 측정되는 문제 등)와 관련하여서는 사례관리자가 윤리적인 지침과 기준을 구비하여 사례관리대상자의 사생활 침해를 최소화해야 할 것이다.

5) 취약한 노인을 위한 지원

열악한 주거환경에서 생활하는 빈곤 노인은 주거 공간의 물리적 환경으로 인해 야기되는 위험(예: 문턱)에 직면할 뿐 아니라 냉난방이 적절하게 공급되지 못하는 문제도 직면하기 때문에 사례관리자는 가사 서비스뿐 아니라 냉난방 지원, 주거환경 개선 등의 서비스 계획을 수립하고 자원을 연결해야 한다.

6) 노인의 권익 보호

사례관리자는 노인에게 학대나 방임이 발생하고 있는지를 파악해야 한다. 노인학대의 의심징후는 다음과 같다(보건복지부, 2017).

- 신체에 손상이 발생한 신체학대(설명할 수 없거나 치료받지 못한 상처 및 부상)
- 말하기를 꺼려 하거나 주저하고 불안한 모습으로 눈물을 보임
- 특정 유형의 사람들에 대한 두려움을 보임
- 영양실조나 탈수상태 혹은 기본적 생활비 지원이 거의 없음
- 노인 스스로 필요한 의료적 처치를 받지 않음
- 가족 및 보호자가 노인과 연락을 두절하거나 왕래를 하지 않음

〈표 12-4〉 노인학대 점검표

1	혼자서 가사활동을 하기 어렵고 경제적 능력이 없는 노인에게 도움이나 지원이 없다(예: 냉장고, 밥통이 없거나 식사를 자주 거르고 상한 음식을 섭취함, 생존 유지에 필요한 식음료 지원이 단절됨, 가스·난방·전기·수도 등이 단절됨, 세금 및 각종 요금 체납 등).	예	아니오
2	질병으로 생활이 불편함에도 필요한 의료적 치료 또는 기구를 제공받지 못한다(예: 필요한 약(심장, 당뇨, 혈압 등)이나 휠체어, 틀니를 제공하지 않음, 악취, 땀띠, 욕창, 염증 등이 방치됨 등).	예	아니오
3	삶에 필수적인 의·식·주나 적절한 의료적 치료를 스스로 거부하여 생명이 위협받는다(예: 날씨와 맞지 않은 옷차림새, 식사, 약물을 과소/과잉 복용, 의료치료 및 돌봄서비스 거부, 집안 내 가득한 쓰레기로 악취가 진동하거나 해충이 들끓음, 술을 과도하게 먹은 흔적이 보임, 자살시도 등).	예	아니오
4	보호자가 노인을 낯선 장소에 버렸거나 아무런 대책 없이 갑작스럽게 돌봄을 중단하였다(예: 돌봄이 필요한 노인에게 연락을 두절하거나 왕래를 하지 않음, 판단기능이 떨어진 노인에게 고의적으로 가출·배회하게 함 등).	예	아니오
5	노인에게 설명할 수 없는 상처 및 부상, 질병과 상관없는 체중감소를 보인다(예: 누군가의 강한 힘에 의한 타박, 골절 등의 피해가 있음, 노인의 신체를 묶어 사용하지 못하게 하는 장치가 있음, 노인이 제한된 공간에 갇힌 흔적이 있음, 노인이 원하지 않거나 하기 어려운 일을 강요당함 등).	예	아니오

6	노인이 평소답지 않게 무기력하고 불안한 행동 변화를 보인다(예: 협박이나 모욕적 말들로 인해 걱정 · 근심이 가득한 모습, 쉽게 놀라거나 당황함, 말하기를 주저하거나 눈치를 봄, 누군가 노인의 사회관계 유지를 방해함 등).	예	아니오
7	성폭력(성희롱, 성추행, 강간)에 대한 흔적이 보이거나 간접적인 언급을 한다(예: 노인이 걷거나 앉을 때 어려움을 보임, 속옷이 찢어짐, 하혈의 흔적이 보임, 성적 부위를 노출시킴, 성병에 걸림, 분노나 수치심을 보임, 특정 유형의 사람들에 대한 두려움을 보임 등).	예	아니오
8	노인의 재산 또는 권리를 빼앗겨 경제적 활동을 통제당한다(예: 노인의 재산이 동의 없이 타인의 명의로 갑자기 전화됨, 노인이 빌려준 돈 · 물건을 받지 못함, 노인부양을 전제로 재산을 증여했으나 부양받지 못함, 노인이 모르는 사이 귀중품이 없어지거나 은행계좌 현금이 인출됨, 자신의 돈을 마음대로 사용하지 못함, 노인의 임금이 체불됨).	예	아니오

출처: 보건복지부(2017).

4. 정신장애인 대상 사례관리 이슈

2017년 「정신보건법」의 전면 개정으로 「정신건강증진 및 정신질환자 복지 서비스 지원에 관한 법률」(이하, 정신건강복지법)이 시행되면서 정신질환자의 인권보호장치가 강화되었다. 2019년 개정 조항에는 정신질환자를 지역사회의 구성원으로 수용하면서 정신장애인의 지역사회 치료와 재활 및 지역사회통합을 위한 국가와 지방자치단체의 역할을 강조하고 있다(제37조, 지역사회 거주 · 치료 · 재활 등 통합 지원).

정신질환자와 가족은 복합적이고 만성적인 욕구를 지니고 있어 장기적으로 복합적인 서비스를 제공하는 사례관리는 지역사회재활과 적응을 위해 매우 적합한 접근이다(민소영, 2006). 특히, 조현병 환자의 경우 퇴원 후 관리가 안 될 경우 타인을 위해할 위험이 크기 때문에 사례관리체계 안에서 적절한 지원을 받아야 한다. 정신장애인을 대상으로 사례관리를 진행하기 위해서 사례관리자는 정신질환에 관한 기초 지식을 갖고 있어야 한다. 정신질환의 유형과 증상, 효과적인 개입방법은 물론이고 정신장애인을 위한 정책, 제도, 지역사회의 자원 등 기본적인 내용을 사전에 숙지해야 한다.

1) 초발환자관리: 정신건강상태 확인

정신질환은 발병 초기에 집중관리를 해야 한다. 우리나라는 발병 후 치료받기까지의 평균기간이 56주로 WHO(세계보건기구)의 권고 기준인 12주에 비해 치료시기가 4배나 지연된 것으로 보고되고 있다. 정신질환의 치료시기가 지연될 경우, 뇌손상과 기능저하가 초래되어 정신질환이 악화되기 때문에 사례관리자는 클라이언트의 정신건강상태를 확인하여 초기에 적절한 치료가 연결될 수 있도록 해야 한다(보건복지부, 2019). 이 책의 2부 8장 사정에서 정신건강상태검사(MSE: Mental Status Exam)의 내용을 학습하였다. 클라이언트에게 정신건강상의 문제가 감지되었다면 MSE를 활용해 클라이언트의 상황을 확인하여 정확한 진단을 받을 수 있도록 지역사회의 자원을 연계해야 한다. 초기에 적절한 치료에 연결될 수 있도록 하는 것이 중요하다.

〈표 12-5〉 정신건강상태검사 적용 - 예시*

범주		내용	관찰내용(예시)
일반적인 상황	외모	옷차림, 몸의 청결, 표정, 자세	• 상의 단추가 떨어져 있음 • 머리가 기름지고 뭉쳐 있음 • 대화 시 눈을 마주치나 질문을 할 때는 다른 곳을 쳐다 봄
	태도	사례관리자에 대한 태도, 면접과정의 태도와 관계 유형	
	행동	반응속도, 움직임, 제스처	
	말과 언어	빈도, 명료성, 음고, 음량, 어조, 언어의 질, 대화의 반복 등	
정서	기분	정서적인 분위기	• 감정표현이 없음 • 기분이 나쁘지 않다고 함
	정동	정서적인 반응	
	우울의 조짐	정서적으로 위축되어 있거나 우울한 정서	
인지 기능	지남력과 의식수준	공간, 시간, 상대방에 대한 인식/의식의 명료성	• 입퇴원 일자를 정확하게 기억하고 있음 • 질문내용을 이해하고 답을 함 • 대화 시 수준 있는 영어 단어를 사용함(자신이 해고된 것은 conspiracy(음모)가 있어서였다고 함)
	관심과 집중력	대화의 이해 및 몰입수준	
	기억력	기억수준, 기억력 장애에 대한 클라이언트의 주관적인 보고	

범주		내용	관찰내용(예시)
	추상화 및 일반화 능력	개념적 이해수준, 추론 능력, 대화 능력의 적용 수준	
	정보 및 지능	지식수준, 지능검사	
사고 및 지각	지각장애	환각, 환상, 이인화 및 비현실감	• 대학 다닐 때 한 미모를 해서 따라다니던 남자들이 많았다고 함
	사고내용	왜곡, 망상, 생각의 준거, 비현실적 사고	
	사고과정	아이디어의 흐름, 연상의 질	
	강박	신체화, 강박관념	
자살/타살/충동조절		자살 가능성, 타살 가능성, 충동조절 능력	• 2개월 전에 자살 시도 경험이 있음
통찰력(병식)과 판단력		자신의 상황에 대한 이해의 정확성/상황에 대한 판단력	• 자신의 증상을 알고 있으나 도움은 필요 없다고 함
신빙성		면담내용의 전반적인 신빙성	• 거짓 정보를 제공하지는 않은 것으로 판단됨
환경		클라이언트 주변 환경, 쓰레기 등 청결과 정돈	• 방에 과자봉지가 널려 있음

* Summers(2016)의 내용을 참고하여 관찰내용으로 재구성.

2) 자해 · 타해 위험이 있는 클라이언트 관리

클라이언트가 약물치료를 받고 있지 않거나, 복약을 중단하였거나, 공격 혹은 자살 시도를 한 경우는 고위험군에 속하기 때문에 사례관리자는 '지역사회 정신건강복지센터'에 사례를 의뢰하여 자의입원, 외래 치료 유도, 보호자에 의한 입원, 시 · 군 · 구청에 의한 입원, 응급 입원 등의 조치를 통해 정신질환자의 치료를 도와야 한다. 정신질환자로 인한 타해 위험의 심각성을 고려하여 2020년부터 자 · 타해 위험이 있는 정신질환자는 본인이나 보호 의무자의 동의 없이도 정신의료기관이나 정신요양시설에서 퇴원한 사실을 지역 정신건강복지센터나 관할 보건소에 의무적으로 통보해 관리를 받도록 하고 있다.

조현병 환자의 경우 환청이나 망상 등으로 인해 타해 위험이 있기 때문에 환자 본인이나 가족뿐 아니라 지역사회의 안전을 위해 정신질환자에 대한 사례관리는 더욱 필요한 상황이다. 조현병은 망상, 환각, 와해된 언어, 극도로 와해된 혹은 긴장성 행동, 음성증상 중 둘 이상의 증상이 1개월 이상 상당한 부분의 시간에 존재하고, 그 증상 중 최소 하나는 망상, 환각, 와해된 언어를 포함하고 있어(유수현 외, 2014), 자해 및 타해의 위험이 클 수 있다.

참고: 자해 및 타해 위험이 높은 자(보건복지부고시 제97-18호)

- 정신병으로 인한 의식장애가 심한 경우
- 망상에 의해 행동이 지배되는 상태
- 환청 등의 환각에 의해 지배되는 상태
- 현실 판단 능력 결여로 인해 행동의 예측이 어려운 경우
- 심한 우울증으로 자해의 위험이 높은 상태
- 증상으로 인한 흥분상태와 난폭한 행동을 하는 상태

참고: 정신질환자의 입원에 관한 내용(「정신건강복지법」)

- 제41조(자의입원 등): 정신질환자나 그 밖에 정신건강상 문제가 있는 사람이 입원 등 신청서를 정신의료기관 등의 장에게 제출함으로써 그 정신의료기관 등에 자의입원하는 것
- 제42조(동의입원 등): 정신질환자 보호의무자의 동의를 받아 입원 등 신청서를 정신의료기관 등의 장에게 제출함으로써 입원하는 것
- 제43조(보호의무자에 의한 입원 등): 정신질환자의 보호의무자 2명 이상(보호의무자 간 입원 등에 관하여 다툼이 있는 경우에는 제39조 제2항의 순위에 따른 선순위자 2명 이상을 말하며, 보호의무자가 1명만 있는 경우에는 1명으로 함)이 신청한 경우로서 정신건강의학과 전문의가 입원 등이 필요하다고 진단한 경우
- 제44조(특별자치시장 · 특별자치도지사 · 시장 · 군수 · 구청장에 의한 입원): 정신건강의학과 전문의 또는 정신건강전문요원이 정신질환으로 의심되는 사람을 발견하여 특별자치시장 · 특별자치도지사 · 시장 · 군수 · 구청장에게 그 사람에 대한 진단과 보호를 신청하였을 때
- 제50조(응급입원): 정신질환자로 추정되는 사람으로서 자신의 건강 또는 안전이나 다른 사람에게 해를 끼칠 위험이 큰 사람을 발견한 사람은 그 상황이 매우 급박하여 제41조부터 제44조까지의 규정에 따른 입원 등을 시킬 시간적 여유가 없을 때에는 의사와 경찰관의 동의를 받아 정신의료기관에 그 사람에 대한 응급입원을 의뢰할 수 있음

3) 정신질환자의 증상 및 위기도에 따른 관리

정신질환자의 증상에 따라서 사례관리자는 개입의 시기와 수준을 다르게 적용해야 한다(서울시정신건강복지센터, 2018).

- 위기관리: 즉각적인 위기개입이 없을 경우 자해 혹은 타해의 심각성이 우려될 경우, 24시간 이내에 긴급하게 서비스를 제공
- 집중관리: 초기 정신질환상태에서 재발 방지를 위해 집중적 관리가 필요한 경우, 월 2회 이상의 집중적 서비스 제공
- 유지관리: 지역사회에서 지속적인 사례관리 서비스를 제공받을 필요가 있는 만성 정신질환자로 최소 매 3개월에 1회 이상 서비스 제공
- 일시관리: 집중 · 유지관리를 받을 정도는 아니지만 정기적인 평가나 점검의 필요가 있는 경우, 3~6개월에 1회의 서비스 제공

4) 정신질환자 가족에 대한 개입

정신질환자 가족은 발병으로 인해 발생하는 환자의 보호와 치료를 위한 경제적 부담뿐 아니라 사회의 차별과 편견이라는 이중적인 고통을 겪게 된다. 가족의 경우 정신질환자의 치료와 재활을 위한 일차적인 자원이 될 수 있지만, 역으로 정신장애인의 재활에 장애요인이 될 수도 있다. 사례관리자는 사정과정에서 가족을 단위로 강점과 한계를 사정하여 정신장애인뿐 아니라 가족을 위한 개입의 방향을 수립해야 한다. 정신질환자 가족은 일차적 돌봄 제공자이면서 돌봄으로 인한 부양부담과 고통을 겪는 사례관리의 대상이기도 하다. 사례관리자는 정신질환자 가족의 경제적 부담 및 돌봄 부담의 완화와 정신질환으로 인해 야기될 수 있는 위기에 대처하기 위한 교육, 가족의 기능 강화를 위한 전략을 수립해야 한다.

5. 다문화가족 대상 사례관리 이슈

우리나라의 다문화인구 중 가장 높은 비율을 차지하고 있는 것은 결혼이민자로 구성된 다문화가족이다. 다문화가족에 대한 지원은 「다문화가족지원법」에 근거를 두고 있는데, 법률상 다문화가족은 '국제결혼을 통해 한국으로 이주해 온 사람과 한국 출생자가 가족관계를 맺고 있는 경우'로 규정하고 있어 그 범위가 매우 협소한 상황이다. 다문화가족은 일반적으로 이주노동자, 결혼이민자, 유학생, 난민, 화교, 새터민, 주한미군 등 다양한 가족에 대한 지원을 포괄해야 하지만 「다문화가족법」의 범주로 볼 때는 서비스 대상이 제한적인 상황이다. 결혼이주여성으로 구성된 다문화가족을 대상으로 사례관리를 진행할 경우, 사례관리기관과 사례관리자는 사전에 문화적인 역량을 구비해야 한다. 문화적 역량은 다양한 문화적 상황에서 원조전문가가 효과적으로 업무를 수행하기 위해 전문적인 가치와 지식, 기술을 기반으로 한 것으로 일련의 행동과 태도로 나타난다(최소연 외, 2011).

1) 사례관리기관과 사례관리자의 문화적 역량

문화적으로 역량 있는 실천을 위해 실천가는 인간행동에 대한 자신의 가정과 가치 및 편견을 알고, 문화적으로 다양한 클라이언트의 세계관을 이해하고, 적절한 개입전략과 기술을 개발하며, 문화적 역량을 고취하거나 부정하는 조직적 · 제도적 힘을 이해해야 한다(Sue, 2010). 사례관리자가 다문화가족과 함께 일하기 위해서는 문화적인 민감성, 문화적 인식과 태도, 문화적 지식, 그리고 문화적 기술의 요소를 포괄하는 문화적 역량을 구비해야 한다. 문화적 역량은 사례관리자뿐 아니라 사례관리를 수행하는 기관도 갖추어야 한다. 〈표 12-6〉은 기관의 문화적 역량을 측정하기 위한 도구이며, 〈표 12-7〉은 사례관리자의 문화적 역량을 파악하기 위한 척도이다.

〈표 12-6〉 기관 문화적 역량 척도

① **매우 부족:** 다문화 대상자에 대한 실천에 조치 및 수정이 매우 필요한 상태
② **부족:** 다문화 대상자에 대한 실천에 문제가 있어 일부 수정이 필요한 상태
③ **적절:** 현재의 실천은 적절하지만 발전적 방향을 위해 약간의 수정이 필요한 상태
④ **매우 적절:** 현재의 실천이 적절하여 수정이 필요하지 않은 상태

		문항	매우 부족	부족	적절	매우 적절
서비스품질지원	1	기관은 질적인 다문화사업을 제공하기 위해 외부 자문과 슈퍼비전(지도감독)을 활용하고 있다.	①	②	③	④
	2	기관은 다문화 이용자에게 제공되는 서비스에 대한 만족도 조사를 실시하고 있다.	①	②	③	④
	3	기관은 다문화사업을 수행하는 직원들의 교육과 발전을 지원하고 있다.	①	②	③	④
	4	기관은 다문화 이용자가 겪는 서비스 과정의 불만족을 개선하기 위해 노력하고 있다.	①	②	③	④
	5	기관은 서비스를 제공하기 전에 다문화 이용자에게 충분한 정보를 제공하고 고지된 동의(잘 설명하고 동의)를 얻도록 절차를 마련하고 있다.	①	②	③	④
	6	기관은 다문화 이용자가 서비스 과정에서 겪는 불평을 호소할 수 있는 창구를 마련하고 있다.	①	②	③	④
이용자권익옹호	7	기관은 서비스 이용자의 국적, 인종, 신념, 종교 등의 이유로 서비스 제공에 차등을 두지 않고 있다.	①	②	③	④
	8	기관은 서비스 과정상에서 알게 된 다문화 이용자의 개인적 정보에 대해 비밀보장의 방안을 마련하고 있다.	①	②	③	④
	9	기관은 필요시 다른(지역) 자원을 연결하여 다문화 이용자가 도움을 받을 수 있도록 하고 있다.	①	②	③	④
	10	기관은 다문화 클라이언트의 욕구를 해결하기 위해 적절한 서비스를 제공하고 있다.	①	②	③	④
	11	기관은 다문화 클라이언트에 대한 지역사회의 인식개선을 위해 노력하고 있다.	①	②	③	④
	12	기관은 다문화 클라이언트의 욕구를 정기적으로 파악하고 있다.	①	②	③	④
	13	기관은 다문화 이용자를 위한 정책과 서비스의 개선 및 확충을 위해 노력하고 있다.	①	②	③	④
의사소통활성화	14	기관은 필요시 통역가를 활용하여 다문화 이용자에게 도움을 제공하고 있다.	①	②	③	④
	15	기관은 통역가를 활용할 경우 비밀보장을 위한 방안을 마련하고 있다.	①	②	③	④
	16	기관은 효과적으로 돕기 위해 의사소통이 가능한 직원이나 봉사자를 활용하고 있다.	①	②	③	④
	17	기관은 다문화 이용자에게 정보를 제공하기 위해 클라이언트가 이해할 수 있는 의사소통방법을 활용하고 있다.	①	②	③	④
	18	기관은 다문화 클라이언트에게 도움을 제공할 때 그 이용자의 문화에 가장 적합한 직원을 연결하고 있다.	①	②	③	④

출처: 최소연 · 이상철(2011: 147-168).

〈표 12-7〉 원조전문직의 문화적 역량척도

- 각 문항의 ___에 환자, 클라이언트, 학생, 아동, 대상자 등 원조전문직의 다문화 대상에 적합한 단어 사용
- 5점 척도: ① 전혀 그렇지 않다, ② 대체로 그렇지 않다, ③ 보통이다, ④ 대체로 그렇다, ⑤ 매우 그렇다

구분	문항
문화적 인식	① 내가 서비스를 제공하는 다문화 대상자는 한국 사람과 같은 사회의 구성원이다. ② 다문화 대상자가 한국사회에 적응하기 위해서는 우리나라 사람들이 먼저 그 차이를 이해하고 수용해야 한다. ③ 내가 만나는 대상자의 출신국가, 피부색, 종교에 따라 차별을 하지 않는다. ④ 나는 다문화 대상자를 대할 때 한국의 서비스 이용자와 똑같은 태도로 대한다. ⑤ 나는 내가 만나는 다문화 대상자의 다양한 문화가 강점임을 인정한다.
문화적 태도	⑥ 나는 나와 다른 문화의 사람들을 대할 때 나의 가치와 신념을 주입하려 하지 않는다. ⑦ 나는 도움을 제공하는 과정에서 내가 선호하는 것과 내가 만나는 다문화 대상자가 선호하는 것이 다를 수 있음을 인식하고 있다. ⑧ 나는 돕는 전문가로서 나의 문화적 배경과 정체성을 알고 있다. ⑨ 나는 돕는 관계에서 다문화 대상자와 신뢰를 형성하고 있다. ⑩ 나는 돕는 과정에서 다문화 대상자에게 정확한 정보를 제공하기 위해 최대한 노력한다. ⑪ 나는 다문화 대상자가 내가 제공하는 정보를 이해하지 못하여 반복적으로 정보를 제공해야 할 때에도 최대한 친절하게 대한다. ⑫ 나는 다문화 대상자와의 관계에서 공감적인 태도로 경청한다. ⑬ 나는 다문화 대상자와 의사소통이 어려운 상황에서도 일관된 태도로 대한다.
문화적 지식 및 기술	⑭ 나는 내가 만나는 다문화 ___의 문화적 배경을 이해하기 위해 다양한 자료들을 찾아 학습한다. ⑮ 나는 다문화 ___의 욕구에 맞는 적절한 서비스를 개발하고 있다. ⑯ 나는 다문화 ___의 비언어적 의사소통의 의미를 알고 있다. ⑰ 나는 다문화 ___가 직면하고 있는 욕구를 해결하기 위해 필요한 서비스를 제공하고 있다. ⑱ 나는 다문화 ___가 어떤 도움이 필요한지를 정확하게 파악하고 있다. ⑲ 나는 다문화 ___를 위한 우리나라의 정책과 서비스를 알고 있다. ⑳ 나는 내가 만나는 다문화 ___의 강점을 활용하여 도움을 제공하고 있다. ㉑ 나는 내가 만나는 다문화 ___가 문제를 이해하고 해석하는 방식을 안다. ㉒ 나는 전문가로서 내가 전달하고자 하는 의미를 다문화 ___에게 정확하게 전달하고 있다. ㉓ 나는 나와 문화적 배경이 다른 ___에 대해 내가 어떻게 반응하고 있는지를 알고 다문화에 대한 나의 가치와 정체성을 항상 점검한다. ㉔ 나는 다문화 ___의 인종, 민족, 피부색 등에 대한 지식을 가지고 있다. ㉕ 나는 다문화 ___들의 종교, 사회계층, 성적 취향과 관련된 지식을 가지고 있다. ㉖ 나는 내가 만나는 다문화 ___가 한국사회의 구성원으로 생활할 수 있도록 돕고 있다. ㉗ 나는 다문화 ___를 만나면서 문화적 다양성에 대한 지식을 축적하고 있다. ㉘ 나는 다문화 ___와의 관계에서 어떻게 반응하고 대응해야 하는지를 알고 있다. ㉙ 나는 다문화 ___와 관계 형성을 위해 그 대상자가 속한 문화의 요소를 활용한다. ㉚ 나는 다문화 ___를 대할 때 어떤 상황에서 가치가 충돌하는지를 알고 있다. ㉛ 나는 다문화 ___에 대한 편견을 없애기 위해 지역사회의 여러 체계(기관)와 협력하고 있다. ㉜ 나는 다문화 ___의 권리향상과 옹호를 위한 노력을 실행에 옮긴다. ㉝ 나는 제공된 서비스에 대해 다문화___의 평가(만족, 성과)를 정확하게 파악하고 있다.

출처: 최소연(2010: 23-53).

2) 문화적 강점의 실천

사례관리자는 클라이언트의 문화에 내재되어 있는 고유한 강점을 확인해야 한다. 미국사회복지사협회 윤리강령은 사회복지사가 다양한 클라이언트의 문화에 내재된 강점을 인정하고 그 문화와 문화의 기능을 이해하도록 권고하고 있다. 사례관리자가 클라이언트의 문화에 대한 민감성을 갖고 문화에 내재되어 있는 의미를 파악하여 이를 실천과정에서 활용하기 위해서는 문화적인 역량이 준비되어야 한다.

참고: 미국사회복지사협회 윤리강령

1.05 문화적 인식과 사회적 다양성(Cultural Awareness and Social Diversity)

(a) 사회복지사는 모든 문화 속에 존재하는 강점들을 인정하면서 인간행동과 사회에서의 문화와 그 문화의 기능을 이해해야만 한다.

(b) 사회복지사는 클라이언트가 속한 문화에 대한 기본적 지식을 가져야 하며 문화적 집단들 간 그리고 사람들 간의 차이점과 클라이언트의 문화에 대해 민감성을 갖고 서비스를 제공하기 위해 역량을 발휘할 수 있어야 한다.

(c) 사회복지사는 인종, 민족, 국적, 피부색, 성별, 성적 지향, 연령, 혼인관계, 정치적 신념, 종교, 정신적 또는 신체적 장애에 대해 존중하면서 사회적 다양성 및 억압의 성격 등에 관한 교육을 받고 그것을 이해하도록 힘써야만 한다.

(d) 전자(electronic) 사회복지서비스를 제공하는 사회복지사는 클라이언트 간의 문화적, 사회경제적 차이와 클라이언트들이 어떻게 전자 기술을 사용하는지에 관해 알고 있어야 한다. 사회복지사는 이러한 서비스의 전달 혹은 활용에 영향을 미칠 수 있는 문화적, 환경적, 경제적, 정신적 또는 신체적 능력, 언어 및 기타 이슈들에 관해 평가해야 한다.

3) 다문화가족의 생활주기

사례관리자는 다문화가족의 생활주기를 고려하여 계획을 수립해야 한다. 입국 초기는 한국사회 적응에 필수적인 한국어 능력을 습득하며 결혼생활에 적응하는 것이 우선이다. 이후 자녀의 출산과 성장에 따른 자녀양육과 교육 지원, 결혼이주여성의 사회적 활동 및 경제적 활동을 통한 역량의 강화, 더 나아가서 한국사회의 다문화에 대한 인식

제고까지 가족의 생성과 발달에 따라서 다문화가족의 욕구가 다를 수 있기 때문에 사례관리자는 가족의 생활주기를 고려하여 사정하고 계획을 수립해야 한다. 〈표 12-8〉은 다문화가정의 생활주기에 따른 정부의 지원 방향이다.

〈표 12-8〉 다문화가정의 생활주기에 따른 지원 방향

단계	가족생활주기	지원 방향
1단계	입국 전 결혼준비기	국제결혼과정의 인권보호와 교육 프로그램
2단계	입국 초 가족관계 형성기	결혼이민자의 조기적응 및 안정적 생활 지원, 다양한 매체를 통한 한국어교육, 가족 위기 및 가족통합교육 실시
3단계	자녀양육 및 정착기	다문화가족 자녀의 양육 · 교육 지원
4단계	역량 강화기	다문화가족의 경제 · 사회적 자립 지원
전 단계	다문화 역량강화	대국민 인식개선 및 홍보, 다문화가족 실태조사 실시

출처: 여성가족부 · 관계부처합동(2012).

6. 북한이탈주민 대상 사례관리 이슈

정부는 「북한이탈주민보호 및 정착지원에 관한 법률」에 의해 북한이탈주민을 지원하고 있으며 단순 보호가 아니라 이들의 한국사회에서의 적응과 정착 지원에 있어 자립과 자활을 촉진하는 접근을 하고 있다. '북한이탈주민'이란 북한에 주소, 직계가족, 배우자, 직장 등을 두고 있는 사람으로서 북한을 벗어난 후 외국 국적을 취득하지 아니한 사람으로 정의된다(「북한이탈주민의 보호 및 정착지원에 관한 법률」(「북한이탈주민법」) 제2조).

북한이탈주민은 하나원(1999년 설립)에서 사회적응교육을 받으며 지역사회 정착을 준비한다. 정부에서 2005년에 정착장려금제도를 도입하여 북한이탈주민의 자립 · 자활을 적극 지원하고 있다. 2009년부터는 북한이탈주민의 지역사회적응 지원을 위해 지역적응센터(하나센터)를 지정하여 지역맞춤형 적응교육을 집중 지원하고 있고, 북한이탈주민 전문상담사제도를 도입하여 찾아가는 맞춤형 상담 지원 서비스를 제공하고 있다.

북한이탈주민의 정착은 과거에는 보호에 초점을 두었으나 현재는 자립과 자활에 초점을 두고 다양한 방법으로 취업을 지원하고 있다. 정착 지원에도 불구하고 북한이탈주민은 부적응을 하고 있는 것으로 보고되고 있는데, 낮은 경제활동으로 복지수급에 의존하거나 아동과 청소년의 학교생활 부적응, 문화 차이로 인한 어려움, 사회의 편견 등이 부적응에 영향을 미치는 요인으로 제시되고 있다. 사례관리자는 밀착형 지원을 통해 북한이탈주민의 지역사회 적응을 최대한 지원해야 한다. 맞춤형 일자리 제공, 탈북청소년의 학교생활 적응, 지역사회의 적응 지원(법률, 행정업무), 가족의 기능강화 등 각 가정의 다양한 욕구에 대한 지원뿐 아니라 지역사회 사회통합을 위한 인식개선과 권익옹호의 역할도 함께 수행해야 한다.

〈표 12-9〉 북한이탈주민 정착 지원제도 주요 내용

구분	항목	내용
정착금	기본금	1인 세대 기준 800만 원 지급
	장려금	직업훈련, 자격증 취득, 취업장려금 등 최대 2,510만 원
	가산금	노령, 장애, 장기치료, 한부모, 제3국출생자녀양육 등 최대 1,540만 원
주거	주택알선	임대 아파트 알선
	주거지원금	1인 세대 기준 1,600만 원
취업	직업훈련	훈련기간 중 훈련수당 월 20만 원 지급(노동부)
	고용지원금 (채용기업주에 지급)	급여의 1/2(50만 원 한도)을 최대 4년간 지원 2014년 11월 29일 이전 입국자
	취업보호담당관	전국 56개 고용지원센터에 지정, 취업상담 · 알선
	기타	취업보호(우선구매), 영농정착 지원, 특별임용 등
사회복지	생계급여	국민기초생활보장 수급권자(1인 세대 월 약 50만 원)
	의료보호	의료급여 1종 수급권자로서 본인 부담없이 의료 혜택
	연금특례	보호결정 당시 50세 이상~60세 미만은 국민연금 가입특례

구분	항목	내용
교육	특례 편 · 입학	대학진학 희망자의 경우 특례로 대학 입학
	학비 지원	중 · 고 및 국립대 등록금 면제, 사립대 50% 보조
정착도우미		1세대당 1~2명의 정착도우미를 지정, 초기 정착 지원(전국 약 530명)
보호담당관		거주지보호담당관(약 230명), 취업보호담당관(57명), 신변보호담당관(약 800명)

출처: 통일부(2018).

생각해 보기

1. 분야별(아동, 장애인, 노인, 정신장애인, 다문화가족, 북한이탈주민) 사례관리의 이슈 중 한 분야를 선정하여 효과적인 사례관리를 위해서 해당 분야에서 고려되어야 하는 부분이 무엇인지를 논의해 보자.
2. 각 대상별 사례관리를 효과적으로 수행하기 위해서 사례관리자가 갖추어야 할 자질에 관해 토의해 보자.
3. 한국사회의 다양한 사회구성원(다문화가족, 북한이탈 주민 등)의 특수한 욕구에 대해서 논의해 보자.

Chapter 13

사례관리의 전망

1. 우리나라 사례관리의 문제점

우리나라 사례관리의 전개과정에서 도출된 몇 가지 논점을 제시하면 다음과 같다.

첫째, 공공과 민간사례관리의 이분법적인 전개를 들 수 있다. 탈시설화와 지역사회보호를 배경으로 등장한 사례관리는 현재 공공영역과 민간영역을 망라하여 사회복지의 핵심과정이자 방법으로 확산되고 있다. 사례관리는 다양한 욕구를 지닌 클라이언트를 지역사회에서 보호하기 위해 파편화된 서비스의 통합이라는 목적을 지향하면서 민간사회복지실천 현장에서 먼저 시작되었다. 현재는 공공영역에서 적극적으로 사례관리를 추진하면서, 공공사례관리와 민간사례관리는 각각 분리되어 전개되고 있어 지역사회에서 서비스 통합의 실효성에 관한 의문이 지속적으로 제기되고 있다.

둘째, 사례관리에 관한 명확한 정의가 일관적으로 제시되고 있지 못하다. 사례관리에 관한 여러 학자들의 정의가 제시되고 있으며 협회나 학회 차원에서도 사례관리의 정의를 제시하고 있다. 그러나 외국의 사례관리의 개념 정의와 다르게 사례관리의 대상을 '장기적'인 문제가 있는 경우로 제한하여 제시한 경우도 있다. 이는 장기적이라는 것에 대한 명확한 합의가 없는 상황에서 긴급의 단기 개입이 요구되는 사례보다 만성적인 사례를 우선 대상으로 할 소지가 있는 개념 정의다. 뿐만 아니라 사례관리자가 위기개입을 요하는 클라이언트에게 신속하고 한시적인 역할을 수행하는 것을 제한하는 결과를 야기하는 부분도 있다.

셋째, 사례관리자의 자격기준과 역량에 대한 구체적인 기준선이 제시되고 있지 못하다. 사례관리를 수행하기 위해서는 사회복지에 관한 다양한 지식과 기술이 필요하다. 현재 사회복지사자격취득과정이 다변화되어 있어 사회복지사를 배출하는 교육기관이 다양하다. 때문에 초임 사회복지사의 지식과 기술의 수준에 상당한 편차가 존재하고 있는 것은 지속적으로 제기된 문제이다. 사회복지사가 사례관리자의 역할을 수행하고 있지만 '사회복지사=사례관리자'가 적절한지에 대한 합의가 필요한 부분이다.

넷째, 우리나라의 특성에 부합한 사례관리의 과정과 모형이 명확하게 제시되고 있지 못하다. 사례관리의 모델은 대부분 외국에서 제시된 것이 소개되고 있거나, 일부 한국에서 제시된 모형은 사례의 욕구수준 혹은 사례관리자가 담당하는 사례의 수를 반영하여 모형을 제시하고 있다. 이러한 모형은 심화사례관리나 일반사례관리로 제시되고 있으나 심화의 정도와 일반의 정도 등의 구분이 모호하며, 사례관리자가 담당을 하는 사례의 적정 수 또한 사례관리자의 역량에 대한 합의 없이 담당 사례 수만을 제시하고 있기 때문에 실효성에 논란이 있을 수 있다.

다섯째, 민간사례관리가 클라이언트의 욕구보다 기관의 기능 중심으로 진행되는 문제이다. 사례관리의 우선적인 초점은 다양한 욕구를 지닌 클라이언트이다. 지역사회에서 클라이언트가 이용하고 있는 다양한 사회복지시설이 있는데, 어떤 곳을 이용하는가에 따라서 사례관리의 대상이 되거나 그렇지 못한 경우가 있을 수 있다. 사례관리가 클라이언트의 욕구 중심으로 진행되기보다 기관의 기능 중심으로 진행되기 때문이다. 예를 들어, 지역아동센터나 가족센터(건강가정지원센터+다문화가정지원센터)의 경우 사례관리가 활발하게 진행될 필요가 있는 곳이다. 그러나 기관의 인력과 재정 등의 문제로 다른 기관에 비해서 사례관리가 우선적인 기능이 아닌 상황이다. 기관의 기능에 따라서 사례관리의 중요도가 다를 경우, 클라이언트가 사례관리의 대상에서 누락되는 문제가 발생할 수 있다.

여섯째, 사례관리의 질 관리의 문제이다. 체계적인 교육이나 자격요건에 대한 합의가 부재한 상황에서 사례관리가 수행되고 있어, 각 기관의 사례관리의 질의 편차는 클 수 있다. 사례관리의 질적 수행을 무엇으로 정의할 것인가, 사례관리의 효과성을 무엇으로 볼 것인가, 사례관리 슈퍼비전을 어떻게 제공해야 하는가, 사례관리자의 윤리적 실천을 어떠한 방법으로 모니터링할 것인가, 사례관리가 효율적으로 진행되었는가 등에 대한 지침이 없기 때문에 전문가의 부정확한 사정과 개입 계획, 미흡한 성과에 대한 책임성이 모호한 상황이다.

일곱째, 사례관리자가 간접실천의 일부 역할에 편중되어 있는 문제이다. 사례관리자는 임상가이면서 행정가이고, 직접실천과 간접실천을 동시에 수행하는 전문가이다. 한국의 사례관리자는 서비스 연계와 자원 연결과 같은 간접실천의 역할 비중이 크며 상담, 위기개입과 같은 직접실천의 역할 비중은 적은 편이다. 간접실천의 경우도 옹호와 대변과 같이 클라이언트의 권익을 옹호하는 역할 수행은 거의 제한적이다. 사례관리자가 가족상담이나 위기개입과 같은 임상기법의 활용에 익숙하지 않아 대부분의 역할이 연계와 의뢰라면, 단지 사례의 심각도에 따라서 사례관리자에게 담당 사례 수를 할당하는 것은 타당하지 않을 수 있다.

2. 우리나라 사례관리의 발전 방향

(1) 민간사례관리와 공공사례관리의 역할 정립

사례관리와 관련된 난제의 하나는 공공과 민간사례관리의 역할을 어떻게 명료하게 구분하면서 클라이언트를 위해 사례관리 서비스를 통합할 것인가이다. 공공과 민간 역할의 중첩문제를 해결하기 위한 대안으로 사례관리 대상자의 욕구와 지역사회자원의 특성에 따라서 사례관리의 공급주체를 구분하는 것을 제시하고 있으나(안혜영, 2012), 사례관리가 통합적으로 수행되기 위한 근본적인 대안으로는 실효성이 크지 않다. 이는 클라이언트의 욕구가 동적이기 때문에 시기적으로 민간과 공공을 넘나들 수 있으며, 뿐만 아니라 공공과 민간의 경계선상에 있는 사례들이 어떻게 분류되고 정보가 어떻게 공유될 것인가의 문제가 쉽게 해결될 수 있는 것이 아니기 때문이다. 공공과 민간영역을 포괄하는 사례관리체계가 바람직하지만 현실적 제약을 극복할 수 없을 경우 민간 차원에서라도 정보와 자원을 공유하면서 통합적 민간사례관리체계를 구축하는 것을 고려해 볼 필요가 있다.

(2) 사례관리자의 자격과 역량강화

사례관리의 기능을 원활하게 수행하기 위해서 사례관리자의 자격에 관한 논의와 합의가 있어야 한다. 클라이언트에게 가장 중요한 자원은 바로 사례관리자이다. 사례관리의 질적 수행에 있어 핵심요소인 사례관리자에 대한 자격기준의 제시와 사례관리자의 역량강화를 위해 체계적이며 단계적인 교육훈련이 수행되어야 한다. 무엇보다도 사례관리자가 연계와 중개 등의 간접역할뿐 아니라 위기가정에 대한 위기개입, 가족상담 등의 직접역할을 전문적으로 수행할 수 있도록 심도 있는 교육이 진행되어야 한다.

(3) 기관 기능 중심에서 클라이언트 욕구 중심의 사례관리

클라이언트가 사례관리체계에 쉽게 진입할 수 있도록 욕구 중심으로 사례관리가 진행되어야 한다. 기관의 역할과 기능에 따라서 사례관리의 중요성이 다르기 때문에, 어떤 기관에 소속되었는가에 따라서 사례관리의 대상에서 제외되거나 사례관리의 서비스 수준에 차이가 발생해서는 안 될 것이다. 클라이언트가 적시에 각자의 욕구에 부합되는 질적인 사례관리를 받을 수 있도록 클라이언트의 욕구가 우선되어야 한다. 잠재적 사례관리대상자가 많이 이용하고 있는 기관의 경우 사례관리자를 의무적으로 배치하는 제도적인 보완이 있어야 한다. 제공기관 중심이 아니라 클라이언트 중심으로 제공되어야 한다.

(4) 질적 사례관리의 지향

질적 사례관리를 위해 사례관리의 질적 요소가 무엇인지에 대한 합의가 선행되어야 한다. 그리고 사례관리자에 대한 정기적인 슈퍼비전이 제공되어야 한다. 사례관리과정에서 야기될 수 있는 윤리적인 실천의 요소가 고려되었는지, 방임적인 개입은 없었는지를 모니터링하고 사례관리자의 전문적인 성장을 지원하기 위해서 정기적인 슈퍼비전이 제공되어야 한다. 효과적인 슈퍼비전을 위해서 사례관리와 관련된 과정별 업무분석이 필요하다. 각 과정별 사례관리자의 책임과 역할과업을 기술한 직무기술서, 사례관리자의 능력, 지식, 기술을 제시하고 있는 직무명세서, 각 과업의 중요도와 난이도를 제시하고 있는 직무평가 등이 제시되고 그에 맞게 인력이 배치되며 역할이 수행되어 질적인 사례관리를 지향해야 할 것이다.

(5) 클라이언트 참여 확대

본 교재는 사례관리과정에 클라이언트의 적극적 참여의 필요성을 강조하였다. 그러나 실천현장에서 서비스 이용자-중심이 되는 것은 현실적으로 제약이 따르게 된다.

때로는 클라이언트의 적극적인 참여가 기관의 정책에 의해 침해될 수도 있다. 서비스 이용자 중심이 되기 위해서는 먼저 사례관리의 전반적인 과정에 대해 클라이언트에게 충분하게 고지하는 것이 전제되어야 한다. 사례관리과정에서 클라이언트의 참여 범위를 확대하는 것은 클라이언트의 자기결정 능력과 참여 동기와 관련된다. 그러나 클라이언트의 참여를 확대하는 것에는 다른 변수가 작용할 수 있다. 사례관리자가 자신과 클라이언트 권위를 어떻게 수용하고 있는가에 의해서 클라이언트의 참여 범위가 달라질 수 있다. 보호자가 없거나, 인지 능력이 좋지 않거나, 학습장애가 있는 클라이언트의 경우 역설적으로 참여 범위를 확장하는 것이 쉬울 수 있다. 클라이언트와 가족 간 이견이 있거나 클라이언트가 강한 의견을 피력할 경우, 또는 시간상 제약이 있는 경우에 클라이언트가 참여하는 것이 오히려 축소될 수도 있다. 사례관리자는 소비자 주권주의에 근거하여 클라이언트를 적극적인 동반자로 간주하고 사례관리 전 과정에서 클라이언트가 능동적으로 참여할 수 있도록 해야 한다.

(6) 사례관리에서 기술활용의 윤리

스스로 돌볼 수 없거나 사회적으로 고립된 클라이언트가 지속적으로 증가하고 있으며, 이들의 안전을 위해 정보통신기술(ICT), 사물인터넷(IoT), 인공지능(AI) 등의 기술(technology)을 활용하는 것은 클라이언트를 위한 사회적 자원의 연결이라는 긍정적인 측면이 있다. 또한 기술을 연계한 비대면 서비스가 점차 확대되고 있는 것은 면대면서비스가 불가능한 상황에서 돌봄의 공백과 사각지대를 해소하는 데 있어 긍정적일 수 있다. 사례관리자는 정보통신기술이나 인공지능(AI)과 같은 복지기술을 활용하는 것이 클라이언트에게 최선의 개입인지 심도 있게 고민하면서 무엇보다 기술을 연계한 복지서비스가 제공자 중심이 아니라 이용자 중심으로 활용될 수 있도록 엄격한 윤리적 기준을 갖고 활용해야 할 것이다.

생각해 보기

1. 우리나라 민간영역 사례관리의 발전을 위해 어떤 부분이 개선되어야 하는지를 토의해 보자.
2. 현재 확장되고 있는 공공분야의 사례관리의 문제점과 발전방향을 토의해 보자.
3. 기술 발전이 사례관리와 사례관리자의 역할에 미칠 영향에 관해 논의해 보자.

부록

<부록 1> 희망복지지원단, 경기도 무한돌봄 위기도 조사지

<부록 2> 희망복지지원단 욕구사정지

<부록 3> 드림스타트 아동양육환경 사정도구

<부록 1> 희망복지지원단, 경기도 무한돌봄 위기도 조사지

※ 총점 30점 이상 또는 욕구영역별 2개 이상 문항이 각 3점 이상인 가정에 한하여 지원 여부 검토

위기도 조사지 (Risk Assessment)

				접수번호	
				현장확인 일시	
				사례관리담당자(업무담당자)	
				정보제공자명(관계)	
대상자명		대상자 연락처		정보제공자 연락처	
욕구영역		총점		위기 여부 (2개 문항이 각 3점인 경우)	□ 해당 □ 비해당

1. 안전: 가족구성원 또는 외부인과의 관계에서 야기되는 기초적 신변보호상의 위기 정도(12점)

1. 안전	위기도 문항	0	1	2	3
가족 내 안전 유지	1. 함께 거주하고 있는 가족구성원이 본인이나 가족을 위협하고 있거나 위협할 것 같다. ① 신체적 폭력 ② 정서적 폭력 ③ 성적 폭력 ④ 방임과 방치 ⑤ 경제적 폭력 0) 해당사항 없음 3) 어느 하나라도 해당 시 3점				
	2. 본인이 가족(비동거 가족포함)을 위협하고 있거나 위협할 것 같다. ① 신체적 폭력 ② 정서적 폭력 ③ 성적 폭력 ④ 방임과 방치 ⑤ 경제적 폭력 0) 해당사항 없음 3) 어느 하나라도 해당 시 3점				
가족 외부로 부터의 안전 유지	3. 비동거 가족, 친척, 친구, 이웃, 사회(학교, 직장 등) 등이 본인이나 가족을 위협하고 있거나 위협할 것 같다. ① 신체적 폭력 ② 정서적 폭력 ③ 성적 폭력 ④ 방임과 방치 ⑤ 경제적 폭력 0) 해당사항 없음 3) 어느 하나라도 해당 시 3점				
	4. 응급상황이 발생할 경우 도움을 받는 데 어려움이 있다. 0) 어려움이 없다 / 해당사항 없음 1) 도움을 요청할 지원체계는 있으나, 충분하지 않다. 2) 응급 시 도움을 요청할 지원체계는 있으나, 원만한 관계가 아니다. 3) 도움을 요청할 지원체계가 전혀 없다 / 응급상황을 인지하지 못한다.				

2. 건강: 대상자 및 가족구성원의 신체적 · 정신적 건강문제로 인한 생활상의 위기 정도(18점)

2. 건강	위기도 문항	0	1	2	3
신체적 건강 유지	1. 본인이나 동거 가족이 신체적 건강문제로 어려움을 겪고 있다. 0) 어려움이 없다 / 해당사항 없음 1) 신체적 건강문제가 있으나 일상생활 및 사회생활이 가능하다. 2) 신체적 건강문제로 일부 일상생활이나 사회생활에 어려움이 있다. 3) 신체적 건강문제로 일상생활이나 사회생활이 전혀 안 된다.				
	2. 본인이나 동거가족이 신체적 건강문제를 관리하는 데 어려움이 있다. 0) 어려움이 없다 / 해당사항 없음 1) 관리하는 데 어려움이 있으나, 관리하기를 원하고 있다. 2) 관리하는 데 어려움이 있고, 건강관리를 위한 지원체계가 충분하지 않다. 3) 관리하는 데 어려움이 있고, 건강관리를 위한 지원체계가 전혀 없다.				
정신적 건강 유지	3. 본인이나 동거가족이 중독, 우울, 조현증(정신분열) 등의 정신질환으로 어려움이 있다. 0) 어려움이 없다 / 해당사항 없음 1) 어려움은 있으나 일상생활 및 사회생활이 가능하다. 2) 일상생활이나 사회생활에 일부 어려움이 있다. 3) 일상생활이나 사회생활이 전혀 안 된다.				
	4. 본인이나 동거가족이 중독, 우울, 조현증(정신분열) 등의 정신질환에 대한 증상관리가 어렵다. ① 질병인식(병식)이 없다. ② 증상관리를 도와줄 자원이 없다. ③ 증상관리가 안 되고 있다. ④ 자해나 타해의 시도나 위험이 있다. 0) 해당사항 없음 3) 어느 하나라도 해당 시 3점				
	5. 본인이나 동거가족이 약물을 복용하는 데 어려움이 있다. 0) 가족의 도움을 받거나 스스로 약물을 처방대로 복용하고 있다. / 해당사항 없음 1) 약물 복용을 도와주는 지원체계가 있지만, 규칙적인 약물 복용이 어렵다. 2) 약물 복용을 도와줄 지원체계가 충분하지 않아서, 규칙적인 약물복용이 어렵다. 3) 약물 복용이 전혀 이루어지지 않는다. / 약물 치료를 거부한다.				
	6. 본인이나 동거가족이 지난 6개월 동안 자살을 시도하거나 구체적인 방법을 생각한 적이 있다. 0) 해당사항 없음 1) 자살을 생각한 적이 있다. 2) 자살을 위한 구체적인 방법을 생각한 적이 있다. 3) 자살을 시도한 적이 있다.				

3. 일상생활유지: 기능적 및 수단적 일상생활 유지상의 위기 정도(9점)

3. 일상생활 유지	위기도 문항	0	1	2	3
의식주 관련 일상생활 유지	1. 자신의 건강을 해치거나 타인에게 피해를 줄 정도로 본인이나 동거가족이 일상생활을 유지하는 데 어려움이 있다. ① 식사 ② 대소변 등 용변처리 ③ 옷 입기(세탁 포함) ④ 세수, 목욕 등 몸 씻기 ⑤ 청소 ⑥ 정리정돈 ⑦ 수면 ⑧ 그 외 가사활동 0) 해당사항이 0개인 경우 / 누군가의 도움을 받으며 원활하게 수행하고 있는 경우 / 해당사항 없음 1) 해당사항이 1개인 경우(도움을 받아도 충분하지 않을 경우 포함) 2) 해당사항이 2개인 경우(도움을 받아도 충분하지 않을 경우 포함) 3) 해당사항이 3개 이상인 경우(도움을 받아도 충분하지 않을 경우 포함)/영유아인 경우 1, 2, 7중 하나라도 해당하면 3점				
	2. 본인이나 동거가족이 외출하는 데 어려움이 있다. 0) 어려움이 없다 / 해당사항 없음 1) 불편하지만 외출이 가능하다. 2) 외부(자원)의 도움이 있으면 외출이 가능하다. 3) 이용할 만한 교통수단이 없어서 외출할 수 없다. / 도움이 있어도 외출이 어렵다.				
여가생활 활용	3. 본인이나 동거가족이 여가생활에 어려움이 있다. 0) 어려움이 없다. / 해당사항 없음 1) 자원은 있으나, 정보 부족으로 여가를 즐기지 못하고 있다. 2) 자원이나 정보의 부족으로 여가를 즐기지 못하고 있다. 3) 즐겨 하는 일이 전혀 없다.				

4. 가족관계: 가족구성원의 갈등 및 보육, 간병 등의 돌봄보호상의 위기 정도(9점)

4. 가족관계	위기도 문항	0	1	2	3
관계 형성	1. 가족(동거 및 비동거 가족 포함)으로부터 도움을 받는 데 어려움이 있다. 0) 필요할 때 도움을 충분히 받을 수 있다. / 해당사항 없음 1) 필요할 때 도움을 받고 있으나 충분하지 않다. 2) 필요할 때 도움을 요청할 가족은 있으나, 원만한 관계는 아니다. 3) 필요할 때 도움을 요청할 가족이 전혀 없다(연락하고 사는 가족이 전혀 없는 경우도 포함).				
	2. 가족(동거 및 비동거 가족 포함) 갈등으로 어려움이 있다. 0) 어려움이 없다. / 해당사항 없음 1) 가족갈등이 있으나 가구원들의 일상생활 및 사회생활이 가능하다. 2) 가족갈등으로 인해 가구원들의 일상생활이나 사회생활에 일부 어려움이 있다. 3) 가족갈등으로 인해 가구원들의 일상생활이나 사회생활이 전혀 안 된다.				
가족 돌봄	3. 보호가 필요한 영유아, 아동, 노인, 장애인 등을 돌보는 데 어려움이 있다. 0) 돌볼 가구원이 없다. / 돌보는 데 어려움이 없다 / 해당사항 없음 1) 돌볼 능력이 부족하나 의지가 있다. 2) 돌볼 능력이 부족하며, 지원체계가 충분하지 않다. 3) 돌볼 능력이 부족하며, 지원체계가 전혀 없다. / 돌볼 의지가 없다.				

5. 사회관계: 친지, 이웃 및 소속집단 내에서의 관계 형성 및 유지상의 위기 정도(12점)

5. 사회적 관계	위기도 문항	0	1	2	3
친인척 및 이웃 간 관계 형성	1. 친구, 이웃, 지인이나 친인척으로부터 도움을 받는 데 어려움이 있다. 0) 필요할 때 도움을 충분히 받을 수 있다. / 해당사항 없음 1) 필요할 때 도움을 받고 있으나 충분하지 않다. 2) 필요할 때 도움을 요청할 친구, 이웃, 지인이나 친인척은 있으나, 원만한 관계는 아니다. 3) 필요할 때 도움을 요청할 친구, 이웃, 지인이나 친인척이 전혀 없다(연락하고 사는 친구, 이웃, 지인이나 친인척이 전혀 없는 경우도 포함).				
소속된 집단 및 사회생활	2. 직장동료, 소속된 단체나 기관으로부터 도움을 받는 데 어려움이 있다. 0) 필요할 때 도움을 충분히 받을 수 있다. / 해당사항 없음 1) 필요할 때 도움을 받고 있으나 충분하지 않다. 2) 필요할 때 도움을 요청할 직장동료, 소속된 단체나 기관은 있으나, 원만한 관계는 아니다. 3) 필요할 때 도움을 요청할 직장동료, 소속된 단체나 기관이 전혀 없다.				
	3. 본인이나 동거 가족이 자기 방이나 집에서 나오지 않는다. 0) 일상생활 및 사회생활 유지에 어려움이 없다. / 해당사항 없음 1) 방이나 집에서 거의 나오지 않으나, 기본적인 생활이 가능하고 소수의 타인(가족 포함)과 관계를 유지하고 있다. 2) 방이나 집에서 거의 나오지 않은 채 기본적인 생활은 하지만, 다른 사람(가족 포함)과 접촉이 없다. 3) 방이나 집에서 거의 나오지 않은 채 기본적인 생활이 어렵거나 다른 사람(가족 포함)과 접촉이 없다.				
	4. 타인에게 피해를 주는 언행으로 이웃과 갈등을 유발하고 있다. 0) 유발하고 있지 않다. / 해당사항 없음 1) 유발하고 있으나 조정이 가능하다. 2) 유발하고 있다.				

6. 경제: 기본적인 생활에 필요한 경제적 문제 및 자산관리상의 위기 정도(9점)

6. 경제	위기도 문항	0	1	2	3
기초 생활해결	1. 돈이 없어서 어려움을 겪고 있다. ① 돈이 없어 식사를 못하고 있거나 식료품 구입이 어렵다. ② 공교육비를 기한 내 납부하지 못하고 있다. ③ 계절에 맞는 의복과 신발을 구입하지 못하고 있다. ④ 치료비가 없어서 본인이나 가족이 병원을 못 가고 있다. ⑤ 집세가 3개월 이상 밀려 있다. ⑥ 안정적으로 살 수 있는 집이 없다(퇴거위험, 노숙, 비닐하우스, 쪽방, 고시원, 여관/여인숙, 찜질방, 쉼터 등). ⑦ 난방장치가 없거나, 난방비 때문에 추운 겨울에 난방을 사용하지 못하고 있다. ⑧ 공과금(사회보험료, 전화요금, 가스요금, 수도요금, 전기요금, 관리비 중 하나 이상)이 밀려 있다. ⑨ 공과금 연체로 사회보험급여 자격정지, 전화중단, 가스차단, 단수, 단전 중 하나 이상의 상태에 있다. 0) 해당사항이 0개인 경우 1) 해당사항이 1개인 경우 2) 해당사항이 2~3개인 경우 3) 해당사항이 4개 이상인 경우 / 1, 4, 5, 6, 9번에 하나라도 해당하는 경우				

6. 경제	위기도 문항	0	1	2	3
자산관리	2. 금전관리에 어려움이 있다. 0) 어려움이 없다. / 해당사항 없음 1) 도움이 있을 경우 금전관리가 가능하다. 2) 수입보다 지출이 더 많다. 3) 금전관리 자체가 어렵다(개인 역량부족, 건강, 장애, 기타 사유).				
	3. 빚과 관련된 문제를 해결하는 데 어려움이 있다. 0) 어려움이 없다. / 해당사항 없음 1) 빚은 있으나 갚아 나가고 있다. 2) 빚을 갚을 능력이 없거나, 빚 갚을 능력이 없으면서 계속해서 빚을 내고 있다. 3) 빚 갚을 능력이 없으며 지속적으로 채무 독촉을 받고 있다.				

7. 교육: 일상생활 유지에 필요한 기초교육 습득상의 위기 정도(6점)

7. 교육	위기도 문항	0	1	2	3
기초학습 습득 및 향상	1. 본인이나 자녀가 일상생활 및 사회생활 유지를 위해 필요한 기본능력이 부족하다. ① 듣기 ② 읽기 ③ 쓰기 ④ 말하기 ⑤ 다른 사람의 말 이해하기 ⑥ 신문, 글 등을 이해하기 ⑦ 간단한 계산하기 0) 해당사항이 0개인 경우 / 현재 도움을 받아서 원활하게 수행하고 있는 경우 / 해당사항 없음 1) 해당사항이 1개인 경우(도움이 필요한 경우) 2) 해당사항이 2개인 경우(도움이 필요한 경우) 3) 해당사항이 3개 이상인 경우(도움이 필요한 경우)				
교육 환경 개선	2. 본인(고등학생 이하)이나 자녀(고등학생 이하)가 학교생활에 어려움이 있다. 0) 어려움이 없다. / 해당사항 없음 1) 등교는 하지만 학교생활에 어려움을 표현하고 있다. 2) 등교는 하지만 학교규칙 및 생활규정을 위반(무단이탈, 무단지각, 무단조퇴)하거나 징계(정학, 사회봉사 등)를 받고 있다. 3) 등교는 하지만 다른 학생으로부터 따돌림을 받고 있거나, 다른 학생에게 해를 입히고 있다. / 무단으로 결석하고 있다.				
	3. 본인(고등학생 이하)이나 자녀(고등학생 이하)의 학업 유지에 어려움이 있다. 0) 어려움이 없다. / 해당사항 없음 1) 장애 등으로 특수교육을 받아야 하지만 그러지 못하고 있다(거리, 비용 등의 이유). 2) 상급학교에 진학하거나(검정고시 포함) 특기를 개발하거나 학업을 유지하려는 데 자원이 부족하다. 3) 학업을 유지하려는 의지나 대안이 없다. / 현재 의무교육을 받고 있지 않다.				

8. 고용: 취업·창업상 문제 및 직업기능 수행상의 위기 정도(6점)

8. 고용	위기도 문항	0	1	2	3
취(창)업	1. 본인이나 동거 가족이 구직에 어려움이 있다. 0) 어려움이 없다. / 해당사항 없음 1) 근로 능력은 부족하나 일할 의지가 있다. 2) 근로 능력은 있으나 가족돌봄, 자녀양육, 일자리 발굴 등으로 일하기 어렵다. 3) 근로 능력도 부족하고 가족돌봄, 자녀양육, 일자리 발굴 등으로 일하기 어렵다. / 일할 의지가 없다.				
고용 유지	2. 본인이나 동거 가족이 직장생활을 유지하는 데 어려움이 있다. 0) 어려움이 없다. / 해당사항 없음 1) 근무조건이 맞지 않아 직장생활을 유지하는 데 어려움이 있다. 2) 개인적인 방해요소로 직장생활을 유지하는 데 어려움이 있다. 3) 언제든지 정리 해고될 수 있다.				

9. 생활환경: 거주지의 내 · 외부적 환경 및 권익보장상의 위기 정도(12점)

9. 생활환경	위기도 문항	0	1	2	3
주거 내부 환경개선과 안전	1. 본인이나 가족의 안전과 건강에 해를 끼칠 정도로 거주하는 집의 생활환경이 열악하다. ① 화장실 ② 주방시설 ③ 도배장판 ④ 전기시설 ⑤ 가스시설 ⑥ 상하수도시설 ⑦ 냉난방 시설 ⑧ 위생상태(곰팡이, 찌든 때, 방역불량, 배설물처리 불량, 쓰레기 등) ⑨ 창호/문짝 ⑩ 주변 환경 ⑪ 채광 0) 어려움이 없다. / 해당사항 없음 1) 해당사항이 1개인 경우 2) 해당사항이 2개인 경우 3) 해당사항이 3개 이상인 경우				
	2. 거주하는 집에 안전상의 문제로 어려움을 겪고 있다. ① 히터나 전기장판 과열 ② 전기선 누출 ③ 누수 ④ 가스누출 ⑤ 베란다 안전장치 미비 ⑥ 방범장치 미비 ⑦ 침수 ⑧ 붕괴위험 ⑨ 그 외 기타 0) 어려움이 없다. / 해당사항 없음 1) 어려움이 있으나 임시방편을 마련하였다. 2) 어려움이 있으나 대책을 마련 중에 있다. 3) 어려움이 있으나 대책 마련을 못하고 있다.				
	3. 거주하는 집에서 신체활동상에 어려움이 있다. ① 공간부족(휠체어 이동공간 부족) ② 문턱 ③ 안전바 미설치 ④ 싱크, 찬장, 가구 등 높낮이 미조절 ⑤ 욕실 미개조 ⑥ 램프 미설치 0) 어려움이 없다. / 해당사항 없음 1) 해당사항이 1개인 경우 2) 해당사항이 2개인 경우 3) 해당사항이 3개 이상인 경우				
주거 내 · 외부 환경과 지역사회	4. 주거 내·외부 환경 때문에 이웃과 갈등을 유발하고 있다. 0) 유발하고 있지 않다 / 해당사항 없음 1) 유발하고 있으나 조정이 가능하다. 3) 유발하고 있다.				

10. 법률 및 권익보장: 가족구성원의 권익보장상의 위기 정도(6점)

10. 법률 및 권익보장	위기도 문항	0	1	2	3
권익보장	1. 차별대우나 불이익을 받고 있다. 0) 차별대우나 불이익을 받고 있지 않다 / 해당사항 없음 1) 차별대우나 불이익을 받고 있지만, 옹호을 위한 지원체계가 있다. 2) 차별대우나 불이익을 받고 있으며, 옹호을 위한 지원체계가 충분하지 않다. 3) 차별대우나 불이익을 받고 있으며, 옹호를 위한 지원체계가 전혀 없다.				
법률적 지원	2. 본인이나 동거가족이 법적 문제로 어려움을 겪고 있다. 0) 어려움이 없다. / 해당사항 없음 1) 어려움이 있으나 일상생활 및 사회생활이 가능하다. 2) 법적 문제로 일상생활이나 사회생활에 일부 어려움이 있다. 3) 법적 문제로 일상생활이나 사회생활이 전혀 안 된다.				

<부록 2> 희망복지지원단 욕구사정지

<table>
<tr><td>대상자명</td><td colspan="2"></td><td>생년월일</td><td></td><td rowspan="2">연락처</td><td colspan="2">연락처 1:</td><td rowspan="2">유형</td><td>□ 신규</td></tr>
<tr><td>주소</td><td colspan="4"></td><td colspan="2">연락처 2:</td><td>□ 재조사</td></tr>
<tr><td rowspan="3">주거사항</td><td>주거 형태</td><td>□ 단독주택
□ 다세대/연립
□ 아파트
□ 무허가/움막/비닐하우스
□ 여관/고시원/쪽방
□ 기타(　　　)</td><td>가옥 구조</td><td>□ 방 (　개)
□ 거실 (　개)
□ 주방 (　개)
□ 화장실 (　개)
□ 욕실 (　개)
□ 화장실/욕실 겸용</td><td>주거 구분</td><td colspan="2">□ 자가
□ 전세(보증금:　만 원)
□ 월세(보증금:　만 원, 월세　만 원)
□ 임대주택(보증금: 만 원, 월세　만 원)
□ 무상임대
□ 시설/그룹홈
기타(　　　　)</td><td>난방</td><td>□ 가스/기름보일러
□ 연탄 보일러
□ 전기매트/전기온돌
□ 없음
□ 기타(　　)</td></tr>
<tr><td colspan="2">주거상태</td><td colspan="7">□ 양호　□ 노후　□ 긴급보수 필요　□ 폭염 취약　□ 한파 취약　□ 환기 부적절　□ 채광부족　□ 협소한 공간　□ 악취/불결</td></tr>
<tr><td colspan="2">주거환경</td><td colspan="2">□ 유흥가　□ 소음　□ 대로변　□ 기타</td><td>이사 계획</td><td colspan="2">□ 유　□ 무</td><td>거주기간</td><td>년　개월</td></tr>
</table>

가족사항	관계	성명	생년월일	연령	성별	동거여부	학력	직업	결혼상태	연락처	장애	질병	비고

가구 유형						
	□ 소년소녀가구 □ 부부중심가구	□ 청장년1인가구 □ 노인부부가구	□ 독거노인가구 □ 조손가구	□ 한부모가구 □ 미혼모부가구	□ 새터민가구 □ 공동체가구	□ 장애인가구 □ 다문화가구

서비스 이력					

<table>
<tr><th colspan="3" rowspan="2">욕구영역</th><th rowspan="2">주요 현상</th><th rowspan="2">대상자</th><th colspan="4">주요 원인 및 원인 제공자</th><th rowspan="2">욕구내용</th><th rowspan="2">우선순위</th></tr>
<tr><th>제공자 1</th><th>원인 1</th><th>제공자 2</th><th>원인 2</th></tr>
<tr><td rowspan="4">욕구
영역
별
현상
및
원인</td><td></td><td></td><td></td><td></td><td></td><td></td><td></td><td></td><td>*욕구명:
*욕구내용:
*강점:
*장애물:</td><td></td></tr>
<tr><td></td><td></td><td></td><td></td><td></td><td></td><td></td><td></td><td>*욕구명:
*욕구내용:
*강점:
*장애물:</td><td></td></tr>
<tr><td></td><td></td><td></td><td></td><td></td><td></td><td></td><td></td><td>*욕구명:
*욕구내용:
*강점:
*장애물:</td><td></td></tr>
<tr><td></td><td></td><td></td><td></td><td></td><td></td><td></td><td></td><td>*욕구명:
*욕구내용:
*강점:
*장애물:</td><td></td></tr>
<tr><th colspan="4">사회적 지지자원</th><td colspan="7"></td></tr>
<tr><th colspan="11">대상가구 일반 현황</th></tr>
<tr><th colspan="4">가계도</th><td colspan="7"></td></tr>
<tr><th rowspan="6">가족력</th><th colspan="3">결혼전기/영유아기</th><td colspan="7"></td></tr>
<tr><th colspan="3">신혼기/아동기</th><td colspan="7"></td></tr>
<tr><th colspan="3">자녀 아동기/청소년기</th><td colspan="7"></td></tr>
<tr><th colspan="3">자녀 청소년기/성인기</th><td colspan="7"></td></tr>
<tr><th colspan="3">노년기</th><td colspan="7"></td></tr>
<tr><th colspan="3">특이사항</th><td colspan="7"></td></tr>
</table>

<table>
<tr><td rowspan="7" colspan="2">개인력</td><td rowspan="2">관계</td><td rowspan="2">성명</td><td rowspan="2">연령</td><td colspan="5">특이사항</td></tr>
<tr><td>영유아기</td><td>아동기</td><td>청소년기</td><td>성인기</td><td>노년기</td></tr>
<tr><td></td><td></td><td></td><td></td><td></td><td></td><td></td><td></td></tr>
<tr><td></td><td></td><td></td><td></td><td></td><td></td><td></td><td></td></tr>
<tr><td></td><td></td><td></td><td></td><td></td><td></td><td></td><td></td></tr>
<tr><td></td><td></td><td></td><td></td><td></td><td></td><td></td><td></td></tr>
<tr><td></td><td></td><td></td><td></td><td></td><td></td><td></td><td></td></tr>
<tr><td colspan="2">요청 서비스 내역</td><td colspan="8"></td></tr>
<tr><td rowspan="6">검토의견</td><td rowspan="5">주요 욕구</td><td></td><td colspan="7"></td></tr>
<tr><td></td><td colspan="7"></td></tr>
<tr><td></td><td colspan="7"></td></tr>
<tr><td></td><td colspan="7"></td></tr>
<tr><td></td><td colspan="7"></td></tr>
<tr><td colspan="2">종합의견</td><td colspan="7"></td></tr>
<tr><td colspan="10"></td></tr>
<tr><td>작성자</td><td colspan="4"></td><td>소속</td><td colspan="4"></td></tr>
<tr><td>신청일자</td><td colspan="4"></td><td>작성일자</td><td colspan="4"></td></tr>
</table>

<부록 3> 드림스타트 아동양육환경 사정도구

1. 만 3세 미만 아동양육환경 사정 문항

양육환경	만 3세 미만 아동양육환경 사정 문항
아동 방임이나 학대가 있다.	□ 아동의 울음소리, 비명, 신음소리가 계속된다는 이웃의 진술이 있는 경우 □ 아동의 상처에 대한 보호자의 설명이 모순되는 경우 □ 계절에 맞지 않거나 깨끗하지 않은 옷을 계속 입고 다니는 경우 □ 뚜렷한 이유 없이 지각이나 결석이 잦은 경우 □ 나이에 맞지 않는 성적 행동을 보이는 경우 □ 기타, 아동학대/방임으로 의심되는 경우( )
심각한 가족 갈등이나 배우자 학대가 있다.	□ 가족 내에 심각한 언어적 폭력이 있다. □ 가족 내에 심각한 신체적 폭력이 있다. □ 부부간에 잦은 심각한 싸움이 있다. □ 가족구성원 간에 심각한 갈등이 있다.
양육자에게 정신장애/신체장애 혹은 심각한 질환이 있다.	□ 정신장애: 정신분열증( ), 지적장애( ), 우울( ), 기타( ) □ 신체장애: 장애종류( ) □ 양육에 지장을 주는 심각한 질환(예: 중증 당뇨병, 신장병 등): 병명( )
심각한 경제적 어려움이 있다.	□ 돈이 없어서 2달 이상 집세가 밀렸거나 집세를 낼 수 없어서 집을 옮긴 적이 있다. □ 돈이 없어서 공과금(사회보험료와 전기요금, 전화요금, 수도요금 등)을 기한 내 납부하지 못한 적이 있다. □ 돈이 없어서 전기요금, 전화요금, 수도요금 중 하나 이상을 내지 못해 전기, 전화, 수도 등이 끊긴 적이 있다. □ 돈이 없어서 자녀의 공교육비를 한 달 이상 주지 못한 적이 있다. □ 돈이 없어서 추운 겨울에 난방을 하지 못한 적이 있다. □ 돈이 없어서 본인이나 가족이 병원에 갈 수 없었던 적이 있다. □ 가구원 중에 신용불량자인 사람이 있다. □ 연속 3개월 이상 건강보험 미납으로 인하여 보험급여자격을 정지당한 경험이 있다.
양육자에게 심각한 알코올 중독, 약물 남용, 도박 등의 문제가 있다.	□ 양육자에게 심각한 알코올 중독 문제가 있다. □ 양육자에게 심각한 약물 남용 문제가 있다. □ 양육자에게 심각한 도박문제가 있다.
안전에 위협을 줄 수 있는 환경에 아이를 방치한다.	□ 가스레인지 및 화기에 한 접근을 통제하기 위한 노력이 없다. □ 집 안에 기어다니거나 보행기를 타다 낙상할 수 있는 공간이 있다. □ 집 안에 아이가 움직일 때 다칠 수 있는 뾰족한 모서리들이 있다. □ 아이를 집 안에 혼자 둔 경우가 있다. □ 잘 알지 못하는 이웃 등에게 아이를 맡기는 경우가 많다.
아이의 건강 및 위생 관리가 제대로 이루어지고 있지 않다.	□ 특이한 신체증상이 있거나 열이 날 때 체온을 재며 지켜보고 일정수준 이상일 때 병원 방문을 하는 등의 합리적 조치를 취하지 않는다. □ 의학적으로 중요한 상황(특정 질병, 응급상황 등)에서 비전문적인 시술이나 성분을 알 수 없는 약 투여, 민간요법에 의존한 경우가 있다. □ 예방접종을 제때에 챙겨 하고 있지 않다. □ 아기의 체온조절에 위협이 될 만한 상황(너무 덥거나, 너무 춥거나, 습도가 너무 높은)에서 조절해 주지 않는다. □ 젖병, 식기 및 침구, 의복 등의 관리상태가 보기에도 상당히 비위생적인 수준이다. □ 외출이나 걸레질 후에 손을 제대로 씻지 않고 아이를 안거나 음식을 먹인다. □ 일주일에 2번 이상은 아이를 씻기지 않는다. □ 과도한 먼지나 곰팡이가 있는 환경에 방치한다.
아이에게 발달시기에 적절한 수유 및 이유식이 진행되고 있지 않다. (적합한 이유식 상황 평가)	

양육환경	만 3세 미만 아동양육환경 사정 문항
아이의 인지발달을 촉진 하는 데 필요한 환경, 자극, 경험을 제공하지 못한다.	□ 딸랑이, 악기 등 음을 내는 놀잇감이나 시각, 청각을 자극할 만한 놀잇감이 거의 없다. □ 아이와 얼굴을 맞대고 신체놀이를 하거나 장난감을 갖고 잘 놀아 주지 않는다. □ 아이가 관심 가질 수 있는 자극을 경험할 수 있도록 데리고 나가 보여 주는 노력이 없다. □ 언어에 노출되는 시간이 절대적으로 부족하다(아이에게 말을 걸어 주는 일이 거의 없다). □ TV나 스마트기기, 비디오물 앞에 아이를 계속 앉아 있게 방치한다.

아동발달	만 3세 미만 아동발달 사정 문항
양육태도가 바람직하지 못하다.	□ 아이를 충분히 안아 주지 않는다. □ 아이와 눈을 맞추거나 미소를 보여 주고 상냥하게 어르는 행동을 보기 어렵다. □ 아이가 울고 보채더라도 배고프거나 불편한지 살피지 않고 스스로 조용해질 때까지 방치한다. □ 친구나 형제를 때리거나 남의 것을 뺏어도 '안 되는 거야'와 같은 설명을 해 주면서 다시 돌려주거나 하는 등의 조치를 하지 않는다. □ 아이가 싫다는 표현을 해도 억지로 음식을 먹인다. □ 많이 울어도 불편한지 살피지 않고 목욕시킨다. □ 아이를 다루기 힘들다고 때린 적이 있다.
아동에게 중증의 장애 또는 질환이 있다.	□ 선천성 기형: 다지증, 합지증, 잠복고환, 안면기형, 기타( ) □ 신체 및 정신장애: 뇌성마비, 청각장애, 시각장애, 발달장애, 지적장애, 기타( ) □ 성장장애나 왜소증: 염색체 이상, 선천성 대사 이상, 기타( ) □ 심장병, 소아당뇨, 소아암, 간질, 아토피, 천식, 기타( )
신체발달이 연령에 비해 부진하거나 건강상의 문제가 있다.	□ 키가 연령에 비해 작다. (*규준표 참조, 10% 이하 불량, 아동의 키= cm) □ 몸무게가 연령에 비해 적다. (*규준표 참조, 10% 이하 불량, 아동체중= kg) □ 비만이다. (BMI= 체중/키2, 아동의 BMI=) (18.5 이하 저체중, 18.5~24.9 정상, 25~29.9 과체중, 30 이상 비만) □ 응급실을 찾는 일이 분기별로 1회 이상 되거나, 상해나 사고가 아닌 질병으로 인한 1주 이상의 입원도 연간 1회 이상이다.
섭식 문제가 있다.	□ 하루에 한 끼 먹이기도 힘들 만큼 잘 먹지 않는다. □ 지나치게 편식이 심하고, 새로운 음식을 먹어 보려 하지 않는다.
언어 및 인지발달 지연이 의심된다.	**0~5개월** □ 움직이는 물체에 시선이 이동한다, 익숙한 얼굴에 미소를 띤다. □ 소리 나는 쪽으로 고개를 돌린다, 누워서 딸랑이를 갖고 논다. □ 줄을 갖고 놀거나 블록을 집으려고 한다. (5개월) **6~11개월** □ 발음이 분명치 않은 애기 말을 한다. □ 물체를 붙잡고 일어선다. □ 관심 있는 것을 가리킨다 **12~17개월** □ 한 단어는 말할 수 있다. □ 혼자 걷는다. □ 연필이나 크레파스로 끄적거린다 **18~23개월** □ 블록을 끼우거나 쌓을 수 있다. □ 간단한 지시에 따를 수 있다. □ 사물의 이름을 최소한 1개 말할 수 있다. **24~29개월** □ 눈앞에서 사라진 물건을 찾을 수 있다. □ 두 단어를 붙여서 말한다. (예: "엄마 맘마" "아빠 물") □ 간단한 놀이를 즐긴다. ( ) **30~35개월** □ 소변을 보려는 의사표시를 하거나 가린다. □ 짧은 문장으로 말을 한다. ( ) □ 장난감을 상징적으로 사용할 수 있다.

아동발달	만 3세 미만 아동발달 사정 문항
정서 및 행동발달상에 어려움이 있다.	□ 다른 사람과의 상호작용이나 의사소통에 문제가 있고, 활동과 관심의 종류가 제한되어 있다(눈 맞춤이 잘 안 된다/ 다른 사람이나 주변 사물에 별로 관심을 보이지 않고, 다른 사람과 감정을 주고받지 못하는 것처럼 보인다/ 언어발달이 지연되어 있거나, 반복적이고 특이한 언어를 사용한다/ 제한적인 관심에 집착하거나, 머리나 손, 몸 등을 반복적으로 흔든다). □ 애착관계가 불안정하거나 혼란되어 보인다(18개월 이상 된 영아가 모와의 분리상황에서 심하게 떼를 쓰며 저항하고, 모가 돌아와서 달래도 잘 달래지지 않는다/ 18개월 이상 된 영아가 처음 보는 사람에게도 선뜻 안기거나 입 맞추는 등 지나치게 접근한다).

2. 만 3세 이상~7세 미만 아동양육환경 사정 문항

양육환경	만 3세 이상~7세 미만 아동양육환경 사정 문항
아동 방임이나 학대가 있다.	□ 아동의 울음소리, 비명, 신음소리가 계속된다는 이웃의 진술이 있는 경우 □ 아동의 상처에 대한 보호자의 설명이 모순되는 경우 □ 계절에 맞지 않거나 깨끗하지 않은 옷을 계속 입고 다니는 경우 □ 뚜렷한 이유 없이 지각이나 결석이 잦은 경우 □ 나이에 맞지 않는 성적 행동을 보이는 경우 □ 기타, 아동학대/방임으로 의심되는 경우(　　　　　)
심각한 가족 갈등이나 배우자 학대가 있다.	□ 가족 내에 심각한 언어적 폭력이 있다. □ 가족 내에 심각한 신체적 폭력이 있다. □ 부부간에 잦은 심각한 싸움이 있다. □ 가족구성원 간에 심각한 갈등이 있다.
양육자에게 정신장애/신체장애 혹은 심각한 질환이 있다.	□ 정신장애: 정신분열증( ), 지적장애( ), 우울( ), 기타(　　　　　) □ 신체장애: 장애종류(　　　　　) □ 양육에 지장을 주는 심각한 질환(예: 중증 당뇨병, 신장병 등): 병명(　　　　　)
심각한 경제적 어려움이 있다.	□ 돈이 없어서 2달 이상 집세가 밀렸거나 집세를 낼 수 없어서 집을 옮긴 적이 있다. □ 돈이 없어서 공과금을 기한 내 납부하지 못한 적이 있다. □ 돈이 없어서 전기요금, 전화요금, 수도요금 중 하나 이상을 내지 못해 전기, 전화, 수도 등이 끊긴 적이 있다. □ 돈이 없어서 자녀의 공교육비를 한 달 이상 주지 못한 적이 있다. □ 돈이 없어서 추운 겨울에 난방을 하지 못한 적이 있다. □ 돈이 없어서 본인이나 가족이 병원에 갈 수 없었던 적이 있다. □ 가구원 중에 신용불량자인 사람이 있다. □ 연속 3개월 이상 건강보험 미납으로 인하여 보험급여자격을 정지당한 경험이 있다.
양육자에게 심각한 알코올 중독, 약물 남용, 도박 등의 문제가 있다.	□ 양육자에게 심각한 알코올 중독 문제가 있다. □ 양육자에게 심각한 약물 남용 문제가 있다. □ 양육자에게 심각한 도박문제가 있다.
안전에 위협을 줄 수 있는 환경에 아이를 방치한다.	□ 가스레인지 및 화기에 대한 접근을 통제하기 위한 노력이 없다. □ 집 안에 아이가 걸어 다니다 떨어질 수 있는 공간이 있다. □ 집 안에 아이가 돌아다니다 다칠 수 있는 뾰족한 모서리들이 있다. □ 범죄다발지역에 위치한 집 안에 혼자 둔다. □ 길을 혼자 건너다니게 하거나 집 밖에 나가야 하는 심부름을 시키는 일이 종종 있다. □ 어른이 옆에서 보지 않은 채 위험한 놀이기구가 있는 곳에서 놀게 한다. □ 술에 취한 어른을 집에 자주 데려온다.

양육환경	만 3세 이상~7세 미만 아동양육환경 사정 문항
아이의 건강 및 위생 관리가 제대로 이루어지고 있지 않다.	□ 특이한 신체증상이 있거나 열이 날 때 체온을 재며 지켜보고 일정수준 이상일 때 병원 방문을 하는 등의 합리적 조치가 의심된다. □ 의학적으로 중요한 상황(특정 질병, 응급상황 등)에서 비전문적인 시술이나 성분을 알 수 없는 약을 투여, 민간요법에 의존한 경우가 있다. □ 예방접종을 제때에 하고 있지 않다. □ 아이의 치아, 시력에 관심을 두고 체크하거나 적절한 조치(치과방문, 양치질 지도)를 취한 흔적이 없다. □ 아토피나 비만문제가 있는데, 필요한 식이요법을 하지 않고 방치한다. □ 아이를 하루에 한 번도 밖으로 데리고 나가 뛰어놀도록 해 주지 않는 경우가 많다. □ 매우 덥거나, 추운 방에 대해서 신경 쓰지 않는다. □ 식사 및 침구, 칫솔, 의복 등의 관리상태가 보기에도 상당히 비위생적인 수준이다. □ 외출이나 걸레질 후 손을 제대로 씻지 않고 아이를 안거나 음식을 먹인다. □ 일주일에 2번 이상 아이를 씻기지 않거나(머리 감기 포함), 손 씻기 등을 지도하지 않는다. □ 과도한 먼지나 곰팡이가 있는 환경에 방치한다.
아이에게 식사제공이 제대로 이루어지지 않고 있다.	□ 세끼 식사 중 한 끼 이상을 제공하지 않아 굶게 되는 경우가 있다. □ 반찬이 매우 부실하다. □ 패스트푸드나 과자로 식사를 대체하는 경우가 많다(예: 라면이나 초코파이 같은 과자로 저녁을 대체하는 경우가 주 3회 이상).
아이의 인지발달을 촉진하는 데 필요한 환경, 자극, 경험을 제공하지 못한다.	□ 집에 연령에 적합한 장난감, 책, 한글카드 등이 거의 없다. □ 아이와 신체놀이, 그림 그리기, 장난감, 게임 같이 하기 등을 하면서 놀아 주는 일이 별로 없다. □ 아이가 관심 가질 수 있는 자극(불꽃놀이 등의 행사나 꽃이나 눈 등의 계절적 변화 등)을 경험할 수 있도록 데리고 나가 보여 주는 노력이 없다. □ 이용할 수 있는(무료) 공연 전시에 아이를 데려간 적이 없다 □ 아이에게 말을 자주 걸지 않고 아이의 말에 답도 길게 하지 않는다. □ 아이에게 책을 읽어 주지 않는다. □ TV나 스마트기기, 비디오물 앞에 아이를 계속 앉아 있게 방치한다. □ 컴퓨터 게임시간을 통제하지 않는다. □ 유치원(어린이집 등) 입학 연령이 지났는데 유치원(어린이집 등)에 보내지 않거나, 유치원(어린이집 등)에서 필요한 준비물이나 과제물을 잘 챙겨 주지 않는다.

아동발달	만 3세 이상~7세 미만 아동발달 사정 문항
양육태도가 바람직하지 못하다.	□ 아이를 충분히 안아 주지 않는다. □ 아이와 눈을 맞추거나 미소를 보여 주고 상냥하게 말하고 다독거리는 행동을 보기 어렵다. □ 아이의 말에 대꾸를 잘하지 않는다. □ 아이의 합리적인 요구에 반응을 하지 않거나 지연한다. □ 친구나 형제를 때리거나 남의 것을 뺏어도 '안 되는 거야'와 같은 설명을 해 주면서 다시 돌려주거나 하는 등의 조치를 하지 않는다. □ 아무 때나 자고 먹게 놔 둔다(자고 먹는 시간에 대한 질문을 통해 11시가 넘어도 재우려고 노력하지 않는 등 생활 리듬을 지키고자 하는 노력이 없는 경우). □ 유치원(어린이집 등)에 늦어도 방치한다. □ 아이가 싫다는 표현을 해도 억지로 음식을 먹인다. □ 아이가 힘들어 하는 과제(학습지) 등을 과도하게 강제로 시킨다. □ 자지 않으려는 아이에게 말로 설명하기보다 강제로 눕힌다. □ 아이에게 원하는 행동을 하게 하기 위해 설득 등의 방법보다 체벌을 자주 사용한다.
아동에게 중증의 장애 또는 질환이 있다.	□ 선천성 기형: 다지증, 합지증, 잠복고환, 안면기형, 기타(　　　　) □ 신체 및 정신장애: 뇌성마비, 청각장애, 시각장애, 발달장애, 지적장애, 기타(　　　　) □ 성장장애나 왜소증: 염색체 이상, 선천성 대사 이상, 기타(　　　　) □ 심장병, 소아당뇨, 소아암, 간질, 아토피, 천식, 기타(　　　　)

아동발달	만 3세 이상~7세 미만 아동발달 사정 문항
신체발달이 연령에 비해 부진하거나 건강상의 문제가 있다.	□ 키가 연령에 비해 작다. (*규준표 참조, 10% 이하 불량, 아동의 키= cm) □ 몸무게가 연령에 비해 적다. (*규준표 참조, 10% 이하 불량, 아동체중= kg) □ 비만이다. (BMI= 체중/키2, 아동의 BMI=) (18.5 이하 저체중, 18.5~24.9 정상, 25~29.9 과체중, 30 이상 비만) □ 두통, 복통, 어지러움, 피로감 등을 자주 호소한다. □ 응급실을 찾는 일이 분기별로 1회 이상 되거나, 상해나 사고가 아닌 질병으로 인한 1주 이상의 입원도 연간 1회 이상이다.
섭식문제가 있다.	□ 지나치게 먹지 않아, 하루에 한 끼 먹이기도 힘들다. □ 지나치게 편식이 심하고, 새로운 음식을 먹어 보려 하지 않는다.
언어 및 인지영역발달에 어려움이 있다.	□ 자신이 원하는 것을 손으로 가리켜 표시한다. □ 말을 하기는 하지만 발음이 명확하지 않아 알아듣기 어렵다. □ 또래에 비해 어휘 수가 부족하다
수리영역의 발달에 어려움이 있다.	**만 3, 4세(36개월 이상 60개월 미만)** □ 1,2,3을 세는 것도 어려워한다. □ 2,3가지 색도 구분하지 못한다. □ 간단한 대소비교가 어렵다. **만 5, 6세(60개월 이상 84개월 미만)** □ 사물을 20개 정도까지 헤아리지 못한다. □ 사물을 가지고, 더하기와 빼기를 잘하지 못한다. □ 사물들의 길이, 크기, 장단, 순서 등의 개념을 이해하지 못한다(여러 개의 사물 중에서 가장 큰(작은) 것은 무엇인지, 가장 긴(짧은) 것은 무엇인지를 구분하지 못한다. 이들을 순서에 맞게 배열하지 못한다). □ 기본도형들을 가지고 다른 도형을 만들지 못한다.
정서 및 행동발달상에 어려움이 있다.	□ 눈을 깜박이거나 얼굴 찡그리기, 몸을 움찔거리기, 킁킁거리기, 헛기침하기 등의 틱증상을 보인다. □ 눈 맞춤이 잘 안 된다. □ 다른 사람이나 주변 사물에 별로 관심을 보이지 않고, 다른 사람과 감정을 주고받지 못하는 것처럼 보인다. □ 무기력해 보이거나, 기분이 처져 있거나, 자주 우는 모습을 보인다. □ 집을 떠나거나 부모로부터 떨어지는 것을 매우 불안해한다.
충동조절에 어려움을 보이고, 공격성, 사회적인 부적응을 보인다.	□ 규칙을 따르지 않거나, 반항적이고 말을 안 듣는다. □ 자신이나 다른 사람의 물건을 부순다. □ 다른 사람들을 때리거나 싸움을 많이 한다. □ 쉽게 흥분하고, 생각 없이 충동적으로 행동한다. □ 또래와 잘 어울리지 못하고 겉돌거나 따돌림을 당한다. □ 인터넷이나 스마트폰을 이용한 게임에 몰입하여 일상생활에 지장이 있다.

3. 만 7세 이상~13세 미만 아동양육환경 사정 문항

양육환경	만 7세 이상~13세 미만 아동양육환경 사정 문항
아동 방임이나 학대가 있다.	□ 아동의 울음소리, 비명, 신음소리가 계속된다는 이웃의 진술이 있는 경우 □ 아동의 상처에 대한 보호자의 설명이 모순되는 경우 □ 계절에 맞지 않거나 깨끗하지 않은 옷을 계속 입고 다니는 경우 □ 뚜렷한 이유 없이 지각이나 결석이 잦은 경우 □ 나이에 맞지 않는 성적 행동을 보이는 경우 □ 기타, 아동학대/방임으로 의심되는 경우( )
심각한 가족 갈등이나 배우자 학대가 있다.	□ 가족 내에 심각한 언어적 폭력이 있다. □ 가족 내에 심각한 신체적 폭력이 있다. □ 부부간에 잦은 심각한 싸움이 있다. □ 가족구성원 간에 심각한 갈등이 있다.

양육환경	만 7세 이상~13세 미만 아동양육환경 사정 문항
양육자에게 정신장애/신체장애 혹은 심각한 질환이 있다.	□ 정신장애: 정신분열증( ), 지적장애( ), 우울( ), 기타( ) □ 신체장애: 장애종류( ) □ 양육에 지장을 주는 심각한 질환(예: 중증 당뇨병, 신장병 등): 병명( )
심각한 경제적 어려움이 있다.	□ 돈이 없어서 2달 이상 집세가 밀렸거나 집세를 낼 수 없어서 집을 옮긴 적이 있다. □ 돈이 없어서 공과금을 기한 내 납부하지 못한 적이 있다. □ 돈이 없어서 전기요금, 전화요금, 수도요금 중 하나 이상을 내지 못해 전기, 전화, 수도 등이 끊긴 적이 있다. □ 돈이 없어서 자녀의 공교육비를 한 달 이상 주지 못한 적이 있다. □ 돈이 없어서 추운 겨울에 난방을 하지 못한 적이 있다. □ 돈이 없어서 본인이나 가족이 병원에 갈 수 없었던 적이 있다. □ 가구원 중에 신용불량자인 사람이 있다. □ 연속 3개월 이상 건강보험 미납으로 인하여 보험급여자격을 정지당한 경험이 있다.
양육자에게 심각한 알코올 중독, 약물 남용, 도박 등의 문제가 있다.	□ 양육자에게 심각한 알코올 중독 문제가 있다. □ 양육자에게 심각한 약물 남용 문제가 있다. □ 양육자에게 심각한 도박 문제가 있다
안전에 위협을 줄 수 있는 환경에 아이를 방치한다.	□ 아이가 혼자 가스를 제대로 다룰 능력이 부족한 상황에서 조리를 하도록 방치한다. □ 집에서 누전 등의 위험요소가 있다. □ 치안이 잘 되지 않는 집안에 혼자 둔다. □ 밤늦게 집밖에 나가야 하는 심부름을 시키는 일이 종종 있다. □ 어른이 옆에서 보지 않은 채 위험한 놀이기구에서 놀게 한다. □ 술에 취한 어른을 집에 자주 데려온다.
아이의 건강 및 위생관리가 제대로 이루어지고 있지 않다.	□ 특이한 신체증상이 있거나 열이 날 때 체온을 재며 지켜보고 일정수준 이상일 때 병원 방문을 하는 등의 합리적 조치가 의심된다. □ 의학적으로 중요한 상황(특정 질병, 응급상황 등)에서 비전문적인 시술이나 성분을 알 수 없는 약 투여, 민간요법에 의존한 경우가 있다. □ 아이의 치아, 시력에 관심을 두고 체크하거나 적절한 조치(치과방문, 양치질 지도)를 취한 흔적이 없다. □ 아토피나 비만문제가 있는데, 필요한 식이요법을 하지 않고 방치한다. □ 아이가 종일 밖에 나가지 않고 있어도 방치하고 환기를 자주 시키지 않는다. □ 매우 덥거나, 추운 방에 대해서 신경 쓰지 않는다. □ 식사 및 침구, 칫솔, 의복 등의 관리상태가 보기에도 상당히 비위생적인 수준이다. □ 외출이나 걸레질 후 손을 제대로 씻지 않고 음식을 준비한다. □ 일주일에 2번 이상 아이가 씻도록 하거나(머리 감기 포함), 손 씻기 등의 지도를 하지 않는다. □ 과도한 먼지나 곰팡이가 있는 환경에 방치한다.
아이에게 식사제공이 제대로 이루어지지 않고 있다.	□ 세 끼 식사 중 한 끼 이상을 제공하지 않아 굶게 되는 경우가 있다. □ 반찬이 매우 부실하다. □ 패스트푸드나 과자로 식사를 대체하는 경우가 많다(예: 라면이나 초코파이 같은 과자로 저녁을 대체하는 경우가 주 3회 이상).
아이의 인지발달을 촉진하는 데 필요한 환경, 자극, 경험을 제공하지 못한다.	□ 공부할 수 있는 책상이 놓인 공간이 없거나 매우 무질서하게 방치되어 있다. □ 집 안에서 학습을 할 수 있도록 소음을 통제해 주는 배려가 보이지 않는다. □ 아이가 학교 수업 외의 취미활동(식물 기르기, 등산 등)을 같이 하거나 하도록 배려한 적이 없다. □ 여건이 허락하는 대로 악기나 체육 등의 과외활동을 시킬 수 있는 기회를 이용하려고 찾아보거나 관심 가진 적이 없다. □ 이용할 수 있는(무료) 공연 전시에 아이를 데려간 적이 없다. □ 아이가 책을 접하도록 신경을 써 주지 않는다(책 읽어 주기, 구매, 대여, 격려 등). □ TV나 비디오물을 지속적으로 시청해도 제재하지 않는다(아이가 TV 앞에 연속 3시간 하루 5시간 이상 앉아 있게 하는 경우, 아이가 TV를 보면 편해서 일부러 틀어 주는 경우가 종종 있는지). □ 컴퓨터 게임시간을 통제하지 않는다(하루에 세 시간 이상 하는 경우에도 제재하는 노력을 하지 않는다). □ 학교에 가져가야 할 준비물을 챙기지 않고 학교 과제를 잘 해 가지 않는 상태에서 도와주지 않고 방치하고 있다. □ 성적이 저조한데도 별 관심이 없거나, 도움을 구할 수 있는 방법을 찾아보지 않는다.

아동발달	만 7세 이상~13세 미만 아동발달 사정 문항
양육태도가 바람직하지 못하다.	□ 아이와 눈을 맞추거나 미소를 보여 주고 상냥하게 말하고 다독거리는 행동을 보기 어렵다. □ 아이의 말에 대꾸를 잘하지 않는다. □ 아이의 합리적인 요구에 반응을 하지 않거나 지연한다. □ 친구나 형제를 때리거나 남의 것을 뺏어도 '안 되는 거야'와 같은 설명을 해 주면서 다시 돌려주거나 하는 등의 조치를 하지 않는다. □ 아무 때나 자고 먹게 놔 둔다(자고 먹는 시간에 대한 질문을 통해 11시가 넘어도 재우려고 노력하지 않는 등, 생활 리듬을 지키고자 하는 노력이 없는 경우). □ 학교 등에 늦어도 방치한다. □ 아이가 싫다는 표현을 해도 억지로 음식을 먹인다. □ 아이가 힘들어 하는 과제(학습지) 등을 과도하게 강제로 시킨다. □ 자지 않으려는 아이에게 말로 설명하기보다 강제로 자게 시킨다. □ 아이에게 원하는 행동을 하게 하기 위해 설득 등의 방법보다 체벌을 자주 사용한다.
아동에게 중증의 장애 또는 질환이 있다.	□ 선천성 기형: 다지증, 합지증, 잠복고환, 안면기형, 기타(　　　) □ 신체 및 정신장애: 뇌성마비, 청각장애, 시각장애, 발달장애, 지적장애, 기타(　　　) □ 성장장애나 왜소증: 염색체 이상, 선천성 대사 이상, 기타(　　　) □ 심장병, 소아당뇨, 소아암, 간질, 아토피, 천식, 기타(　　　)
신체발달이 연령에 비해 부진하거나 건강상의 문제가 있다.	□ 키가 연령에 비해 작다. (*규준표 참조, 10% 이하 불량, 아동의 키=　　cm) (　) □ 몸무게가 연령에 비해 적다. (*규준표 참조, 10% 이하 불량, 아동체중=　　kg) (　) □ 비만이다 (BMI= 체중/키2, 아동의 BMI=　　　) (18.5 이하 저체중, 18.5~24.9 정상, 25~29.9 과체중, 30 이상 비만) □ 두통, 복통, 어지러움, 피로감 등을 자주 호소한다. □ 응급실을 찾는 일이 분기별로 1회 이상 되거나, 상해나 사고가 아닌 질병으로 인한 1주 이상의 입원도 연간 1회 이상이다.
섭식문제가 있다.	□ 지나치게 먹지 않아, 하루에 한 끼 먹이기도 힘들다. □ 지나치게 편식이 심하고, 새로운 음식을 먹어 보려 하지 않는다.
언어 및 인지영역발달에 어려움이 있다.	□ 의사소통에 어려움을 겪는다(지시를 내리려면 한번에 알아듣지 못해 여러 번 반복 설명해 주어야 한다/자신의 의사를 명확히 밝히지 못해 여러 번 확인해야 한다). □ 사용하는 어휘 및 문장이 또래에 비해 현저히 떨어진다.
기초학력수준에 문제가 있다.	□ (기초학력고사를 치르는 학년의 경우) 학력고사결과 기초학력수준에 미달한다. □ 또래에 비해 읽기에 문제가 있다. □ 또래에 비해 쓰기에 문제가 있다. □ 또래에 비해 산수에 문제가 있다
정서 및 행동발달상에 어려움이 있다.	□ 눈을 깜박이거나 얼굴 찡그리기, 몸을 움찔거리기, 킁킁거리기, 헛기침하기 등의 틱증상을 보인다. □ 눈 맞춤이 잘 안 된다. □ 다른 사람이나 주변 사물에 별로 관심을 보이지 않고, 다른 사람과 감정을 주고받지 못하는 것처럼 보인다. □ 무기력해 보이거나, 기분이 처져 있거나, 자주 우는 모습을 보인다. □ 자기가 남보다 못하며, 아무도 자기를 사랑하지 않는다고 말한다. □ 어떤 동물이나 상황, 장소에 대해 지나치게 겁을 내고 무서워한다.
충동조절에 어려움을 보이고, 공격성, 사회적인 부적응을 보인다.	□ 쉽게 흥분하고, 생각 없이 충동적으로 행동한다. 고함을 치거나, 갑작스럽게 화를 낸다. □ 집, 학교 등에서 말을 안 듣고 규칙을 따르지 않거나, 어른에게 대든다. □ 자신이나 다른 사람의 물건을 부순다. □ 신체적, 언어적으로 다른 사람을 괴롭히거나 공격하고, 자주 싸운다. □ 거짓말을 하거나 남을 잘 속인다. □ 남의 물건을 훔친다. □ 가출이나 무단결석을 한다. □ 술을 마시거나, 담배를 피우거나, 약물을 반복적으로 사용한다. □ 또래와 잘 어울리지 못하고 겉돌거나 따돌림을 당한다. □ 인터넷이나 스마트폰을 이용한 게임에 몰입하여 일상생활에 지장이 있다. □ 비행청소년들과 함께 어울린다('일진'에 가입하여 활동하는 경우 등).

참고문헌

국내문헌

강철희, 정무성(2007). 지역사회복지실천론. 경기: 나남.

강흥구(2016). 사례관리. 경기: 정민사.

경기도(2016). 2016년 위기가정 무한돌봄사업 안내.

경기복지재단(2010). 무한돌봄센터 자원개발 매뉴얼.

권자영(2012). 정신장애인이 지각한 실천관계가 재활성과에 미치는 영향. 정신보건과 사회사업, 40(1), 119-148.

권중돈(2014). 인간행동과 사회환경. 서울: 학지사.

권진숙, 박지영(2015). 사례관리의 이론과 실제. 서울: 학지사.

김기덕, 최소연, 권자영(2012). 사회복지윤리와 철학. 경기: 양서원.

김만두(1996). 재가복지에 있어서 사례관리의 이론과 실제에 대한연구. 사회과학논총, 2(1), 197-241.

김승원, 김연우(2012). 가족 · 개인 사례관리관련 척도이해. 서울: 한국보건사회연구원.

김영종(2013). 사회복지행정론. 서울: 학지사.

김영종, 홍현미라, 이현주, 이혜원, 이민영, 진재문(2008). 사회복지네트워킹의 이해와 적용. 서울: 학지사.

김진숙, 김지은, 연미희, 이인수(2014). 인간관계와 의사소통. 서울: 창지사.

김통원(2003). 사회복지프로그램개발과 평가. 서울: 학지사.

남화수(2012). 지역사회복지관 사례관리자의 사례관리 인식에 관한 재구성. 강남대학교 대학원 박사학위 청구논문.

민소영(2006). 만성정신장애인을 위한 사례관리 모형과 수행구조에 대한 탐색적 연구. 사회복지연구, 30, 215-242.

민소영(2015). 한국의 사례관리 전개 과정과 쟁점 고찰. 한국사회복지행정학, 17(1). 213-239.

박경일, 권진아(2009). 지역사회복지관의 서비스 질 구성차원에 관한 인식연구: Q방법론의 적용. 사회복지정책, 36(2), 333-357.

박미은(2015). 사례관리실천. 경기: 양서원.

박찬영(2018). **잘못된 문장부터 고쳐라!.** 서울: 르베르.

반포종합사회복지관(2007). **사회복지척도집.** 서울: 나눔의집.

보건복지부(2017). 2017년 읍면동 맞춤형복지 업무 매뉴얼.

보건복지부(2018a). 2018년 희망복지지원단 업무 안내.

보건복지부(2018b). 사회복지관 업무지침.

보건복지부(2018c). 2018년 드림스타트 사업안내.

보건복지부(2019). 중증정신질환자 보호 · 재활 지원을 위한 우선 조치방안 보도자료.

보건복지부(2020). 지역사회통합돌봄 자체추진 가이드북.

보건복지부(2022). 2022년 희망복지지원단 업무 안내.

보건복지부, 한국보건복지인력개발원(2016). 위기가구 사례관리업무 매뉴얼.

사회복지공동모금회(2018). 공동모금 배분사업 성과측정을 위한 척도집.

사회복지인적자원연구소(2014). 국가직무능력표준(NCS) 기반의 사회복지분야 표준직무 매뉴얼. 한국사회복지사협회.

서울복지재단(2005). 2005 위험관리실태보고서.

서울복지재단(2009). 지역사회보호사업 매뉴얼.

서울시사회복지사협회(2009). 서울사회복지사 재난대응 네트워크 운영 매뉴얼.

서울시정신건강복지센터(2018). 초발정신질환 사례관리 매뉴얼-첫 삽화를 경험하는 청년과 만나기.

서울정신건강증진센터(2013). 사례관리를 위한 에피타이저-중증정신질환 사례관리 핸드북.

서울특별시, 서울복지재단(2017). 공공사례관리 시행에 따른 개선방안 연구: 서울시 찾아가는 동주민센터 사례를 중심으로.

안혜영(2012). 공공부문의 사례관리 실천 현황과 과제. **사례관리연구, 3**(1), 81-102.

양옥경, 최소연, 이기연(2007). **사회복지현장실습 슈퍼비전.** 경기: 양서원.

유수현, 천덕희, 이효순, 성준모, 이종하, 박귀서(2014). **정신건강론.** 경기: 양서원.

이경우, 김경희(2006). **커뮤니케이션과 대인관계: 이론과 실제.** 서울: 보고사.

이근홍(2015). **사례관리.** 경기: 양서원.

이유재(2014). **서비스마케팅.** 경기: 학현사.

이준영(2007). 사회복지 네트워크의 이해와 적용. 한국사회복지행정학회 2007년 추계학술대회 자료집. 3-34.

이현주(2011). 사회복지실천 평가에서 목표달성척도의 적용에 관한 연구. **정신보건과 사회사업, 39**, 120-154.

이화여자대학교 사회복지관(2016). 60주년 기념 사업보고서.

정무성(2007). **사회복지프로그램개발론**. 경기: 학현사.

정순둘(2005). **사례관리실천의 이해-한국적 경험**. 서울: 학지사.

조흥식, 김혜래 신은주, 우국희 오승환(2012). **인간행동과 사회환경**. 서울: 학지사.

최소연(2010). 원조전문직을 위한 문화적 역량 척도개발 연구. **한국지역사회복지학**, 35, 23-53.

최소연(2012a). 사례관리기능 강화에 따른 사회복지관과 사회복지사의 역할. 2012년 한국사례관리학회 추계학술대회 자료집.

최소연(2012b). 원조전문직의 문화적 역량 선행요인에 관한 연구: 사회복지사, 교사, 간호사, 사회복지공무원을 중심으로. **한국사회복지학**, 64(2), 5-29.

최소연(2013). 서비스오남용과 관리자지원이 돌봄서비스종사자의 직무소진에 미치는 영향: 직무스트레스의 매개효과를 중심으로. **보건사회연구**, 33(2), 299-325.

최소연(2014). 피그말리온리더십이 사회복지사의 자기효능감, 직무몰입, 직무만족에 미치는 영향. **한국사회복지조사연구**, 41, 119-139.

최소연(2022). 독거노인 돌봄에 있어 인간중심의 IT 활용방안에 관한 연구. **한국디지털정책학회**, 22(2), 455-462.

최소연, 고언정(2010). 서비스 질에 대한 인식이 사회복지관이미지에 미치는 영향: 서비스 만족의 매개효과를 중심으로. **한국지역사회복지학**, 33, 1-21.

최소연, 이상철(2011). 원조전문기관 문화적 역량 척도개발 연구. **한국사회복지조사연구**, 28, 147-168.

최은희, 황미영(2013). **사례관리**. 경기: 정민사.

최종혁(2002). **질적평가방법론**. 서울: 청목.

통일부(2018). 북한이탈주민정착지원 실무편람.

한국사례관리학회(2012). **사례관리론**. 서울: 학지사.

한국사회복지관협회(2012). 2013년 한국사회복지관 운영지침 개정안.

한국사회복지사협회(2014). 국가직무능력표준(NCS)기반의 사회복지분야 표준직무 매뉴얼.

한국사회복지협의회(2012). 사회복지관 평가지표.

한국산업안전보건공단(2012). 직무스트레스요인 측정 지침.

황성철(1995). 사례관리 실천을 위한 모형개발과 한국적 적용에 관한 연구. **한국사회복지학**, 27(11), 275-304.

국외문헌

Ames, N. (1999). Social Work Recording: A New look at an old issues. *Journal of Social Work Education, 35*(2), 227-337.

Ballew, J. R. & Mink, G. (1996). *Case Management in Social Work: Developing the Professional Skills Needed for Work with Multi-problem Clients.* IL: Charles C. Thomas Publisher Inc.

Ballew, J. R., & Mink, G. (2001). **사례관리.** [Case Management in Social Work: Developing the Professional Skills Needed for Work with Multiproblem Clients] (권진숙, 전석균 역). 서울: 하나의학사(원저출판: 1996).

Bandura, A. (1986). *Social foundation of thought and action: A Social cognitive theory.* NJ: Prentice Hall.

Beckett, C. (2010). *Assessment and Intervention in Social Work: Preparing for Practice.* Thousand Oaks, CA: Sage Publications.

Biestek, F. (1957). *The Casework Relationship.* Chicago, IL: Loyola Univ. Press.

Brewer, G. A. & S. Coleman, S. (2000). Why Elephants Gallop: Assessing and Predicting Organizational Performance in Federal Agencies. *Journal of Public Administration Research and Theory, 10*(4), 685-711.

Burt, M. R. & Nightingale, D. S. (2010). *Repairing the U. S. Social Safety Net.* Washington D. C.: The Urban Institute Press.

Choi, S. Y. (2017). Does Social Work Supervision Affect Social Workers' Professional Efficacy? Focusing on the Effects of Three Functions of Supervision. *Information, 20*(9B), 6867-6874.

Choi, S. Y. (2018). The Effects of Perceived Organizational Support and Job Efficacy on Social Workers' Job Performance. *Asia-pacific Journal of Convergent Research Interchange, 4*(3), 43-52.

Choi, S., Kim, K., Kamyod, C., and Kim, C. (2022). Ethical Use of Web-based Welfare Technology for Caring Elderly People Who Live Alone in Korea: A Case Study. *Journal of Web Engineering, 21*(4), 1239-1264.

Clarkson, P. & Challis, D. (2003). Quality Assurance Practice in Care Management: A Perspective from United Kingdom. *Care Management Journals, 4*(3), 145.

Collingridge, M., Miller, S. & Bowlea, W. (2001). Privacy and Confidentiality in Social Work.

Australian Social Work, 54(2), 3-13.

Congress, E. P. (1999). Social Work Values and Ethics. CA: Wadworth.

Cournoyer, B. (2002). **사회복지실천기술연습.** [The Social Work Skills Workbook (5rd ed.)]. (김인숙, 김용석 역) 서울: 나남(원저출판: 2000).

Cowger. C. D. & Snively, C. A. (1996). Assessing Client Strength: Individual, Family, and Community Empowerment, In Miley, K. K., O'Melia, M., & DuBios, B. (2007). *Generalist Social Work Practice-An Empowering Approach.* Boston, MA: Parsons Education, Inc.

Dillion, S. (1992). Social Workers: Targets in a Violence Society. New York Times In Newhill, C. E. (2003). *Client Violence in Social Work Practice: Prevention, Intervention, and Research.* NY: The Guildford Press.

Dolgoff, R., Loewenberg, F. M., & Harrington, D. (2005). *Ethical Decisions for Social Work Practice*(7th ed.). CA: Tomson Brooks/Cole.

Dutelle, A. W. (2011). Ethics for the Public Service Professional. FL: CRC Press.

Early, T. & Poertner, J. (1995). Examining Current Approaches to Case Management for Families with Children who have Serious Emotional Disorders, In B. J. Friesen & J, Poertner(eds), *From Case Management to Service Coordination for Children with Emotional, Behavioral, or Mental Disorder,* 37-39, NY: Paul H. Books Publishing Co., Inc.

Erikson, E. (1982). *The Life Cycle Completed.* NY: W. W. Norton Company Inc.

Esping-Andersen, G., Gallie, D., Hemerijk, A. & Myles, J. (2002). *Why We Need a New Welfare State.* Oxford: Oxford University Press

Evans, H. M. (1981). Psychiatric Patient Participation in Goal Setting as Related to Goal Attainment. *Dissertation Abstracts International, 41*, 4658B. University Microfilms No.1111691.

Finn, P. (1992). Professional and Confidentiality. *Syd LR, 14*, 317-319.

Fisher, J. (2009). *Toward Evidence-Based Practice.* Chicago, IL: Lyceum Books.

Freund, A. (2006). Work and Workplace Attitudes on Social Workers: Do They Predict Organizational Reputation? *Business and Society Review, 111*(1), 67-87.

Gambrill, E. & Pruger, R. (1997). *Controversial Issues in Social Work Ethics, Values, and Obligations.* MA: Allyn & Bacon.

Giblin, L. (2013). **성공적인 대인관계를 위한 77가지 방법.** [How to Have Confidence and Power in Dealing with People] (이혜숙 역). 서울: 라벤더(원저출판: 2001).

Greene, R. R. ed. (2002). *Resiliency: An Integrated Approach to Practice, Policy, and Research.* Washington, DC: NASW Press.

Hasenfeld, Y. (1992). *Human Service as Complex Organization.* Newbury Park: Sage Publications.

Heckman, J. J., & Lochner, L. J. (2000) In Esping-Andersen, G., Gallie, D., Hemerijk, A. and Myles, J. (2002). *Why We Need a New Welfare State.* Oxford: Oxford University Press.

Helgesen, Ø. & Nesset, E. (2008). Images, Satisfaction and Antecedents: Drivers of Student Loyalty? -A Case Study of a Norwegian University College. *Corporate Reputation Review, 10*(1), 38-59.

Herman, R. D. & Associates. (1994). *The Jossey-Bass Handbook of Nonprofit Leadership and Management.* San Francisco: Jossey-Bass,

Herth, K. (1990). Fostering Hope on Terminally- Ill People. *Journal of Advanced Nursing, 15,* 1250-1259.

Hoffmann, B. (2013). Ethical challenges with welfare technology: A review of the literature, *Science and Engineering Ethics, 19,* 389–406.

Hohman, M. (2014). **동기면담과 사회복지.** [Motivational interviewing in social work practice] (이채원, 김윤화, 김은령, 임성철 역). 서울: 학지사(원저출판: 2011).

Holden, G., Meenaghan, T., Anastas, J., & Metrey, G. (2002). Outcomes of Social Work Education: The Case for Social Work Self-Efficacy. *Journal of Social Work Education, 38*(1), 115-133.

James, R. K. & Gilliland, B. E. (2008). **위기개입.** [Crisis Intervention Strategies (5th ed.)] (한인영, 장수미, 최정숙, 박형원 역). 서울: 나눔의 집(원저출판: 2005).

Johnson. P. & Rubin, A. (1983). Case Management in Mental Health: A Social Work Domain?. *Social Work, 28*(1), 49-55.

Kagle, J. D. (1996). *Social Work Records* (2nd ed.). Long Grove, IL: Waveland Press.

Kaufman, R. & English, F. W. (1979). *Needs Assessment: Concept and Application.* Englewood Cliffs, NJ: Educational Technology Publications.

Kagle, J. D. & Kopels, S. (2008). *Social Work records* (5th ed.). IL: Waveland Press.

Kagle, J. D., & Kopels, S. (2010). **사회복지기록.** [Social work records] (홍순혜, 한인영 역). 서울: 시그마프레스(원저출판: 2008).

Kirst-Ashman, K. K. & Hull, Jr., G. H. (1999). *Understanding Generalist Practice.* Chicago:

Nelson-Hall Publishers.

Kurzman, P. A. (1995). Professional Liability and Malpractice. In R. l. Edwards. *Encyclopedia of Social Work*. 19 ed., 3, 1922-1927, Washington DC: NASW Press.

Livingston, J. S. (1988). Pygmalion in Management and Retrospective Commentary. *Harvard Business Review, 66*(4), 121-130.

Lum, D. (2005). *Cultural Competence: Practice Stage, and Client Systems: A Case Study Approach*. CA: Brooks/Cole.

Martin, L. L. (1993). *Total Management in Human Service Organization*. CA: SAGE Publication.

Martin, L. L. (2001). *Financial Management for Human Service Administrator*. IL: Waveland Press.

Martin, L. L. & Kettner, P. M. (1996). *Measuring the Performance of Human Service Programs*. Thousand Oaks: Sage Publications.

Maslach, C., Jackson, S. E. (1981). The Measurement of Experienced Burnout. *Journal of Occupational Behavior, 2*, 91-113.

Maslach, C., Schaufeli, W. B. & Leiter, M. P. (2001). Job Burnout. *Annual Review of Psychology, 52*, 397-422.

Masten, A. (1994). Resilience in Individual Development: Successful Adaptation for Developmental Psychopathology. In Greene, R. R. (Ed.). (2002), *Resiliency: An Integrated Approach to Practice, Policy, and Research*. Washington, DC: NASW.

McGoldrick, M., Gerson, R., & Petry, S. (2011). **가계도-사정과 개입.** [Genograms: assessment and intervention (3rd ed.)] (이영분, 김유숙, 정혜정, 최선령, 박정희 역). 서울: 학지사(원저출판: 2008).

Mckay, M., Davis, M. & Fanning, P. (1999). **효과적인 의사소통을 위한 기술.** [Massage: the Communication Skills Book] (임철일, 최정임 역). 서울: 커뮤니케이션북스(원저출판: 1997).

Miley, K. K., O'Melia, M. & DuBios, B. (2007). *Generalist Social Work Practice-An Empowering Approach*. Boston, MA: Parsons Education, Inc.

Miller, R. M., & Rollnick, S. (2002). *Motivational Interviewing: Preparing people for change*. New York: Guilford Press.

Moore, S. T. (1990). A Social Work Practice Model of Case Management: A Came Management Grid. *Social Work, 35*(5), 444-448.

Moore, S. T. (1992). Case Management and the Integration of Services: How Service Delivery System Shape Case Management. *Social Work, 37*(5), 444-448.

Morse, J. & Dodermeck, B. (1995). "Delineating the Concept of Hope." IMAGE: Journal of Nursing Scholarship. 27, 277-285. In Greene, R. R. (Ed.). (2002), *Resiliency: An Integrated Approach to Practice, Policy, and Research.* Washington, DC: NASW.

Moxley, D. P. (1989). *The Practice of Case Management.* Newbury Park. CA: Sage Publications, Inc.

Moxley, D. P. (1993). **사례관리실천론.** [The Practice of case management] (김만두 역). 서울: 홍익제(원저출판: 1989).

Moxley, D. P. (2004). **케이스매니지먼트 실천론.** [The Practice of case management] (김만두 역). 서울: 홍익제(원저출판: 1989).

National Association of Social Workers (2013). *NASW Standards for Social Work Case Management.* Washington, DC: NASW.

National Association of Social Workers (2017). *Code of Ethics.* Washington, DC: NASW.

Newhill, C. E. (2003). *Client Violence in Social Work Practice: Prevention, Intervention, and Research.* NY: The Guildford Press.

Norman, T. (2013). *The Essential Handbook for Effective Human Service Professionals.* IN: Dogear Publishing.

O'Rourke, L. (2010). *Recording in Social Work: Not Just Administrative Task.* Bristol UK: The Policy Press.

O'Leary, A. (1985). Self-Efficacy and Health. *Behavioral Research & Therapy, 23*, 437-451.

Olsen, D. H. & DeFrain, J. (2006). *Marriage and Family Diversity and Strength* (5th ed.). Boston: McGraw-Hill.

McGraw Hill. In Miley, K. K., O'Melia, M., and DuBios, B. (2007). *Generalist Social Work Practice-An Empowering Approach.* Boston, MA: Parsons Education, Inc.

Parasuraman, A., Zeithaml, V. A. & Berry, L. L. (1988). SERVQUAL: a multiple-item scale for measuring consumer perceptions of service quality. *Journal of Retailing,* 12-40.

Park, J. W., Robertson, R. & Wu, C. L. (2006). Modelling the impact of Airline service quality and marketing variables on passengers' future behavior intentions. *Transportation Planning and Technology, 29*(1), 359-381.

Posavac, E. J. & Carey, R. D. (1992). *Program Evaluation: Methods and Studies.* NJ: Prentice

Hall.

Powell, S. K. & Ignatavicius, D. (2001). *Core Curriculum for Case Management.* New York: Lippincott.

Putnam, R. D. (2003). Bowling Together: How September 11 changed us!. In Dionne Jr., E. J., Drogosz, K. M. and Litan, R. E. (2003) United We Serve: National Service and The Future of Citizenship. The Brookings Institution.

Raiff, N. & Shore, B. (1993). *Advanced Case management.* Newbury Park: SAGE.

Rapp, C. A. & Goscha, R. J. (2006). *The Strengths Model: Case Management with People with Psychiatric Disabilities.* New York : Oxford University Press.

Rapp, C. A. & Kirsthardt, W. (1996). Bridging the Gap between Principles and Practice: Implementing a Strength Perspective. In Ross, S. M., *Case Management and Social Work.* NY: Longham.

Rapp, C. A., Kirsthardt, W., Gowady, E. & Hanson, J. (1994). Amplifying the Consumer Voice: Qualitative Methods, Empowerment, and Mental Health Research.

Reamer, F. G. (1999). *Social Work Value and Ethics* (2nd ed.). NY: Columbia University Press.

Reamer. F. G. (2001). *Social Work Ethic Audit.* Washington DC: NASW Press.

Richard K. J., & Burl E. G. (2008). **위기개입.** [Crisis Intervention Strategies (5th ed.)] (한인영, 장수미, 최정숙, 박형원, 이소래, 이혜경 역). 서울: 나눔의집(원저출판: 2005).

Roberts, A. R. (1990). Crisis intervention handbook: Assessment, treatment and research. Belmont, CA: Wadsworth.

Rose, H. (1980). *Proceedings of the Conference on the Evaluation of Case Management Programs*(Mar, 1979). LA: Volunteers for Service to Older Persons.

Rosenthal, R. & Jacobson, L. (1968). *Pygmalion in the Classroom: Teacher Expectations and Pupils' Intellectual Development.* NY: Holt, Rinehart & Winston.

Rossi, P. H. & Freeman, H. E. (1993). *Evaluation: A Systematic Approach.* Newbury Park, CA: Sage Publication.

Rothman, J. C. (1991). A Model of Case Management: Toward Empirically Based Practice. *Social Work, 36*(6), 520-528.

Rubin, A. (1987). *Case Management. In Encyclopedia of Social Work* (18th ed.). Silver Spring, MD: NASW.

Rubin, A. & Babbie, E. R. (2001). **사회조사방법론.** [Research methods for social work] (성숙진,

유태균, 이선우 역). 서울: 나남출판(원저출판: 1989).

Rubin, A & Babbie, E. R. (2016). *Essential Research Methode for Social Work* (4th ed.). MA: Cengage Learning.

Saleebey, D. (1996). *The Strengths Perspective in Social Work Practice* (2nd ed.). NY: Longman.

Saleebey, D. (2005). *The Strengths Perspective in Social Work Practice* (4th ed.). Boston MA: Pearson Education Inc.

Sandel, M. (2009). **정의란 무엇인가.** [What is Justice] (이창신 역). 경기: 김영사(원저출판: 2008).

Schneider, R. L. & Lester, L. (2001). *Social Work Advocacy: A New Frame Work for Action.* Belmont, CA: Brooks/Cole.

Sheafor, B. W. & Horejsi, C. R. (2006). *Techniques and Guidelines for Social Work Practices* (7th ed.). MA: Allyn and Bacon.

Sherman, E., & Reid, W. J. (2003). **사회복지질적연구방법의 이론과 활용.** [Qualitative research in social work] (유태균, 이선혜, 서진환 역). 서울: 나남출판(원저출판: 1994).

Sidel, N. L. (2011). *Social Work Documentation-A Guide to Strengthening Your Case Recording.* Washington DC: NASW Press.

Siporin, M. (1988). Clinical Social Work as an Art Form. *Social Casework, 69*(3), 177-183.

Smale, G., Tuson, G. with Brehal, N. & Marsh, P. (1993). Empowerment, Assessment, Case Management and the Skilled Worker. In Beckett, C. (2010). *Assessment and Intervention in Social Work: Preparing for Practice.* Thousand Oaks, CA: Sage Publications.

Sue. D. W. (2010). **다문화사회복지실천.** [Multicultural social work practice] (이은주 역). 서울: 학지사(원저출판: 2006).

Summers, N. (2016). *Fundamentals of Case Management Practice: Skills for the Human Services* (5th ed.). Boston, MA: Cengage Learning.

Susanne, F. & Katarina, B. (2021). The concept of welfare technology in Swedish municipal eldercare. *Disability and Rehabilitation, 43*(9). 1220-1227.

Turner-Stokes, L. (2009). Goal Attainment Scaling(GAS) in Rehabilitation: A Practical Guide. *Clinical Rehabilitation, 23*(4), 362-370.

Walsh, F. (1998). *Strengthening Family Resilience.* NY: Guildford Press.

Weinger, S. (2001). *Security Risk: Preventing Client Violence Against Social Workers.* Washington DC: NASW Press.

Witkin, B. R. (1984). *Assessing Needs in Educational and Social Programs.* CA: Jossey-Bass Pub.

Wolfensberger, W. (1972). The Principle of Normalization in Human Services. In Flynn, R. J. and Nitsch, K. E. (1980). *Normalization, Social Integration, and Community Services.* Baltimore, Maryland: University Park Press.

Wolfensberger, W. (1983). A Social Role Valorization: A Proposed New Term for the Principle of Normalization. *Mental Retardation, 21*(6), 234-239.

Wood. R. & Bandura. A. (1989). Social Cognitive Theory of Organizational Management. *Academy of Management Review, 14*, 361-384.

Woodside, M. & McClam. T. (2006). *Generalist Case Management: A Method of Human Service Delivery.* Belmont, CA : Thomson Brooks/Cole

Zastrow, C. (2010). *Introduction to Social Work and Social Welfare: Empowering People.* Belmont, CA: Brooks & Cole.

Zimmerman, B. J. & Bandura, A. (1992). Role of self regulatory factors in the development of writing proficiency. Manuscript submitted for publication. In Bandura A. (1993). Perceived Self-Efficacy in Cognitive Development and Functioning. *Educational Psychologist, 28*(2), 117-148.

사이트

www.mogef.go.kr

www.socialworkers.org

www.unikorea.go.kr

www.welfare.net

찾아보기

ㅇ

저자 소개

■ 최소연

이화여자대학교 대학원 사회복지학과(박사)
현, 남서울대학교 사회복지학과 교수

〈실무경력〉
이대종합사회복지관 · 이대성산종합사회복지관 근무
반포종합사회복지관 관장, 서울시사회복지사협회 위기사례관리 위원장 역임

〈주요연구〉
사회복지윤리와 철학(공저), 사회복지지도감독론(공저), 사회복지척도집(공편), 사회복지와 탄력성(공역), 학교폭력 가 · 피해 학생의 회복탄력성(resilience)증진을 위한 프로그램 개발(공동), 다문화가족 지원기준 개선방안 연구(공동), 원조전문직을 위한 문화적 역량 척도개발 연구(단독), 지역밀착형 포괄케어시스템 시범사업연구(공동), 사회복지시설의 조직윤리에 관한 연구(단독) 등 다수

사례관리론 [개정판]

1판 1쇄 발행 — 2019년 8월 9일
2판 1쇄 발행 — 2022년 8월 9일
2판 3쇄 발행 — 2025년 3월 20일

저 자 – 최소연
발 행 인 – 강철원
발 행 처 – 양성원
주 소 – 경기도 파주시 검산로 173번길 29–12
전 화 – 031–946–3861(代)
팩 스 – 031–946–3864
이 메 일 – tnwpub@naver.com
홈페이지 – tnwpub.co.kr
출판등록 – 2015년 8월 31일 제 2015–000211 호

ISBN 979–11–6126–468–4

정가 22,000원